Después de la boda

Meditaciones para parejas

H. Norman Wright

PORTAVOZ

La misión de *Editorial Portavoz* consiste en proporcionar productos de calidad —con integridad y excelencia—, desde una perspectiva bíblica y confiable, que animen a las personas en su vida espiritual y servicio cristiano.

Título del original: *After You Say "I Do" Devotional*, © 2000 por H. Norman Wright y publicado por Harvest House Publishers, Eugene, Oregon 97402

Edición en castellano: *Después de la boda*, © 2004 por H. Norman Wright y publicado por Editorial Portavoz, filial de Kregel Publications, Grand Rapids, Michigan 49501. Todos los derechos reservados.

A menos que se indique lo contrario, todas las citas bíblicas han sido tomadas de la versión Reina-Valera 1960, © Sociedades Bíblicas Unidas. Todos los derechos reservados.

Traducción: John A. Bernal

EDITORIAL PORTAVOZ
P.O. Box 2607
Grand Rapids, Michigan 49501 USA

Visítenos en: www.portavoz.com

ISBN 0-8254-1911-5

1 2 3 4 5 edición / año 08 07 06 05 04

Impreso en los Estados Unidos de América
Printed in the United States of America

Votos y anillos

Así que no son ya más dos, sino una sola carne;
por tanto, lo que Dios juntó, no lo separe el hombre.
MATEO 19:6

¿Cuál es su parte favorita de una ceremonia de bodas? ¿La procesión de entrada? ¿La entrega de la novia? ¿La lectura de las Escrituras? ¿El momento en el que los contrayentes dicen "sí" a las promesas del matrimonio? ¿El intercambio de votos? ¿La declaración de "marido y mujer"? ¿Acaso es el momento en el que el novio besa a la novia?

> Este anillo te doy como símbolo y juramento de mi amor constante y fiel.
>
> *símbolo*: Sustantivo que representa otra cosa por asociación, en especial un objeto material que representa algo abstracto.
>
> *juramento*: Una promesa solemne de hacer o no hacer algo.

Cada parte de la ceremonia matrimonial tiene su propósito. El intercambio de anillos es un símbolo tangible de los votos que hacemos. Al día siguiente, los anillos proveen la única evidencia física de que en realidad tuvo lugar una boda. Los anillos dicen al mundo observador que cada persona ha hecho un voto y que se ha hecho un juramento solemne:

> ¿Recibe usted a _____ como su esposa/esposo para vivir con ella/él conforme a los mandamientos de Dios en el estado santo del matrimonio, y lo amará, honrará y cuidará hasta que la muerte los separe?

Algunas personas usan anillos como artículos decorativos. Otros los emplean como símbolos de prestigio social o para hacer ostentación de riqueza. Por otro lado, los anillos de boda hablan de compromiso. Si un esposo o una esposa lleva puesta su argolla de bodas, dice al mundo entero: "Tengo un compromiso firme con una sola persona. He entregado mi vida entera a esta persona. Esta persona se ha comprometido a amarme, honrarme y cuidarme por el resto de nuestra vida juntos en la tierra. Esta persona ha hecho un voto de ser fiel a mí y yo también he prometido amarla y serle fiel. Este anillo es un símbolo de amor y afecto dados y recibidos".

¿Recuerdan los votos que hicieron el día de su boda, así como todo lo que se prometieron y profesaron? Si no es así, encuentren esas palabras y vuélvanlas a leer, será una gran oportunidad para renovarlas.[1]

Ser uno solo

*Por esto dejará el hombre a su padre y a su madre,
y se unirá a su mujer, y los dos serán una sola carne.*
EFESIOS 5:31

Unidad: 1. El estado o la cualidad de ser uno solo. 2. Unicidad: singularidad. 3. La condición de ser indiviso: la integridad de algo completo. 4. Igualdad de carácter. 5. Acuerdo: al unísono.

Uno es el número que captura la esencia y la meta primordial de un matrimonio cristiano. Hacer de dos uno marca la cúspide de la unión matrimonial. Es la cima hacia la cual escalamos juntos. Es un número que resume la enseñanza bíblica sobre el matrimonio: "Los dos serán uno solo".

La unidad es un estado de armonía en que el esposo y la esposa satisfacen con amor abnegado sus necesidades mutuas y cumplen el propósito de Dios para su matrimonio. Ser uno solo equivale a crear una tercera entidad a partir de dos individuos que se abandonan a sí mismos para quedarse con el otro. Se simboliza con la fórmula que quedó grabada en mi argolla matrimonial: "$1 + 1 = 1$". La unidad significa que en medio y a pesar de todo seremos uno siempre.

¿Cómo pueden dos personas distintas y provenientes de dos trasfondos diferentes, con dos conjuntos diversos de necesidades, prioridades, impulsos y motivaciones, construir una vida unida y armoniosa? La diferencia entre un matrimonio excelente y uno insatisfactorio es el grado en el que cada cónyuge esté dispuesto a satisfacer las necesidades del otro. El secreto de la unidad radica en el mandato bíblico de negarnos a nosotros mismos, tomar nuestra cruz y seguir a Jesús. Para amar de verdad a cualquier persona se requiere la negación de nosotros mismos y la rendición mutua de nuestra vida por amor al otro. En un matrimonio unido siempre deben hacerse concesiones.

Si no llevamos cada uno nuestra cruz, toda la abnegación, los sacrificios y las concesiones crearán resentimiento y amargura. Si tanto el esposo como la esposa están comprometidos a amarse y servirse el uno al otro de forma sacrificada, ocurre una unidad maravillosa y ambos llegan a convertirse en una sola carne.[2]

¿Cuándo fue la última vez que usted dijo de todo corazón: "Renunciaré a lo que quiero para satisfacer las necesidades del amor de mi vida"?

¿50/50 o 100/100?

Mas Dios muestra su amor para con nosotros,
en que siendo aún pecadores, Cristo murió por nosotros.
ROMANOS 5:8

Cuando dos personas se casan, tienen ciertas expectativas acerca de cómo debería funcionar la relación. En muchos casos no se dice pero se da por sentado que "mi cónyuge y yo cederemos terreno en el punto medio". Esto se llama con frecuencia el "plan 50/50". Si el esposo y la esposa operan con base en este patrón de expectativas, es fácil transmitir eso mismo a los demás miembros de la familia.[3]

El plan 50/50 dice: "Tú haces tu parte y yo hago la mía". Suena lógico, pero las parejas que lo usen pueden obtener resultados adversos.

Cierto joven observó a una pareja entrada en años que se sentó a almorzar en un restaurante de comidas rápidas. Notó que habían pedido un solo plato y un vaso adicional para la bebida. Se dio cuenta de que el esposo partió con esmero la hamburguesa en dos mitades, después contó las papas fritas y dio la mitad a su esposa mientras él se quedó con la otra mitad. Después procedió a verter la mitad de la bebida en el otro vaso y lo puso al frente de su esposa. El anciano comenzó a comer mientras su esposa lo observaba con sus manos entrelazadas sobre su regazo. El joven decidió preguntarles si le permitían comprar otra comida para que no tuvieran que dividir la que tenían. El anciano dijo: "No se preocupe, hemos estado casados 50 años y todo ha sido y será siempre repartido entre los dos a 50 por 50".

Luego el joven preguntó a la esposa si iba a comer y ella contestó: "Todavía no, a él le toca primero el turno con el tenedor".

El problema con la mayoría de acuerdos tipo 50 por 50 es que la distribución de beneficios está basada en el mérito y el desempeño. Todo se enfoca en lo que la otra persona da y no en lo que nosotros damos. Además, ¿cómo puede uno estar seguro de que el cónyuge ha hecho de corazón la parte que le corresponde?

Piense ahora en el tipo de amor que Dios da. Sin importar qué hagamos, Él nos da siempre el 100%. Como lo muestra Romanos 5:8, Él nos da amor aunque no lo merezcamos.

Existe un plan mucho mejor. Se llama el plan del 100 por 100: Demos el 100% sin importar qué haga nuestro cónyuge. ¡Es el plan que siempre funciona![4]

Comuníquense

La boca de los sabios esparce sabiduría; no así el corazón de los necios.
PROVERBIOS 15:7

Si a ustedes les gustaría ser una pareja que otros respeten, admiren, busquen para recibir consejo y consulten para encontrar soluciones, lea con atención lo que sigue.

Existe una manera en la que todo esto puede ser posible. El principio se resume en una palabra: *comunicación*. Comuníquense de acuerdo con la sabiduría contenida en el libro de Proverbios, y otros querrán comunicarse con ustedes. ¿Qué significa comunicarse de esta manera? Sea una persona que puede dar buenos consejos y sabiduría. "Los pensamientos son frustrados donde no hay consejo; mas en la multitud de consejeros se afirman" (Pr. 15:22).

Al recibir la exhortación o amonestación de su cónyuge, escuche con atención, acepte y evalúe. No reaccione de inmediato. "Fieles son las heridas del que ama; pero importunos los besos del que aborrece" (Pr. 27:6).

Su cónyuge es su amigo. Si su cónyuge necesita ser guiado, no huya de esa responsabilidad. Hágalo con amor y sensibilidad. "El que reprende al hombre, hallará después mayor gracia que el que lisonjea con la lengua" (Pr. 28:23). Ahora bien, el tiempo oportuno define aquí el éxito. Aquí es donde se necesita discernimiento, paciencia y oración de su parte. "Manzana de oro con figuras de plata es la palabra dicha como conviene" (Pr. 25:11). Ustedes deben preguntarse el uno al otro cuándo es el mejor momento para sostener una conversación "profunda".

Mantengan su sentido del humor. Rían juntos y ayúdense uno al otro a levantarse el ánimo sin ser demasiado serios. "Todos los días del afligido son difíciles; mas el de corazón contento tiene un banquete continuo" (Pr. 15:15).

Hay otra pauta esencial y es algo que usted necesita hacer tanto como su cónyuge: *Sea un alentador*. Sea el aficionado más entusiasta de su esposo o esposa. Muestre su aprecio sincero y las personas siempre querrán estar cerca de usted. "La congoja en el corazón del hombre lo abate; mas la buena palabra lo alegra" (Pr. 12:25).

Pues bien, ese es el plan. Es hacedero, y el mejor lugar para comenzar a ponerlo en práctica es su matrimonio.

¡Las palabras pueden cambiar su vida!

Panal de miel son los dichos suaves; suavidad al alma y medicina para los huesos.
PROVERBIOS 16:24

Es temprano. La alarma acaba de sonar. Los dos se despiertan, se miran el uno al otro y dicen:

¿Cuáles son las "primeras palabras" típicas que ustedes dicen el uno al otro en la mañana? ¿Será acaso un gruñido, una orden, una exhalación, una queja, una mirada al vacío? ¿Reflejan sus primeras palabras y expresiones lo que dice este proverbio de la Biblia? ¿Qué dicen el uno al otro al partir cada uno en su propia dirección para enfrentar el resto del día? ¿Es una lista de tareas por hacer, una serie de aclaraciones detalladas, un comentario para no olvidarse otra vez de hacer esto o aquello? ¿Acaso sus palabras de despedida hacen eco del proverbio para el día de hoy?

Consideremos a continuación una llamada telefónica durante el día para ver si incluye frases como:

"¿Llegó algo importante en el correo?"

"Necesito esto y aquello antes de sentarnos a comer esta noche".

"Hola, llamé para saber cómo te va. Te amo".

¿Qué decir del saludo que se dieron al encontrarse de nuevo tras terminar el día de trabajo? ¿Acaso incluye una revisión pormenorizada de las tareas realizadas y las pendientes, así como averiguaciones sobre el correo o la comida? ¿Será una retahíla quejumbrosa por las injusticias de jefes y compañeros de trabajo, los niños o el tráfico? Tal vez sea: "Hola, ¿cómo estás? Espero que hayas tenido un buen día. Me hiciste falta".

Al llegar la noche, ¿cuáles son las últimas palabras antes de irse a dormir, si acaso procuran decirse algo?

Las palabras agradables marcan la pauta para el estado de ánimo de la pareja tanto en el día como en la noche. Lo primero que usted dice por la mañana al separarse de su cónyuge para ir a trabajar, así como las palabras que se dicen al verse de nuevo y al acostarse, tienen un efecto definitivo en la vida matrimonial.

En su libro *Kingdom of Love* [El reino del amor], Hannah Hurnard reflexiona sobre el poder del amor: "El amor siempre tiene pensamientos amorosos y nada más que eso, de tal modo que las mentes en las que el Señor del amor ha establecido su reino, se convierten en reinos de luz que erradican todas las tinieblas".[5] Hurnard dice que esto permite a las personas probar por adelantado la gloria y el gozo de la vida creativa y el trabajo vigorizante que se hará en el cielo mismo".[6]

Revise sus pensamientos y sus palabras. ¿Son suaves? Recuerde que la sabiduría es medicinal para su alma si incluye la edificación de su matrimonio por medio de la comunicación positiva, cuidadosa y amable.[7]

Rendirse cuentas, ¿funciona?

Someteos unos a otros en el temor de Dios.
EFESIOS 5:21

En el siglo diecinueve, cierto esposo en una población de los cuáqueros de Pensilvana había golpeado a su esposa. Los otros hombres de la aldea decidieron emprender acción inmediata. Uno de ellos escribió: "Algunos de nosotros fuimos allá y le quitamos toda la ropa, después lo arrastramos sobre su espalda en un cardizal. Luego le dijimos que si no dejaba de tratar mal a su esposa, no íbamos a tratar el asunto con ligereza y la próxima vez seríamos más estrictos". ¿Algo extremo? Quizá, pero lo cierto es que rendir cuentas a otras personas tiene muchos beneficios.

Consideren el versículo para hoy en Efesios 5:21. Hoy día a las personas no les gusta la frase "someteos unos a otros". El espíritu característico de los norteamericanos que se puede llamar "dame mis derechos", entra en conflicto frontal con la noción de sometimiento a otras personas.

Dar cuenta de nosotros mismos nos ayuda de muchas formas. Por un lado nos protege del aislamiento, el orgullo y el pecado, así como de caer en tentación en nuestros momentos de mayor debilidad. Una de las mejores maneras de protegernos de esas debilidades en nuestra vida es permitir que otras personas sepan acerca de ellas y pedirles que nos pidan cuentas al respecto.

Esta responsabilidad moral también nos ayuda a evitar extremos. Si no tenemos a una persona que haga una evaluación objetiva de quiénes somos y de lo que hacemos, nos resultará casi imposible mantener el balance en nuestra vida.

Un último beneficio es que nos ayuda a permanecer enfocados en nuestras metas. Es fácil enredarse tanto en los detalles de la vida diaria que no dedicamos tiempo y energía a cumplir lo que Dios nos ha llamado a hacer. El matrimonio es el mejor lugar para comenzar a rendirse cuentas mutuas. A medida que usted y su cónyuge enfrentan las presiones y tensiones continuas de la vida, es más conveniente que lidien juntos con la vida y no por separado. Dos pueden ver siempre con más claridad que uno solo. Su cónyuge puede detectar puntos ciegos que tal vez usted no pueda ver en su espejo retrovisor.[8]

¿Culpa de quién?

Porque vosotros, hermanos, a libertad fuisteis llamados;
solamente que no uséis la libertad como ocasión para la carne,
sino servíos por amor los unos a los otros .
GÁLATAS 5:13

"¿Quién, yo?"
"Yo no fui".
"Te lo buscaste".
"Esa no fue mi intención".
"Fue tu culpa. Nunca habría sucedido si hubieras..."

La culpa es una proyección perpetua de responsabilidad sobre el otro cónyuge. Una de las mejores frases que he oído al respecto quedó escrita en el informe policial de un accidente: "Nadie tuvo la culpa del choque pero nada habría sucedido si el otro conductor se hubiera mantenido alerta".

Muchas personas se salen con la suya. Un agente del FBI se apropió de $2.000 dólares del gobierno y los perdió en una sola tarde con apuestas. Fue despedido pero después le devolvieron el mismo puesto. ¿Por qué? El tribunal sentenció que padecía de adicción a las apuestas y que estaba protegido bajo la ley federal a causa de su "incapacidad".

¿Se enteró de lo que sucedió con el hombre que solicitó trabajo como asistente en un parque? Los administradores del parque consiguieron el informe de sus antecedentes penales y adivine qué descubrieron. Este hombre había sido sentenciado más de treinta veces por exhibicionismo y conducta impúdica. Como es de esperarse, no aceptaron su solicitud de empleo. Sin embargo, este hombre solo tuvo que ejercer el nuevo pasatiempo favorito de los norteamericanos y demandó al servicio nacional de parques. Después de todo, nunca había expuesto su desnudez en un parque, solo en bibliotecas y lavanderías. Usted podrá imaginarse el resultado. Los oficiales tuvieron que contratarlo porque había sido víctima de discriminación laboral. Estos ejemplos cómicos y grotescos son muy tristes y muestran la clase de daño que ocasiona la atribución errónea de culpas.

Culpar al cónyuge frustra la atmósfera vital de un matrimonio porque divide a la pareja por completo. Demasiadas parejas siguen el ejemplo de Adán y Eva y atribuyen la responsabilidad por los problemas al otro cónyuge. Proverbios nos muestra una manera mejor de vivir que dedicarse a culpar a los demás: "El que encubre sus pecados no prosperará; mas el que los confiesa y se aparta alcanzará misericordia" (Pr. 28:13).[9]

El ánimo es un pez de cuatro ojos

Animaos unos a otros, y edificaos unos a otros, así como lo hacéis.
1 TESALONICENSES 5:11

¿Ha oído alguna vez acerca del pez de cuatro ojos? Es una criatura de aspecto extraño, por decir lo menos. Su hábitat está en las aguas ecuatoriales de la región occidental del Océano Atlántico y su nombre técnico es *anablepo*, una palabra de origen griego que significa "el que mira hacia arriba". Esta criatura única tiene ojos de "doble mira". Las mitades inferior y superior de cada globo ocular funcionan de forma independiente y poseen sus propias córneas e iris. Si usted pudiera observar este pez en su ambiente natural, vería que sus ojos superiores se dirigen hacia la superficie del agua, lo cual lo ayuda a encontrar alimento e identificar enemigos en el aire.

No olvide que este pez también tiene ojos inferiores. Estos permanecen enfocados en el agua como la mayoría de los demás peces, lo cual le permite navegar como cualquier otro pez. No obstante, tiene la ventaja de ver lo que otros peces no pueden ver y de hecho ve dos mundos al mismo tiempo. Si nosotros tuviéramos también un par de ojos para ver lo que sucede en realidad y otro para ver lo que podría suceder, seríamos seres muy interesantes.

¿Qué resultado tendría esto en términos de nuestra relación matrimonial? Seríamos capaces de anticipar que nuestro cónyuge hará lo mejor de sí y podríamos ayudarlos en el recorrido con palabras de ánimo.

Las personas que dan aliento son como buceadores que buscan tesoros escondidos en lo profundo del mar. Cada persona tiene dentro de sí recursos que todavía no se han desarrollado a plenitud. Su tarea es descubrir esos tesoros recónditos en su cónyuge y ayudarlo a aprovecharlos. Al principio tal vez descubra imperfecciones y deficiencias. Los agentes que se dedican a buscar talentos escondidos en las artes o el deporte ven todo lo que falta por desarrollar, pero tienen la agudeza necesaria para trascender su primera impresión. De alguna manera se adentran al futuro y ven lo que podría suceder si todo el talento potencial es cultivado y desarrollado. ¿Hace usted lo mismo con su cónyuge?

Un sistema de alarma

Someteos unos a otros en el temor de Dios.
EFESIOS 5:21

Uno de los rascacielos más altos en Nueva Inglaterra es el edificio John Hancock de Boston. Tras el levantamiento de esta estructura con más de cuarenta pisos, comenzaron a presentarse muchos problemas con las ventanas. Durante los ciclos de congelamiento y deshielo del invierno propios de la región, los vidrios de las ventanas salían disparados y se rompían en el aire. En consecuencia, los transeúntes que caminaban por la acera recibían lluvias de cristal y los que trabajaban en sus escritorios de repente quedaban sentados a centímetros de un gran precipicio.

Los arquitectos y contratistas se reunieron y su decisión final fue instalar un pequeño sistema de alarma en cada ventana. Tan pronto los marcos de las ventanas comenzaran a expandirse o contraerse, el sistema de alarma informaba al personal de mantenimiento que a su vez hacía los ajustes necesarios para reducir la tensión del vidrio antes de que se rompiera por la presión.

Cada persona necesita un sistema de alarma que la ayude a aliviar la tensión antes de que algo se rompa en mil pedazos. Uno de los mejores sistemas de alarma en el matrimonio es rendirse cuentas el uno al otro. Este es un principio bíblico implícito en el mandato de someternos "unos a otros". Esto significa que optamos por someter nuestra vida al escrutinio de otra persona para adquirir fortaleza, crecimiento y equilibrio espiritual. Dar cuenta de nosotros significa pedir consejos a la otra persona. Significa dar a la otra persona la libertad para hacer observaciones honestas y evaluaciones constructivas acerca de usted. Significa que usted puede ser instruido y amonestado sin partirse en mil pedazos.

Rendir cuentas no es una opción para los que conocemos a Cristo. Es un ingrediente crucial del crecimiento cristiano. ¿Le parece cómoda o fastidiosa la idea de rendir cuentas a otra persona? ¿Por qué?[10]

El fantasma de su matrimonio (no de la ópera)

Gran ganancia es la piedad acompañada de contentamiento.
1 TIMOTEO 6:6

Durante la Segunda Guerra Mundial, las tropas norteamericanas en Francia tenían un grupo "fantasma" que se llamaba "pelotón especial de avanzada #23". Estaba conformado por actores que se dedicaban a preparar actos bélicos teatrales con el fin de crear la ilusión de un gran poderío militar y engatusar así a los alemanes. Por ejemplo, para ocultar la ubicación real de las tropas verdaderas, creaban tanques falsos y toda clase de equipo militar que se veía real desde el aire.

¿Sabía usted que muchos esposos y esposas tienen fantasmas que incorporan al matrimonio? Sus fantasmas son imágenes mentales que según ellos, tienen que enfrentar a toda costa. Sus cónyuges no pueden ver estos fantasmas porque solo los individuos que los crean saben de su existencia. No obstante, son muy reales. Un fantasma es un criterio inalcanzable conforme al cual medimos nuestro desempeño, capacidades, aspecto físico y demás características personales. Es bueno tener una meta y un objetivo a los cuales apuntar ya que esto nos da motivación, pero un fantasma es una ilusión, una aparición y nada más que una fachada de lo real.

¿Cuál es la imagen que usted tiene acerca de cómo debería actuar como esposo o esposa? ¿Acaso es una imagen tan perfecta e idílica que resulta inalcanzable? Tal vez lo sea, y en ese caso es posible que usted juzgue su desempeño según lo dictado por un fantasma. Como es obvio que usted no puede cumplir tales parámetros imposibles, ¿cuál es el resultado?

Cuanto más se distancie su fantasma de la realidad, más frustrante será para usted porque lo obligará a vivir bajo su sombra. También traerá confusión a su cónyuge, quien no está al tanto de su fantasma y se preguntará todo el tiempo por qué se ve usted tan insatisfecho e infeliz. Los fantasmas pueden descarrilar por completo un matrimonio.

¿Por qué no elabora una lista de las expectativas que se ha fijado para sí mismo como esposo o esposa, y después las evalúa? ¿De dónde vinieron estas expectativas de desempeño o características individuales? ¿Cuáles son realistas? ¿Cuáles no lo son? ¿Alguna vez han hablado sobre esto en pareja?[11] ¿Por qué no sacan tiempo para sentarse a hablar sobre sus expectativas y evaluarlas otra vez?

¿Cuánto fue pagado?

Jehová tu Dios te ha escogido para serle un pueblo especial.
DEUTERONOMIO 7:6

Vosotros sois... pueblo adquirido por Dios.
1 PEDRO 2:9

¿Cuánto valen todas sus posesiones? A ver, trate de calcularlo. Tal vez se sorprenda con la respuesta. Muchas personas se asombran al contar uno por uno los artículos que poseen. Hay un programa de televisión que no tiene acción, ni violencia, ni argumento. Se llama "Vitrina rodante de antigüedades" y se transmite desde un simple salón de convenciones. Las personas acuden para que los expertos de turno les avalúen alguna posesión. Algunos salen felices y otros muy decepcionados.

Las posesiones de las personas famosas o acaudaladas pueden aumentar en valor a tal punto que se vuelven inestimables. ¿Pagaría usted $21.000 dólares por el cepillo de dientes de Napoleón? Yo no, pero un coleccionista pagó esa cantidad por un cepillo de dientes viejo, usado y manchado. Otro pagó $150.000 dólares por el automóvil de Hitler. En la subasta de las posesiones personales de Jackie Kennedy Onassis alguien pagó $211.500 por sus perlas de imitación. ¿Será que valían tanto? No en realidad, pero esa fue la cantidad que representó el valor de ese artículo para un coleccionista, porque perteneció a una persona importante. Si estos artículos tuvieran cualidades humanas como mente o emociones, se sentirían muy bien de que alguien quisiera tenerlos con tanta afición. Se sentirían especiales porque fueron elegidos para recibir un trato especial

Usted fue escogido por su cónyuge para ser especial. Él o ella dijo: "Quiero estar contigo el resto de mi vida y estoy dispuesto a pagar el precio que sea necesario por ti". Se siente bien ser una posesión especial, ¿no es así?

Todos nosotros hemos sido escogidos. Somos la posesión especial y exclusiva de Dios. ¿Cuán valiosos fuimos para Él y cuánto tuvo que pagar por nosotros? Fue un precio muy alto que en realidad es el precio máximo y absoluto: "La sangre de Jesús". Fuimos comprados por un precio, así que la próxima vez que vea a su cónyuge recuerde tres cosas:

1) Usted no es el dueño de esa persona, 2) Dios es su dueño (y el suyo también), y 3) su cónyuge fue tan valioso que Dios envió a su Hijo a morir por él o ella (y por usted también).

Ustedes dos son posesiones valiosas. ¡Recuerden esto y gócense![12]

Gracias a Dios por Jesús

Sino vestíos del Señor Jesucristo.
ROMANOS 13:14

Esta es una oración que pueden leer hoy en voz alta.

Señor y Padre que estás en los cielos, te damos gracias por haber enviado a tu Hijo Jesucristo a este mundo para ser nuestro Salvador y nuestro Señor. Te agradecemos porque Él adoptó nuestro cuerpo y nuestra carne y sangre para así mostrarnos que este cuerpo nuestro puede convertirse en tu habitación

Te agradecemos que Él haya vivido en un hogar común y corriente, que conoció los problemas típicos de vivir con otras personas, que experimentó las alegrías y los roces de la vida familiar, y así nos mostró que cualquier hogar puede ser un lugar donde en medio de la rutina diaria podemos hacer de toda la vida un acto de adoración a ti.

Señor Jesús, ven de nuevo a nosotros este día.

Entra en nuestro corazón y límpianos para que al ser puros de corazón, podamos ver a Dios nuestro Padre.

Ven a nuestra mente para abrirla y alumbrarla de tal modo que podamos conocerte porque Tú eres el camino, la verdad y la vida.

Toca nuestros labios para que no digamos palabras que hagan daño a otros o te aflijan.

Toca nuestros ojos para que no se posen en lo prohibido.

Toca nuestras manos para que sean útiles en servicio a las necesidades de otros.

Ven cada vez que estemos tristes para animarnos, al estar cansados para refrescarnos, al sentirnos solos para alentarnos, al ser tentados para fortalecernos, en medio de nuestra confusión para guiarnos y si estamos felices para que nuestro gozo se triplique.

Oh Dios nuestro Padre, ayúdanos a vivir de tal manera que al llegar nuestra hora final estemos listos, para que podamos entrar con gozo a tu presencia más íntima y a la vida eterna contigo. Por Jesucristo nuestro Señor, amén.[13]

Afianzar la confianza

Es, pues, la fe la certeza de lo que se espera, la convicción de lo que no se ve.
HEBREOS 11:1

"Confía en mí". Esta es una frase que o bien creemos por completo o desacreditamos en absoluto. A veces decimos: "Antes de poder confiar en esa persona tengo que asegurarme de que en realidad es confiable". La confianza es un aspecto esencial en cualquier relación pero de manera especial entre esposos. Determina en cierto sentido qué es predecible en nuestras relaciones. Abraham sabía qué era la confianza porque estaba "plenamente convencido de que [Dios] era también poderoso para hacer todo lo que había prometido" (Ro. 4:20, 21). ¿Cómo definiría usted la confianza? ¿Qué significa para su cónyuge? ¿Cómo pueden desarrollarla?

Confiar en alguien significa optar por ser vulnerables a esa persona. Veamos algunas características de la confianza. Ante todo, la confianza no puede imponerse a la fuerza. Como pareja, cada uno de ustedes tiene que tomar la decisión de confiar en el otro. También es un juicio y una actitud. Usted debe estar convencido de que su cónyuge es digno de confianza. La confianza implica riesgo porque consiste en ceder a otra persona el poder para controlar. Si usted dice que confía en su cónyuge y luego se cerciora de sus acciones o lo supervisa con recelo, eso no es confianza. Si usted confía de verdad, no tiene un plan alternativo en caso de que su cónyuge lo defraude. Si lo tiene, envía a su cónyuge el mensaje de que en realidad no le tiene confianza.

Si usted confía hay un precio que pagar. Confiar significa dar un paso adelante con un aviso que dice: "Aquí estoy ante ti, soy vulnerable. Por favor trátame con cuidado". La confianza es frágil y debe ser protegida. La confianza no es algo con lo que se pueda jugar, es un asunto serio. Como personas casadas, la confiabilidad y fidelidad de cada uno como individuo envían este mensaje inequívoco: "Soy confiable". En ese caso usted es un cumplidor de promesas tal como Dios lo es. De hecho, si quiere ver a una persona digna de confianza máxima y absoluta, fíjese en Dios. Él es nuestro ejemplo a seguir en el matrimonio.[14]

El corazón de la confianza

El le dijo: Está bien, buen siervo; por cuanto en lo poco has sido fiel,
tendrás autoridad sobre diez ciudades.
Lucas 19:17

Aquellas parejas que viven con confianza mutua tienen una fe inconmovible el uno en el otro. ¿De dónde viene esta confianza? Es bastante simple. Comienza con las cosas pequeñas y se intensifica cada vez que se honra un acto de confianza. Significa cumplir cada vez que se dice sí a las solicitudes de apagar la lavadora, entrar el correo antes de que empiece a llover, recoger a los niños a la hora exacta y orar por algo específico.

La confianza se refleja en otra palabra: "Lealtad". Si alguien es leal, no se escurre tan pronto llegan los tiempos difíciles. Esa lealtad quedó reflejada en sus votos matrimoniales: "En enfermedad o en salud". La lealtad sobrevive los tiempos difíciles porque dice: "Estaré aquí por ti en el peor de los tiempos y así todo el mundo te abandone". Nuestra lealtad como personas casadas debe reflejar la lealtad de Dios mismo: "No te desampararé, ni te dejaré" (He. 13:5).

La confianza en el matrimonio crece por medio del cumplimiento constante. Esa constancia produce una serie de resultados predecibles, de tal modo que las decisiones no se toman de forma impulsiva, sino tras una reflexión cuidadosa que no se basa en los sentimientos del momento. La confianza también se basa en promesas honradas. Las promesas condicionales no son promesas. Guardar una promesa cuesta. Al dar nuestra palabra estamos en la obligación de honrarla así sea difícil o nos cueste mucho. ¿Es este el patrón en su matrimonio? La honestidad se refleja en la confianza. Esto requiere decir toda la verdad en lugar de una porción de la verdad, hablar de forma directa para que su cónyuge no tenga que tratar de leerle la mente, llenar los espacios en blanco o adivinar. También es mucho más que divulgar una información escueta porque incluye comunicar cómo se siente usted al respecto.

¿Es la confianza un poco más complicada de lo que creyó? Quizá lo sea, ¡pero los beneficios son inmejorables![15]

Amor es...

Si hablo con elocuencia humana y éxtasis angelical pero no amo, no soy más que el chillido de una puerta oxidada. Si pronuncio la Palabra de Dios con poder y revelo todos sus misterios para que todo en ella sea tan diáfano y comprensible como el día, y si tengo fe para decir a una montaña "salta" y esta salta, pero no tengo amor, nada soy.

Si doy todo lo que poseo a los pobres y hasta voy a la hoguera para ser quemado como un mártir, pero no amo, no he llegado a ninguna parte.

Por eso, no importa qué diga, qué crea y qué haga, sin amor estoy en la bancarrota.

El amor nunca se da por vencido.

El amor se preocupa más por los demás que por mí.

El amor no quiere lo que no tiene.

El amor no hace alarde y nada se le sube a la cabeza, tampoco se impone a la fuerza ni dice "yo primero".

El amor no se exaspera ni lleva cuentas de los pecados de otros. No se regodea cuando otros flaquean, se deleita en el florecimiento de la verdad, aguanta cualquier cosa, confía siempre en Dios, siempre busca lo mejor en cada situación y nunca mira atrás, sino que persevera hasta el final...

Ninguno de nosotros puede ver las cosas con claridad total. Tan solo distinguimos una y otra en medio de la neblina, pero no pasará mucho tiempo antes de que el clima se despeje y el sol brille a todo fulgor. En aquel entonces lo veremos todo con la misma claridad con la que Dios nos ve, ¡y lo conoceremos tal como Él nos conoce a nosotros!

No obstante, por ahora y hasta que llegue esa claridad completa, tenemos tres cosas que nos conducen hacia aquella consumación perfecta: Confiar con firmeza en Dios, mantener sin desvío nuestra esperanza y amar con exuberancia. Pero lo mejor de todo esto es el amor.

El matrimonio silencioso

Bienaventurados seréis cuando los hombres os aborrezcan, y cuando os aparten de sí, y os vituperen, y desechen vuestro nombre como malo, por causa del Hijo del Hombre. Gozaos en aquel día, y alegraos, porque he aquí vuestro galardón es grande en los cielos; porque así hacían sus padres con los profetas.
LUCAS 6:22, 23

¿Quién es la tercera persona en su matrimonio? La respuesta es simple: Jesús. Tan pronto dos cristianos se casan, hay otra persona presente todo el tiempo. Sí, es todo el tiempo pero de nada hay que sentirse avergonzados. Al fin de cuentas, ¿quién nos creó tal como somos? Nada toma por sorpresa al Señor.

Ahora bien, ¿qué personas saben que ustedes son una pareja cristiana? ¿Las de la iglesia? Eso se sobreentiende, pero ¿qué decir de personas fuera de la iglesia? En ninguna parte nos dice la Palabra de Dios que seamos testigos silenciosos. Hagan una lista de todas las personas que ustedes conocen en el trabajo, en las actividades de sus hijos y en su vecindario, que tal vez no sepan acerca de su relación personal con Jesús. ¿Sabían que la palabra "testigo" se deriva del concepto mismo de martirio? Los mártires nunca se quedaron con la boca cerrada.

Muchas personas viven hoy día como testigos silenciosos. Dicen: "No hablamos mucho sobre nuestra fe, solo la vivimos. Causa un poco de incomodidad decir "soy cristiano", así que solo nos dedicamos a vivir el cristianismo en la práctica".

En parte esto es grandioso porque la vida cristiana es cuestión de práctica, pero algunos guardan tanto silencio ¡que nadie se entera de que son testigos de Jesús!

¿Puede pensar en alguien a quien usted necesita contar esta semana acerca de su fe en Cristo? Hay alguien cercano a usted que necesita saberlo cuanto antes. ¿Por qué no toman esa lista que elaboraron y la usan como lista de oración? Pidan al Señor que les dé una oportunidad para hablar sobre el amor de Jesús con ellos, y al hacerlo asegúrense de que ellos sepan lo que Él ha hecho por ustedes en su matrimonio. Háblenles sobre ello y también permítales verlo.

¡Sean testigos vocales!

¿Qué recuerdos tienen de sus padres?

Gracia y paz a vosotros, de Dios nuestro Padre y del Señor Jesucristo.
Doy gracias a mi Dios siempre que me acuerdo de vosotros.
FILIPENSES 1:2, 3

¿Qué es lo que más recuerda de sus padres? ¿Ha dado gracias a Dios por los recuerdos que tiene de ellos? Todos tenemos algunos recuerdos negativos de nuestra infancia. Algunas personas tienen buenas razones para recordar sus dolores de la infancia, pero a veces parece que hubiera una epidemia de echar la culpa a los padres por todos los problemas. Quiero presentarle una manera de equilibrar los tiempos difíciles con los recuerdos positivos y esperanzadores. Utilice estas preguntas como plataforma de lanzamiento para usted y su cónyuge:

- ¿Adónde fueron de vacaciones? ¿Qué hicieron?
- ¿Qué disfrutaba más haciendo con su papá? ¿Y con su mamá?
- ¿Qué olores le hacen recordar a papá y a mamá?
- ¿Cuál fue su habitación favorita de la casa?
- ¿Cuál era su tradición familiar predilecta?
- ¿Cuáles eran los chistes típicos de la familia?
- ¿Cuáles frases o sobrenombres especiales se inventaron en su familia?
- ¿Cuál fue su Navidad favorita? ¿Por qué?
- ¿Cuál fue su cumpleaños favorito y por qué?
- ¿Con qué problemas lo ayudaron sus padres en la adolescencia?
- ¿Qué pensaban otras personas de sus padres?
- ¿Qué valores de su niñez trata usted de transmitir a sus hijos?
- ¿Qué aprendió de sus padres acerca de Dios?

Al pensar en estas preguntas, agradezca a Dios por los buenos recuerdos y el poder que tienen para influenciar las propias fortalezas y estabilidad de su hogar. Tal vez quiera escribir algunos de sus pensamientos positivos y considerar la posibilidad de hacerlos llegar a sus padres. Es una manera práctica y tangible de hacerles saber cuánto los aprecia.[16]

¿Qué funciona en su matrimonio?

...si hay virtud alguna, si algo digno de alabanza, en esto pensad.
FILIPENSES 4:8

Si yo realizara un seminario para matrimonios con cien parejas y preguntara a todos los asistentes cuáles son los problemas y dificultades en su matrimonio, ¿cuál sería el resultado si todos hablaran de su propia experiencia? Se posaría sobre todos, incluido yo mismo, una nube oscura de pesimismo y congoja. Es probable que todos quedaran desanimados y sin esperanza. También dudo que muchos se beneficiaran de ese tiempo de compañerismo. No quiero decir que debamos pasar por alto los problemas o ignorarlos, pero siempre hay mejores maneras de enfrentarlos y resolverlos.

Si yo pidiera a cada pareja que contara a los demás qué funciona para ellos, ¡tendríamos una atmósfera muy diferente al reunirnos para la siguiente conferencia! Las parejas serían alentadas y retadas por lo escuchado y descubrirían nuevas formas de revitalizar su propio matrimonio. La actitud y la manera de abordar los temas hacen una diferencia inmensa. Por ejemplo, en béisbol hasta los mejores golpeadores caen en malas rachas. Tratan por todos los medios de salir de ese ciclo destructivo. Muchos de ellos pasan horas y horas viendo grabaciones de sus propios partidos para ver qué pueden aprender y mejorar. Por supuesto, las grabaciones que eligen ver hacen una gran diferencia. Algunos ven partidos en los que su rendimiento fue muy bajo, y al ver su desempeño deficiente se enfocan en lo que hacen mal para después corregirlo. Este método no produce los mejores resultados. Otros en cambio seleccionan partidos en los que batearon muy bien y hasta mejor de lo acostumbrado. En poco tiempo pudieron volver a su nivel de juego porque se concentraron en lo que sí funcionaba.

El matrimonio no se diferencia mucho de esto. El mejor paso que una pareja puede dar para resolver los problemas es enfocarse en aquello que sí funciona en su relación. Estoy seguro de que muchas veces usted y su cónyuge se llevan muy bien. ¿Puede describir con detalles específicos qué es lo que usted y su cónyuge hacen diferente durante los buenos ratos? Piénselo con detenimiento. Identifíquelo y úselo para mantener un desempeño óptimo en la relación.

¡Sí al romance!

El amor... todo lo sufre, todo lo cree, todo lo espera, todo lo soporta.
1 Corintios 13:7

Bill y Pam Farrel nos dan los siguientes consejos para avivar el romance matrimonial.

Al fin de cuentas, ¿qué es el romance? ¿Flores y velas encendidas? ¿Tiempo juntos sin apuros? ¿Abrazos tiernos y cálidos en la cama? Tal vez. ¿Será una caminata en silencio por la playa o un paseo agradable en el bosque? ¿Es un día de aventura con actividades acuáticas o de otro tipo? Puede ser. ¿Tal vez una taza de capuchino al lado de la chimenea o un sorbete exquisito en la pista de baile? ¿Es ropa íntima de color rojo y negro, o sedas y algodón blanco? Quizás. El romance es muy personal porque tiene que ver con los gustos y deleites de cada uno en la relación, lo cual hace del romance algo único para cada pareja. Todo es cuestión de establecer buenas conexiones porque en eso consiste el amor: "La conexión de dos corazones". Podemos fortalecer ese vínculo fibra por fibra. Al edificar nuestra casa, yo ayudé a preparar las conexiones para los enchufes e interruptores eléctricos. En cada cable eléctrico había fibras de diferentes colores. Cada una debía prepararse con cuidado para garantizar una conexión fuerte y estable. De la misma forma, necesitamos mantener con cuidado cada hebra de nuestro amor para que haya una conexión fuerte entre el corazón de nuestra pareja y el nuestro.

En la película con gran éxito de taquilla Twister que trataba sobre ciclones y torbellinos, hay una escena emocionante en la que los personajes principales salen a dar el paseo más increíble en la vida de cada uno de ellos. Mientras ambos científicos persiguen el tornado, este de repente da la vuelta y se avienta en dirección a ellos. Para salvar su vida, ambos se introducen en un cobertizo y allí el hombre ve un sistema de tubería que se adentra por lo menos quince metros bajo tierra. Él decide que ambos tienen que amarrarse juntos a la tubería, y lo logran justo antes de que el tornado caiga sobre el cobertizo. Todo alrededor de ellos es succionado y pulverizado de inmediato mientras ellos se balancean en el aire como insectos y alcanzan a ver el ojo del huracán sin sufrir mayores daños. Sobrevivieron por haberse amarrado al ancla de esos tubos que los mantuvieron fijos en su lugar en medio del ciclón inclemente. Esa es una bella imagen de lo que puede hacer en una pareja enamorada el hecho de que ambos tengan un conocimiento personal de Dios. Dios puede ser un ancla segura, una protección confiable para su amor. Sin importar qué ciclón les envíe la vida, Dios les mantendrá unidos entre sí y aferrados a Él, corazón a corazón.[17]

¿Cuál es su visión de Dios?

Moisés respondió: Se hará conforme a tu palabra,
para que conozcas que no hay como Jehová nuestro Dios.
ÉXODO 8:10

Si le piden que describa a Dios, ¿qué diría acerca de Él? ¿Dónde aprendió acerca de quién es Él y cómo hace funcionar este mundo que Él creó y sobre el cual gobierna con soberanía? Los niños son los mejores instrumentos para tener vislumbres de cómo solíamos pensar, o en algunos casos, cómo pensamos todavía. A continuación presento algunas palabras atribuidas a niños que han enviado mensajes escritos a pastores:

"Querido pastor, sé que Dios ama a todas las personas, pero es porque nunca le han presentado a mi hermana".

"Querido ministro, me gustaría traer a mi perro a la iglesia el domingo. No es de raza pura pero es un buen cristiano".

"Me gustaría leer la Biblia, pero la leería más si la pusieran por televisión".

"Amado pastor: Me gustaría ir al cielo algún día porque sé que mi hermano mayor no va a estar allá".

Un padre alcanzó a escuchar a sus hijas mientras hablaban en el otro cuarto durante una tormenta. La hija mayor dijo como si fuera un hecho demostrado: "Ese trueno que acaban de escuchar significa que Dios está cambiando sus muebles de lugar". La hija menor asintió con su cabeza como si entendiera y miró por la ventana mientras la lluvia caía para después responder: "¡Miren, acaba de mover la cama de agua!"

¿Cuáles son sus nociones acerca de Dios? Algunos de nosotros lo vemos como un policía gigantesco que ve todo desde el cielo con garrote en mano, mientras otros lo ven como un abuelo bonachón. No obstante, Dios es mucho más que esto porque es infinito y soberano. Él debe ser temido, adorado y amado.

Una vez más, ¿cuál es su visión de Dios y dónde la obtuvo?[18] ¿Cuál es la visión de Dios que tiene su cónyuge? ¿Qué ha aprendido acerca de Dios desde que se casó?

Oren como pareja

Cuando llegó a aquel lugar, les dijo: Orad que no entréis en tentación.
Y él se apartó de ellos a distancia como de un tiro de piedra;
y puesto de rodillas oró, diciendo: Padre, si quieres, pasa de mí esta copa;
pero no se haga mi voluntad, sino la tuya.
LUCAS 22:40-42

¿Alguna vez ha orado con las palabras "no se haga mi voluntad sino la tuya"? Es algo que contradice por completo lo que se enseña en nuestra sociedad. Va en contra de la mentalidad moderna cuyos lemas son "primero yo" y "tengo el control absoluto de mi vida". En cambio, nosotros como cristianos somos personas que oramos. Piense en estas palabras de George Burrick:

Imagínese que la vida es como un gran tapete. La ciencia ve el patrón de los hilos entrelazados desde el punto de vista de la tierra y no ve cómo se entrelazan, sino que los ve ya entrelazados, lo cual le permite hacer un seguimiento de sus regularidades. Lo mismo sucede con lo mejor de la música, el arte y el drama, en los que el ser humano se deleita y gloría por el color y la imaginación del diseño. En cambio, la oración ve todo desde el punto de vista del tejedor a medida que Él trabaja. El tejedor dice en su generosidad y gracia: "Me ayudarás con oraciones, pensamientos y labores, mas por tu propio bien yo soy quien debe guiar la obra. Algunos de tus deseos no pueden ser concedidos, pero al quedar completo mi diseño podrás verlo desde el otro lado del tiempo y entenderás. Por eso tu mejor oración sigue siendo la oración de Cristo: 'No se haga mi voluntad sino la tuya'".

Como pareja, hagan esta oración juntos:
Rindo a ti mis esperanzas, mis sueños y mis ambiciones.
Haz con ellos lo que quieras, cuando quieras y como quieras.
Deposito bajo tu cuidado amoroso a mi familia, a mis amigos y mi futuro.
Cuida de ellos con el cuidado que yo jamás podría suministrar.
Dejo en tus manos mi necesidad de control, mi apetito de privilegio y mi temor de la oscuridad...
En el nombre de Jesús, amén.[19]
—Richard Foster

La amistad del matrimonio

El amor [de Dios en nosotros] ...no busca lo suyo.
1 Corintios 13:5

¿Qué contribuye a la perpetuación de un matrimonio? Podría sorprenderlo que no comience mi respuesta con una mención del amor agape como lo esperan la mayoría de las personas. Comienzo más bien con otra clase de amor que es el de los amigos, el amor filial. En un estudio nacional de cientos de parejas que tenían matrimonios satisfactorios, se presentaron a las parejas una lista de treinta y nueve factores que pueden explicar el éxito del matrimonio. Tanto esposos como esposas tenían que organizar los factores en orden de importancia conforme a su propia experiencia conyugal. Resultó fascinante que los primeros siete fueran idénticos tanto para los esposos como para las esposas. Los primeros dos factores reflejan el tipo de amor que consideramos aquí y eran: "Mi cónyuge es mi mejor amigo/amiga" y "Me gusta mi cónyuge como persona". [20]

En la Biblia, philos significa amor de amistad. El amor romántico no es lo que puede sostener una relación como lo hacen la compañía y la amistad de corazón. Un amigo es alguien con quien nos gusta estar porque disfrutamos del hecho simple de su compañía, nos gusta su personalidad y podemos trabajar y jugar bien con esa persona. Amistad significa que se tienen intereses comunes. No solo significa que usted sea amado por lo que tiene en común con la otra persona, sino que al participar de esto con su cónyuge desarrolla un tipo diferente de amor que incluye la experiencia vital de compañía, comunicación y cooperación. Un escritor lo describe como "amor de compañero".

Puede definirse como un vínculo fuerte que incluye un apego tierno, el disfrute de la compañía mutua y una amistad que no solo se caracteriza por pasión y emoción constantes, aunque estos sentimientos puedan experimentarse con regularidad. La diferencia principal entre el amor apasionado y el de compañero es que el primero aumenta por la ausencia, la frustración y un nivel alto de estimulación física, mientras que el segundo crece con el contacto diario y requiere tiempo para desarrollarse y madurar. [21]

¿Cuán importante es la amistad en su matrimonio?

Sobrenombres del pasado

El que escarnece al pobre afrenta a su Hacedor.
PROVERBIOS 17:5

Dennis Rainey habla sobre el efecto del rechazo en la vida de una persona:
En el primer grado de primaria, unos cuantos amigos y yo comenzamos a decidir quiénes serían "in" y "out" en nuestro pequeño grupo social. Una de las primeras que quedaron "out" fue Luisa. Ella venía de una familia pobre y no se podía vestir tan bien como los demás. También iba muy atrasada en la clase y su nivel de inteligencia no la ayudaba. Por eso la excluimos de inmediato. El grupo de los "in" rechazó a Luisa como persona, primero con disimulo y después con crueldad al pasar los años. Al llegar todos al último año de secundaria, ella estaba en todos los chistes de la clase. Tenía un complejo de inferioridad tan fuerte que no recuerdo haberla visto levantar la mirada del suelo durante todo el año. Años más tarde reconocí mi sistema falso de valores y mi evaluación necia e insolente de Luisa. Lloré al recordar mi crueldad hacia ella. Pedí a Dios que me perdonara por mi conducta arrogante y pueril. Ella fue hecha en su imagen tanto como yo lo fui.

Los coetáneos tienen veneno en sus lenguas. William Hazlitt escribió: "Un apodo es la piedra más filosa y dañina que el diablo puede lanzar a un hombre". Algunos nunca olvidan los nombres que otros les han asignado con saña. Estos son algunos de los sobrenombres por los cuales muchos de nosotros hemos sido señalados: enclenque, regordete, llorón, enano, larguirucho, bruto, torpe, lengua de trapo, descoordinado, dormilón, zángano, incorregible, maloliente, grasiento, lento, estrambótico, remolón, chiflado y más. Nombres como estos y muchos otros en realidad pueden hacer mucho daño.

La manera como su cónyuge se ve a sí mismo en la actualidad fue influenciada en gran manera por sus coetáneos durante su crecimiento. Incluso hoy día, el amor propio de su cónyuge puede depender de cómo le valoran sus colegas y otros semejantes. Tal vez se pregunte si se ha puesto el atuendo "correcto" o si usa el vocabulario "aceptado". Quizá dude de su capacidad para relacionarse bien con su círculo de amistades. Recuerde que usted es un espejo para su cónyuge. Usted todavía está en capacidad de acallar esas voces condenatorias de su pasado y reemplazarlas con palabras positivas en el presente.[22]

Alguien observa

...manteniendo buena vuestra manera de vivir entre los gentiles; para que en lo que murmuran de vosotros como de malhechores, glorifiquen a Dios en el día de la visitación, al considerar vuestras buenas obras.

1 PEDRO 2:12

Usted es observado ahora mismo. Es cierto, las personas observan su vida así usted no se de cuenta. Quieren ver si lo que usted dice concuerda con lo que hace. Quieren ver si ser cristiano hace diferencia en lo que sucede en un matrimonio. Pedro tiene cuatro recomendaciones para ustedes como individuos y como parejas casadas. En primer lugar, dice que vivamos una vida limpia, sin lujurias carnales que generan atención negativa.

En segundo lugar, no hacer aquello que pueda dar oportunidad a otras personas de calumniarnos. Como cristianos, necesitamos vivir de tal manera que si otros dicen algo malo sobre nosotros, no sea creído por quienes lo escuchen. La integridad en silencio hace más que negar acusaciones.

En tercer lugar, hagamos obras que beneficien a los no cristianos. Ellos requieren nuestra ayuda y necesitan a nuestro Jesús. La historia del buen samaritano sobresale aquí porque incluye la ayuda a un extranjero. Recuerde, hay otros que se percatan de sus buenas obras y no solo de sus palabras.

En cuarto lugar, nunca olvide que es observado. Warren Wiersbe cuenta una historia que ilustra esto:

En el verano de 1805, jefes y guerreros de tribus nativas de Norteamérica se reunieron en un concilio en Buffalo Creek en el Estado de Nueva York, para escuchar una presentación del mensaje cristiano por parte de un tal señor Cram de la sociedad misionera de Boston. Después del sermón, uno de los jefes principales llamado Cazador Rojo articuló una respuesta oficial. Entre otras cosas, el jefe dijo:

Hermano, nos han dicho que usted ha predicado a la gente blanca en este lugar. Ellos son nuestros vecinos y estamos familiarizados con ellos. Vamos a esperar un poco de tiempo para ver cuál es el efecto que tiene su predicación sobre ellos. Si descubrimos que se benefician de su mensaje para ser más honestos y menos dispuestos a engañar a los indios, consideraremos de nuevo lo que usted ha dicho.[23]

Vigile la lengua

La muerte y la vida están en poder de la lengua,
y el que la ama comerá de sus frutos.
PROVERBIOS 18:21

Si usted ha ido alguna vez a un partido de béisbol de las grandes ligas o al menos ha visto un partido completo por televisión, es probable que haya notado lo siguiente:

Antes de que comience el juego, el lanzador se calienta con los primeros lanzamientos y los aprovecha para intimidar al bateador de turno. Hace que la primera pelota pase a gran velocidad sobre la cabeza del recibidor, luego dispara la segunda para que rebote en el suelo y así obligar al bateador a quitarse de en medio para evitar una contusión en la espalda. Ahora el bateador tiene que tratar de darle a la pelota, pero esta pasa a más de 140 km por hora y después de tres intentos fallidos, se alegra de salir con vida tras haber sido utilizado como carne de cañón.

A Ryne Duren, quien fue lanzador para los Yankees de Nueva York, le gustaba intimidar así a los bateadores. Era conocido como "el desestabilizador". Sabía como someter a acoso mental a los bateadores del otro equipo y los hacía "comer polvo" con lanzamientos variados y salvajes que los dejaban aterrados.

Es triste que las palabras se lanzan muchas veces de esta manera en el hogar. En lugar de pelotas de béisbol, nos lanzamos unos a otros palabras perjudiciales y amenazantes para producir dolor, temor y culpa. Aprendemos así lo que el hombre sabio quiso dar a entender cuando dijo que la muerte está en el poder de la lengua.

Winston Churchill fue un maestro en la utilización del poder de la lengua. En cierta ocasión, después de haber bebido más de la cuenta, su acérrima opositora la condesa de Astor le dijo: "Señor primer ministro, noto que se ha vuelto a emborrachar". Churchill sonrió y le contestó: "Sí condesa, y usted se ha vuelto muy fea, pero yo voy a estar sobrio mañana".

Tal vez usted también sea igual de hábil con las respuestas avezadas, pero ¿qué gana al hacer esa clase de comentarios? La Biblia advierte a quienes gustan de usar el poder de la lengua con fines destructivos, que "comerán de sus frutos". Con frecuencia esos frutos son resentimiento, discordia y venganza. Es verdad que hacen daño a otros, pero también envenenan las relaciones.[24]

¿Cómo es la comunicación en su matrimonio? La lengua debe ser usada para edificarse el uno al otro. Esa es la mejor alternativa.

Pensamientos acerca del matrimonio

Así que, lejos sea de mí que peque yo contra Jehová cesando de rogar por vosotros; antes os instruiré en el camino bueno y recto.
1 SAMUEL 12:23

Lean estos pensamientos en voz alta para meditar juntos. Uno de ustedes lee un punto y el otro hace un comentario, al terminar invierten los roles y continúan hasta que hayan leído y comentado cada idea. Por último, concluyan juntos con una oración.

- El mayor regalo que Dios ha dado a las parejas es la capacidad de reírse juntos de la vida. El gozo de tener en común secretos humorísticos y chistes privados infunde energía a un matrimonio.
- Algunas paredes son visibles pero la mayoría son invisibles porque se construyen en la mente. Si se erigen murallas en una pareja, es porque alguien sufre en silencio.
- Nuestra necesidad más grande es sentirnos necesitados y deseados. Cada uno de nosotros anhela ser significativo e importante. Deseamos sentir que somos valiosos para nuestro cónyuge tal como somos.
- Si no se realizan las tareas simples, también es posible que se hayan descuidado cuestiones importantes como el tiempo que se pasa con los hijos. Tener éxito en el trabajo pero fracasar en el hogar es un fracaso total.
- Nada que nuestro cónyuge haga por nosotros puede tocarnos con más profundidad que su oración fiel por nosotros todos los días, con más perseverancia que cualquier otra persona.
- Al orar el uno por el otro, nuestro corazón se suaviza y está más dispuesto a perdonar a nuestro cónyuge. Es imposible aborrecer a otros mientras oramos con fervor por ellos.
- Es más fácil orar por el otro que orar con el otro. Orar juntos es un paso valiente hacia la intimidad profunda.
- Al llevar puestos sus anillos de boda, tanto el esposo como la esposa dicen al mundo: "Tengo un compromiso firme e inviolable con esta persona. Esta persona ha hecho un voto para ser fiel, y yo también he jurado serle fiel y amarla toda la vida".
- Sin mantenimiento, el matrimonio se puede desmoronar.
- Los cónyuges felices no se sienten obligados a hacer una serie de cosas para ser amados.[25]

¿Qué tan maduros?

*Finalmente, sed todos de un mismo sentir, compasivos, amándoos
fraternalmente, misericordiosos, amigables; no devolviendo mal por mal, ni
maldición por maldición, sino por el contrario, bendiciendo, sabiendo que fuisteis
llamados para que heredaseis bendición.*

1 PEDRO 3:8, 9

¿Diría usted que es una persona madura? La mayoría de nosotros así
lo cree. En el pasaje de hoy, Pedro nos da una serie de puntos para determinar nuestro nivel de madurez espiritual. Vamos a considerar cómo se aplican estos principios al matrimonio.

El primero es la unidad o "ser de un mismo sentir". ¿Hay unidad de
corazón, similitud de propósito y armonía en su relación? Somos llamados
a vivir de esta forma en el matrimonio y también con otros creyentes.

Los intereses mutuos constituyen el segundo criterio de evaluación. Ser
"compasivos" significa que si su cónyuge llora, usted llora y si está alegre
usted también se regocija. No existe competición, envidia ni celos entre
ustedes. Si su cónyuge recibe la atención o el aumento o el ascenso, usted
se alegra por él o ella.

En la admonición "amándoos fraternalmente" se incluye un llamado a
la amistad y el afecto sincero. Los amigos dan ánimo y consuelo en tiempos de necesidad. Siempre toman la iniciativa de acercarse antes que esperar a ser llamados.

"Misericordiosos" corresponde a otra característica de la madurez
espiritual. ¿Cómo demostraron bondad el uno hacia el otro durante esta
semana?

El siguiente criterio es la humildad. Usted es humilde si deja que otros
lo elogien antes que usted mismo. Ser humilde significa que uno no se
promueve a sí mismo ni llama la atención acerca de sus logros.

El último es "no devolviendo mal por mal" y se traduce en estar siempre dispuestos a perdonar. ¿Cómo sabe usted si ha tenido lugar el perdón?
Si usted ha perdonado a su cónyuge, no tratará de vengarse ni desquitarse.
Se abstendrá de decir cualquier cosa que según usted merezcan o no. Recuerde que han sido llamados a soportar trato duro e injusto.

Puede ser más fácil reflejar estos rasgos de la madurez espiritual con
personas a quienes usted no conoce tan bien, pero la prueba de fuego se da
en la relación matrimonial.[26]

Sí se puede

Quítense de vosotros toda amargura, enojo, ira, gritería y maledicencia, y toda malicia. Antes sed benignos unos con otros, misericordiosos, perdonándoos unos a otros, como Dios también os perdonó a vosotros en Cristo.
Efesios 4:31, 32

Llevarse bien con otros no es siempre la tarea más fácil. No solo requiere trabajo y tesón, sino la ausencia de cuatro espíritus diferentes.

El espíritu competitivo. Siempre que dos personas se proponen realizar una tarea, es importante que aprendan a trabajar juntas. Se logra mucho más al funcionar como socios que como competidores. Esto es difícil para algunos porque muchos de nosotros hemos sido criados para ser competidores y porque vivimos en una sociedad competitiva. Si usted es competitivo se esforzará en buscar su propio bien, menospreciará el éxito de los demás y se enfocará en ganar antes que en servir a otros. Sin embargo, es posible que usted realice sus mejores esfuerzos y viva una vida de excelencia sin hacerlo a expensas de otros, en especial de su cónyuge como socio principal de su vida.

El espíritu crítico no solo destruye a los demás, sino a la persona que lo posee. A veces viene como resultado de criticarnos demasiado a nosotros mismos o de ser perfeccionistas. Sin importar la razón, no es una buena manera de vivir. La Palabra de Dios dice: "Así que, en realidad ya no nos juzguemos más los unos a los otros, sino más bien decidid no poner tropiezo u ocasión de caer al hermano" (Ro. 14:13).

Algunas personas luchan con un espíritu de vanidad. A veces nos enamoramos de nosotros mismos y nuestro llamado en la vida parece ser impresionar a otros. Nos encanta mirarnos en el espejo y nuestra meta es capturar la atención de las personas y vivir de su aplauso. Si este espíritu se apodera de nosotros, es difícil reflejar la presencia de Jesús en nuestra vida porque los dos no pueden vivir juntos.

El último espíritu es muy destructivo, es el espíritu de adversario. Si nos enfrentamos a otra persona y dejamos que queden sentimientos encontrados, entran en acción la amargura y el resentimiento. Quizás el resentimiento se ha filtrado en nuestro matrimonio. En el matrimonio somos llamados a ser aliados. La Palabra de Dios nos dice que hay una mejor manera de vivir. Lean de nuevo la porción bíblica para hoy y permitan que el espíritu de estos dos versículos se arraigue en su corazón y rija su vida.[27]

Para llenar el vacío

No es bueno que el hombre esté solo; le haré ayuda idónea.
GÉNESIS 2:18

La primera vez que Dios dijo que algo no era bueno, tuvo que ver con la soledad del hombre. Dios creó a Adán como un ser independiente en el huerto que no tenía una pareja humana. Por eso Dios decidió crear a la mujer para satisfacer su necesidad de intimidad. En el texto original, la palabra hebrea que se traduce "ayuda idónea" significa "aquello que concuerda". Adán necesitaba alguien que pudiera complementarlo porque era incompleto por sí mismo. Este es uno de los propósitos del matrimonio: Completarse el uno al otro.

¿Recuerda la primera película del boxeador Rocky? Sylvester Stallone era el personaje principal y tenía una relación amorosa con una mujer tímida y diminuta llamada Adriana, quien trabajaba en una tienda de mascotas. Era la hermana de Pauly, un tipo insensible que trabajaba en la carnicería. Su meta en la vida era convertirse en recolector de deudas y prestamista usurero. ¡Todo un ganador! Pauly no podía entender por qué Rocky se sentía atraído hacia Adriana. ¿Recuerda la respuesta de Rocky? A los libretistas no solo se les ocurrió una respuesta excelente, sino una que refleja el principio establecido en Génesis 2. Rocky dijo: "No sé, tal vez porque llena los vacíos". ¿Cuáles vacíos? "Ella tiene vacíos, yo tengo vacíos. Juntos llenamos los vacíos". De esta manera simple pero profunda, Rocky lo expresó muy bien. Dijo que él y Adriana tenían espacios vacíos en la vida de cada uno de ellos como individuos, pero que al juntarse como pareja podían llenar esas carencias y reemplazar la soledad con compañía mutua. Eso es lo mismo que Dios hizo al crear una compañera idónea para Adán. Ella llenó todos sus espacios vacíos y él hizo lo mismo por ella. ¿Cuáles son los vacíos que ustedes dos llenan en la vida del otro? Dé gracias a Dios por el vacío que su cónyuge llena en su vida.[28]

¿Dormir con el enemigo?

Porque no tenemos lucha contra sangre y carne.
EFESIOS 6:12

Muchos de los chistes acerca del matrimonio lo presentan como un campo de batalla. En una revista alguien dijo: "El matrimonio es la única guerra en la que dormimos con el enemigo". Yo prefiero ver el mundo entero como el verdadero campo de batalla y su matrimonio como la unidad militar más pequeña y eficaz que Dios ha formado para ganar la guerra. La verdad es que su matrimonio pasa la mayor parte del tiempo en un campo de batalla y no en un balcón romántico. Cada pareja casada necesita entender el siguiente principio bíblico

Su cónyuge no es su enemigo.

Imagínese su matrimonio como dos personas metidas en una trinchera que cooperan en una batalla contra un enemigo común. Mire bien su propia trinchera, ¿luchan juntos contra el enemigo o el uno contra el otro? Es como una amiga me dijo: "Estaba tan ocupada en la trinchera en no dejarme de mi marido que no tenía tiempo para luchar contra el enemigo real de nuestro matrimonio". Tenga presente que tan pronto usted le declara la guerra a su cónyuge, en últimas hace oposición a Dios mismo porque rechaza a la persona que Él proveyó para completarlo y para satisfacer sus necesidades.

Quiero presentarle una prueba práctica para descubrir si usted ve a su cónyuge como su enemigo o como su compañero en la batalla: ¿Se enfoca en lo negativo o en lo positivo de su cónyuge? Los recién casados están tan absortos en su nuevo cónyuge que creen que no puede equivocarse, pero después de recorrer juntos quince mil kilómetros o doce meses después, cualquiera que llegue primero, el proceso se invierte y ahora uno se enfoca tanto en los errores que comete el cónyuge ¡que ignora por completo lo que hace bien!

Me gusta mucho aplicar la exhortación de Robert Louis Stevenson a la manera como vemos a nuestro cónyuge: "Aproveche al máximo lo mejor y al mínimo lo peor".[29]

Los madrugadores

Oh Jehová, de mañana oirás mi voz.
SALMO 5:3

¿Es usted de los que madrugan o se casó con uno de ellos? Usted sabe muy bien cómo son. Se levantan con los ojos abiertos y despabilados, listos para emprender el día desde las cinco o seis de la madrugada, algunos más temprano todavía. Les cuesta esperar al desayuno o la primera taza de café antes de hablar y comenzar con el ajetreo. Algunos de nosotros no estamos programados para madrugar de esa manera y creemos que el día debería empezar a las diez, ¡no a las seis de la mañana! En algunos casos los madrugadores son insensibles a sus cónyuges y necesitan acatar la admonición de Proverbios: "El que bendice a su amigo en alta voz, madrugando de mañana, por maldición se le contará" (27:14).

Bien sea que usted pertenezca al turno de las seis o al de las diez, tenga presente que hay algo muy bueno que se puede obtener en la mañana: Tiempo a solas con Dios. Esto es lo que David hizo en el salmo de hoy y es algo que también se menciona en otros pasajes de la Biblia.

"Tarde y mañana y a mediodía oraré y clamaré, y él oirá mi voz" (Sal. 55:17).

"Mas yo a ti he clamado, oh Jehová, y de mañana mi oración se presentará delante de ti" (Sal. 88:13).

"Por la misericordia de Jehová no hemos sido consumidos, porque nunca decayeron sus misericordias. Nuevas son cada mañana; grande es tu fidelidad" (Lm. 3:22, 23).

¿Existe una manera mejor de comenzar su día? En realidad, no. Si se siente mal y el día parece deprimente, opte por levantar la mirada. ¡Se sorprenderá con lo que verá!

¿Yo irritado y frustrado?

Todos los días del afligido son difíciles; Mas el de corazón contento
tiene un banquete continuo.
PROVERBIOS 15:15

Irritación. Es como una astilla que produce dolor en su dedo cada vez que la toca. Es como una piedra en el zapato que molesta a cada paso. Se manifiesta en nuestras expresiones faciales y el tono de nuestra voz. Suena como un gato que maúlla porque no puede conseguir su comida o salir.

La irritación comienza a veces si nos sentimos frustrados porque las cosas no salen como queremos, ¡lo cual sucede todos los días en el matrimonio! Debemos reconocer que en el matrimonio no siempre seremos capaces de hacer lo que queremos de la manera y en el momento en el que lo queramos hacer. No siempre podremos ver el programa de televisión que queremos o hacer el amor con la frecuencia que nos gustaría. ¡Bienvenido a la vida común y corriente!

Esta es una fórmula que vale la pena memorizar: "Cuanto mayor sea su deseo de ser perfecto o estar en control de las cosas, mayor será la probabilidad de experimentar frustración e irritación". No es una buena manera de vivir la vida ni disfrutar del matrimonio.

La irritación y la frustración no vienen de afuera, sino de adentro. Son ventanas a nuestra vida interior y a nuestras emociones. El problema no radica en nuestras circunstancias ni en lo que hagan los demás. Todas estas cosas sirven como detonadores para algo que ya reside en nuestro interior. Si nos sentimos frustrados e irritados la mayor parte del tiempo, y en especial con nuestros seres queridos, podría ser que hay algo de nuestro pasado que no hemos enfrentado como es debido, algo que tenemos temor de enfrentar (y de lo cual huimos), algo que todavía no hemos identificado o algo que no queremos admitir. Sea lo que sea, estas son algunas preguntas que debemos considerar: "¿Es posible que la irritación o la frustración den a una persona lo que quiere tener en la vida? ¿Son actitudes o acciones que comunican a otros el amor de Cristo?" Si no es así, ¿por qué no dejamos de reaccionar y actuar de esta manera? Dios nos ha hecho libres para aprender a aceptarnos, ajustarnos, relajarnos y disfrutar a plenitud de nuestra relación con Él. Si lo hacemos, también podemos disfrutar nuestra relación con otras personas, en especial con nuestro cónyuge.

La satisfacción sexual

Yo soy de mi amado, y conmigo tiene su contentamiento.
CANTARES 7:10

Joyce y Cliff Penner han escrito muchos libros acerca de las relaciones sexuales, han trabajado con miles de parejas y han dirigido seminarios y talleres sobre sexo durante veinticinco años. El doctor Neil Clark Warren les solicitó sus recomendaciones para ayudar a las parejas a tener relaciones sexuales satisfactorias para ambos cónyuges. Presento a continuación algunas de ellas para que las discutan en pareja (¡pero no frente a los niños!)

- Como el hombre nunca se siente satisfecho de verdad si la mujer no queda satisfecha, él tiene que sustituir su orientación hacia el resultado por el enfoque de ella en el proceso. El hombre debe aprender a tomarse su tiempo y disfrutar la música lenta.
- Puesto que la necesidad física de conexión que un hombre tiene no es sentida de igual manera por la mujer, recomendamos que el hombre siga los pasos de ella.
- Una mujer necesita aprender a recibir el afecto físico que el hombre quiere darle.
- Cada uno de ustedes es responsable por el placer que pueden dar y recibir en cualquier experiencia sexual.
- La mujer debe sentirse libre de tomar la iniciativa y llevar las riendas en la experiencia sexual.
- Para mayor placer y satisfacción sexual, el hombre debe aprender a escuchar a su esposa y seguir sus sugerencias durante la relación sexual.
- La fórmula del éxito: El esposo expresa su amor intenso por la esposa y esta afirmación enciende la pasión de ella como una invitación irresistible.
- Un sistema positivo de comunicación mutua permitirá que el estímulo y la afirmación fluyan sin estorbos, a medida que el esposo ama y la esposa invita.
- Cada uno de ustedes tiene la responsabilidad de permitir que el otro obtenga su satisfacción sexual.
- La clave de la pasión es la anticipación y no la espontaneidad.
- No se puede esperar que usted cumpla sus responsabilidades bíblicas en la relación sexual dentro del matrimonio hasta que haya sido sanado de su pasado.[1]

Estas son algunas de sus recomendaciones como expertos y hay muchas más en su libro *Men and Sex* [Los hombres y el sexo]. ¿Por qué no obtienen un ejemplar y lo leen juntos?

El ritmo de su matrimonio

Las casadas estén sujetas a sus propios maridos, como al Señor...
Maridos, amad a vuestras mujeres, así como Cristo amó a la iglesia,
y se entregó a sí mismo por ella.
EFESIOS 5:22, 25

El matrimonio es más que una serie de reglas y funciones predetermina-
das. Es cierto que se necesita definir quién va a hacer qué. También es cierto que debe establecerse alguna distribución de labores y responsabilidades.
Es verdad que se necesita descubrir quién tiene capacidades y talentos en
ciertas áreas. Hay muchas parejas que tienen bien definido todo lo anterior
pero su manera de funcionar juntos no deja de causarles inconvenientes.
No trabajan juntos como un equipo, sino como individuos descoyuntados.
El liderazgo de la cabeza y la sumisión del cuerpo son dos áreas que crean
tensión para muchas parejas. El doctor y psicólogo cristiano Larry Crabb
dice:

> En un buen matrimonio se tiene la sensación de que el hombre y la
> mujer combinan sus movimientos de forma natural y aunque es ob-
> vio que cada uno hace su contribución particular como individuo, la
> presencia de esa individualidad no es la característica sobresaliente.
> Es algo similar a una pareja de bailarines que han bailado juntos por
> muchos años y pueden anticipar los pasos del otro con desenvoltura
> y elegancia. El ritmo de la música y los movimientos de los bailarines
> son dos ingredientes separados, y aunque es claro que uno dirige al
> otro, no se tiene la impresión de que trabajan duro para mantener su
> coordinación mutua con respecto a la música. El ritmo está en ellos y
> se mueven sin gran esfuerzo para que cada movimiento se ajuste a la
> música, porque han aprendido que la música forma parte de ellos.
> Aprender cómo funcionan los principios de liderazgo de la cabeza y
> sumisión del cuerpo en el matrimonio se caracteriza en muchos casos
> por la misma lentitud y torpeza de un joven inexperto que apenas
> comienza a aprender a bailar. Hay ciertas reglas que deben seguirse y
> funciones específicas que determinan los pasos correctos, pero un buen
> bailarín no se hace con la combinación mecánica de reglas, funciones
> y una absorción correcta del ritmo.
> En cada relación hay un ritmo específico que solo puede aprender-
> se a medida que se escuchan las verdades acerca de Dios una y otra
> vez.[2]

¿Cuál es el ritmo de su matrimonio?

La gran búsqueda

Paloma mía, que estás en los agujeros de la peña, en lo escondido de escarpados parajes, muéstrame tu rostro, hazme oír tu voz; porque dulce es la voz tuya, y hermoso tu aspecto.

CANTARES 2:14

¿Ha notado alguna vez que los amantes en Cantares muy rara vez se presentan juntos? Su drama trata menos acerca de la consumación del amor y más sobre el recorrido zigzagueante hacia él. En una escena están en búsqueda apasionante y se invitan el uno el otro con frases como "ven" y "vuélvete". En la próxima son cautelosos y vacilan en abrir la puerta. En el capítulo 3, la amada no puede encontrar a su amado aunque lo busca con desesperación. Es probable que usted recuerde alguna experiencia similar: "¿Por qué no contesta el teléfono?" "¿Será que le perdí?" Más adelante se entera de que esto era lo que su cónyuge tenía en mente.

¿Juegos amorosos insensatos? Sí y no. "Así es como fuimos creados", explica el doctor James Dobson. "La mayoría de nosotros queremos aquello que requiere gran esfuerzo de nuestra parte o aquellos que solo podemos soñar que alcanzamos. Nos excitan los retos y nos intriga todo lo misterioso y esquivo".

¿Cómo podemos mantener viva la búsqueda mutua y apasionada en el matrimonio?

Este es uno de los lugares en los que comienzan a resquebrajarse los matrimonios. Uno de los cónyuges o ambos deciden que el otro es un bien conocido que ha dejado de ser un misterio para descubrir o un premio para ganar con esfuerzo. Tal vez uno de nosotros haya empeorado la situación con una conducta sofocante que deja al otro sin incentivos o sin espacio para tomar la iniciativa de buscarnos. Cuanto más tiempo hayamos estado casados, más diestros debemos volvernos en el arte de la búsqueda y la invitación. Pregúntese: "¿Cuándo fue la última vez que retrocedí para observar con detenimiento un nuevo rasgo recóndito en el alma de mi cónyuge?" Casi siempre veremos estos rasgos si los buscamos, por eso es crucial que seamos nosotros quienes los exploremos y nos deleitemos en su descubrimiento con nuestro cónyuge.

El punto aquí no es participar en juegos románticos ni hacer que el otro se sienta inseguro en la relación. No siempre tenemos que estar en búsqueda activa o en retraimiento pasivo, pero cada matrimonio necesita encontrar un ritmo que funcione para mantener vivo el romance, y en el cual cada persona se sienta deseada y tenga amplia oportunidad para desear.[3]

Honra mutua

Honrad a todos. Amad a los hermanos. Temed a Dios. Honrad al rey.
1 PEDRO 2:17

Respondan las siguientes preguntas:
- ¿Se honran el uno al otro?
- ¿Qué significa honrarse el uno al otro?
- ¿En qué se basa su honra?

Estas tres preguntas deberían mantenerlos en conversación profunda por un buen rato. Quizá necesitamos comenzar con la honra. Usamos la palabra, ¿pero sabemos a qué nos referimos con ella? La palabra "honrar" en griego significa "tener en alta estima, no tomar a la ligera, apreciar, estimar, atribuir peso y valor". Si miramos las Escrituras, encontramos que la palabra "gloria" en el Antiguo y el Nuevo Testamento se define con frecuencia como sinónimo de honra.

La Biblia menciona tres niveles de honra que se usan en el trato personal. Un nivel se basa en el desempeño y otro en el carácter, pero el máximo tiene que ver con honra intrínseca. ¿Qué es eso? Es la honra poseída por Dios mismo y Él ha decidido darla a cada uno de nosotros. En realidad es un atributo exclusivo de Dios, pero Él lo transmitió a nosotros al crearnos en su imagen. ¿No es esto algo maravilloso? Quizás usted haya orado: "Señor, te honramos" o "te damos la honra a ti". Todos debemos honrar a Dios, pero también los unos a los otros. No es algo que nuestro cónyuge se gane con méritos, debe darse como un don gratuito.

Ahora bien, si usted creyó que las tres primeras preguntas fueron difíciles, considere primero las siguientes:
- ¿Puede describir cómo tiene "en alta estima" a su cónyuge?
- ¿Puede describir cómo "premia" a su cónyuge?
- ¿En qué forma específica no toma usted a la ligera a su cónyuge?
- ¿Cómo atribuyen dignidad y valor el uno al otro?[4]

¿Qué decir de mañana?

No sabéis lo que será mañana. Porque ¿qué es vuestra vida?
Ciertamente es neblina que se aparece por un poco de tiempo, y luego se
desvanece. En lugar de lo cual deberíais decir: Si el Señor quiere, viviremos y
haremos esto o aquello.
Santiago 4:14, 15

¿Qué sucedió ayer en su vida que fue muy significativo? Piense en ello por un momento. En los últimos veinte años, ¿cuáles son los tres sucesos más significativos de su vida? ¿De su matrimonio? ¿Cuál fue el efecto que tuvieron en su vida espiritual? Con frecuencia quedamos atascados al evocar demasiados recuerdos del pasado. Pasamos demasiado tiempo en la recreación de los viejos y buenos tiempos, sobre todo si el presente es medio deprimente. No obstante, a veces conviene detenerse y sopesar el pasado para fijar un buen curso en el presente.

Santiago tiene un mensaje serio para cada uno de nosotros: "La vida en el futuro es algo incierto". Lo que debemos anticipar con certidumbre no es la repetición del pasado, sino los sucesos inevitables del futuro. De hecho, lo mejor que usted pueda imaginarse sucederá con la misma probabilidad que lo peor. La vida es incierta y eso no es algo nuevo porque ha sido así desde la caída.

La vida también es breve y difícil, pero no tenemos que vivir atemorizados del futuro ni preguntar todo el tiempo "¿y que si sucede esto o aquello?" El simple hecho de enfrentar el futuro con nuestro cónyuge lo hace menos amenazador. Es excelente la manera como Chuck Swindoll pone en perspectiva Santiago 4:14, 15.

La vida es un reto. Por cuanto es breve, la vida está repleta de posibilidades complicadas. Por cuanto es incierta, está repleta de ajustes complejos y delicados. Estoy convencido de que en gran parte esto es lo que Jesús quiso darnos a entender al prometer una vida abundante. Tiene abundancia de retos, desborda en posibilidades y está llena de oportunidades para hacer adaptaciones, modificaciones y cambios. Si nos detenemos a pensarlo, ese es el secreto de la juventud, pero también es el sendero que conduce al optimismo y la motivación genuina.[5]

Como pareja, ustedes siempre tendrán retos que los aguardan en el futuro. Enfréntenlos juntos y regocíjense.

El ministerio del matrimonio

*Vosotros sois la luz del mundo... Así alumbre vuestra luz
delante de los hombres.*
MATEO 5:14, 16

En el matrimonio lo que sucede es que dos personas aceptan un ministerio de suma importancia. En primera instancia, ese ministerio tiene un enfoque mutuo y se ejerce entre el esposo y la esposa para ayudarse a crecer en sentido emocional, social, intelectual y espiritual, como parte de un viaje que los lleva a convertirse en lo que Dios se propuso con cada uno. Los cónyuges experimentan crecimiento emocional al aprender a dar y recibir cuidado y amor. Experimentan crecimiento social al aprender todas las pequeñas habilidades como escuchar, ceder, comunicarse, resolver conflictos y más, que hacen posible vivir con otra persona. Estas habilidades también son útiles para desenvolverse en el mundo. Su aprendizaje intelectual consiste en la comunicación mutua de ideas que someten a prueba entre sí. Su aprendizaje espiritual se deriva de una vida de oración por el otro y con el otro, al participar juntos en una comunidad de fe y al trabajar juntos en el servicio cristiano.

Si son fieles en el cumplimiento de este primer aspecto de su ministerio, las parejas están preparadas para ejercer un segundo ministerio del matrimonio que es el ministerio a los hijos. La llegada de los hijos casi siempre trae tensión adicional al matrimonio, así que los padres podrán apoyarse el uno al otro solo si han aprendido qué significa amar con abnegación y sin egoísmo.

El tercer ministerio del matrimonio se enfoca hacia la comunidad de fe. Se requiere mucho trabajo para que dos personas lleven un matrimonio al punto en el que tengan algo que ofrecer como pareja a otros. Dos personas que no hayan tenido buenos resultados en los primeros dos ministerios del matrimonio para beneficio de ellos mismos y de sus hijos, son como una taza vacía que se ofrece a un mundo sediento y no tienen algo de valor que ofrecer a los demás.

¿Cómo se relaciona esto con ustedes? Si usted y su cónyuge han trabajado con fidelidad en sus primeros ministerios, es probable que tengan algo que ofrecer a su iglesia, su comunidad y su mundo.

El cuarto ministerio del matrimonio va dirigido al mundo. Algunas veces este ministerio se ejerce a través de proyectos organizados y formales para servir a un mundo herido. Esta es una parte importante del proceso de interconexión espiritual y del recorrido que los conduce como almas gemelas al cumplimiento del propósito divino de su unión matrimonial.[6]

Orar juntos

Orad sin cesar.
1 Tesalonicenses 5:17

Carlos y Martha Shedd nos hablan sobre su experiencia de aprender a orar juntos.

Nos sentábamos en la mecedora que colgaba de nuestro pórtico y nos turnábamos para decir las cosas por las que queríamos orar. Luego nos tomábamos de las manos y cada uno oraba a su manera y en silencio. Este fue el comienzo sencillo de una vida de oración en la con el paso de los años también hemos aprendido a orar de otras formas, incluida la oración en voz alta. Oramos en un lenguaje cotidiano a cualquier hora, en cualquier lugar, en cualquier posición, en todo ambiente y situación que nos toque. Muy rara vez usamos palabras solemnes, tan solo sostenemos una conversación cotidiana y directa. Nos interrumpimos, reímos, discutimos y disfrutamos al máximo ese tiempo. Nos dolemos juntos, lloramos juntos, nos asombramos juntos. Los dos hemos afinado nuestra amistad conforme al tono del amigo más noble de todos.

¿Todavía oramos juntos en silencio? Con cierta frecuencia, porque algunos gemidos del espíritu se expresan mejor en el silencio. Por ejemplo: "Siento gran ansiedad y no sé por qué. ¿Podrías escuchar mientras te digo lo que pueda expresar? Después podemos orar por lo que sabemos y lo incierto en silencio". Otro ejemplo: "Este es uno de mis mejores días pero es tan bueno que ni siquiera tengo palabras para decirte lo que siento. Demos gracias al Señor en silencio".

En oración participamos juntos de lo negativo, lo positivo, los lamentos, las celebraciones, las cosas confusas, y todo lo demás. En voz alta oramos por todo lo que podemos expresar, y en silencio oramos por lo que va más allá de las palabras.

¿Por qué habría de sentirse como algo real esta práctica espiritual? Casi desde el principio supimos que habíamos descubierto una auténtica dimensión nueva en la oración. Al volvernos mejores amigos también ganamos al Señor como nuestro mejor amigo, y cuanto más buscamos su amistad, mejores amigos nos volvemos entre nosotros.[7]

Integridad

De más estima es el buen nombre que las muchas riquezas,
y la buena fama más que la plata y el oro.
PROVERBIOS 22:1

Imagínese por un momento que está en un programa televisivo de preguntas y respuestas y que ha contestado bien casi todo. Solo falta una pregunta y usted será nombrado ganador absoluto. Le hacen la pregunta y usted responde. ¡Es correcto! ¡Usted lo ha logrado! Sin embargo, de repente el anunciador dice: "Tenemos que hacerle una pregunta adicional". Usted siente mucho temor y se hace evidente en su rostro, pero el anunciador continúa. "Como usted ya ganó, ahora tiene que elegir entre varios premios. Puede tener toda esta riqueza que incluye dinero en efectivo, un bote, automóvil nuevo y viaje por Europa, o puede tener integridad. ¿Cuál quiere recibir?" Silencio total. Usted puede mirar a su cónyuge pero no puede recibir su ayuda para esta respuesta final. Quizás usted se pregunta qué preferiría recibir como premio y hasta diga "¿por qué no las dos cosas?" Ahora bien, si usted tuviera que elegir una de las dos, ¿cuál elegiría?

Esta puede ser una decisión difícil para usted, en especial si considera sus deudas, la casa, lo que necesitan sus hijos y demás. Todos tenemos necesidad de dinero y en gran parte es una necesidad justificada, pero algunas veces asignamos demasiado valor a la riqueza y el ascenso social. Piense por un momento: ¿Lo ayuda la riqueza a acercarse más a Dios? ¿O tal vez tendemos a alejarnos como resultado de la holgura material? ¿Hace que nos acerquemos más como pareja o crea un distanciamiento? Es fácil enamorarnos de nuestra propia capacidad para vivir independientes si contamos con abundancia de recursos financieros, a no ser que recordemos que todo lo que tenemos pertenece a Dios. Todo lo que ustedes posean como pareja es de Dios. No es malo tener dinero y Dios nunca condena la riqueza en sí misma.

Proverbios nos suministra pensamientos sabios al respecto: "Mejor es el pobre que camina en su integridad, que el de perversos caminos y rico" (Pr. 28:6). "Mejor es el pobre que camina en integridad, que el de perversos labios y fatuo" (Pr. 19:1).

Mediten en esto como pareja.

¿Qué es un alma gemela?

De manera que, teniendo diferentes dones,
según la gracia que nos es dada,... úsese.
ROMANOS 12:6

Al casarse, es probable que lo haya hecho con la esperanza de haber encontrado su "alma gemela", alguien que lo entendería por completo, alguien con quien podría tener una conexión profunda y espiritual, alguien cuyo ser interior era 100% compatible con el suyo.

Bien sea que su cónyuge sea su alma gemela o no es algo que depende menos de con quién decidió casarse usted que del recorrido que haya emprendido en su matrimonio. Las almas gemelas no se encuentran en la decisión de casarse, sino que crean un vínculo entre ellas en las decisiones incontables y al parecer insignificantes de la vida diaria. Por supuesto, convertirse en almas gemelas implica mucho más que esto. Debido a que el matrimonio es una unión de dos personas en un pacto ante Dios, es en primera instancia una aventura espiritual. Por eso convertirse en almas gemelas requiere que se trabaje en el marco de una relación con Dios. ¿Con miras a qué trabajan como pareja al incorporar disciplinas espirituales en la vida de cada uno de ustedes y el matrimonio? Por cierto, una relación más íntima y profunda con Dios, pero lo más probable es que también trabajan para tener un matrimonio que tenga significado. El trabajo en la relación se debe a que hemos sido creados en la imagen de un Dios que toma la iniciativa de establecer relaciones y ha implantado en nosotros el deseo intenso de mantener relaciones personales. Nos convertimos en alma gemela de alguien como resultado de trabajar juntos en las relaciones múltiples de la vida: La relación con Dios, la relación con el cónyuge, la relación con los hijos, la relación con la familia, la relación con la comunidad de fe y la relación con la sociedad en general.

Las almas gemelas se ayudan de manera intencional para funcionar bien en las diversas relaciones que componen una vida llena de significado. Las almas gemelas reconocen los recursos naturales de cada uno, saber sus dones, intereses y motivaciones. Se ayudan entre sí a definir, desarrollar y valorar estos recursos. Se apoyan el uno al otro en la realización de sus ministerios conjuntos e individuales.

Si usted opta por hacer el trabajo que se requiere para que usted y su cónyuge se conecten al nivel más profundo, la probabilidad de que se unan como almas gemelas aumenta en gran medida.[8]

Aciertos... de vez en cuando

Hijitos míos, estas cosas os escribo para que no pequéis; y si alguno hubiere pecado, abogado tenemos para con el Padre, a Jesucristo el justo.
1 Juan 2:1

¿Espera usted que su cónyuge tenga aciertos todo el tiempo? Responda con honestidad, ¿es lo que espera? ¿Quiere que camine, hable, actúe y trabaje a perfección y conforme a sus propios parámetros y criterios? Algunas personas viven así. Sus expectaciones no dan lugar al más mínimo margen de error.

Los parámetros son buenos como objetivos hacia los cuales encaminar nuestros esfuerzos, pero su cónyuge no dará en el blanco todas las veces y tampoco lo hará usted. Ambos fallarán en cualquier momento dado. Es posible que Dios sea más paciente que usted con su cónyuge o con usted mismo. Note cómo se dirige Dios a nosotros en el pasaje de hoy. Nos llama "hijitos" y nos trata como a sus seres queridos. Los niños tienen muchas cosas que aprender, y mientras un niño aprende a caminar comete errores como caerse, lo cual puede hacerle sangrar una rodilla. Dios quiere que seamos obedientes y lo sigamos, pero Él también nos dice: "Hijos amados, no quiero que pequen sino que vivan al máximo la vida cristiana. Para ayudarlos a lograr este objetivo, les he dado mi Palabra para que puedan crecer y madurar. Ella los guardará para que no pequen, pero si pecan también me he encargado de resolverles ese problema".

Charles Stanley dijo:

No podemos ser perfectos y nunca lo seremos, pero podemos disfrutar la perfección de Cristo Jesús. Podemos aceptar su benignidad y su amor. Podemos reconocer que Él no espera que seamos perfectos, pero sí espera que no dejemos de crecer en Él ni de confiar en Él día a día. Él dice que a medida que hagamos esto, Él hará una realidad su perfección en nosotros. No tendremos que luchar para hacerlo ni agotar nuestra energía porque Él hará la obra. Él incorporará su perfección en nosotros a su tiempo, por medio de sus métodos ¡y para cumplir sus propósitos![9]

San Valentín

Tal es mi amado, tal es mi amigo.
CANTARES 5:16

La leyenda de San Valentín se remonta a la antigua Roma. Cada año, los romanos celebraban un día de festividades en honor de su dios Lupercus. Se convirtió en un festival para los amantes. El 15 de febrero también rendían culto a Juno, la diosa del matrimonio. En este día festivo las mujeres jóvenes echaban sus nombres en una vasija para que los hombres los sacaran al azar, y así quedarían emparejados durante la celebración.

Sin embargo, no todos en Roma adoraban a los dioses legendarios. Algunos cristianos que adoraban a su Dios único y verdadero también vivían en la ciudad y padecían gran persecución.

En el año 496 el papa Gelasio quiso comunicar la visión cristiana del amor verdadero. Buscó a un mártir que hubiera exhibido una vida de amor abnegado a los demás. Se enteró de la historia de San Valentín. Hay dos leyendas en torno a este cristiano. Una es que San Valentín fue un doctor cristiano que dedicó su vida a ayudar a otras personas a recuperar su salud. Se dice que incluso oraba por sus pacientes después de darles tratamiento y medicina. San Valentín también fue un líder cristiano de reconocimiento local. En aquel tiempo era ilegal que los soldados romanos se casaran. Claudio "el cruel" quería que todos los hombres fueran a la guerra, así que no les permitió casarse. San Valentín se compadeció de los enamorados que sufrían bajo estas circunstancias y condujo ceremonias nupciales en secreto. Al descubrir Claudio lo que hacía Valentín, le mandó encarcelar. Durante su estadía en la cárcel Valentín se hizo amigo de la hija del carcelero que era ciega. Durante esta era en Roma los ciegos eran vistos como malditos e indignos de ser amados, pero Valentín la trató con compasión y trató su ceguera. Según otra leyenda sobre San Valentín y la niña ciega, él la había conocido de antemano y había tratado su ceguera con colirio en la esperanza de que recuperara la vista, y esto también enervó a las autoridades romanas.

San Valentín fue sentenciado a morir el 14 de febrero. Se dice que escribió unas palabras de ánimo para la hija del carcelero y firmó la nota con la rúbrica "de tu Valentín". Según la leyenda, tan pronto la hija del carcelero abrió el pergamino que contenía la nota de Valentín, pudo ver por primera vez en su vida.[10]

Amar o perecer

Que nos amemos unos a otros.
1 Juan 3:11

Hay un día muy especial cada año que se dedica al amor y la amistad. En los Estados Unidos se conoce como el "Día de San Valentín". Corazones y flores, banquetes de enamorados y un sinnúmero de detalles que nos recuerdan todo el tiempo que todavía hay un hueco en el tórax humano en forma de corazón que solo las dos palabras más hermosas del mundo pueden llenar: "Te amo".

No piense por un instante que esto es para personas sensibleras. Como escribió hace muchos años Smiley Blanton, la vida en realidad se resume en amar o perecer:

Sin amor, las esperanzas perecen.

Sin amor, los sueños y la creatividad perecen.

Sin amor, familias e iglesias perecen.

Sin amor las amistades perecen.

Sin amor, la intimidad del romance perece.

Sin amor, el deseo de continuar viviendo perece.

Amar y ser amados es el fundamento de nuestra existencia.

Sin embargo, el amor también debe ser flexible y adaptarse. Amor rígido no es amor verdadero sin manipulación velada, una bomba condicional de tiempo que explota en momentos de frustración. El amor genuino espera de buena voluntad, no se impone ni exige. Aunque tiene límites también tiene un gran alcance. No asfixia ni se aferra. El amor real no es miope, egoísta ni insensible. Detecta necesidades y hace lo mejor para la otra persona sin que se lo digan.

¿Sabe su esposo o esposa cuánto lo valora usted? ¿Usted le dice y le muestra cuánto lo ama? ¿Por qué no le da a su cónyuge una nota de amor? ¿Qué tal una cena romántica a la luz de las velas? ¿Recuerda cómo dijo "sí acepto" en su boda? Añada a esta promesa tres palabras: ¡Sí te amo!

Esas simples palabras que olvidamos decir con tanta facilidad porque suponemos que la otra persona sabe qué sentimos, deben decirse con mayor frecuencia. Es extraño que a medida que envejecemos somos más conscientes del valor de esas palabras poderosas pero las decimos menos que nunca. Te amo. Palabras sencillas pero inmejorables. Nada puede reemplazarlas y son mejores que "eres el mejor", suenan mejor que "feliz cumpleaños", "felicitaciones" o "eres especial". Como no tenemos garantía alguna de que nos tendremos el uno al otro para siempre, es buena idea decirlas con la mayor frecuencia posible.[11]

Amor es...

1 CORINTIOS 13:1-7, 11-13
Paráfrasis de Wuest

Si hablo en lenguas de hombres y de ángeles pero no tengo amor, es porque ya me he vuelto un metal retumbante o un címbalo que rechina. Si tengo el don de expresar revelaciones divinas y conocer todos los misterios y todo el conocimiento, y tengo toda la fe necesaria para quitar montaña tras montaña, pero no poseo amor, nada soy. Si uso todas mis posesiones para alimentar a los pobres y entrego mi cuerpo como un mártir para tener de qué gloriarme pero no tengo amor, en nada me beneficio.

Amar con mansedumbre y paciencia incluye soportar toda clase de maltratos.

El amor es amable, apacible y benigno. Como el aceite, penetra todo hasta la médula y suaviza lo que antes fue áspero y obstinado. El amor no es envidioso ni jactancioso, tampoco hace alarde de sí ni es ostentoso. No actúa de forma inapropiada ni busca apropiarse de nada ni de nadie. No se deja irritar, provocar ni exasperar, y no tiene en cuenta los males que sufre ni se alegra por la iniquidad, sino que se regocija en la verdad. Todo lo cree, todo lo soporta, todo lo espera y por nada se deja desanimar o acobardar. El amor nunca falla...

Yo fui niño y estuve acostumbrado a hablar, entender y razonar como niño. Al convertirme en hombre empecé a portarme como un adulto y dejé a un lado para siempre las cosas propias de un niño. Así también, por ahora vemos a través de un espejo oscuro, pero en aquel entonces veremos cara a cara. Ahora conozco de forma fragmentaria, pero después conoceré tanto como soy conocido. Por eso permanecen la fe, la esperanza y el amor, pero el más grande de todos es el amor.[12]

¿Qué haría diferente?

[Entendamos que son] coherederas de la gracia [el favor inmerecido de Dios] de la vida.
1 Pedro 3:7

Una pareja que llevaba cuarenta y siete años de casados dijo:

Si nuestro matrimonio volviera a comenzar ahora mismo, yo como esposa no trataría de mantener nuestra casa tan impecable al punto de descuidar las necesidades que mi familia tiene de una esposa y una madre. Pondría primero a Cristo y pasaría más tiempo con mis hijos y mi esposo. También rendiría todo lo mío al Señor al principio de nuestro matrimonio y prestaría más atención a mi esposo...

Yo como esposo ejercería más dominio propio en la expresión abierta de mi enojo, pasaría más tiempo con mis hijos para ayudarlos con sus tareas y actividades escolares, así como para enseñarles los principios esenciales de llevar una vida santa y temerosa de Dios. Trataría de ser más sensible a los temores de mi esposa acerca de gastar demasiado dinero en automóviles y botes. Fallé en aclararle de forma satisfactoria que esas compras serían de beneficio para toda la familia...

Una pareja que llevaba cincuenta y ocho años de matrimonio dijo:

[El esposo dijo] Si pudiera comenzar otra vez mi matrimonio, en realidad no se me ocurre qué haría diferente. Estuve enamorado de ella al casarme con ella y no he dejado de sentir lo mismo ni un solo minuto desde aquel día. Sin embargo, creo que trataría de comunicarme mejor e informar con más claridad todo lo que hice... Además, antes de tomar decisiones hablaría más sobre cada asunto con ella. Creo que esas son las únicas cosas que cambiaría.

[Habla la esposa] Creo que en nuestros primeros años y hasta años recientes, siempre tuve el hábito bastante desagradable de recordar cosas del pasado en nuestras discusiones. No solo manifestaba desacuerdo y terquedad, sino que traía a colación asuntos irrelevantes con frases como: "Pues bien, si no hubieras hecho esto o aquello". Creo que en lugar de eso, debí haber dicho "lo siento".

¿Qué dirá usted dentro de cincuenta y ocho años? Ahora es el tiempo preciso para marcar la pauta del futuro que van a pasar juntos.

Conozcan la voluntad de Dios

Fíate de Jehová de todo tu corazón, y no te apoyes en tu propia prudencia.
PROVERBIOS 3:5

"¿Cómo puedo conocer la voluntad de Dios?" Es una pregunta que me han hecho muchas personas, pero antes de que pueda ser respondida es necesario hacer otra: "¿Estoy preparado y dispuesto para hacer la voluntad de Dios? Si la respuesta es afirmativa, se puede proceder a formular la otra pregunta.

Recuerde que lo que Dios tiene en mente para usted puede tomarlo por sorpresa. Quizá la mejor expresión de este hecho se encuentra en Isaías 55:8: "Porque mis pensamientos no son vuestros pensamientos, ni vuestros caminos mis caminos, dijo Jehová". Para descubrir y hacer la voluntad de Dios deben tenerse en cuenta tres palabras. La primera es iniciativa. "De cierto, de cierto os digo: No puede el Hijo hacer nada por sí mismo, sino lo que ve hacer al Padre; porque todo lo que el Padre hace, también lo hace el Hijo igualmente" (Jn. 5:19).

La segunda palabra es oportunidad. "Todo tiene su tiempo, y todo lo que se quiere debajo del cielo tiene su hora" (Ec. 3:1). El tiempo de Dios es perfecto y oportuno, Él nunca está demasiado temprano o demasiado tarde. Esperar puede ser el mejor paso que usted puede dar hasta que todas las indicaciones confirmen que "sí, este es el tiempo justo". Es esencial pedir a Dios sabiduría para discernir los tiempos. Algunas veces en el matrimonio una persona ejerce influencia sobre la otra para que actúe por delante de la voluntad de Dios. Se necesita que ambos cónyuges oren para recibir sabiduría y paciencia.

La última palabra es sumisión. "Fíate de Jehová de todo tu corazón, y no te apoyes en tu propia prudencia. Reconócelo en todos tus caminos, y él enderezará tus veredas" (Pr. 3:5, 6). Para conocer y hacer la voluntad de Dios no puede haber una lucha por el poder entre ustedes dos o con Dios. Él quiere que nuestra voluntad se someta a la suya. Cuanto más valoremos el control y el poder, mayores dificultades tendremos. No solo es necesario reconocer que la voluntad de Dios depende de su iniciativa y tiempo soberanos, sino que también es Él quien debe estar a cargo de todo, y esto significa que Él también está a la cabeza de su matrimonio.[13]

Cómo manejar los problemas

Pues aunque andamos en la carne, no militamos según la carne;
porque las armas de nuestra milicia no son carnales,
sino poderosas en Dios para la destrucción de fortalezas.
2 Corintios 10:3, 4

Problemas. Todos los tenemos, pero la mejor manera de resolverlos no es tanto reaccionar a ellos, sino descubrir qué ideas generamos a raíz de los problemas mismos. Usted encontrará en la reflexión de hoy cinco actitudes posibles frente a sus problemas.

Exagerar el problema. Esta actitud significa añadir una opinión negativa a los hechos negativos que presenta la situación. En otras palabras, es aumentar y complicar la negatividad.

Fomentar el problema. Esto equivale a dedicar tiempo y atención al problema mismo en lugar de buscarle solución.

Recrear el problema. Es el ejercicio mental de imaginar una y otra vez el problema hasta que usted termina enfrascado en un sinnúmero de detalles irrelevantes que le impiden enfrentarlo.

Desmenuzar el problema. Tiene que ver con una técnica que se aplica a la solución de problemas científicos. Consiste en desintegrarlo en sus componentes mínimos y trabajar por aparte en cada fracción hasta que se encuentre una respuesta parcial. A medida que se resuelven los problemas fraccionarios, es lógico que el problema mayor se resuelva. Este principio se aplica en todos los aspectos de la vida. Una de las acciones más eficaces que una persona puede emprender frente a lo que aparece como un problema insoluble, es tratar de descomponerlo en situaciones aisladas y dedicar un solo día a resolver cada una de ellas.

Neutralice el problema. Busque el lado positivo de la situación. No hay circunstancia de la vida que sea 100% mala. Siempre hay un rayo de esperanza y un destello de luz en todo. Reconozca la negatividad como lo que es: La distracción fastidiosa de una solución positiva. Renuncie al negativismo sin ignorar el problema ni aferrarse a la esperanza ingenua de que el problema desaparecerá por sí solo. ¡Todo lo contrario! Deshacerse de los pensamientos negativos significa enfrentar el problema y confrontar su actitud negativa. Esto le permite aceptar que la reacción negativa no contribuirá en lo más mínimo a resolver el problema. En consecuencia, usted dejará de insistir en lo negativo y podrá orientar la situación problemática hacia terreno positivo. Solo usted puede neutralizar sus sentimientos hacia un problema no resuelto.

¿Cuál de estas metodologías caracteriza su matrimonio?[14]

Guiados por Dios

Reconócelo en todos tus caminos, y él enderezará tus veredas.
PROVERBIOS 3:6

¿Se han preguntado alguna vez qué los guía Dios a hacer como pareja a fin de servirle? ¿Saben que Dios va a hacer algo maravilloso en la vida de cada uno de ustedes? ¿Pueden sentir que Él obra pero no saben todavía qué quiere para ustedes? En ese caso, consideren estas palabras del doctor Charles Stanley:

Si usted experimenta una inquietud profunda en su espíritu y sabe que está bien con Dios, también puede confiar con plena certeza que Dios obra en ese mismo instante para guiarlo a su próxima lección, su siguiente lugar de servicio para Él, su próxima oportunidad para avanzar en la vida cristiana. Él no le pide que se encargue de abrir esas puertas, solo que demuestre obediencia a su dirección perfecta. Usted puede confiar en que Él traerá la combinación correcta de personas y circunstancias para bien suyo.

En muchos sentidos, vivir dentro de la voluntad de Dios es como maniobrar una canoa por un río caudaloso. Es necesario evitar algunas rocas y a veces deben ponerse los remos en el agua para alejar la canoa de todos los peligros de la corriente. Hay lugares para detenerse a lo largo del recorrido, pero lo más importante es que se necesita luchar contra la corriente. La corriente es creada por Dios y fluye de acuerdo con sus principios inmutables. Usted solo tiene que estar dispuesto a ponerse en la canoa de Dios y confiar que Él le dará la fortaleza y la sabiduría para hacer un recorrido exitoso en la corriente que Él ha ordenado para usted.

Estas son algunas preguntas acerca de sus metas que usted puede hacer en el proceso de ser guiado por Dios:

"¿Me lleva a dónde quiero ir, es decir, a una relación más profunda e íntima con Dios, o al logro de algo que Dios me ha ordenado hacer?"

"¿Me ayudará a hacer exitosa a otra persona?"

"¿Tengo que violar algún principio espiritual para llegar a esa meta?"

"¿Cumplirá el propósito de Dios para mi vida?"[15]

Si usted siente que el Señor lo guía a hacer algo, primero responda estas preguntas al respecto.

Rótulos

El que dice que permanece en él, debe andar como [Jesús] anduvo.
1 JUAN 2:6

Algunos hombres y mujeres van por la vida agobiados bajo un bulto pesado que en algunos casos va marcado con rótulos como "lento", "inepto", "estúpido", "irresponsable" y "perdedor". Es como si alguien escribiera palabras de ese calibre en una etiqueta y la pegara en su pecho de tal modo que tiene poder para determinar su destino el resto de su vida. Algunas personas viven así dentro de su matrimonio, otras adquieren rótulos nuevos al casarse.

Durante la guerra en Vietnam, en un hospital militar de cirugía móvil (conocido como *MASH* por sus siglas en inglés, como en la comedia de televisión) se preparaba el personal para recibir los helicópteros que llegaban cargados de soldados heridos y moribundos. Se utilizaba un sistema rápido de admisión en el que se clasificaba a los heridos según la severidad de sus heridas. Se ponía una etiqueta de cierto color en los moribundos para indicar que no podían ser salvados. No tenían esperanza y era improbable que se recuperaran. Otras etiquetas de color diferente se colocaban en los que venían con heridas superficiales. Estos recibían atención médica inmediata y se recuperaban. La última etiqueta de color se asignaba a los que estaban en condición crítica pero podían sobrevivir con atención médica adecuada y tenían alta probabilidad de recuperarse. Un hombre herido y en condición crítica fue llevado a un hospital móvil y después del examen inicial fue marcado "crítico, no se recuperará". Se le dio un medicamento para el dolor y lo dejaron para que muriera tranquilo, pero una enfermera que pasaba por ahí vio que estaba consciente y comenzó a hablar con él. Después de un rato ella pensó que él sí podría sobrevivir, así que le quitó la etiqueta que tenía y la reemplazó por una que decía "recuperable". Gracias a que ella cambió la etiqueta, él está vivo en la actualidad.

¿Camina usted por la vida con el rótulo equivocado? ¿Cómo se ve a sí mismo, crítico o recuperable? ¿Tiene usted esperanza de que vaya a sobrevivir? ¿Qué decir de su cónyuge? Si usted tiene una etiqueta, ¿quién la puso ahí? ¿Será que usted fue quien se puso la etiqueta?

El rótulo que Dios pone en usted tiene una sola palabra: "Recuperable". Deje que Él trabaje en sus heridas y le dé una recuperación completa. Permita también que su cónyuge lo ayude.[16]

Ascensores y aislamiento

Y dijo Jehová Dios: No es bueno que el hombre esté solo;
le haré ayuda idónea para él.
GÉNESIS 2:18

Preste atención a las palabras de Chuck Swindoll.

Los ascensores son lugares extraños. Uno queda encerrado con personas que nunca ha visto en su vida, así que hace el esfuerzo consciente de ni siquiera rozarse con ellas. Nadie dice más que alguna frase ocasional como "va para arriba" o "permiso, aquí me bajo", de pronto "qué pena" si alguien le pisa el dedo del pie a otro. Nadie se mira porque todos tratan de fijar la mirada en el techo o algún otro objeto inanimado como los números de los pisos con su paso lento y predecible.

Es como si hubiera un aviso oficial que dijera: *Sin excepción alguna, se prohíbe hablar, sonreír, tener comunicarse o mirarse a los ojos sin permiso expreso de la administración.* De una manera bastante peculiar y extraña, el ascensor es un microcosmos de nuestro mundo actual: Un lugar impersonal y aglomerado donde el anonimato, el aislamiento y la independencia son la norma. De hecho, nuestra vida se diluye, distorsiona y degrada como resultado de esta "mentalidad de ascensor".

El doctor Philip Zimbardo, autor de uno de los libros de texto más usados en el campo de la psicología, se ocupó de este asunto en un artículo de la revista *Psychology Today* titulado "La era de la indiferencia".

No conozco algo que destruya y mate más que el aislamiento. No hay influencia más destructiva contra la salud física y mental que el aislamiento de usted con respecto a mí y de nosotros con respecto a ellos. Se ha demostrado que es un agente central en la etiología de la depresión, la paranoia, la esquizofrenia, la violación sexual, el suicidio, el genocidio y muchos otros males. La estrategia del diablo para nuestros tiempos consiste en trivializar la existencia humana de diversas maneras: Mediante el aislamiento de unos y otros mientras se crea la ilusión engañosa de que las razones son presiones de tiempo, exigencias laborales o ansiedades creadas por la incertidumbre económica. También por medio de la promoción del narcisismo y la competición fiera por ser el número uno.

Algunas veces el aislamiento se introduce en la relación matrimonial aunque no tiene derecho alguno de estar allí. ¿No fue Dios quien dijo que no es bueno que el hombre esté solo? Él sabe qué es lo mejor.

Hablen, sonrían, tengan contacto físico y mírense a los ojos.[17]

¿Una sugerencia constructiva?

El oído que escucha las amonestaciones de la vida, entre los sabios morará.
PROVERBIOS 15:31

¿Cómo se comporta usted si alguien lo manda hacer cosas, en especial si ese alguien es su cónyuge? Tal vez él o ella lo critique o haga "sugerencias constructivas". ¿Lo disfruta? Es muy probable que no. ¿Lo hace sentirse mejor? Supongo que no. ¿Acostumbra decir "tienes razón, gracias por decirme"? Quizá nunca, ¿pero sabe qué? Aunque todos necesitamos toda la ayuda que nos puedan dar, la mayor parte del tiempo nos resistimos a la corrección.

La Biblia habla sobre la acción de "reprender" que en hebreo significa "corregir" o "convencer". No siempre son otras personas las que nos corrigen, también puede ser la Palabra de Dios que nos redarguye. Una corrección leve del curso ahora mismo puede prevenir un gran desastre más adelante.

Sin embargo, muchas veces hacemos lo que Salomón advierte en Proverbios 1:23, 24: "Volveos a mi reprensión; he aquí yo derramaré mi espíritu sobre vosotros, y os haré saber mis palabras. Por cuanto llamé, y no quisisteis oír, extendí mi mano, y no hubo quien atendiese". En el versículo 24 la palabra que se traduce "no quisisteis" implica un rechazo arrogante como quien dice: "No me confundan con los hechos que no voy a cambiar de opinión". Esto es lo que llamamos terquedad. Es irónico que si otra persona dice que somos tercos nuestra respuesta automática es "no, nunca lo he sido". Salomón dice que "no hubo quien atendiese", lo cual equivale a ignorar por completo lo que se dice o peor todavía, una falta total de sensibilidad. El versículo 25 dice: "desechasteis todo consejo mío y mi reprensión no quisisteis". Esto refleja por lo menos dos problemas graves. Ignorar el consejo implica indiferencia, como si se dijera: "No me molesten, ¡ni siquiera me importa!" Esta actitud jamás contribuirá a construir una relación íntima y amorosa en el matrimonio. Por otro lado, al decir "mi reprensión no quisisteis" se hace referencia a una actitud defensiva de la persona que dice: "Estás en un error, yo tengo la razón y no consideraré más este asunto".

Ahora bien, si escucha una reprensión dirigida a usted, ¿cuál va a ser su reacción? Tiene varias opciones, así que lea de nuevo el versículo de hoy porque nos ofrece un consejo muy bueno.

¡Renuncie al control!

En el amor no hay temor, sino que el perfecto amor echa fuera el temor;
porque el temor lleva en sí castigo. De donde el que teme,
no ha sido perfeccionado en el amor. Nosotros le amamos a él,
porque él nos amó primero.
1 JUAN 4:18, 19

Algunos individuos nunca parecen entender el mensaje acerca del control. Saben que no pueden controlar todas las cosas pero no dejan de intentarlo. ¿Por qué? Se sienten obligados a estar en control de cada aspecto de su vida. Empujan, halan, persuaden, manipulan y retienen. Sí, quedarse callado y aislarse de los demás son mecanismos que muchos utilizan para controlar a sus semejantes. ¿Qué motiva ese estilo de vida tan obsesivo?

El control es un camuflaje del temor. ¿Quién quiere estar atemorizado o siquiera admitir que tiene miedo? Yo no, y usted tampoco. El temor nos hace sentir vulnerables. Creemos que si otros supieran que tenemos temor, se aprovecharían de nosotros por todos los medios. En consecuencia, hacemos todo lo contrario y escondemos nuestros temores con acciones ofensivas.

El control sirve para cubrir las inseguridades. Un esposo o esposa que es seguro no siempre necesita estar en control. Puede ceder el paso a otros, pedir su consejo y sentirse a gusto si es otro el que dirige. En cambio, si somos inseguros hacemos hasta lo impensable para controlar todo y a todos. Si somos inseguros hay un vacío en nuestro interior y somos como un balde con un hueco. Nunca nos llenamos lo suficiente y el control se convierte en una adicción.

El control encubre un bajo amor propio. Si no nos sentimos bien con nosotros mismos porque creemos que somos indignos o que nos falta algo, no queremos que nuestro cónyuge se entere de ello. Podemos incluso culparlos de contribuir a crear nuestro problema, así que nos sobreponemos a este problema de autoestima mediante el control inclemente de ellos para que paguen por nuestra miseria. Por supuesto, solo nos engañamos porque el control nunca satisface y jamás resuelve el problema, sino que lo perpetúa. El control nunca acerca a las personas, sino que hace que se alejen.

Entregue a Dios las riendas de su vida. Permita que Él lo controle. Si Dios está en control usted quedará maravillado por la mejoría en su relación con su cónyuge.

Insultos

Finalmente, sed todos de un mismo sentir, compasivos, amándoos
fraternalmente, misericordiosos, amigables; no devolviendo mal por mal,
ni maldición por maldición, sino por el contrario, bendiciendo, sabiendo que
fuisteis llamados para que heredaseis bendición.
1 PEDRO 3:8, 9

Hay unos que tienen talentos excepcionales en lo referente al arte de insultar. Parece que es algo que se les facilita mucho a los hombres. ¿Por qué? El estilo humorístico de los hombres es diferente al de las mujeres. Los hombres usan insultos amables, se codean entre ellos, llaman la atención sobre los errores y defectos de sus semejantes, y apetecen del sarcasmo como si fuera un bocado exquisito. A muchos les gusta hacer quedar mal a los demás para verse bien ellos mismos. Por supuesto, nada de malo hay en esto si se hace por diversión y solo entre hombres. De hecho, para muchos de ellos es una manera de expresar su cariño como amigos y compinches. Hay mujeres que también adoptan esta costumbre. Algunas veces, la tendencia de usar insultos y comentarios de ridiculización se manifiesta en el matrimonio y es allí donde se vuelve muy destructiva. Es fácil caer en esta trampa porque conocemos a nuestro cónyuge mejor que cualquier otra persona. Dentro de un matrimonio, los insultos y el sarcasmo hacen mucho daño. Un esposo puede hacer un comentario chistoso sobre su esposa que a él y a los niños les parece inocente, y mientras ellos ríen la pobre mujer se encierra en su cuarto a llorar. El esposo se pregunta ¿y ahora qué dije? Tenga siempre presente este criterio: ¿Se ajusta mi insulto o comentario sarcástico al pasaje de hoy? Utilice ese texto como su guía porque lo ayudará mucho.

Con frecuencia aprendemos el sarcasmo de novelas y comedias que vemos por televisión. La ridiculización de los demás y los comentarios denigrantes parecen ser una parte aceptada de nuestra cultura, pero como cristianos esta cultura no debe ser la nuestra. Si el sarcasmo y los insultos parecen ser la norma, la manera más poderosa de cambiar la situación es memorizar el pasaje de hoy. Conviértalo en su proyecto personal y después note los cambios que se producirán al poner estos versículos en práctica.

Mire a su alrededor

Que el Dios de nuestro Señor Jesucristo, el Padre de gloria,
os dé espíritu de sabiduría y de revelación en el conocimiento de él.
EFESIOS 1:17

"Está frente a tus narices, ¿acaso eres ciego? ¿No lo puedes ver?" La mayoría de los niños oyen a sus padres decir algo parecido en algún momento de su vida y en muchos casos es cierto. Uno puede buscar algo y no verlo así lo tenga frente a sus ojos. También nos pasa como adultos, pero parece que los hombres tienen más problemas de visión que las mujeres. Un hombre puede abrir el refrigerador para buscar algo y después preguntar a su esposa "mi amor, ¿dónde está la mostaza?", tras lo cual ella procede a ir hasta el refrigerador y dar a su marido lo mismo que tenía al alcance de la mano. Cabe mencionar que los esposos también tienden a pasar muchas veces junto al cesto "rebosante" de basura sin inmutarse.

William Randolph Hearst, el renombrado publicador de periódicos, invirtió una fortuna en su colección personal de grandes obras de arte, las cuales todavía pueden observarse en el castillo Hearst en California. Cierto día este hombre oyó hablar acerca de una pieza de arte de gran valor y envió a su agente a buscarla por todo el mundo en varias galerías de arte, pero no la pudo encontrar. Meses más tarde fue encontrada, ¡en uno de los establecimientos que pertenecían al mismo Hearst! Estaba guardada justo bajo sus narices ¡y no pudo verla!

Esto también nos sucede a los cristianos, porque algunos de nosotros buscamos todo el tiempo algo más en la vida. El sentimiento de insatisfacción se debe a que no entendemos quiénes somos y qué tenemos en Cristo. Pablo lo sabía muy bien y por eso oró con las palabras que utilizó en el versículo de hoy. El apóstol quería que comprendiéramos la plenitud de nuestra herencia. Nos resulta difícil imaginar o entender por completo todo lo que Dios ha hecho por nosotros. Siempre habrá una parte de todo lo que Dios nos ha dado que no dejará de ser un misterio para nosotros. Necesitamos detenernos a pensar en todo lo que tenemos y así podremos decir: "Está justo ahí, frente a mis ojos".[18]

Cuatro regalos

Yo he conocido que no hay para ellos cosa mejor que alegrarse, y hacer bien en su vida; y también que es don de Dios que todo hombre coma y beba, y goce el bien de toda su labor.
ECLESIASTÉS 3:12, 13

Estos versículos interesantes del libro de Eclesiastés hablan sobre cuatro regalos que Dios nos ha dado.

El primer regalo es la capacidad para regocijarse y disfrutar la vida. ¿En qué medida disfruta usted su vida ahora mismo? ¿Hay algo sobre lo cual deba gozarse que haya pasado por alto? ¿Qué diría su cónyuge al respecto? Ser cristianos significa que tenemos la capacidad para disfrutar la vida a pesar de todo. Esa es una expresión importante: "A pesar de todo". Sin importar qué suceda o deje de suceder, podemos gozarnos y ser felices. El escritor de Proverbios dijo: "Todos los días del afligido son difíciles [por sus pensamientos de ansiedad y sus malos presentimientos]; mas el de corazón contento tiene un banquete continuo [sin importar las circunstancias]" (15:15).

El segundo regalo es la capacidad para hacer el bien sin importar qué hagan los demás por nosotros. Dios nos ayuda a desarrollar un corazón generoso y ayudador hacia los demás, ¡a pesar de todo! Si espera a que su cónyuge haga el bien antes de que usted actúe, usted ha renunciado al control sobre sus propias acciones. Es una manera interesante de ver la cuestión, ¿no es así?

El tercer regalo es el apetito para comer y beber. ¡*Sí*! Por básico y mundano que parezca, nuestra capacidad para disfrutar los alimentos es uno de los regalos hermosos de Dios. ¿Quién disfruta de la comida con mayor deleite y mejor provecho en su matrimonio?

El cuarto regalo es la capacidad para obtener resultados beneficiosos de toda nuestra labor. ¿Ve su trabajo como algo bueno y benéfico? Parte de nuestro trabajo diario es aburrido y rutinario, pero todos debemos buscar propósito duradero en lo que hacemos. Es posible que su cónyuge también necesite ayuda en este aspecto.

Al vivir el día de hoy, reflexionen en los cuatro regalos divinos. Esto podría hacer una gran diferencia en su manera de ver la vida.

¿Sabe cómo volar?

*Quítense de vosotros toda amargura, enojo, ira,
gritería y maledicencia, y toda malicia.*
EFESIOS 4:31

¿Ha volado mucho? En ese caso, es probable que tenga unas cuantas experiencias para relatar, algunas de las cuales habría preferido evitarse. Como aquella vez que el rayo atravesó el avión y el estruendo le hizo pensar que el avión había perdido una turbina. O las veces en que el viento fue tan impetuoso que el siete cuarenta y siete se tambaleaba como una pelota en el aire, las bandejas vertían su contenido y unos cuantos pasajeros trasbocaban. Pudo haber sido un vuelo de apenas dos horas en las que el avión no dejó de vibrar y las azafatas prohibieron a todos moverse de sus asientos, ¡así tuvieran que ir al baño! Esa fuerza inclemente tiene nombre propio: "Turbulencia".

Construir un matrimonio es similar a volar un avión. El mal clima y la turbulencia son solo parte de la experiencia de volar. Es posible evitarlos en ciertas ocasiones, pero en otras es imposible pasar por un lado o por encima y toca atravesar el temporal por donde se pueda hasta llegar al otro lado, donde hay condiciones atmosféricas más favorables. Suena un poco similar al recorrido por la vida que es el matrimonio, ¿no es así? En la aeronáutica se han establecido cuatro grados de turbulencia: ligera, moderada, severa y extrema. Si el café ondea, hay turbulencia ligera pero si se derrama es moderada. Los pilotos reciben un adiestramiento intenso para evitar por todos los medios posibles los grados severos y extremos de turbulencia.

En todo matrimonio habrá algo de turbulencia. Si quiere evitarla por completo haga lo que tendría que hacer un piloto en ese caso: Permanezca en tierra y no se mueva un solo centímetro. Al pasar por turbulencia ligera y moderada, ustedes tienen la oportunidad de crecer y ser diferentes, más semejantes a Cristo como resultado de esa experiencia. Esta turbulencia puede refinar su matrimonio, pero así como la turbulencia severa y extrema ocasiona daño estructural a la aeronave y puede lastimar a los pasajeros, también puede suceder lo mismo en el matrimonio y sus pasajeros. ¿Qué hace un piloto si termina en medio de turbulencia extrema? Baja la velocidad al mínimo posible, y aunque el viaje no deje de ser estrepitoso, el riesgo se reduce en gran medida. ¿Qué puede hacer usted para impedir la aceleración calamitosa que caracteriza la turbulencia marital extrema? Es algo en lo que vale la pena pensar.[19]

¿Cómo es su oración en pareja?

Orad sin cesar.
1 Tesalonicenses 5:17

Una de las razones para orar juntos en silencio tiene que ver con la manera como Dios nos ha creado con diferencias especiales y únicas de género y personalidad. La mayoría de los hombres prefieren poner los motivos de oración en lista de espera y pensar al respecto durante cierta cantidad de tiempo. Si a un hombre se le da la oportunidad de reflexionar sobre lo que pondrá en oración, tarde o temprano estará más abierto a orar junto a su cónyuge. A los extrovertidos les resulta más fácil orar en voz alta porque así es su proceso mental, mientras que los introvertidos necesitan pensar en silencio antes de hablar sobre los asuntos de su vida. La oración en silencio no amenaza a los participantes, algunos de los cuales prefieren reflexionar primero por su cuenta o poner sus oraciones por escrito. Nada malo hay en esto.

Existen muchas razones para orar juntos. Al casarse, un hombre y una mujer ya no piensan ni actúan como personas solteras. El "yo" es reemplazado por "nosotros" de forma definitiva. La vida de cada uno está ahora conectada en todos sus aspectos a la de otra persona. Todo lo que usted hace afecta a esa persona significativa. Ambos forman parte de un equipo en el se requiere la participación activa de cada cónyuge para que funcione mejor. Al enfrentar problemas y crisis en su vida (como seguro tendrá que hacerlo), el matrimonio es una fuente tremenda de apoyo y consuelo como resultado de saber que hay otra persona que orará por usted y junto a usted. Si pasa dificultades económicas o laborales, si tiene que tomar decisiones difíciles o afrontar una crisis médica, será maravilloso poder hacer partícipe a su cónyuge de esa carga.

Las parejas también necesitan orar juntas por la salud de su matrimonio. Al casarse, usted entró por voluntad propia a una aventura de algo riesgo. Los votos que tomó el día de su boda serán atacados por todos los flancos. Orar juntos es algo que fortalecerá su matrimonio y lo protegerá de reaccionar de manera pecaminosa hacia su cónyuge.

La promesa de las Escrituras sobre la eficacia de la oración incluye las oraciones de parejas casadas. Jesús nos prometió: "Otra vez os digo, que si dos de vosotros se pusieren de acuerdo en la tierra acerca de cualquiera cosa que pidieren, les será hecho por mi Padre que está en los cielos. Porque donde están dos o tres congregados en mi nombre, allí estoy yo en medio de ellos" (Mt. 18:19, 20).

El muro de la ternura

Vestíos, pues, como escogidos de Dios, santos y amados, de entrañable
misericordia, de benignidad, de humildad, de mansedumbre, de paciencia.
COLOSENSES 3:12

Esta historia aparece en el libro titulado Volvámonos almas gemelas [Becoming Soul Mates]:

Supimos desde el comienzo de nuestro matrimonio que un requisito previo para la intimidad a cualquier nivel tendría por fundamento el respeto mutuo... Como resultado, hemos tratado de construir y mantener lo que denominamos "el muro de la ternura". Está diseñado para dejar fuera todas las actitudes destructivas y mantenernos protegidos adentro. Este muro consiste en:

- No discutir los problemas con palabras duras y tono airado, sino en conversación atenta y con la intención de trabajar juntos en la obtención de soluciones que nos dejen a ambos satisfechos.
- No hacer chistes que resten importancia a las cosas que molestan a nuestro cónyuge.
- Nunca decir la palabra "divorcio", ni siquiera considerar la posibilidad de separarse.
- Dejar las críticas constructivas para los momentos a solas y esperar hasta que haya receptividad.
- Estar dispuestos a ceder a las preferencias de cada uno y desarrollar un lenguaje específico para comunicar lo que en realidad se quiere decir. Algunos amigos nos alentaron a reservar una frase simple como "esto de verdad es importante para mí", con el fin de llamar la atención sobre la necesidad urgente de ser escuchados.
- Animarnos el uno al otro tanto de manera verbal como no verbal por ser quienes somos así como por lo que hacemos. Esto incluye hacer cosas que hagan sentir apreciada a la otra persona, como citas para salir a cenar, regalos, masajes, oraciones y tiempo juntos sin distracciones.
- Nutrir una actitud que diga en efecto: "Preferiría morir antes que hacerte daño o avergonzarte. Tú eres la persona más valiosa en mi vida y a ti he prometido todo mi amor por el resto de la vida".

Estas acciones y actitudes nos han ayudado a construir un fundamento sólido para nuestro matrimonio.[1]

¿Cuáles de estos principios han sido implementados en su matrimonio?

¿Cuáles de los principios mencionados los ayudarían ahora mismo?

Pureza

...que el marido no abandone a su mujer.
1 Corintios 7:11

Muchos ven la santidad como un montón de reglas, y como creen que la santidad está fuera de su alcance descartan la posibilidad de vivirla en la práctica. En cambio, los creyentes verdaderos toman en serio la santidad personal. Dios la exige porque es la semilla de su vida misma que late en nuestro interior. Los cristianos somos llamados a andar en santidad. La justicia o rectitud es la puesta en práctica de la santidad, de tal manera que en el contexto práctico de nuestra vida diaria se puede afirmar que andamos en pureza. La descripción más significativa que puede hacerse de un hombre consiste en presentarlo como un hombre de Dios, tal como lo evidencian su rectitud y honestidad.

De ningún modo vivimos en un mundo gris porque es necesario que nuestro sí sea sí y nuestro no sea no. Si Jesús se convierte en nuestro modelo a seguir, no cometemos pecados del cuerpo porque eso ya no está en nuestra naturaleza. No hay relaciones sexuales fuera del matrimonio porque estamos determinados a no quebrantar el pacto que contrajimos al casarnos. ¿Por qué Dios aborrece el divorcio? Porque ha establecido el matrimonio como una manifestación física de una realidad invisible. El matrimonio modela nuestra relación con Cristo. Jesús se casó con la iglesia y nunca se divorciará de ella. Si desafiamos a Dios y su postura con respecto al divorcio, representamos mal la relación de la iglesia con Cristo.

Es necesario que aprendamos a cumplir nuestra palabra así duela, sin importar la situación actual de nuestra relación. Si nos disponemos a ser cambiados por observaciones constructivas, veremos que los opuestos se atraen mientras que los semejantes se repelen. Nuestras diferencias pueden ser utilizadas para hacernos uno. En realidad, nuestra pureza es prueba de nuestras diferencias y no de nuestros acuerdos. Cumplimos nuestros pactos porque somos personas de integridad, no porque tengamos que hacerlo o estemos obligados por la ley. Nuestro deseo íntimo es cumplir todas las promesas que hacemos.

Proverbios nos advierte que debemos guardar nuestro corazón (nuestra integridad) porque de allí surgen los asuntos de la vida.[2]

¿Escucha usted bien?

Al que responde palabra antes de oír, le es fatuidad y oprobio.
PROVERBIOS 18:13

En el matrimonio, usted es llamado a escuchar. ¿Sabe qué significa escuchar?

Señor, en verdad soy un necio. ¿Cuántas veces al día respondo antes de escuchar bien? En lugar de ser pronto para escuchar, me apresuro a hablar (vea Stg. 1:19).

Señor, tus oídos nunca son tardos para escuchar (vea Is. 59:1), en cambio los míos son tan sordos que no capto todo lo que se dice. Si no puedo oír la voz audible y a veces atronadora de mi cónyuge, ¿cómo voy a escuchar el susurro apacible y delicado del Señor?

Señor, ¿cómo puedo cambiar? Esta es mi oración para hoy: Dame oídos para oír (vea Mt. 11:15), dame un corazón que sepa esperar (vea 1 Co. 13:4) y dame labios refrenados (vea Pr. 10:19).

Por favor ayúdame a escuchar. Incluso las palabras que en realidad no quiero escuchar. Tras las quejas de mi cónyuge, hazme escuchar sus desilusiones. Tras las largas historias que parecen desviarse del asunto en cuestión, hazme oír los recuerdos y sueños más importantes para mi cónyuge. Tras los regaños que parecen injustos permíteme discernir su dolor justificado, y tras nuestros silencios amistosos haz que perciba el amor. Amén.[3]

En su matrimonio, ¿quién es la persona que en realidad puede escuchar? ¿En qué ocasiones necesita usted ser escuchado de verdad? ¿Cómo puede su cónyuge darse cuenta de que usted necesita un oído atento? Dediquen tiempo para hablar acerca de esto, y al hacerlo asegúrense de escuchar con atención aunque las palabras mismas los hagan sentirse incómodos.

¿Cansado? Solo tiene que esperar (primera parte)

Los que esperan a Jehová tendrán nuevas fuerzas; levantarán alas como las águilas; correrán, y no se cansarán; caminarán, y no se fatigarán.

Isaías 40:31

La palabra caminar ocurre de forma reiterada en nuestras conversaciones. Se usa en expresiones como "es una caminata fácil" y en letras de canciones. El maestresala del restaurante dice mientras lo guía a su mesa, "por favor camine conmigo". Entre creyentes preguntamos: "¿Cómo vas en tu andar con el Señor?"

Los que tocan en orquestas colegiales y universitarias saben lo que significa andar. Tienen que recorrer varios kilómetros durante cada desfile, y aunque algunos llaman a esto "marchar", todo se relaciona con lo mismo: Cansancio como resultado de caminar.

Uno se puede cansar de caminar. Se puede llegar a un punto de cansancio tal que nos sentimos incapaces de dar un solo paso más. ¿Ya ha experimentado esto? De no ser así, pronto lo sentirá.

Lean otra vez el pasaje de hoy. ¿Se han sentido alguna vez como si volaran por encima de la multitud como si fueran águilas? Es una sensación poderosa, como si uno pudiera conquistar el mundo entero. En ese momento la energía y el interés están en su nivel más alto y uno se siente capaz de enfrentar cualquier reto, por imposible que parezca. No obstante, la mayoría de nosotros nos limitamos a caminar paso a paso con la sensación de que no tenemos otra alternativa.

Isaías empleó la expresión "caminarán" en un sentido diferente. No es deambular sin rumbo fijo ni dar veinte pasos para salir a la calle. La palabra hebrea significa aquí "dar inicio a una travesía con una meta fija". Los hijos de Israel estaban en Babilonia como prisioneros de guerra. Ellos oraron y Dios respondió. Les dijo que podían tener libertad a cambio de esclavitud. La puerta estaba abierta y todo lo que tenían que hacer era caminar de regreso a la patria. No podían cabalgar, por eso tenían que caminar. Cincuenta mil así lo hicieron mientras que doscientos cincuenta mil se quedaron atrás. Uno tiene que caminar para llegar al destino señalado. Esto puede ser extenuante, pero es mucho mejor que la alternativa.[4]

¿Cansado? Solo tiene que esperar (segunda parte)

*Los muchachos se fatigan y se cansan, los jóvenes flaquean y caen;
pero los que esperan a Jehová tendrán nuevas fuerzas.*
Isaías 40:30

¿Alguna vez le ha tocado esperar a su cónyuge? Quizá ya se haya acostumbrado a oírlo decir "Ya voy, solo me tardo un segundo". ¡Usted sabe muy bien qué significa eso! Esperar, esperar y esperar otro rato más. Seamos honestos, en realidad no nos gusta esperar tanto, sobre todo en esta era en que todo es instantáneo: El desayuno, el servicio, la atención y hasta las respuestas que esperamos de Dios. No obstante, lo cierto es que hay una espera que puede cambiar su vida por completo. Joe Brown cuenta su historia personal:

Mi papá me había dicho que el desfile estaba programado para comenzar a las nueve de la mañana. Ya eran las nueve y media y todavía no veía el desfile. Las personas me decían todo el tiempo: "Ten un poco de paciencia, en unos quince minutos lo verás..." A los cinco años de edad, quince minutos es una eternidad.

Momentos después vi que la multitud comenzó a vitorear y escuché que una banda tocaba. Al rato vi a la bastonera principal y al percusionista de cabecera.

¡Espere un momento! ¿Acaso no me habían dicho que el desfile iba a comenzar a las nueve en punto? Casi eran las diez cuando vi el primer grupo del desfile, ¿qué había sucedido?

"Hijo", explicó mi padre, "el desfile comenzó a las nueve en punto, justo a tiempo y tal como te informaron. Lo que sucede es que el desfile tardó una hora en llegar hasta donde tú te encontrabas".

Antes de que pudiera absorber la experiencia con mis ojos y mis oídos, tuve que esperar a que el desfile llegara a mí.

Quiero avisarle que el desfile ya ha comenzado. Tal vez no haya pasado todavía frente a usted, pero si quiere llegar a verlo, si usted algún día va a experimentar a Dios y su desfile de poder, fuerza y victoria en su vida, va a tener que ponerse en la ruta correcta, ajustar su reloj al cronograma de Dios, estar pendiente de su llegada, escuchar con atención y esperar.

Para comenzar a esperar, ustedes pueden poner a Dios en primer lugar, tanto en su vida como en su matrimonio. Comiencen por hablar juntos con Él.[5]

Espere un poco más

Los muchachos se fatigan y se cansan, los jóvenes flaquean y caen;
pero los que esperan a Jehová tendrán nuevas fuerzas.
ISAÍAS 40:30

Ayer reflexionamos acerca de lo que significa esperar. También se habló sobre desfiles. Dios los equipará para enfrentar cada sorpresa, cada obstáculo, cada carga y sobrecarga, así como cada conflicto en su vida. Es posible que se desanimen y que no vean la esperanza ni la respuesta que esperan recibir. Presten mucha atención. Tal vez alcancen a oír algo en la distancia. Él obra a medida que ustedes caminan con Él y lo esperan. Joe Brown los describe así para nosotros:

Dios promete que si lo esperamos de manera paciente y activa al mismo tiempo, podremos oír una vez más un cántico en nuestro corazón. Si esperamos en el Señor, reiremos de nuevo y oiremos el sonido de nuestra propia risa. Si esperamos en el Señor, caminaremos y no nos cansaremos. Su desfile nunca pasará de largo y podremos verlo en todo su esplendor.

Debemos esperar en Dios. Esperar hasta que lo veamos, hasta que el desfile llegue al lugar donde Dios nos ha plantado. Tenemos que volvernos como un cordón entrelazado con Dios mismo. Al esperar en Dios y caminar con Él, dejaremos de preocuparnos acerca de controlarlo porque Él nos controlará. Nos entrelazamos con Dios a medida que Él se mueve dentro de nuestra vida y toma las riendas. Cuando Dios está en control y dirige nuestra vida, la vida misma se convierte en una aventura. La vida se convierte en el desfile. Se vuelve una experiencia sensacional con Dios porque Él estará dondequiera que vayamos y en todo lo que hagamos: Mientras recorremos un desierto, al levantarnos y salir a trabajar, mientras lavamos el inodoro, mientras esperamos que termine la práctica deportiva de los hijos o durante un juego de golf.

Esta clase de vida no está fuera del alcance. No es algo que esté reservado para predicadores, maestros y misioneros. No, caminar en la fortaleza abundante de Dios es algo asequible para todo aquel que esté dispuesto a escuchar a Dios y asirse de Él.

¿Qué es lo que escucho? ¡Escuche bien! Aprenda a escuchar atentamente con su espíritu. ¿No alcanza a oír una trompeta o un redoble de tambor? Espere ahí mismo donde está, en el lugar que Él ha dispuesto para usted. El desfile va en camino.[5]

¿Tienen un matrimonio "de caucho"?

Antes sed benignos unos con otros, misericordiosos, perdonándoos unos a otros,
como Dios también os perdonó a vosotros en Cristo.
EFESIOS 4:32

El que cubre la falta busca amistad; mas el que la divulga, aparta al amigo.
PROVERBIOS 17:9

Todos los matrimonios necesitan tener las cualidades del caucho. Primero que todo, el caucho es resistente y elástico. Se estira y recupera su forma sin importar los golpes y las presiones de los que sea objeto, y se expande para acomodarse a toda clase de superficies irregulares. Los cónyuges necesitan hacer lo mismo unos con otros. A veces nos extraña que nuestro cónyuge sea inconsiderado e irracional. Necesitamos estirarnos y contraernos en medio de todas las heridas y desilusiones que son inevitables en cualquier relación cercana, tras reconocer que nadie es perfecto. El amor que subyace a todo compromiso matrimonial puede ser flexible y extenderse para cubrir todas las irregularidades del camino.

El caucho también borra los errores. En el matrimonio, cada cónyuge debe estar siempre preparado y dispuesto a perdonar los errores y las heridas infligidas por su compañero. En este proceso, la cualidad flexible del caucho también entra en acción. Ahora bien, el perdón no debe ser un lavado superficial de culpas con la pretensión falsa de que nada malo ocurrió o que no importó en lo más mínimo a la parte ofendida. Aquí es oportuno que tracemos la distinción entre "perdón" y "reconciliación". Podemos perdonar a alguien sin la participación de esa persona si establecemos una transacción entre nosotros mismos y Dios al optar por renunciar a nuestra amargura y dolor hacia la persona que nos ofendió.

Por otro lado, la reconciliación requiere la participación de ambas partes. Se reanuda el ciclo normal de la relación solo después de que la persona que ha cometido la falta reconozca su ofensa y se arrepienta. Esto implica decir "me equivoqué" de una u otra forma, con lo cual da a entender que la ofensa no será repetida.

Para que ocurra la reconciliación, los ofensores deben indicar qué harían diferente si volviera a suceder la misma situación. Además, la parte ofendida debe estar dispuesta a reconocer que no está por completo libre de culpa en el asunto. Sin esta clase de análisis consciente, una pareja deja la puerta abierta a la repetición bastante probable de las ofensas pasadas.[6]

Sus palabras importan

En aquel tiempo devolveré yo a los pueblos pureza de labios,
para que todos invoquen el nombre de Jehová, para que le sirvan de
común consentimiento.
SOFONÍAS 3:9

Al profesor Higgins solo le quedaban pocos meses para ganar lo que parecía una apuesta imposible. En la adaptación cinematográfica de la novela Pigmalión de George Bernard Shaw, conocida en el mundo entero como My Fair Lady, el profesor apuesta una pequeña fortuna para demostrar que puede tomar bajo su cuidado a una inculta vendedora de flores que vive en las calles de Londres y hacerla pasar ante la alta sociedad como una dama aristocrática y refinada en el próximo baile de la realeza. Se propone realizar tal hazaña con el simple hecho de cambiar la manera de hablar de esta mujer, y como resultado supera sus propias expectativas ambiciosas. No solo convierte a Liza en la habladuría del baile real, sino que en el transcurso de esta transformación el profesor Higgins se enamora de ella.

Esto mismo es lo que el Espíritu Santo se propone hacer con nosotros. Él ya está enamorado de nosotros pero quiere cambiar nuestra manera de hablar. Dios tiene sueños grandes para nosotros (casarnos con su Hijo para mencionar solo uno), y Él va a hacerlos realidad. Sin embargo, lo cierto es que estamos en una condición mucho peor que Liza. Somos toscos y rústicos. No estamos preparados para la cena nupcial del Cordero. Hablamos como el mundo y hemos olvidado las palabras que sí importan. En una cultura experta en la confusión y el ruido, nos hemos ensordecido con la estridencia mortífera de nuestra propia jerigonza.

Si el lenguaje suministra la prueba de papel tornasol para nuestra alma, tenemos necesidad acuciante de un doctor. Nos hemos acostumbrado a encasillar nuestras ideas y sentimientos en definiciones artificiosas para evitar toda responsabilidad personal y el reconocimiento de nuestro pecado. Ya no decimos que hemos pecado, solo que fuimos indiscretos o que nuestra conducta fue inapropiada. No es que seamos chismosos, solo hemos comunicado todos los hechos para que los hermanos puedan orar con conocimiento de causa. Nuestro lenguaje está lleno de frases acusatorias que al mismo tiempo protegen nuestro ego. Empleamos expresiones que ocultan nuestro propio pecado y señalan el de los demás. Ahora podemos expresar las cosas que no queremos decir y dar a entender aquello que no decimos.[7]

¿Cuáles son sus pensamientos acerca de este tema?

Uno de estos días

Todo tiene su tiempo.
ECLESIASTÉS 3:1

¿Ha dicho alguna vez "no ya mismo pero quizás algún día"? A veces es bueno esperar que las condiciones sean óptimas, pero la demora también puede producir remordimiento. Muchas parejas han dicho: "Esperaremos hasta que los niños hayan crecido" o "Podemos hacerlo ahora pero preferimos esperar un poco".

Hay unos que esperan para decir "te amo" o "te ves muy bien" hasta alguna ocasión especial. Para algunas personas, ese día esperado nunca llegará y todo lo que tendrán serán remordimientos. Ann Wells escribió:

Mi cuñado abrió el cajón inferior del armario de mi hermana y levantó un paquete con envoltura fina. El artículo que llevaba en su interior era exquisito, hecho de seda y adornado con tramas de satín. La etiqueta con el precio astronómico seguía atada a la prenda.

"Luisa compró esto la primera vez que fuimos a Nueva York, hace unos nueve años. Nunca se lo vi puesto, me decía que lo tenía guardado para una ocasión especial. Pues bien, supongo que esta es la ocasión". Después puso la bata sobre la cama junto a las otras prendas que íbamos a llevar la funeraria. Sus manos se reposaron por un momento sobre el material, luego cerró de un golpe el armario y se dirigió a mí de inmediato.

"Nunca guardes algo para una ocasión especial. Mientras estés viva, cada día es una ocasión especial".

Recordé esas palabras durante el funeral y los días que siguieron mientras lo ayudaba a él y a mi sobrina con los asuntos tristes que vienen tras una muerte inesperada.

Todavía pienso en sus palabras y puedo decir que han cambiado mi manera de ver la vida. En mi familia no "guardamos" las cosas finas, usamos nuestra vajilla de lujo por cualquier motivo de celebración como bajar de peso, el arreglo del triturador de desperdicios, los primeros capullos de camelia, y más. Frases como "un día de estos" y "algún día" casi han desaparecido de mi vocabulario. Si hay algo que valga la pena ver, escuchar o hacer, me propongo verlo, oírlo y hacerlo tan pronto pueda, y me esfuerzo mucho en no postergar, pasar por alto o archivar lo que pueda traer alegría y satisfacción inmediatas a nuestra vida. Además, cada mañana al abrir mis ojos me recuerdo a mí misma que es un día especial.[8]

¿Hay algo en su vida o en su matrimonio que usted haya decidido dejar para más tarde?

Una clase diferente de afecto

Antes sed benignos unos con otros, misericordiosos, perdonándoos unos a otros,
como Dios también os perdonó a vosotros en Cristo.
EFESIOS 4:32

¿Qué hace funcionar un matrimonio en la actualidad? El afecto es un componente clave. Ser afectuosos todo el tiempo y no solo para tener relaciones sexuales, es un deber sagrado en el matrimonio. Muchas veces no se necesitan expresiones verbales de afecto y basta el contacto físico suave, como al sentarse uno al lado del otro mientras observan juntos una hermosa puesta de sol. También puede ser suficiente ir tomados de la mano en público o brindar alguna atención especial no solicitada y que nadie notará más que el cónyuge.

El afecto se demuestra de muchas maneras y la siguiente historia es un lindo ejemplo de amor afectuoso. Cierta pareja había sido invitada a una comida de platos múltiples aportados por cada familia. La esposa no era conocida por su habilidad culinaria pero decidió hacer un flan. Mientras conducían hacia la reunión se dieron cuenta de que estaban en problemas porque alcanzaban a oler el caramelo que lleva el flan quemado. Al dar una curva la parte superior del flan se desprendió del fondo y el esposo observó en silencio cómo subía el nivel de ansiedad de su esposa.

Tan pronto llegaron, la esposa colocó el flan sobre la mesa de postres. Los invitados se sirvieron ensalada y después regresaron por el plato principal. Justo antes de que procedieran a servirse los postres, el esposo marchó hacia la mesa, examinó todos los platos caseros y se apoderó del flan de su esposa. Mientras todos lo miraban extrañados él anunció: "Aquí hay muchos postres, y como mi esposa muy rara vez prepara mi favorito voy a tener que quedarme con él. Comí bastante ligero de todos los demás platos, así que ahora voy a permitirme ser un glotón".

Como glotón no tuvo rival. Su esposa dijo después: "Se sentó junto a la puerta y comió todo lo que pudo, sin permitir que otros invitados probaran siquiera un pedazo. Sin que se dieran cuenta, sirvió al perro de los anfitriones las partes más grandes y cada vez que me veía guiñaba el ojo. Lo que hizo me salvó los nervios y me permitió disfrutar la velada. Mi esposo, quien no siempre dice mucho, comunicó más amor con ese simple acto que con cualquier cantidad de palabras".

¿Es usted esa clase de persona?

Cómo tener un colapso nervioso

El fruto del Espíritu es... paz.
GÁLATAS 5:22

Y la paz de Dios, que sobrepasa todo entendimiento,
guardará vuestros corazones y vuestros pensamientos en Cristo Jesús.
FILIPENSES 4:7

Esta es una manera diferente de ver la paz y quizás usted pueda identificarse con ella. J. L. Glass escribió un artículo humorístico titulado "Cinco alternativas para tener un colapso nervioso". Este es un resumen de su ocurrente lista:

1. Trate de encontrar la solución antes de que surja el problema. "La mayoría de los puentes que cruzamos nunca se construyen porque son innecesarios". Muchos tenemos la costumbre de llevar las cargas de mañana junto a las de hoy. Por eso Mateo 6:34 dice: "Así que, no os afanéis por el día de mañana, porque el día de mañana traerá su afán. Basta a cada día su propio mal".

2. Trate de revivir el pasado. A medida que confiamos en Dios para el futuro, debemos confiar a Él nuestro pasado y así Él podrá usar para bien suyo hasta el peor pasado que se pueda imaginar. Vea Romanos 8:28.

3. Trate de evitar la toma de decisiones. Esto es como decidir si vamos o no a permitir que la mala hierba crezca en nuestro jardín. Mientras decidimos qué hacer la mala hierba no deja de crecer y otros tendrán que decidir en nuestro lugar. La libertad de elección es la característica más "divina" del ser humano.

4. Exija más de usted mismo que lo que puede producir. Las demandas no realistas solo nos hacen golpear la cabeza contra alguna pared, de tal forma que nunca podremos alterar la pared pero sí nos haremos mucho daño. La Biblia dice a cada creyente en Romanos 12:3: "que no tenga más alto concepto de sí que el que debe tener, sino que piense de sí con cordura".

5. Crea todo lo que Satanás le dice. Jesús describió a Satanás como el "padre de mentira" (Jn. 8:44). Es el maestro de los disfraces que se enmascara como ángel de luz para engañar a sus seguidores. En cambio, nuestro Señor declaró que sus ovejas lo siguen "porque conocen su voz" (Jn. 10:4) tras haberla escuchado con atención en su Palabra.[9]

Además de que estas cinco alternativas solo sirven para producir un colapso nervioso, se sobreentiende que nunca traen beneficio alguno al matrimonio. ¿Cómo aplicarían Mateo 6:34 y Romanos 12:3 a su matrimonio?

Un amigo fiel

El hombre que tiene amigos ha de mostrarse amigo;
y amigo hay más unido que un hermano.
PROVERBIOS 18:24

"Ya no se puede depender de nadie. Las personas nos defraudan cuando más las necesitamos". ¿Le suena familiar? Bien sea que nos pase en los negocios o con una amistad, es algo muy descorazonador. Nos gusta creer que las personas son predecibles, y tan pronto nos defraudan nos irritamos. La mejor descripción de este dilema se encuentra en Proverbios: "Como diente roto y pie descoyuntado es la confianza en el prevaricador en tiempo de angustia" (25:19).

Al descubrir alguna falta de fidelidad en un allegado, sentimos que el techo nos cae encima. En muchos casos es algo que sucede en nuestro punto de mayor vulnerabilidad. Las Escrituras están llenas de ejemplos de este problema. Consideremos el caso de David, que recibió más daño emocional por parte de sus amigos que de sus enemigos, como lo expresó en uno de los salmos: "Porque no me afrentó un enemigo, lo cual habría soportado; ni se alzó contra mí el que me aborrecía, porque me hubiera ocultado de él; sino tú, hombre, al parecer íntimo mío, mi guía, y mi familiar; que juntos comunicábamos dulcemente los secretos, y andábamos en amistad en la casa de Dios" (55:12-14).

Esperamos que nuestros amigos cumplan su palabra y guarden nuestros secretos. Los amigos fieles lo hacen, pero si se viola esa confianza las relaciones pueden romperse. Proverbios también lo confirma: "El chismoso aparta a los mejores amigos" (16:28).

La amistad es parte de la relación matrimonial. Somos llamados a ser amigos mutuos y no solo amantes. La seguridad del matrimonio se consolida si tenemos plena certeza de la fidelidad del cónyuge en el cumplimiento de su palabra. ¡El matrimonio es el mejor lugar para practicar la amistad!

Las mentiras que decimos

No hablarás contra tu prójimo falso testimonio.
ÉXODO 20:16

Somos un país de mentirosos. Cultivamos y practicamos el arte de decir mentiras. Somos hábiles para ello sin importar cuán jóvenes o viejos seamos. Dos de tres personas en nuestra sociedad consideran que mentir no tiene nada de malo.[10]

Podemos destruir la reputación del prójimo y arruinar el ministerio de una persona o una iglesia por medio de nuestras mentiras, pero lo peor de todo es que nos destruimos a nosotros mismos ante Dios: "Los labios mentirosos son abominación a Jehová; pero los que hacen verdad son su contentamiento" (Pr. 12:22).

"Seis cosas aborrece Jehová, y aun siete abomina su alma: ...El testigo falso que habla mentiras, y el que siembra discordia entre hermanos" (Pr. 6:16, 19).

Mentimos al adornar las historias que contamos. Mentimos al omitir detalles para crear una impresión diferente. Podemos decir la verdad de forma destructiva, en especial dentro del matrimonio. La Palabra de Dios dice que debemos hablar con la verdad de tal modo que nuestras relaciones queden mejor cimentadas: "siguiendo la verdad en amor, crezcamos en todo en aquel que es la cabeza, esto es, Cristo" (Ef. 4:15).

A veces hacemos insinuaciones acerca de personas y situaciones y luego nos retractamos como si no hubiera sido lo que quisimos decir en realidad. "Como el que enloquece, y echa llamas y saetas y muerte, tal es el hombre que engaña a su amigo, y dice: Ciertamente lo hice por broma" (Pr. 26:18, 19). ¿Ha sucedido esto alguna vez en su matrimonio? También mentimos al difundir chismes. Usted sabe, esa información que puede o no ser cierta. A veces somos como rotativas ambulantes con la última primicia. La Palabra de Dios dice: "Las palabras del chismoso son como bocados suaves" (Pr. 18:8).

Si la mentira ocurre en el matrimonio, la confianza se desvanece. Pida en oración que Dios lo ayude a ser un hombre o una mujer de verdad, y recuerde que "Besados serán los labios del que responde palabras rectas" (Pr. 24:26). Ore asimismo con estas palabras: "Pon guarda a mi boca, oh Jehová; guarda la puerta de mis labios" (Sal. 141:3).

Amor es...

1 CORINTIOS 13
Paráfrasis de Ángela McCord

Si asisto a una escuela de idiomas y aprendo a hablar cien lenguas diferentes, y salgo a predicar a millares en todo el mundo y les llevo a Cristo, pero tengo odio en mi corazón y sostengo una guerra silenciosa contra mi vecino quien ha levantado su cerco de privacidad en mi lado de la línea divisoria, mis palabras no valen más que los aullidos de un grupo de rock pesado.

Si tengo un doctorado en teología, ciencia, idiomas y literatura, y poder para levantar montañas en los desiertos, pero solo me interesa incrementar mi sueldo, mi ropero y mi casa, es como si no existiera, como si nunca hubiera existido.

Si renuncio a una buena oportunidad salarial para trabajar en ministerios compasivos de ayuda a los desposeídos, si doy el diezmo y entrego todo lo demás a los pobres hasta tal punto que muero por su causa, pero solo lo hago para que mi nombre salga en los diarios y pierdo de vista las almas hambrientas y sedientas de Dios, por cierto no ganaré un solo premio, sino que perderé mi propia alma.

El amor camina toda la noche con el bebé que llora en sus brazos y sonríe a todos los visitantes cada domingo. El amor no quiere lo que no tiene y no dice "miren cuán maravilloso soy", sino "mira cuán especial eres". El amor no ignora a los demás y no pasa el tiempo mirándose en el espejo. Tampoco hace una lista mental de venganzas y retribuciones si las cosas no salen como le conviene. No es hermético, sino que abre su corazón y se hace vulnerable a los demás.

El amor permanece mientras el mundo se desmorona a su alrededor.

Estas son las únicas cosas que en realidad son importantes: "Fe en Dios, esperanza por el futuro y amor de Dios para todos los hombres". Sin embargo, uno no puede tener fe o esperanza hasta que haya entendido y demostrado primero el amor.

Yo puedo trabajar por los pobres como la madre Teresa, escribir literatura inspiradora como C. S. Lewis, cantar como Sandi Patty, conmover a las personas como Gloria Gaither, predicar como Billy Graham, tener agudeza espiritual como James Dobson, ser un gran líder como Martin Luther King, Jr. o un mártir como Gandhi, pero si no amo como Jesús mi alma está perdida.[11]

Carácter

...la paciencia [produce], prueba [un carácter aprobado y maduro].
ROMANOS 5:4

Si ustedes fueran mentores de una pareja joven o intercambiaran con ellos algunos consejos acerca de la vida matrimonial, ¿qué dirían? Quizá palabras como estas:

De todas las fortalezas que uno puede traer a un matrimonio, ninguna es más valiosa que su carácter. Esto tal vez no suene tan exótico como el romance, la audacia o el encanto, pero el carácter es la viga que mantiene firme y unida la estructura. Sin carácter el matrimonio es poco más que algodón de azúcar o una brisa que cambia todo el tiempo de dirección. El buen carácter nunca es voluble. Las personas que lo tienen permanecen como rocas firmes en medio de las dificultades. No son confiables hoy y endebles mañana.

No corren como conejos asustados tan pronto la relación comienza a sacudirse. Carácter significa que nos quedamos y permanecemos...

Una persona de carácter toma los votos matrimoniales con mucha seriedad porque tiene la convicción de que una promesa es sagrada y un compromiso algo inquebrantable, y que dos personas enamoradas se dedican la una a la otra de por vida.

"En enfermedad y en salud, en riqueza y en pobreza" significa eso mismo con exactitud. Si uno tiene carácter nunca cree que el matrimonio sea una taquilla de entrada, una parada en el camino o una fase en la vida. El matrimonio no es un experimento en el que uno tantea para ver si va a funcionar. El amor no es para personas irresponsables y tampoco es para los inmaduros. El matrimonio no fue creado para los que no pueden decir la hora, cumplir citas, llamar a la casa, escribir notas o mantenerse en contacto. El amor es demasiado bueno como para desperdiciarse en almas independientes. Solo aquellos que dependen los unos de los otros saben cómo participar de una relación significativa. Solo aquellos que aprenden a fusionarse alcanzan la intimidad verdadera.

Carácter significa que en todo se haga un esfuerzo doble tan pronto sea necesario. Carácter significa que si es necesario, usted se mantendrá firme en contra del viento, el chubasco y la oscuridad con la determinación y la fe de saber que verá otra vez la luz.[12]

¿Le hicieron recordar estas ideas sus primeros meses de matrimonio? ¿Qué piensa ahora?

Nuestro trabajo es un regalo

Porque de su plenitud tomamos todos, y gracia sobre gracia.
Juan 1:16

Casi todo lo que tenemos es producto del sudor de nuestra frente y el trabajo arduo de nuestras manos, pero ¿quién nos dio esas manos, así como la fortaleza para usarlas y la mente para coordinarlas? ¿Acaso no fueron regalos gratuitos?

Quizá nuestro trabajo sea intelectual y no manual, y hemos llegado a donde estamos en la vida por los años y el esfuerzo que dedicamos a nuestra educación. Ahora bien, ¿quién nos dio la mente para recibir y utilizar esa educación? ¿Quién integró el circuito que almacena y procesa la información que usamos a diario? ¿Quién suministró la corriente neurológica que hace posible los pensamientos? También es posible que nuestro trabajo se relacione con asuntos que arden en nuestro corazón, y por eso somos trabajadores sociales, jueces o artistas, o esa es la razón por la que trabajamos como voluntarios en refugios para desposeídos. Vivimos y trabajamos por los dictados de nuestra conciencia, pero ¿quién hizo el dictado original para nuestras actitudes de veracidad y justicia, nuestro sentido del bien y el mal, nuestra compasión? ¿Dónde se originaron estas nociones grandiosas? ¿Acaso no fueron grabadas en nuestro corazón como los mandamientos que fueron cincelados en la piedra? ¿No fueron regalos también? El amor que damos, el amor que nos dan, ¿no son regalos? La fe que es la reacción espiritual más básica, ¿no vino también a nosotros como un regalo? El aire que respiramos, un regalo. Los pulmones que lo respiran, un regalo. Los músculos involuntarios que mantienen nuestra respiración, un regalo. Cada vez que despertamos a un nuevo día, un regalo. Si seguimos la trayectoria de cualquier cosa en nuestra vida y en el universo, llegamos a la conclusión de que la fuente original es Dios y su generosidad al hacernos partícipes de ella. Sin excepción alguna, todo es un regalo de su parte. Se puede decir que vivimos de su tesoro abundante. La generosidad de Dios es inmensa pero nuestra gratitud es casi insignificante. Sin embargo, Él no deja de darnos "gracia sobre gracia".

¿Ha identificado usted todos los regalos que Él le ha dado? ¡Su matrimonio es uno de ellos! Presérvelo, protéjalo y permita que refleje la presencia de Jesús. [13]

Opte por sonreír

Mas el fruto del Espíritu es amor, gozo, paz, paciencia,
benignidad, bondad, fe, mansedumbre, templanza.
GÁLATAS 5:22

Perspectiva es algo que puede hacer una gran diferencia si usted sabe cómo lidiar con lo que le sucede en la vida. Por ejemplo, en el caso de Jaime quien trabajaba en el mantenimiento de jardines. Su primer trabajo fue sacar de la tierra el tronco de un árbol inmenso, con raíces y todo. Jaime tuvo que usar dinamita, el único problema era que nunca la había usado. Estaba un poco nervioso, sobre todo porque el granjero anciano que lo había contratado miraba con gran interés todos sus movimientos. Por eso trató de ocultar su agitación al tomarse su tiempo para determinar el tamaño del tronco y la cantidad exacta de dinamita, así como dónde colocarla para producir el efecto máximo. No quería usar muy poca y tener que repetir todo el proceso, ni tampoco demasiada. Realizó todo el asunto como si fuera un científico certificado.

Todo estaba listo para detonar la carga, así que Jaime y el granjero se colocaron detrás de la furgoneta, donde llegaba el cable conectado al detonador. Jaime miró al granjero, dijo una oración y apretó el detonador. Funcionó, pero demasiado bien. El tronco salió disparado de la tierra, hizo un arco en el aire y después cayó con gran estrépito sobre la cabina de la furgoneta. Mientras Jaime sentía que el corazón se le partía de la pena y solo podía pensar en los graves daños causados al automóvil, el granjero estaba lleno de asombro y admiración. Le dio una palmada a Jaime en la espalda y dijo: "No estuvo mal, ¡con práctica lograrás que aterrice siempre en la parte trasera de la furgoneta!"

Algunos de nosotros somos como Jaime y otros como el granjero. Al llegar los tiempos difíciles quedamos desalentados o analizamos cuán cerca estuvimos de lograrlo y decimos: "¡La próxima vez lo haré bien!" ¿Quién es el "Jaime" en su matrimonio? ¿Quién es más como el "granjero"?

Recuerden que una parte del fruto del Espíritu es gozo. Este se define como optimismo realista, no es la ausencia de penalidades. Es la opción que elegimos al sonreír cada vez que el tronco cae encima de nuestro automóvil y decimos: "Pudo ser mucho peor, aprenderé a hacer las cosas mejor". ¿Conforme a qué perspectiva vive usted?[14]

Celebraciones mensuales

Nos gozaremos y alegraremos en ti.
CANTARES 1:4

Celebren la promesa matrimonial por lo menos una vez al mes. No se necesita gastar mucho dinero en estas celebraciones pequeñas pero significativas ya que constituyen actos poderosos que unen a las parejas si se invierte la cantidad suficiente de planificación y consideración, tanto como en su observación fiel.

Les sugiero a continuación algunas reglas básicas para establecer y sacar el máximo provecho de las celebraciones habituales.

Planifiquen salir juntos al menos una vez al mes... los encuentros con otras personas ¡no cuentan! Por alguna razón, las parejas tienen dificultad para asimilar este concepto. Recitan todas las cosas que hacen juntos como los paseos y las comidas organizados por la iglesia, las visitas a amigos y parientes, ir a fiestas y cenas, vitorear a sus hijos en eventos deportivos y atléticos, y más. Creen que esto demuestra que se esfuerzan en cultivar una vida juntos, pero piénselo bien. En realidad, ¿qué tanto habla usted con su cónyuge durante estas actividades sociales? ¿Qué tanto se ven el uno al otro en esas situaciones? Ni hablar de expresiones de afecto en medio de un grupo. Insisto: Las reuniones con otras personas no cuentan para estas salidas mensuales. Túrnense para planificar la celebración. Un mes es su responsabilidad y al mes siguiente le toca el turno a su cónyuge. Entiendan que planificar e implementar la salida es una parte importante de la expresión de cuánto se aprecia al cónyuge. Si es su turno de planificar la celebración, coordine todo para hacer algo que su cónyuge disfrute en particular. Esto es de gran importancia porque la idea detrás de las celebraciones mensuales es crear oportunidades para entregarse el uno al otro. Siempre que le llegue el turno de planificar, trate de asumir esta actitud: "De forma voluntaria hago esto para ti con el fin de demostrarte que me importas". Participen en la actividad elegida con alegría y sin desgano. Hay gozo en ver el gozo de otra persona. Si planifica una celebración con el fin expreso de deleitar a su cónyuge, lo más probable es que usted la experimente con deleite propio.

Mantenga sencillas sus celebraciones conforme a sus limitaciones de tiempo y presupuesto. El componente crítico e imprescindible es pasar tiempo juntos.

Sean creativos. Nunca repitan una actividad especial más de una vez al año.[15]

La vida es un proceso

Y acabó Dios en el día séptimo la obra que hizo;
y reposó el día séptimo de toda la obra que hizo.
GÉNESIS 2:2

Lea las palabras de Richard Swenson:

La noción según la cual debemos procurar sin cansancio ni tregua una vida activa y dinámica todo el tiempo tiene un defecto fundamental, tanto en el ámbito práctico como teológico. Si insistimos en que debemos ser "todas las cosas para todas las personas, todo el tiempo y por nuestros propios medios", que Dios solo acepta un esfuerzo consumado y total, que nuestro descanso sería un insulto al sacrificio de Cristo y que hay demasiadas oportunidades como para aflojar la marcha, vamos a ser aplastados por una paradoja. Si estos argumentos son ciertos, ¿cómo podríamos defender jamás la cesación de nuestros esfuerzos?

Cualquier interrupción de nuestras labores siempre es arbitraria porque el mundo no es perfecto. Siempre hay algo que falta por hacer pero también tenemos que dormir, ¿no es así? El hecho es que cualquier interrupción confirma que hemos dejado el trabajo sin terminar, y esto se debe a que el trabajo nunca puede darse por terminado.

La vida siempre es un proceso, y Dios está más interesado en el proceso mismo que en una supuesta meta de productividad. Él sabe que la perfección no es posible para nosotros y que todas nuestras labores son inútiles frente a la condición caída del mundo. Si nos enfocamos demasiado en la productividad (algo muy típico de la mentalidad norteamericana), es muy probable que pervirtamos el proceso: al sustituir la fe con el trabajo, en lugar de la profundidad damos prioridad a la velocidad, en lugar del amor usamos el dinero y en lugar de la oración ofrecemos mucha ocupación.

Dios no nos da formularios de productividad para llenar al final del mes, todo lo que pregunta es: "¿Me amas?" Ese amor no se mide en horas laborales (productividad), sino en la actividad continua de amar a la persona que está frente a uno en el momento (proceso). No tiene que ver con el pasado ni con el futuro, sino con el presente. Ahora mismo, ¿se esfuerza usted en establecer el reino de Dios en todo lo que hace?[16]

¿Cuáles son sus pensamientos acerca del trabajo no terminado, la productividad y el proceso? ¿Cómo se relacionan estas realidades con su matrimonio?

Ideas defectuosas

Y acabó Dios en el día séptimo la obra que hizo; y reposó.
GÉNESIS 2:2

Dios no tiene que depender del cansancio humano para realizar su trabajo. Él no necesita recursos para cumplir sus propósitos de tal modo que tengamos que abandonar la crianza de nuestros propios hijos para poder acomodarlo a Él. Dios no se inquieta por lo que debe hacer a continuación a tal punto que se vea obligado a pedirnos que no durmamos cinco noches seguidas. La sobrecarga crónica no es un requisito espiritual previo para un cristianismo auténtico. Todo lo contrario, sobrecargarnos es con frecuencia lo que hacemos cada vez que olvidamos quién es Dios. Nuestro empuje contemporáneo da a entender que Dios nunca se inclina a nosotros para decir: "Ya basta hijo mío, bien hecho. Ahora ve a tu casa y ama a tus hijos, alienta a tu cónyuge, descansa, ora, medita, duerme, recarga tus baterías. Mañana te daré más cosas que hacer, y a propósito, no te preocupes tanto". Recuerde con quién tratamos. Puesto que Dios es el Autor y Creador de mis límites, quizá no sea problema para Él que yo tenga límites. Es probable que Él no espere de mí que sea infinito y le sorprende poco que trate de serlo. Para Él está bien si yo no soy todas las cosas para todas las personas, todo el tiempo y por mí mismo. De hecho, es probable que no esté bien para Él si yo supongo algo diferente. Usted verá, es bueno que yo tenga límites porque Dios no los tiene. Está bien si yo paso una buena noche porque Dios no duerme. Está bien que yo descanse porque Dios no necesita hacerlo. Es probable que tampoco sea anormal estar deprimido porque a Dios nunca le sucede.

No sabemos mucho acerca de qué aspecto tiene el cielo, pero sabemos esto con certeza: "Dios no anda cabizbajo de un lado al otro en su trono celestial, ansioso y deprimido a causa de la condición del mundo". Él conoce todo y nada le sorprende, además Él es Soberano. Es bueno que tengamos limitaciones porque Él es quien todo lo puede.[17]

Baje la velocidad

Mas buscad primeramente el reino de Dios.
MATEO 6:33

¿Qué pasos puede dar una pareja para traer equilibrio a su vida hiperactiva y saturada por compromisos?

Algo inherente al entendimiento de la sobrecarga mental y física es la necesidad de establecer prioridades. Si tenemos más que hacer de lo que podemos hacer, debemos elegir entre varias opciones.

Muchas personas no se dan cuenta de cuáles son sus prioridades.

Obtenga prioridades de la Palabra de Dios.

Mire a través de los ojos de Dios y proceda a actuar conforme a lo que ve.

Busque primero el reino de Dios y todo lo demás después.

Las personas son más importantes que las cosas.

Tan pronto entendamos con claridad nuestras prioridades, el siguiente paso es aprender a decir no. Es una simple palabra de dos letras que para muchos es la más difícil de pronunciar. Si la mayoría de nosotros ya estamos demasiado ocupados, es porque se requiere una reducción drástica en las actividades. Determine hacer menos y no más, pero determine también hacer las cosas correctas, otra decisión que requiere un entendimiento claro de las prioridades. Todas las actividades deben evaluarse para determinar su autenticidad espiritual. No sature su horario de actividades. No es necesario sentirse culpable si su calendario tiene fechas sin programar y espacios abiertos. Preste atención al consejo de Dios. Tome control de cada área en su vida sobre la que Él le haya dado instrucción específica. Dios es como un coeficiente multiplicador de nuestras labores. Tal vez solo hagamos la mitad de todo lo que teníamos planificado para mañana y sin embargo, lograremos 500 por ciento más en términos de importancia y valor eternos, si nuestros esfuerzos son sensibles a la iniciativa y la capacitación del Espíritu Santo. Alguien ha dicho: "Dios puede hacer en veinte minutos lo que nos toma veinte años". Confiemos más y hagamos menos.

¿Qué es lo que mueve montañas? ¿El ajetreo o la fe?[18]

El tiempo apropiado

Todo tiene su tiempo, y todo lo que se quiere debajo del cielo tiene su hora.
ECLESIASTÉS 3:1

Salomón dijo muchas cosas acerca del tiempo y las dijo con sencillez.

Su famosa comparación de opuestos, quizás una de las descripciones más profundas de la vida, dice que hay un tiempo designado para cada cosa.

Por ejemplo, considere esta comparación: Hay un tiempo para nacer y un tiempo para morir. Eso es obvio, pero lo que olvidamos a veces es que esos tiempos están fuera de nuestras manos. ¿Alguna vez ha pensado en el momento de su muerte? ¿Cuántos años tendrá o cuántos quisiera tener? Evitamos pensar en ello, pero ya está fijado en el programa de Dios. ¿Han hablado sobre esto como pareja? Estas son las dos preguntas que nos hacemos a nosotros mismos: "¿Estaré listo para morir?" y "¿Qué queremos lograr para Él antes de que llegue el tiempo de morir?

También hay "un tiempo de plantar y un tiempo de arrancar lo plantado". Si usted planta semillas en el tiempo equivocado, es como si tirara su dinero a la basura. Si no arranca lo plantado en el momento preciso e indicado, perderá la cosecha. Tenemos nuestros propios calendarios y horarios para hacer cambios y lograr metas, pero a veces las cosas no salen según lo planificado. Es posible que el plan de Dios difiera del suyo. Pidan a Dios la respuesta sobre los cambios en su vida como pareja. Si sus ideas cuadran con su tiempo perfecto, las cosas se dan de lo mejor, para bien de todos y gloria de Dios. También hay un "tiempo de llorar y un tiempo de reír". Anticipamos con expectación los tiempos de risa y diversión. Los necesitamos aun para mantener nuestra salud, pero también necesitamos tiempo para llorar. C. S. Lewis dijo: "El dolor es el megáfono de Dios. Él nos susurra en nuestro deleite (cuando reímos), pero nos grita en nuestro dolor (cuando lloramos)".[19]

¿Ha sido esta su experiencia? Si todavía no, tenga por seguro que lo será. Lo bueno es que al experimentar aflicción no estamos solos porque Dios está allí con nosotros. Todo es parte de su tiempo y programa perfectos.

La deformidad

No os conforméis a este siglo, sino transformaos por medio de la renovación de vuestro entendimiento, para que comprobéis cuál sea la buena voluntad de Dios, agradable y perfecta.

ROMANOS 12:2

¿Recuerda la película El hombre elefante? Es la historia de un deforme que en últimas alcanza gran reconocimiento y dignidad. Aunque su cuerpo no dejó de engrosarse y deformarse, él cambió al adquirir un sentido de dignidad, valor y propósito personales.

Hay muchas personas hoy día que no son deformes en sentido físico pero sí lo son en otros aspectos. Algunos tienen actitudes deformadas que son negativas y pesimistas. Esto afecta en gran manera un matrimonio. La buena noticia es que esas deformaciones son curables. Algunos tienen hábitos que se deforman hasta convertirse en adicciones. Esto puede destruir un matrimonio. La buena noticia es que esta deformación también es curable. Hay una deformidad que desfigura a todos los seres humanos. Se llama pecado. Es una deformación espiritual que distorsiona nuestros valores y nuestra mente. Puede incluso atrofiar nuestras capacidades. Tal vez usted no pueda verla desde afuera, pero allí está. Lo peor es que la imagen de Dios, en la cual fuimos creados, ha sido estropeada. Mire a su alrededor, lea el periódico, mire las noticias: Los resultados de la deformidad del pecado están en todas partes.

Por otro lado, alabado sea Dios, Él intervino para cambiar esta deformidad, y lo que hizo no fue una labor superficial ni un remiendo de fachada. Su obra se llama "regeneración" y consiste en nacer de nuevo porque nos da una vida del todo nueva en Cristo.

La palabra que se usa para describir este cambio es "transformación" que significa "cambio progresivo". No es algo que podamos llevar a cabo, sino el Espíritu Santo quien hace realidad esta renovación total.

Por eso, estas son las palabras clave para hoy:

Deformación: ¿En qué área se sienten todavía deformados?
Regeneración: ¿Cuándo experimentó este paso crucial en su vida?
Transformación: ¿Qué área de su vida la necesita de inmediato?
Renovación: ¿De qué manera le gustaría ser renovado? [20]
Hablen acerca de estas palabras como pareja.

Sean pacificadores

Viendo la multitud, subió al monte; y sentándose, vinieron a él sus discípulos. Y abriendo su boca les enseñaba, diciendo... Bienaventurados los pacificadores, porque ellos serán llamados hijos de Dios
MATEO 5:1, 2, 9

Existen algunas nociones erróneas acerca de quién es un pacificador. Algunos piensan que para ser pacificadores debemos:

• Evitar todo argumento y conflicto.
• Ser pasivos y no iniciar confrontaciones.
• Ser flexibles y dejar que los demás impongan su opinión.

¿Qué clase de matrimonio sería este?

La paz de la que Jesús habla no ocurre como resultado de aplicar técnicas para evitar los problemas. De hecho, es todo lo contrario. Un pacificador se enfrenta a problemas concretos y los resuelve. A finales del siglo diecinueve, una de las armas que se usaban en el viejo oeste era un revólver llamado "El pacificador". Aunque cumplía su propósito fulminante, lo cierto es que este pasaje no alude a hacer la paz ¡a punta de pistola!

Al ver con detenimiento la Palabra de Dios nos daremos cuenta de que se hace hincapié en vivir en paz:

Si es posible, en cuanto dependa de vosotros, estad en paz con todos los hombres (Ro. 12:18).

Así que, sigamos lo que contribuye a la paz y a la mutua edificación (Ro. 14:19).

Para ser pacificadores, tenemos que estar en paz con nosotros mismos. Los pacificadores no añaden combustible al fuego si hay conflictos latentes. Los pacificadores buscan lo positivo y lo sacan a relucir. Siempre buscan alternativas que conduzcan a una solución permanente. Los pacificadores no usan carnadas para pescar a otros en argumentos inútiles. Un pacificador sabe cómo arbitrar para solventar disputas. Un pacificador vigila muy bien lo que dice: "Panal de miel son los dichos suaves; Suavidad al alma y medicina para los huesos" (Pr. 16:24).

¿Lo llamaría su cónyuge un pacificador? ¿En qué nivel están sus habilidades de pacificación? ¿Qué habilidades necesita desarrollar para convertirse en un pacificador más eficaz?

Nueva presentación

*Más vale un puño lleno con descanso, que ambos puños llenos
con trabajo y aflicción de espíritu.*

ECLESIASTÉS 4:6

En el libro Como almas gemelas, Les y Leslie Parrott han compilado más
de cincuenta historias acerca de cómo las parejas han desarrollado intimidad espiritual en sus matrimonios. Quiero presentarles una que los anima-
rá a nutrir esta dimensión de su relación.

Una pareja que conocíamos nos dio un consejo varios meses antes
de que nos casáramos hace veintitrés años. Ese consejo ha sido muy
útil para nosotros y al reflexionar en el asunto es una de las formas
principales en las que hemos cultivado la intimidad espiritual en nuestra relación.

Nuestros amigos nos introdujeron al "principio de la representación". En pocas palabras, consiste en reconocer que cada día que pasa
cambiamos como individuos con base en nuestras experiencias de
ese día. Con el fin de construir una relación creciente y dinámica como
pareja, debemos sacar tiempo todos los días para "presentarnos de
nuevo" el uno al otro. Es nuestra oportunidad para hablar de lo mundano y de lo profundo, así revelamos qué sucede en nuestra vida y
nos enteramos con precisión de los detalles en la vida del otro.

Debo admitir con franqueza que esto fue muy fácil de hacer en nuestros primeros años de matrimonio y que muy pocas cosas nos distraían.
Teníamos una gran cantidad de tiempo para dialogar en profundidad,
sentarnos a tomar café y realizar muchas otras actividades juntos. Con
la llegada de los niños y de otras responsabilidades adultas que comenzaron a copar nuestro horario, estuvimos agradecidos de haber
establecido el hábito desde un principio y su práctica prevalece en nuestro matrimonio. Lo cierto es que ninguna cantidad de lectura de la Biblia y tiempo de oración en pareja sirve para edificar nuestra relación si
no hemos destapado frente al otro todos los aspectos de nuestra vida,
con cierta regularidad y con el sentimiento convencido de que estamos
"desnudos sin avergonzarnos" el uno frente al otro, en el sentido más
pleno y profundo de esa definición bíblica de intimidad.

Hoy día acostumbramos presentarnos el uno al otro todos los días
mientras damos una caminata larga, con una taza de café (claro, antes no era descafeinado), o una conversación telefónica extensa si no
estoy en la ciudad. Dedicamos a esto el tiempo necesario, y aunque a
veces nuestras intervenciones son breves, podemos testificar que dependemos de este hábito para mantener nuestro crecimiento, como
individuos y como pareja. [21]

¿Romance o fantasía?

El amor es sufrido.
1 CORINTIOS 13:4

Amor y fantasía son cosas muy diferentes. Lo que algunos llaman amor es en realidad un capricho pasajero. Si ese el caso, tanto el sentimiento como la relación morirán. La fantasía se caracteriza por una ceguera que hace ver a las personas lo que quieren ver. Más tarde descubren que lo que creyeron ver no es lo que obtuvieron. Tan pronto muere la fantasía, es como saltar de un avión sin paracaídas. El viaje de descenso es largo y doloroso.

Cuanto más tiempo hayamos estado casados, más entendemos (¡eso espero!) cuál es la clase de amor que nos mantiene juntos en las malas y en las buenas. Como lo dijo un amigo: "En muchas ocasiones nos vemos el uno al otro y no hay reacción física ni apasionada. Eso está bien porque la sensación ha estado allí antes y volverá tarde o temprano. No nos alarma el hecho de que no nos sintamos así porque sabemos que nos amamos el uno al otro y eso es permanente, duradero. En ese momento ambos pensamos que también es un regalo de Dios, y por eso es que nos regocijamos".

Cuando las parejas comienzan su vida matrimonial existe por lo general una sensación de amor romántico o apasionado. Eso es muy bueno. Para muchas personas así es como comienza la relación. Puede ser como la obertura que viene antes del acto principal que es el amor duradero. El romance y la pasión son fáciles, el amor es trabajo. ¿Cuál es la diferencia? "El romance se basa en la atracción sexual y el disfrute pleno del afecto y la imaginación. El amor está basado en decisiones, promesas y compromisos".[22]

El amor romántico o apasionado tiene cierto beneficio:

El amor pasional presta un servicio poderoso mientras dura. Enfoca toda la atención mutua de dos personas por el tiempo suficiente para que construyan una estructura duradera y resistente para su relación. La experiencia pasional de amar no los mantendrá juntos para siempre, pero construir "estructuras duraderas" para una relación requiere mucho tiempo y esfuerzo, y si dos personas no se atraen físicamente entre sí, el trabajo duro quizá nunca termine. Esa es otra función del amor apasionado, la experiencia de ser aceptados y valorados que cambia por completo la vida de una persona. El amor apasionado enfoca a los amantes involucrados en una luz brillante y positiva, de tal modo que no solo se enamoran el uno del otro, sino también de sí mismos. [23]

Ansiedad y actitud

Porque cual es su pensamiento en su corazón, tal es él.
PROVERBIOS 23:7

No se turbe vuestro corazón, ni tenga miedo.
JUAN 14:27

¿Ha experimentado alguna vez zozobra en su matrimonio? ¿Sabía que la mayor parte del estrés viene de nosotros mismos, de nuestros pensamientos y actitudes? Es verdad, nuestras reacciones internas son las culpables porque todo lo que depositamos en nuestra mente y las cosas en las que pensamos afectan nuestro cuerpo. Considere una vía por la cual son afectados sus pensamientos a diario: Los medios de comunicación. Lo que usted escucha en la radio y lo que mira en la televisión, sobre todo si se trata de las noticias, tiene un efecto tremendo en su vida.

¿Cuál es la primera cosa que usted escucha en la radio por la mañana? ¿Cuál es el último programa de televisión que ve en la noche antes de irse a dormir? Esto puede tener alguna correlación con el estrés que siente.

Las cosas en las que piensa mientras conduce su vehículo también pueden estresarlo. Si está atascado en la autopista y tiene una cita importante en veinte minutos usted quizá diga en su interior: "¡No puedo llegar tarde! ¿Quién nos impide avanzar? ¡Estos cretinos! Tengo que salir ya mismo de este carril" ¿Acaso hace sonar la bocina y da miradas cortantes a los otros conductores? Esa clase de enervación es causada por sus pensamientos y la manera como usted responde a una situación en la cual no tiene control.

En este tipo de situación lo que más conviene es dejarse llevar por las circunstancias. Permítase quedar atascado en el tráfico y perdónese a sí mismo por ir tarde. Diga para sus adentros: "Aunque preferiría no estar atascado aquí y me gustaría llegar a tiempo, también puedo manejar esta situación". En lugar de refunfuñar, usted podría orar, leer un libro, escuchar música, sonreír a los otros conductores o acomodarse en su asiento y relajarse. Al hacer estas cosas usted se pone en control de la situación y su nivel de angustia baja a un mínimo. Quizá no le sea posible mantener esta actitud en toda situación, pero en muchos casos será la mejor alternativa. ¿Por qué no trata de implementarla hoy mismo? Podría librar su corazón de ser atribulado.

¿Cómo afecta el estrés su matrimonio? ¿Quién en la pareja es el que más sufre de estrés? ¿Qué puede hacerse para ayudar a ese cónyuge?

El amor al dinero

...raíz de todos los males es el amor al dinero, el cual codiciando algunos,
se extraviaron de la fe, y fueron traspasados de muchos dolores.
1 TIMOTEO 6:10

Todos necesitamos dinero. Los precios suben y los sueldos se encogen. La batalla es en particular bastante difícil para una pareja con hijos. ¿Cómo se puede ahorrar para una carrera universitaria si las matrículas en muchas instituciones de educación superior cuestan más de veinte mil dólares al año? ¡Sin contar los montos de arriendo, alimentación y libros! Algunas personas tienen otro tipo de problema con el dinero: Lo aman. Se convierte en la razón de su existencia, la fuente de su ambición, su meta en la vida, su dios. ¿Qué lugar ocupa el dinero en su vida?

- ¿Cuánto tiempo gasta en preocupaciones acerca del dinero?
- ¿Pasa más tiempo preocupado por el dinero que en oración diaria?
- Si se siente triste, desanimado o herido, ¿sale en cualquier momento de su automóvil para hacer compras impulsivas en un intento por sentirse mejor?
- ¿Su valoración como persona fluctúa de acuerdo con los aumentos y las reducciones en su patrimonio líquido?
- ¿Hasta qué punto es el dinero la fuente de altercados entre usted y su cónyuge?
- Si elaborara una lista de todos sus cheques cancelados, ¿qué mensaje daría acerca del lugar que el dinero ocupa en su vida?
- ¿Hasta qué punto funciona su vida diaria con arreglo a un presupuesto bien definido que ambos conocen y en cuya creación tienen voz y voto por igual?
- ¿Cómo tienen planificado manejar el dinero adicional que entra de forma inesperada al arca familiar? (Como usted sabe, eso sucede.)
- ¿En qué medida usted y su cónyuge hacen oración acerca del dinero y la dirección en la que Dios quiere llevarlos en su uso para su reino y su gloria?

Mediten juntos sobre las preguntas anteriores y establezcan un diálogo constructivo con sus respuestas.[24]

¿Cuál es su fuente de consejos?

Proclamad, y hacedlos acercarse, y entren todos en consulta;
¿quién hizo oír esto desde el principio, y lo tiene dicho desde entonces,
sino yo Jehová? Y no hay más Dios que yo; Dios justo y Salvador;
ningún otro fuera de mí.
Isaías 45:21

Pertenecemos a la generación y la cultura de dar y recolectar consejos. Todos tienen una opinión y están listos para darla, bien sea solicitada o no. En particular, abundan los consejos acerca del matrimonio. Ingrese a la red mundial de informática y escriba la palabra clave "matrimonio" en la ventana de búsqueda, se sorprenderá con la gran cantidad de resultados. También podría hacerlo a la antigua y consultar las columnas de periódico en las que se dispensan consejos de toda clase a los enamorados. Hasta las revistas y periódicos cristianos cuentan con esos recursos de consejería informal y muchos más materiales de consulta acerca del tema. En la actualidad existen millares de libros cuyo tema central es el matrimonio. El problema consiste en la selección de los recursos más adecuados y actualizados. Muchos libros acerca del matrimonio no son más que la adaptación y el recalentamiento de ideas que ya se han divulgado con anterioridad.

Además existen los anfitriones de los medios de comunicación en radio y televisión que permiten a cualquiera la expresión de su opinión personal. Con demasiada frecuencia esos consejos y opiniones no están basados en la verdad.

Por último, también tenemos a los amigos y familiares. Algunos dan consejos sin importar que uno los quiera o solicite.

Todos necesitamos algo de ayuda en nuestro matrimonio, pero si estamos dispuestos a recibir consejos gratuitos, ¿preguntamos sobre las credenciales del que nos aconseja?

En algunas ocasiones acudimos a otras fuentes en lugar de ir primero a aquel quien quiere que hablemos con Él. Dios nos dice a cada uno: "Habla conmigo acerca de lo que te preocupa". Las credenciales de Dios son impecables: "Yo hice la tierra, y creé sobre ella al hombre. Yo, mis manos, extendieron los cielos, y a todo su ejército mandé" (Is. 45:12).

Hable con Dios primero y pídale que lo guíe a la gran abundancia de recursos disponibles para contribuir al crecimiento de su matrimonio. Dios no está en contra de los libros, las revistas ni los consejeros. Tan solo quiere que no lo excluyamos del primer lugar en nuestra lista de recursos.

Diez sugerencias útiles

Maridos, amad a vuestras mujeres, así como Cristo amó a la iglesia,
y se entregó a sí mismo por ella.
EFESIOS 5:25

A continuación, los diez mandamientos relacionados con amar a su cónyuge que deberían poner una sonrisa en su rostro.

1. *El silencio no siempre es de oro,* sobre todo entre esposo y esposa. Pregunte a su cónyuge cuándo sería un buen momento para hablar.

2. *Si usted ama a su cónyuge, tomará en serio sus sentimientos y puntos de vista,* así difieran de los suyos. Si están en desacuerdo, diga: "Veo las cosas de otro modo, pero quizá pueda aprender de ti". ¡Créalo!

3. *Diga a su cónyuge cuánto lo valora.* Quizá podría ser ingenioso y crear una bella imagen con palabras.

4. *No se contente con halagar una vez a su cónyuge.* Busque algo lindo que decir, y sepa que si es extrovertido(a), necesita una gran cantidad de expresiones afectuosas.

5. *La mejor manera de mencionar a su cónyuge algo que a usted no le gusta es hablándole sobre aquello que sí le gusta.* Por ejemplo: "De verdad me gusta cuando intentas recetas nuevas para complacerme o cuando me avisas si vas a salir de compras".

6. *Si su cónyuge le informa que ha sido herido u ofendido por usted, piense muy bien en su meta y elija con cuidado su respuesta.* ¿Será defensiva y resentida o humilde y apesadumbrada? Si su meta es restablecer la cercanía y la unidad, la opción es bastante clara.

7. *Sea la compañía predilecta de su cónyuge.* Uno se casa en gran parte porque no quiere sentirse solo. Esté siempre disponible para su cónyuge. Su presencia, paciencia y oraciones lo ayudarán a sentirse amado(a).

8. *Si ama a alguien será leal a esa persona sin importar cuánto le cueste.* Siempre creerá en ellos, siempre esperará lo mejor de ellos y siempre les defenderá contra cualquier ataque (vea 1 Co. 13:7).

9. *Quejarse acerca de su cónyuge no mejorará su matrimonio.* En lugar de esto, comunique a su cónyuge qué le gusta acerca de su matrimonio y ofrezca sugerencias positivas.

10. *No sofoque a su cónyuge con actitudes posesivas.* Recuerde que Dios es nuestro dueño, Él solo ha encomendado su cónyuge a su cuidado.

¿Se ha enojado alguna vez?

Entonces dijo Dios a Jonás: ¿Tanto te enojas por la calabacera? Y él respondió: Mucho me enojo, hasta la muerte. Y dijo Jehová: Tuviste tú lástima de la calabacera, en la cual no trabajaste, ni tú la hiciste crecer.

JONÁS 4:9, 10

Usted responderá "sí" a las siguientes preguntas, como cualquier persona lo haría.

- ¿Alguna vez se ha enojado?
- ¿Alguna vez se ha enojado con sus padres?
- ¿Alguna vez se ha enojado con su cónyuge?

Ahora bien, ¿qué respuesta dará a esta?

- ¿Se ha enojado alguna vez con Dios?

Jonás estaba enojado con Dios por la calabacera y por Nínive. ¿Por qué no aprovechan ahora mismo para hacer una pausa y leer este corto libro del Antiguo Testamento?

¿Qué tiene que decir al respecto? Si usted hubiera estado en su lugar, ¿por qué se habría enojado?

¿Ha pensado alguna vez por qué razón nos enojamos con cualquier persona?

Por lo general se debe a que estamos frustrados. Existe alguna necesidad o expectativa que no es satisfecha como creemos que debería serlo. "Esa persona no hace lo que yo quiero ni me da lo que necesito. Esa persona me impide alcanzar mis metas".

Algunas personas se han enojado con Dios porque sus oraciones acerca de recibir el cónyuge perfecto no fueron contestadas. Diezmaron pero no recibieron el aumento que tanto anhelaban o peor aún, perdieron sus trabajos. Tal vez Dios no les cumplió cuando más lo necesitaban. Recuerden esto:

- Enojarse con Dios refleja lo que creemos acerca de quién es Dios en realidad.
- Enojarse con Dios es como una ventana que se adentra a nuestra teología.
- Enojarse con Dios podría significar que hemos creado un concepto de Dios a partir de nuestra propia mente y no con base en las Escrituras.
- Enojarse con Dios es un ejercicio fútil. Él no merece nuestro enojo, sino nuestro amor. ¿Cómo podemos enojarnos con aquel que ha hecho tanto por nosotros sin nunca merecerlo?

Permita que Dios trate la fuente de su enojo. Si usted le habla sobre sus sentimientos, Él le conducirá con bondad y tacto en una dirección nueva. Alábelo por eso.

La verdad

*...con toda humildad y mansedumbre, soportándoos con paciencia
los unos a los otros en amor.*

EFESIOS 4:2

Seamos honestos. ¿Es posible que mantengamos algunos estereotipos acerca del sexo opuesto? Muchas personas revelan esta clase de sesgo personal a través de sus chistes y comentarios fuera de tono. Así una persona diga que solo "bromea" sin mala intención, esto puede afectar en gran medida una relación. Preste atención cuidadosa a estas palabras:

Con frecuencia somos como el niño en "Las crónicas de Narnia" cuyo nombre era Eustaquio Clarence Scrubb. Eustaquio era el más irritante y egocéntrico de todos, y como cuenta la historia, decidió aventurarse solo en Narnia y cayó atrapado en la cueva de un dragón. En esta cueva había montañas de oro y joyas. El corazón de Eustaquio codició de inmediato el gran tesoro. Después quedó dormido y al despertar unas horas más tarde sintió mucha sed. Fue a un estanque cercano y se sorprendió al ver un dragón en el agua. Trató de racionalizar por qué un dragón podría verlo en ese instante, pero quedó pasmado al darse cuenta de que solo veía su propio reflejo. ¡Se había convertido en un dragón! Aslan el León (la figura de Cristo en estas crónicas de C. S. Lewis) acude a Eustaquio en su gran aprieto y para librarlo arranca con sus garras grandes pedazos de carne de dragón hasta descubrir por completo a Eustaquio, quien después queda manso y humilde por completo.

La historia es rica en contenido alegórico. Nosotros, como Eustaquio, nos hemos endurecido por la codicia a tal punto que parecemos dragones que exhalan fuego y azufre. No confiamos el uno en el otro y hemos adoptado mitos destructivos acerca del otro. Si usted es hombre, requiere mucho valor para reconocer ante Dios que muchas de sus actitudes y nociones acerca de la mujer están arraigadas en la cultura, la tradición y el orgullo. Si usted es mujer, necesita valor para reconocer que en gran parte su actitud incorrecta hacia los hombres se desprende de una mentalidad de víctima. El cáncer no desaparece porque decidamos asignarle otro nombre. Tanto hombres como mujeres necesitan considerar el asunto de la honra desde el punto de vista de Dios. La Biblia es muy clara al respecto. El propósito de Dios es que hombres y mujeres sean coherederos y expresen juntos su gracia y sus dones a un mundo herido.[1]

¿Cuál es su actitud hacia el sexo opuesto? Esto es algo que pueden discutir juntos.

Cómo orar por su cónyuge

Orad sin cesar.
1 TESALONICENSES 5:17

Hace poco encontré un recurso fascinante que personaliza pasajes de las Escrituras en la forma de oraciones por el esposo y la esposa. Se llama *Praying God's Will for My Marriage* [Cómo orar por mi matrimonio según la voluntad de Dios] y fue escrito por Lee Roberts. Él toma pasajes de la Biblia y los expresa en sus propias palabras. Después de leerlos en voz alta, podemos aprender a hacer lo mismo en nuestras propias palabras. Esta es una muestra:

Oro para que mi cónyuge y yo seamos prontos para oír, tardos para hablar y lentos para airarnos, porque la ira del hombre no obra la justicia de Dios (Stg. 1:19-20).

Oro para que mi cónyuge y yo siempre amemos al Señor nuestro Dios con todo nuestro corazón, con toda nuestra alma, con toda nuestra mente y con todas nuestras fuerzas, y también que amemos a nuestro prójimo como a nosotros mismos (Mr. 12:30-31).

Oro para que cuando mi cónyuge y yo enfrentemos un obstáculo, siempre recordemos que Dios ha dicho: "No con ejército, ni con fuerza, sino con mi Espíritu" (Zac. 4:6).

Oro para que si nos falta sabiduría, la pidamos a ti, nuestro Dios, quien da a todos abundantemente y sin reproche, con la plena confianza de que mi cónyuge y yo la recibiremos (Stg. 1:5).

Oro para que mi cónyuge y yo te bendigamos en todo tiempo, Señor, y que tu alabanza esté de continuo en nuestra boca (Sal. 34:1).

Oro a ti, Dios, para que mi cónyuge y yo presentemos nuestro cuerpo en sacrificio vivo, santo y agradable a ti, que es nuestro culto racional. También oro para que no nos conformemos a este mundo, sino que seamos transformados por medio de la renovación de nuestro entendimiento, para que comprobemos cuál sea tu buena voluntad, agradable y perfecta (Ro. 12:1-2).[2]

¿Qué pasajes le gustaría usar para orar en pareja? ¿Pueden imaginarse el efecto que tendría en su relación empaparse de la Palabra de Dios en su vida de oración? Hagan este experimento durante un mes y después noten la diferencia.

Una cuenta bancaria de relaciones

...sed de un mismo sentir, y vivid en paz.
2 Corintios 13:11

Una metáfora que se emplea para describir la interacción de una pareja es la de una cuenta bancaria. El balance de esta cuenta es el resultado del flujo constante de depósitos y retiros. En cada relación personal, los depósitos tienen montos diferentes, tal como sucede en el caso de los depósitos monetarios. Podría consistir de palabras y acciones bondadosas o de un donativo cuantioso de amor. Los depósitos también varían. Un desacuerdo menor puede considerarse como un retiro pequeño, pero una ofensa grande podría arrasar la cuenta. Los encuentros verbales también son retiros, al igual que las acciones y actitudes defensivas.

Si ustedes comienzan a pensar acerca de su relación en estos términos, serán más conscientes de los depósitos realizados y los pendientes así como de todos los retiros, grandes y pequeños. Como es natural, cuanto más grande sea el balance más saludable será la relación, y al igual que en una cuenta, es mejor tener reservas suficientes en la cuenta bancaria de las relaciones. Lo más triste de todo es que muchas parejas viven con un saldo en rojo en su balance de intercambios.

Existen dos tipos de moneda corriente en las cuentas de relaciones personales, a saber, la del esposo y la de la esposa. Cada una tiene un valor distinto y puede fluctuar de un día al otro. Una diferencia definitiva de este tipo de cuenta bancaria es que el "cajero" o la persona que recibe los fondos es quien determina el valor de cada depósito o retiro.

Si hay un balance considerable en la cuenta, unos cuantos retiros pequeños no la afectarán tanto. Todo lo contrario sucede a un balance pequeño hasta con el más minúsculo de los retiros. Lo ideal es asegurarse de que los depósitos sean grandes y que los retiros sean imperceptibles. Cada cónyuge necesita ser informado por el otro en cuanto a lo que se percibe como un depósito o un retiro. ¿Cuál es el estado actual de su cuenta bancaria? ¿Hay superávit o déficit? ¿Cómo definen usted y su cónyuge lo que es un depósito? ¿Qué consideran usted y su cónyuge como un retiro? Puede resultar beneficioso que discutan estos conceptos como pareja y así puedan tener claridad al respecto.[3]

¿Cuánto?

...he aprendido a contentarme, cualquiera que sea mi situación.
Sé vivir humildemente, y sé tener abundancia; en todo y por todo estoy
enseñado, así para estar saciado como para tener hambre.
FILIPENSES 4:11, 12

¿Cuánto dinero dan a su iglesia? Es una pregunta fisgona pero no por ello menos importante. Sin embargo, la pregunta más significativa es: ¿Cómo dan? ¿Lo hacen por obligación o con gozo? Pablo nos dice que "Dios ama al dador alegre" (2 Co. 9:7). ¿Han discutido alguna vez cómo y por qué van a dar como pareja? ¿Ya han hablado acerca de cuánto van a dar y más importante todavía, cómo se sienten con respecto a dar? Cuando de dar se trata, las siguientes sugerencias pueden ayudarlos:

Examinen por un momento la manera en la que ustedes dan ahora. ¿Lo hacen de corazón o por un sentido de obligación? ¿Han considerado que dar es una actividad que podría acercarlos más entre sí tanto como a Dios?

¿Han explorado otros ministerios cristianos para hacerles llegar su contribución monetaria o solo dan a su iglesia local? Hay muchos ministerios especializados y únicos que no solo podrían beneficiarse de su ofrenda, sino también de su participación directa. Una de las grandes alegrías que una pareja puede experimentar consiste en encontrar un proyecto cristiano cerca al lugar donde viven, y dedicar algunas horas al mes para servir y contribuir a su avance. Si es una actividad que realizan juntos, orarán juntos por el proyecto y tendrán un deseo más grande y genuino de dar al ministerio.

Algunas personas dicen que en realidad no tienen mucho que dar, y eso puede ser cierto en muchos casos. De cualquier modo, conteste la siguiente pregunta: ¿Se le ocurren alternativas para reducir costos o simplificar su estilo de vida a fin de que pueda vivir con menos y dar de más?

Su cónyuge es su aliado

Un mandamiento nuevo os doy: Que os améis unos a otros; como yo os he amado, que también os améis unos a otros. En esto conocerán todos que sois mis discípulos, si tuviereis amor los unos con los otros.
JUAN 13:34, 35

Es fácil distraernos y encauzar nuestros esfuerzos en direcciones equivocadas. Si usted aprendió algo de historia norteamericana, es posible que recuerde haber estudiado la guerra de 1812. Fue un acontecimiento significativo en la historia de este país. El general Andrew Jackson, séptimo presidente de los Estados Unidos, prestaba su servicio en la milicia de Tenneseee. Durante la guerra, la moral de sus tropas fue terrible. Discutían todo el tiempo y tenían trifulcas y altercados fuertes entre ellos. Cierto día todos estos problemas grandes y pequeños se intensificaron y el general Jackson convocó a todas las tropas, las miró con detenimiento y solo dijo una simple frase: "¡Caballeros! Recuerden que el enemigo está ¡por *allá*!"

Este problema no ha desaparecido y lo vemos hasta en la iglesia. Con demasiada frecuencia hay polémicas, discusiones y luchas intestinas. Como cristianos estamos llamados a ayudarnos a llevar las cargas, apoyarnos unos a otros, creer los unos en los otros, cuidar el uno del otro, orar el uno por el otro y amarnos unos a otros.

Hay otro lugar donde las personas tienden a perder el enfoque a tal punto que terminan enfrascados en reyertas, riñas y litigios. Se llama matrimonio, pero debe entenderse que el cónyuge no es el enemigo. Las parejas no deben verse el uno al otro como adversarios, sino como aliados. En el matrimonio debemos ayudarnos, apoyarnos, creernos, cuidarnos, amarnos y orar el uno por el otro.

Durante el tiempo de la iglesia primitiva, un emperador envió a cierto hombre llamado Arístides a inspeccionar a un grupo de personas que se conocían como "cristianos". El observador les vio en acción y regresó con un informe mixto. No obstante, una afirmación que hizo ha perdurado a lo largo de los siglos: "¡Mirad cómo se aman unos a otros!"

Al ser observados por otros como pareja casada, esperemos que esto sea lo que digan sobre ustedes.[4]

Pueden hacer que funcione

Todo lo puedo en Cristo que me fortalece.
FILIPENSES 4:13

Recuerden el día atareado e histórico en el que ustedes se casaron. Piénsenlo unos minutos y reconstruyan la escena, la hora exacta, el estado del tiempo, lo que comieron (y cuánto), así como los detalles de la recepción. ¿Qué recuerdan de los votos matrimoniales? Si son como muchas parejas, recordarán por lo menos palabras muy simples como "sí, prometo" o un simple "sí" como respuesta a las promesas de su matrimonio. Algunas parejas cumplen ese "sí" pero otras no.

El matrimonio puede ser difícil en ciertas ocasiones. Comenzamos con grandes esperanzas y expectativas, pero si algunas de estas no se materializan el desánimo y la desilusión pueden invadir la relación. Esto reduce la energía que necesitamos para trabajar en el mejoramiento de nuestro matrimonio, como si dejáramos encendidas las luces y la batería del automóvil se desgastara poco a poco hasta quedar inservible para encender el motor.

Usted podría pensar a veces: "No tengo la energía necesaria para realizar un esfuerzo tan grande". ¿Sabe qué? Es cierto, nunca la tendrá y esto es un hecho irremediable. No podemos lograrlo en nuestras propias fuerzas, pero podemos hacerlo con la fortaleza de Jesucristo. Él nos da poder para perseverar. Puede ser que en el matrimonio sea donde más necesitamos del poder y la presencia de Dios que en cualquier otra relación.

Todos saben que el matrimonio puede ser difícil. Por eso obtendrán un testimonio poderoso de su gracia si permiten que Dios haga del suyo un matrimonio dinámico y amoroso. Tal vez conozcan parejas en el trabajo o en la iglesia que luchan con su relación. ¿Por qué no les muestran cómo se hace y les señalan el camino a la única fuente inagotable de poder?[5]

¿Qué hago?

Y Moisés dijo al pueblo: No temáis; estad firmes, y ved la salvación que Jehová hará hoy con vosotros; porque los egipcios que hoy habéis visto, nunca más para siempre los veréis. Jehová peleará por vosotros, y vosotros estaréis tranquilos.
ÉXODO 14:13, 14

Usamos un sinnúmero de frases para describir lo que es un lío. Quizás usted diga "estoy embrollado" o "me volví un ocho". Otros dirían que están "entre la espada y la pared". ¿Puede imaginarse a personas de otros países que escuchen esas frases y se pregunten qué quisimos decir?

Líos. Todos hemos estado metidos por lo menos en uno. Es una situación difícil, bochornosa y a veces cómica. Hay ciertos líos en los que no sabemos qué hacer, como si hubiéramos dado un giro prohibido hacia un callejón sin salida. Nos parece imposible frenar, dar marcha atrás y salir por donde entramos. Esto puede suceder en nuestro trabajo, nuestra vida devocional y hasta en nuestro matrimonio. Al darnos cuenta de que no hay salida, comenzamos a sentir pánico. Consideren el texto bíblico para hoy. De hecho, abran su Biblia y lean todo el capítulo 14 de Éxodo. Verán varios millones de personas metidas en un gran lío. Se sentían atrapados por los egipcios y su único recurso disponible era el Mar Rojo. Como es de esperarse, estaban llenos de pánico. Lea de nuevo el versículo para hoy. Chuck Swindoll describe así la diferencia entre nuestra respuesta al pánico y la de Dios:

¿Sabe cuál es la respuesta humana al pánico? En primer lugar, sentimos miedo. Después, corremos. En tercer lugar, luchamos, y en cuarto lugar, lo contamos a todo el mundo.

El consejo sabio de Dios es todo lo opuesto: No temas, quédate quieto y observa a tu Dios obrar. Guarda silencio porque esa es mi oportunidad para entrar en acción y tomar las riendas de la situación.

Él la maneja de forma opuesta a como lo haríamos nosotros. El Señor se cruza de brazos y mira en todas las direcciones mientras espera que comencemos a esperar en Él.[6]

Espere, solo espere y vea cómo Dios obra en esos tiempos difíciles.

¡A correr!

Jesús les dijo: Yo soy el pan de vida; el que a mí viene, nunca tendrá hambre;
y el que en mí cree, no tendrá sed jamás.

JUAN 6:35

Somos una nación de corredores. Observe los parques temprano en la mañana y hasta de noche. Las personas corren en todas las velocidades posibles. ¡Hay maratones que atraen hasta 25 mil competidores! Corremos para alcanzar cosas o corremos para huir de ellas. Podemos correr hacia Dios o para alejarnos de Dios. Correr requiere mucha energía, sin importar en qué dirección corramos.

¿Recuerdan la historia de Elías? Este profeta corrió lejos de Dios. Por supuesto, fue usado por Dios en gran manera pero como todos nosotros tenía sus puntos altos y bajos a nivel físico, emocional y espiritual. ¿Sabe en cuál de estos puntos se encuentra usted ahora mismo? ¿Sabe si va en subida o en bajada? ¿Qué decir de su cónyuge? Elías pasó por una experiencia extenuante tras ver cómo Dios trajo fuego y lluvia de forma portentosa (vea 1 R. 19). Estaba muy cansado, aquel punto en el cual todos nosotros somos más vulnerables. El profeta recibió una amenaza de muerte y sintió pánico. Olvidó el despliegue tremendo del poder de Dios que acababa de presenciar. Tenía mucho miedo y por eso se levantó a correr para salvar su vida (1 R. 19:3). No es una respuesta inusual cuando nos sentimos solos o amenazados: Tarde o temprano, corremos. Por eso es mejor que los casados enfrenten juntos todas las situaciones de la vida. Cada cónyuge suministra fortaleza al otro.

Al huir, Elías pensó que se iba a librar del embrollo, pero lo que hizo en realidad fue empeorar la situación. Por correr terminó todavía más exhausto. No corrió en las fuerzas del Señor ni tampoco a los brazos del Señor. ¿Qué es aquello que usted insiste en tratar de hacer en sus propias fuerzas? ¿Alguna vez han corrido tanto por todas partes que se les han agotado todas sus fuerzas? Podemos sufrir de agotamiento físico, emocional y espiritual, pero este último es el peor de todos. Si esto sucede corran, pero no para huir y tampoco en círculos, sino a la fuente de su fortaleza.

Dejen que Dios los alimente, así podrán correr de verdad.[7]

No hay que temer

Pero en seguida Jesús les habló, diciendo: ¡Tened ánimo; yo soy, no temáis!
MATEO 14:27

Nos parecemos mucho a los discípulos, ¿no es así? Pasamos tiempo con Jesús, experimentamos su fortaleza y luego lo olvidamos. ¿Recuerdan cómo en Mateo 14 Jesús sanó a los enfermos y alimentó a las multitudes? Después de esto se fue a orar y los discípulos decidieron irse en un bote. Esa noche se levantó una tormenta, y en medio del azote de las olas Jesús caminó hacia sus amigos sobre el agua. Ellos lo vieron y pensaron que se trataba de un fantasma. Jesús respondió de inmediato: "yo soy, no temáis". Después el impulsivo y bien intencionado Pedro saltó del bote, comenzó a encaminarse hacia Jesús y al darse cuenta de lo que hacía sintió pánico.

Consideren este análisis de lo sucedido:

1. *Circunstancias inciertas*. Casi siempre que siento temor me enfrento a circunstancias inciertas, igual que los discípulos. Mi situación parece extraña y mi bote se mece como si fuera de juguete. Además parece que mi capitán no va a bordo y desconozco mi futuro.

2. *Conclusiones erróneas*. En medio de mi pánico, con frecuencia me fijo en lo obvio y no en lo sobrenatural. En lugar de ver cómo Jesús interviene de forma milagrosa en medio de mi tormenta, veo toda clase de fantasmas representados por mis temores personales. A veces expreso mis temores en voz alta como hicieron los discípulos. Otras veces siento rabia e impotencia. "¿Dónde está Jesús cuando más lo necesito?"

3. *Conducta impulsiva*. La conducta de Pedro al saltar del bote me recuerda a mí mismo. A veces exclamo: "¡Señor, si de verdad estás aquí en medio de mi pánico y mi situación espantosa, dame pruebas sobrenaturales de tu intervención".

4. *Llamado desesperado*. Como Pedro, hay ocasiones en las que decido confiar y doy pasos firmes, pero después quito la mirada de Dios y me enfoco en mis circunstancias aterradoras.

5. *Calma inmediata, sin tardanza*. Él extiende su mano hacia mí y dice: "¡Hombre de poca fe! ¿Por qué dudaste?" En la seguridad de su mirada compasiva y el agarre cálido de su mano, mi corazón comienza el recorrido mesurado y cuidadoso hacia la aceptación total de su amor perfecto.[8]

Desórdenes en la alimentación espiritual

No sólo de pan vivirá el hombre, sino de toda palabra que
sale de la boca de Dios.
MATEO 4:4

Existe todo un rango de desórdenes alimenticios en la actualidad: Comer en exceso, ingerir alimentos erróneos, comer demasiado poco, anorexia, bulimia y otros más. Todos tienen sus propios problemas característicos, ¡pero algunos desórdenes alimenticios se manifiestan en la esfera espiritual! La anorexia conduce a un adelgazamiento extremo del cuerpo y se debe a una aversión obsesiva a la comida y a la ingestión de alimentos. La bulimia es un desorden al otro lado del espectro y consiste en excesos reiterados en el consumo de comida seguidos por fases dañinas de purga inducida. Steve Farrar describe para nosotros cómo se manifiestan estos desórdenes en el campo espiritual.

La anorexia espiritual es una aversión a alimentarse de la Palabra de Dios. Es imposible que una persona sea sustentada para librar la guerra espiritual si tiene malnutrición espiritual. Por eso es que el enemigo hará todo lo que sea necesario para impedir que leamos y meditemos en las Escrituras. Jesús lo expresó así: "No sólo de pan vivirá el hombre, sino de toda palabra que sale de la boca de Dios". Si usted no ingiere con frecuencia las Escrituras, estará débil y enfermizo todo el tiempo, vulnerable a cualquier tentación. Puede ser que crea en la Biblia y hasta la reverencie, pero si no se alimenta de la Biblia será presa fácil del enemigo. La anorexia espiritual es muy peligrosa, pero hay otro desorden todavía más alarmante. La bulimia es un desorden alimenticio que muchos describen como el "síndrome de comilona y purga".

La bulimia espiritual consiste en conocer la Palabra de Dios sin *practicarla*... La bulimia espiritual es característica de aquellos que se atarugan de la verdad, puede ser a través de libros, grabaciones de prédicas, buenas enseñanzas bíblicas, algún programa favorito en radio o televisión y más. Por eso el bulímico espiritual tiene aspecto justo e íntegro, su gran problema es que conoce la verdad pero no la aplica.[9]

Si usted tiene desnutrición física, la solución es comer y digerir un buen alimento. Si el problema es desnutrición espiritual, la solución es comer, digerir y poner en acción más de la Palabra. ¿Tiene usted hábitos alimenticios balanceados en su vida espiritual?

Disfrute su vida amorosa

*Bebe el agua de tu misma cisterna, y los raudales de tu propio pozo.
¿Se derramarán tus fuentes por las calles, y tus corrientes de aguas por las
plazas? Sean para ti solo, y no para los extraños contigo. Sea bendito tu
manantial, y alégrate con la mujer de tu juventud, como cierva amada y graciosa
gacela. Sus caricias te satisfagan en todo tiempo, y en su amor recréate siempre.*
PROVERBIOS 5:15-19

En su libro titulado *Una celebración del sexo,* el doctor Douglas Rosenau
ofrece la siguiente interpretación de este pasaje.

> Podríamos hacer la siguiente paráfrasis del texto para las esposas:
> Gózate con en el esposo de tu juventud, quien es tu ciervo agra-
> ciado y fuerte. Que sus manos y su boca siempre te satisfagan,
> que siempre estés cautivada por su amor.
>
> La Biblia usa con frecuencia el agua como una metáfora muy po-
> derosa y apropiada de la limpieza, la sanidad y el rejuvenecimiento.
> Hay imágenes hermosas como "ríos en el desierto", "agua de vida" y
> "junto a aguas de reposo". Una representación tremenda de la natu-
> raleza dinámica del amor conyugal es compararlo a una cisterna, un
> pozo y una fuente de agua. Es como una bebida fría y refrescante
> sacada de su propio manantial.
>
> En cierto sentido, su vida sexual es como una cisterna en la que
> tienen almacenados muchos recuerdos amorosos y un repertorio se-
> ductor de actividades exquisitas. Ustedes pueden sumergirse una y
> otra vez en su propia fantasía amorosa y hacer el amor para divertir-
> se y excitarse mutuamente. En otro sentido, hacer el amor es como
> una corriente o un manantial de aguas. El sexo en el matrimonio tie-
> ne una cualidad de cambio y renovación permanentes. La rutina en
> la vida sexual no forma parte del diseño de Dios. Renueven la mente
> de cada uno de ustedes y actitudes, no vacilen en ser juguetones y
> aventureros entre ustedes. Pueden hacer el amor cuatro veces a la
> semana durante los próximos cincuenta años sin llegar al fondo de
> las profundidades sorprendentes de este misterioso "torrente" sexual
> que es el prodigio de convertirse en una sola carne.

Aprecio las palabras *alégrate, satisfagan* y *recréate* en el pasaje de Proverbios. El placer y la diversión son parte de la relación amorosa creada por
Dios. Nuestra creatividad, nuestra imaginación y nuestro amor nos permiten estar enamorados y hasta fascinados sexualmente con el amado o la
amada de nuestra juventud. Es la única forma de estar siempre alegres,
satisfechos y recreados.[10]

Hay que celebrar: ¡Ya estamos casados!

Y dijo Jehová Dios: No es bueno que el hombre esté solo;
le haré ayuda idónea para él.
GÉNESIS 2:18

Si ustedes sirvieran como mentores a una pareja joven o tuvieran que dar algunos consejos acerca de la vida matrimonial, ¿qué dirían? Tal vez usarían frases como las que vienen a continuación, y es muy posible que algunas de estas ideas les hagan recordar sus primeros meses de matrimonio.

El matrimonio es un asunto riesgoso, y lo es mucho más en la actualidad que en mis días. Por eso admiro la valentía que tienen para comprometer su vida entera a otro ser humano en vista de la fragilidad de los matrimonios hoy día.

¿No están seguros si deben casarse o no? Eso es como pararse al borde del gran cañón del Colorado y mantener los ojos cerrados por miedo a ver lo que tienen al frente. Imagínense a un niño que no quiera jugar en el agua porque de pronto se moja. El matrimonio trae demasiadas alegrías, demasiadas esperanzas, demasiada felicidad y demasiada vida como para evitarlo con timidez y cobardía.

El matrimonio puede tener un lado oscuro. Existen en el mundo demasiados corazones rotos como para afirmar que el matrimonio no puede lastimar. Sin embargo, esas solo son las historias que llaman nuestra atención. Casi nunca notamos aquellos avisos en el periódico que anuncian las bodas de plata o de oro, ni reparamos en la vecina octogenaria que siempre habla de cómo ama ahora a su esposo mucho más que el día en el que se casaron.

El matrimonio tiene una potencialidad enorme. Es como un baúl que esconde un gran tesoro. Cada año que pasa es como si se abriera un poco más la cubierta para descubrir joyas asombrosas que ni siquiera existen en nuestros sueños. Siento lástima por los que tienen miedo hasta de dar un vistazo adentro.

Si comienzan a preguntarse en qué se han metido, recuerden lo que sucede a la mayoría de nosotros. La ansiedad es un resultado normal de los votos matrimoniales, pero entiendan que su amor por la otra persona no es alterado por las fluctuaciones del matrimonio. Toda empresa que valga la pena tiene un recorrido prolongado por sendas abruptas.

¡Hay mucho que celebrar! Ustedes han tomado una decisión fantástica y solo tienen que vivir un día a la vez. No se dejen atascar por los problemas de ayer ni traten de adelantar los asuntos de mañana. Hoy es el día que Dios ha provisto para que comiencen su vida juntos. Vívanla con valentía.[11]

El amor es...

1 Corintios 13
Versión de J. Oswald Sanders

Si hablo con las lenguas de los ángeles o de los videntes pero me falta amor, todas mis palabras son huecas y no serán superiores al estruendo de los címbalos y el clamor del metal.

Si veo como un profeta y conozco como un sabio, tanto que pudiera leer lo oculto como si fuera obvio, y si el poder de mi fe quitara de en medio una montaña, con todo eso sería nada si no tengo amor.

Si diera a los pobres toda la riqueza que he ganado y si cual mártir mi cuerpo fuera quemado, pero sin que el amor motivara la generosidad o el dolor, de nada me sirven tales actos y mi fortuna es vana.

El amor sufre con paciencia y es bondadoso sin límite.

El amor no siente envidia ni jactancia.

El amor nunca es áspero ni busca lo suyo, el rencor y la venganza le son desconocidos.

El amor no se alegra del mal ajeno pero es verdadero como la luz del día.

El amor escucha, cree y espera en la verdad.

Aunque cese el conocimiento y agonicen las profecías, el amor nunca, nunca, nunca dejará de ser.

Para siempre serán dominantes la fe de los libertados, su esperanza suprema y el amor, pero más grandioso y radiante que todas las glorias, todos los gozos y todos los poderes es el amor.[12]

Rían mucho

El corazón alegre hermosea el rostro; mas por el dolor del corazón el espíritu se abate... Todos los días del afligido son difíciles [o truculentos debido a sus malos augurios]; mas el de corazón contento tiene un banquete continuo [a pesar de las circunstancias].
PROVERBIOS 15:13, 15

Rían un poco. *¡No, rían mucho!* Esas son las palabras de la sabiduría divina. La risa es uno de los regalos más maravillosos de Dios. El matrimonio está lleno de sucesos e incidentes que no solo se prestan para reírse, sino para estallar a carcajadas. ¿Cuál es el nivel de la risa en su matrimonio? Su vida matrimonial le suministrará muchas oportunidades para reír. En algunas ocasiones se preguntará si debería reírse de ciertos incidentes o deseará no haberlo hecho. Algunas situaciones cómicas serán aptas para contar a otros, pero las demás no se atreverá a contar. ¿Puede pensar en algunas de esas ahora mismo?

Un buen sentido del humor refleja una atmósfera saludable dentro del hogar. La Biblia dice: "El corazón alegre constituye buen remedio; mas el espíritu triste seca los huesos" (Pr. 17:22).

Salomón nos enseña qué sucede si perdemos nuestro sentido del humor: Tendremos un espíritu quebrantado, falta de sanidad interior y huesos secos. Si perdemos nuestra capacidad para disfrutar la vida, algo anda mal.

El humor relaja, alivia tensiones y contribuye a una vida equilibrada. Nos permite descansar del peso de las preocupaciones y de las tristezas de la vida. Aquellos que no ríen tienden a encogerse y secarse como uvas pasas.

¿Quién es el que hace chistes en su matrimonio? ¿Ha sacado tiempo para contarle a su cónyuge las cosas chistosas que le sucedieron en su infancia?

Si ustedes se ríen como pareja, no olviden reírse *con* el otro y no *del* otro. Busquen el ángulo humorístico en medio de la seriedad de la vida, esto facilitará su disfrute pleno.

Es algo maravilloso... pero aterrador

La lengua apacible es árbol de vida.
PROVERBIOS 15:4

Si tuvieran que aconsejar a una pareja joven, ¿cuáles serían sus palabras? Quizá sonaría algo parecido a esto.

Casarse es maravilloso y al mismo tiempo aterrador. Un matrimonio puede que sea hecho en el cielo, pero el mantenimiento se debe hacer en la tierra. Les aconsejamos que siempre se consideren primero el uno al otro antes que a los demás.

No se destruyan entre sí con palabras, sobre todo en público. Las palabras son muy poderosas, pueden matar el amor con más rapidez que cualquier cantidad de rosas para tratar de enmendar el daño. Trabajen siempre con la vista puesta en el mayor beneficio del otro. Nunca se separen sin un beso o un "te quiero". Al igual que "te amo", esta expresión de tan solo tres sílabas tiene un gran significado. El romance es como una flor frágil y no puede sobrevivir mucho tiempo si se ignora o se abandona a su propia suerte. Sin compromiso e imaginación, poco a poco se marchitará y morirá. En cambio, para aquellos que se comprometen a mantener vivo el romance en su matrimonio, lo mejor está por venir.

El matrimonio se convierte en lo que ustedes construyan día a día. Bajo el señorío de Dios, debe ser la relación más importante de toda su vida. Si su matrimonio es bueno, ustedes pueden vencerlo todo: Adversidades económicas, enfermedades, rechazos, lo que sea. Si no es bueno, por grandes que sean los éxitos jamás se llenará el vacío terrible.

Protéjanse bien de todos los intrusos y recuerden sus votos a diario. Ustedes han prometido ante Dios y sus familiares, renunciar a todos los demás hombres y mujeres para aferrarse de manera exclusiva el uno al otro. Nunca permitan que las amistades, la familia, el trabajo o cualquier otra cosa se interponga entre usted y su amado(a).

El matrimonio se construye en tiempo y espacio, así que saquen muchas horas para estar juntos y programen bien las actividades que van a realizar juntos. Hagan uso sabio de este recurso tan escaso y escuchen bien lo que cada uno tiene que decir al respecto. Para que ese tiempo también sea divertido, rían y jueguen juntos. Vayan a sitios amenos y realicen actividades que consoliden su unidad. Que también sea un tiempo de adoración en el que puedan orar juntos. Por último, que sea un tiempo para el contacto físico, los abrazos y todas las demás manifestaciones de afecto conyugal.[13]

Los afanes de mañana

Así que, no os afanéis por el día de mañana, porque el día de mañana traerá su afán. Basta a cada día su propio mal.

MATEO 6:34

Han recibido la invitación formal a una recepción y cena especial en la mansión del gobernador que tendrá lugar el mes próximo. No obstante, la sorpresa y la emoción generadas por la invitación desaparecen tan pronto se hace la pregunta: "¿Y cómo vamos a ir vestidos?" El deleite de la anticipación se frustra por la preocupación por el vestuario para la ocasión.

Suponga ahora que ha invitado ciertas personas a cenar. Puede tratarse del pastor nuevo y de su esposa junto a otros miembros del personal de la iglesia. ¿Va dirigida su concentración al disfrute genuino y el compañerismo que proveerá la velada? ¿O acaso lo invade una sensación de pánico al pensar en qué va a servir para comer y cómo va a tener la casa impecable antes de que lleguen los primeros invitados? En últimas, ¿es ser anfitrión un gozo o una molestia?

Estas son preguntas legítimas que merecen respuestas concretas, pero con demasiada frecuencia dejamos que nuestras preocupaciones por el futuro estropeen nuestro gozo en el presente. Algunas personas viven en un estado continuo de imaginación ansiosa del futuro y son incapaces de aprovechar al máximo el presente.

Si vive preocupado por el futuro, ¿no es por qué usted quiere tenerlo todo bajo control?

Considere también aquello por lo cual tanto nos preocupamos una gran parte del tiempo. Incluso al escribirse Mateo 6 las personas se preocupaban en gran medida por la comida y el vestuario. En aquel entonces eran preocupaciones legítimas porque la mayoría de la población a duras penas se mantenía. Su preocupación estaba fundada en las realidades duras de la escasez y la supervivencia. En cambio, la mayoría de nosotros nos preocupamos a causa de la abundancia de recursos y la gran cantidad de alternativas que tenemos a disposición (vea Mt. 6:31-34). De ustedes dos, ¿quién es el que más se preocupa por su aspecto físico y su vestuario? ¿Cuál se pone más ansioso cada vez que tienen invitados?

Permitan que Dios intervenga en su toma de decisiones y en el manejo de sus preocupaciones y de sus dificultades. Denle amplia oportunidad para disipar sus ansiedades, llenarlos de paz y darles la capacidad de manejar lo que tengan que enfrentar hoy. Suelten ya el mañana que pronto llegará.

Sentido de seguridad

*...yo les doy vida eterna; y no perecerán jamás,
ni nadie las arrebatará de mi mano.*
Juan 10:28

Las mascotas pueden representar una gran fuente de alegría en nuestra vida, así como bastante trabajo adicional. La mayoría de las familias tienen por lo menos un perro o un gato. A veces nuestras mascotas nos enseñan lecciones valiosas. Por ejemplo, ¿ha notado alguna vez cómo la mamá gata carga a sus mininos? No es como el canguro que lleva a su cría en un saco incorporado, ni como un chimpancé recién nacido que se agarra de su madre como puede. La seguridad del bebé primate depende de él mismo, lo cual es bastante riesgoso. A diferencia de ellos, un bebé gato no tiene que esforzarse porque la madre es quien rodea el cuello de su cría con sus dientes y así lo lleva por todas partes. La seguridad del gatito depende de la madre.

¿De qué depende su sentido de seguridad? ¿Del trabajo, de las capacidades, del dinero, de la reputación o de la habilidad atlética? ¿Se basa su seguridad en su cónyuge? ¿Qué decir de la seguridad espiritual, de su salvación? ¿Depende de su habilidad para aferrarse a Dios como el chimpancé a su madre o depende de quién es Dios y lo que Él hace? ¿Qué enseñan las Escrituras? A veces dejamos que nuestra niñez y experiencia en la vida moldeen nuestras creencias bíblicas y teológicas, en lugar de tan solo confiar en lo que dice la Palabra de Dios.

Vuelvan a leer la porción bíblica para hoy y consideren cuán verdadera y confiable es. Dios les ha entregado a su Hijo, y su seguridad como individuos y como pareja está completa en Él. Cristo pagó todo el precio por sus pecados y han quedado a paz y salvo (vea Ef. 1:7). Ustedes nada deben porque Dios quedó satisfecho con el pago hecho por Jesús (vea Ro. 3:25). Jesús continúa hasta hoy su obra por cada uno de nosotros a través de su intercesión constante ante el Padre (vea He. 7:25). ¿Piensa usted con frecuencia en este hecho insondable? Tan pronto usted recibió por fe al Señor, fue sellado con el Espíritu Santo. Esto significa que Dios es su dueño (vea 2 Co. 1:22).

Si en algún momento usted se siente inseguro por cualquier razón, recuerde que su seguridad verdadera en Cristo es permanente.[14]

¿Qué escucha?

¿Teniendo ojos no veis, y teniendo oídos no oís?
MARCOS 8:18

"No me haces caso. ¿Oíste lo que te dije? ¿Dónde tenías la mente mientras te hablaba?" Casi todos hemos sido confrontados con palabras similares a estas después de la boda y casi a ningún esposo o esposa le gusta oírlas. Una de las razones es que en más de una ocasión corresponden a la realidad de las cosas. Lo cierto es que no prestamos atención o más bien perdimos "la sintonía" y optamos por ignorar lo dicho. En muchas ocasiones usamos nuestros coladores para filtrar lo que escuchamos y después queremos usar la vieja excusa: "No te alcancé a oír". A continuación, un ejemplo de cómo se usa el oído selectivo.

Un nativo americano caminaba por el centro de Nueva York junto a su amigo que era neoyorquino. De repente dijo: "Acabo de oír a un grillo".

"Estás loco", contestó su amigo.

"Te digo que oigo a un grillo, ¡de veras!"

"Es mediodía y se oye la algarabía de las personas, el estrépito de los automóviles y los frenos de los taxis, sin mencionar todos los demás ruidos de la ciudad. Estoy seguro de que no puedes oír a un grillo".

"Pues yo estoy seguro de que eso es justo lo que escucho". El joven caminó hacia la esquina, cruzó la calle y miró en todas las direcciones. Después se dirigió a un arbusto sembrado en un macetero de concreto y bajo una hoja encontró un grillo que procedió a mostrar a su amigo, quien no ocultó su estupefacción. El aborigen le dijo: "Tranquilo, mis oídos no son diferentes a los tuyos, todo depende de qué es lo que quieres oír. Ven te muestro cómo hacerlo". Sacó de su bolsillo un puñado de monedas y las tiró en la calle. Al instante, todos los que pasaban por ahí voltearon la cabeza. "¿Ahora ves a qué me refiero?", dijo mientras recogía sus monedas del suelo. "Todo depende de qué quieres oír".[15]

¿Qué es lo que se han propuesto oír? ¿Tiene alguno de ustedes dificultad para escuchar lo que alguien dice? Podría tratarse del Señor con un mensaje que mejorará su vida matrimonial. Ser incapaz de oír a su cónyuge puede eximirlo o librarlo de un apuro momentáneo, pero si usted no escucha nunca sabrá de qué cosas buenas se ha perdido.

Las herramientas de la batalla

Y tomad el yelmo de la salvación, y la espada del Espíritu.
EFESIOS 6:17

Durante muchos siglos se ganaron o perdieron batallas mediante el uso de la espada. Incluso cuando comenzaron a utilizarse las armas de fuego, las espadas todavía tenían su lugar en franca lid y lo mismo sucede hoy día en la vida del cristiano. Pablo describe la armadura que necesitamos en esta vida y afirma que las Escrituras son nuestra espada. Al hablar de una espada, el apóstol se refería a una daga corta que se empleaba en el combate mano a mano.

Cada vez que las parejas casadas se enfrentan a Satanás, a quien le encanta atacar a los matrimonios, ellos cuentan con el Espíritu Santo y Él se encarga de traer a la mente de cada uno de ellos el pasaje apropiado de las Escrituras. Esta es nuestra espada afilada y potente y es la que debemos usar para confrontar el problema. Por ejemplo:

Cada vez que se sientan exhaustos y con necesidad de ser fortalecidos: "pero los que esperan a Jehová tendrán nuevas fuerzas; levantarán alas como las águilas; correrán, y no se cansarán; caminarán, y no se fatigarán" (Is. 40:31).

Cada vez que luchen con el temor: "Ahora, así dice Jehová, Creador tuyo, oh Jacob, y Formador tuyo, oh Israel: No temas, porque yo te redimí; te puse nombre, mío eres tú. Cuando pases por las aguas, yo estaré contigo; y si por los ríos, no te anegarán. Cuando pases por el fuego, no te quemarás, ni la llama arderá en ti" (Is. 43:1, 2).

Si alguno siente como si tuviera que luchar por sí solo con los asuntos de la vida: "Sean vuestras costumbres sin avaricia, contentos con lo que tenéis ahora; porque él dijo: No te desampararé, ni te dejaré" (He. 13:5), y "enseñándoles que guarden todas las cosas que os he mandado; y he aquí yo estoy con vosotros todos los días, hasta el fin del mundo" (Mt. 28:20).

Si se sienten acorralados por toda clase de imposibilidades: "Clama a mí, y yo te responderé, y te enseñaré cosas grandes y ocultas que tú no conoces" (Jer. 33:3).

¿Por qué no memorizan estas porciones bíblicas? Pronto verán la gran diferencia que esto hará en sus luchas con los problemas de la vida.[16]

Más no es siempre mejor

No codiciarás la casa de tu prójimo, no codiciarás la mujer de tu prójimo,
ni su siervo, ni su criada, ni su buey, ni su asno, ni cosa alguna de tu prójimo.
ÉXODO 20:17

Siempre queremos más. Pensamos que estamos satisfechos y luego vemos algo que consideramos mejor, más grande, más llamativo o más lindo. Después lo codiciamos, es decir, lo deseamos. La codicia también implica lujuria o un apetito apasionado pecaminoso.

Vivimos en una cultura que promueve la insatisfacción y la codicia constantes. La violación de este mandamiento en contra de la codicia conduce a la violación de otros mandamientos. El escritor de Proverbios nos advirtió acerca de esto: "Hay quien todo el día codicia; pero el justo da, y no detiene su mano" (Pr. 21:26). Jesús también nos dio una advertencia seria al respecto: "Mirad, y guardaos de toda avaricia; porque la vida del hombre no consiste en la abundancia de los bienes que posee" (Lc. 12:15).

Vivimos bajo la creencia errónea de que más es mejor y de que las cosas pueden hacernos felices. Tenemos mucha dificultad para alegrarnos por lo que otros poseen pues queremos que sea nuestro. Envidiamos a los ricos que todo lo tienen, pero el problema es que en realidad no lo tienen todo. La mayoría de ellos carecen de algo muy especial que se llama paz y satisfacción.

¿Alguna vez ha codiciado? Es muy probable que sí. Todos hemos sentido codicia en algún momento de nuestra vida. Casi siempre codiciamos en tres categorías principales: Posesiones, posición y personas. Esta clase de deseos avariciosos pueden infiltrarse de forma dañina en un matrimonio.

Podemos codiciar y podemos poseer, pero hay un camino más excelente. Jesús dijo: "Mas buscad primeramente el reino de Dios y su justicia, y todas estas cosas os serán añadidas. Así que, no os afanéis por el día de mañana, porque el día de mañana traerá su afán. Basta a cada día su propio mal" (Mt. 6:33, 34).

Si usted tiene contentamiento no codiciará, y esto es algo muy real. Pablo así lo testifica: "No lo digo porque tenga escasez, pues he aprendido a contentarme, cualquiera que sea mi situación... Mi Dios, pues, suplirá todo lo que os falta conforme a sus riquezas en gloria en Cristo Jesús" (Fil. 4:11, 19).

Si quiere hacer algún bien con la codicia, podría codiciar lo mejor para otra persona, como por ejemplo para su cónyuge.[17]

Llamados a ser alentadores

La congoja en el corazón del hombre lo abate;
mas la buena palabra lo alegra.
PROVERBIOS 12:25

Una de las mejores maneras como podemos reflejar amor es animar a los demás. Vamos a considerar hoy lo que nos enseña a hacer la Palabra de Dios.

En Hechos 18:27, la expresión "le animaron" significa "alentar a seguir adelante o persuadir". En 1 Tesalonicenses 5:11 significa "estimular a otra persona a cumplir los deberes comunes de la vida". Consideren estas palabras en 1 Tesalonicenses 5:14: "que amonestéis a los ociosos, que alentéis a los de poco ánimo, que sostengáis a los débiles, que seáis pacientes para con todos".

La Biblia emplea una variedad de palabras para describir tanto nuestra reacción hacia los demás como la relación personal en sí.

"Amonestar" significa "advertir o exhortar". Este ánimo tiene el propósito de crear un sentido de urgencia para escuchar y responder a una directiva. La palabra que se traduce "alentar" significa "consolar, confortar y avivar". Este proceso incluye acciones como entender a la persona y cambiar los pensamientos de un enfoque negativo a uno positivo. En el contexto de este versículo se refiere a "los de poco ánimo", como es el caso de un individuo tímido que se desalienta y está listo a darse por vencido. Es una cuestión de dar en préstamo su fe y su esperanza a la persona doliente hasta que pueda desarrollar su propia fe y esperanza. "Sostener" alude en primera instancia a la idea de "interesarse, dedicarse, brindar asistencia o dar sostén espiritual y emocional". No es una intervención activa en la vida de otra persona, sino más bien consiste en ponerse a su lado y servirle de apoyo. En el contexto de 1 Tesalonicenses 5:14 parece aludir a aquellos que no podían ayudarse a sí mismos. ¿Cómo podría usted hacer algo así?

Esta es la declaración de 1 Tesalonicenses 5:11: "Por lo cual, animaos unos a otros, y edificaos unos a otros, así como lo hacéis". También Hebreos 10:25 dice que debemos vivir "exhortándonos" unos a otros. Aquí la palabra se refiere a sostener en pie al otro pues de lo contrario caería al piso. Su ánimo sirve como las columnas de concreto en una edificación.

¿De qué manera necesita usted ser animado? ¿Qué clase de ánimo necesita recibir su cónyuge?

¡Decisiones y más decisiones!

Fíate de Jehová de todo tu corazón,
y no te apoyes en tu propia prudencia.
PROVERBIOS 3:5

Willliam Shakespeare nació en 1564. Al morir en 1616, el mundo a su alrededor no era muy diferente del mundo en el que nació. El espectro ocupacional era el mismo, los estilos de vida no cambiaron, las enfermedades y las tasas de mortalidad eran las mismas. Así ha sido de generación a generación y de un siglo al siguiente. Puesto que la vida en general ha sido lenta y estática, el cambio es la excepción y no la regla.

Sin embargo, a comienzos del siglo veintiuno la tendencia al cambio ha adquirido un gran impulso. El cambio es ahora como una ola imparable que nos empuja y domina con fuerza independiente y autónoma. Como consecuencia directa de ello, ha dado lugar a una epidemia sin precedentes de ansiedad que ha reducido nuestra capacidad de adaptación.

La vida diaria está ahora atiborrada de una infinidad de decisiones triviales en medio de un mar profuso de alternativas y oportunidades. Por ejemplo, las famosas galletas de chocolate *Oreo* ahora se pueden comprar con sabor a menta, con relleno doble, bañadas en chocolate, gigantes o regulares. Algo tan sencillo como la pasta dental ahora está disponible en más de doscientas cincuenta variedades.

Richard Swenson dijo: "No solo han proliferado las decisiones, sino que el contexto de las decisiones es cada vez más cargante en sentido moral. Una cosa es tener que decidir entre papas fritas onduladas con sabor a barbacoa o fosforitos con sabor a crema agria y cebolla, y otra muy distinta decidir si se va a desconectar o no el respirador artificial que mantiene con vida a un ser querido".

Las decisiones simples no nos cuestan tanto: "Quiero una hamburguesa grande con papas fritas y una Coca-Cola". La modernidad también nos ha traído decisiones nuevas que no son tan fáciles: tener o no tener hijos y cuántos, comprar o alquilar una casa y cuánto endeudarnos, mudarse o no a otra ciudad y con qué frecuencia, cambiar o no de trabajo, cambiar o no de iglesia, decidir si ambos cónyuges deberían trabajar fuera de la casa o no, poner o no al abuelo en un hogar para ancianos, y más.

¿Cuáles son las decisiones que ustedes deben enfrentar como pareja? ¿Quién es el que toma las decisiones en su matrimonio? ¿Cuáles son las decisiones que más ansiedad producen y cuál de ustedes tiene mayor dificultad para tomar decisiones?[18]

¿Qué hace cristiano un matrimonio?

Entonces fueron abiertos los ojos de ambos, y conocieron que estaban desnudos;
entonces cosieron hojas de higuera, y se hicieron delantales.
GÉNESIS 3:7

El Dr. David Stoop ha hecho una de las preguntas más importantes que las parejas casadas necesitan considerar y nos ofrece una respuesta asombrosa:

Como un terapeuta a quien le gusta trabajar con parejas casadas, he visto muchas de mis presuposiciones cuestionadas y destruidas por lo que he experimentado en mi oficina de consejería. En demasiados casos las parejas se han referido a su unión como un matrimonio cristiano, pero lo único que tenía de cristiano su matrimonio era el tipo de ceremonia religiosa preferida para la boda o el hecho de que ambos habían asistido a la misma iglesia. La mayoría ni siquiera habían pensado en qué hace cristiano a un matrimonio.

¿Cómo afecta su matrimonio la realidad de Cristo en su vida personal? La mayoría de las personas responde así: "Nosotros tenemos un matrimonio cristiano porque ambos somos cristianos" o "Nosotros vamos juntos a la iglesia". Sin embargo, al proseguir con la descripción de lo que sucede entre ellos, no hay evidencia concreta de que su matrimonio sea en realidad cristiano.

Para mí, lo que hace cristiano un matrimonio es que *nosotros como pareja procuremos restaurar lo que se perdió desde el Génesis*. Mediante la obra de Cristo fuimos restaurados como individuos y ahora nuestro matrimonio puede llegar a ser todo lo que Dios diseñó que fuera: La unión completa y satisfactoria de dos personas ante su Creador. En un matrimonio que experimenta crecimiento espiritual, ambos cónyuges optan todo el tiempo por confrontar no solo la vergüenza y las actitudes defensivas y temerosas que dos personas siempre van a encontrar en una relación íntima, sino también toda ruptura en su relación con Dios. Nos esforzamos juntos en restaurar en alguna medida lo que Adán y Eva tuvieron con Dios en el principio.

En un matrimonio que es cristiano, procuramos restaurar esa intimidad espiritual con Dios, tanto en pareja como de forma individual.[19]
¿Qué piensan acerca de este concepto?

Un amor que perdura

El amor es sufrido.
1 Corintios 13:4

La maravilla y la promesa de un amor que perdura me fueron relatadas una vez en los escritos de un hombre anciano. Escuchen el mensaje que nos comunicó a todos:

Ni siquiera podría describir lo que pensé que era el amor al contraer nupcias. Cuarenta años es mucho tiempo si se pasa junto a una misma persona. Es casi medio siglo. Todo lo que sabía era que quería un amor que nos mantuviera juntos para siempre. Juana de verdad experimentó todos esos sentimientos de amor que muchas personas describen. No estoy seguro de que yo sintiera lo mismo, pero sabía que la amaba. Todavía la amo y no he cambiado de parecer. Hemos aprendido que está bien si somos diferentes en el estilo de amor que teníamos y en nuestra manera de expresarlo, con tal de que estuviéramos dispuestos a adaptarnos el uno al otro y a aprender a dar nuestro amor en el estuche predilecto del otro. Yo no hice eso los primeros veinte años y eso es lo que creó lo que ahora llamamos nuestro "valle de las recesiones amorosas". En algunas ocasiones la llama de nuestro amor bajó mucho en intensidad, pero lo cierto es que nunca se extinguió. Aprendimos a trabajar juntos y por aparte en la empresa de hacerlo cada vez más fuerte. Sin importar qué diga el que se oponga, puedo decir que funcionó.

Ahora que los dos hemos llegado a los setenta, no sabemos cuántos años más nos queden para amarnos el uno al otro. Eso no importa porque sabemos que los aprovecharemos al máximo. Nunca fui un poeta ni un gran lector, pero encontré una frase que expresa muy bien algunos de mis pensamientos. Quizá pueda servir como un mensaje a la siguiente generación que viene detrás de nosotros.

El amor en la vejez ya no es ciego y por eso es amor verdadero. La intensidad máxima del amor juvenil no indica que el amor haya alcanzado su calidad máxima. Con la vejez se van la glamour y los celos. Las caricias ardientes ya innecesarias, carecen de valor si se comparan con el toque reconfortante de una mano temblorosa.

Los transeúntes por lo general ven poca gracia y belleza en el abrazo apasionado de los amantes jóvenes que se besan en el parque, pero la sonrisa comprensiva y afable de una esposa anciana que mira con ternura a su esposo es una de las escenas más bellas que se pueden ver en el mundo.

Eso lo resume todo.[20]

¿Dónde está Él?

Dios... ciertamente no está lejos de cada uno de nosotros.
HECHOS 17:27

Cada vez más parece que estamos en una sociedad donde es indispensable que nos recuerden todas las citas pendientes. Uno saca la cita en el consultorio del dentista y un día antes llama la secretaria para recordárnoslo. Si tenemos cita en el salón de belleza, sin falta nos llaman por lo menos con veinticuatro horas de antelación para que no se nos olvide. También recibimos una llamada recordatoria si tenemos cita con el consejero al día siguiente. ¿Por qué? Muy sencillo. ¡Esta también es la sociedad en la que más se incumplen las citas!

¿Siente usted que de alguna forma le han incumplido citas en su matrimonio? A veces las parejas desalentadas dicen que Dios no les ha "cumplido" en su matrimonio. Se preguntan dónde estaba en su momento de mayor necesidad y dónde está ahora mismo. Uno de ellos o ambos se dedican a esperar el momento en el que Dios por fin "aparezca". Pues bien, ¡sorpresa! Dios siempre ha estado y estará allí en medio de su matrimonio, tanto como está presente en el suyo.

Ustedes dos no se conocieron por accidente. Dios conoció a cada uno mucho antes de que nacieran.

Dios estuvo presente en el momento y el lugar preciso en el que ustedes se vieron por primera vez.

Dios supo cuáles fueron sus pensamientos acerca del otro.

Él estuvo ahí en medio a la hora de su primer beso así como en la proposición de matrimonio.

Dios asistió a su boda y también la pasó con ustedes en su noche de bodas. Él estuvo allí para bendecir su matrimonio y desearles lo mejor. Él está con ustedes ahora mismo aunque no puedan verlo o sentirlo.

No tienen que preocuparse de que Dios "no se aparezca". Él nunca está ausente. ¿Será posible que ustedes fallaran en reconocer su presencia? ¿Tal vez no pudieron llegar a su encuentro por causa de alguna dificultad de aprendizaje espiritual?

¿Quién es el que en realidad no se aparece? En últimas, espero que nadie. ¡Disfruten a Dios![21]

¿Son ustedes como niños?

Y llamando Jesús a un niño, lo puso en medio de ellos, y dijo:
De cierto os digo, que si no os volvéis y os hacéis como niños,
no entraréis en el reino de los cielos.
MATEO 18:2, 3

¿Cómo va su nivel de energía, en especial la que dedica a su familia? ¿Bajo, alto o a la mitad? ¿Sabe quién tiene más energía la mayor parte del tiempo? Es correcto, los niños.

Los adultos que pueden desempeñarse con un alto nivel de energía siguen en esencia los mismos patrones de pensamiento y conducta que caracterizan a los niños. Considere los siguientes rasgos infantiles que facilitan la consecución y mantenimiento de energía vital.

Los niños procuran realizar actividades divertidas para ellos. El disfrute y la recreación son prioridades para los niños. Si hacen algo que disfrutan, es como si tuvieran una energía inagotable. ¿Qué actividad divertida y recreativa han realizado como pareja en los últimos días?

Los niños son flexibles. Pueden saltar de una actividad a otra y responder a lo que más les interese en el momento. Son adaptables al cien por ciento ¿En qué medida es usted flexible en su matrimonio?

Los niños ríen y sonríen mucho. Ellos conocen la desenvoltura maravillosa que viene como resultado de la risa intensa y contagiosa.

Los niños experimentan y expresan sus emociones con libertad. Sin complejos ni retraimiento, dejan salir todo lo que sienten por dentro.

Los niños son creativos. Si trata cada problema como una oportunidad y un reto para mejorar, usted será más creativo.

Los niños se mueven sin parar. No se quedan quietos ya que son activos por naturaleza. A veces resulta difícil mantenerse a la par de su nivel energético. ¿Qué programa regular de ejercicio siguen ustedes? (¡Es mucho más divertido hacer esto como pareja!)

Los niños crecen todo el tiempo en lo mental y físico. Es posible aprender nuevas habilidades sin importar nuestra edad. Tan pronto dejamos de crecer y aprender, no solo quedamos estancados en el mismo nivel mental, sino que retrocedemos.

Los niños están dispuestos a correr riesgos. Tienen poco temor a insistir en algo para lo cual en realidad no son muy buenos.

Los niños sueñan e imaginan. ¿Por qué dejamos de soñar e imaginarnos por el simple hecho de llegar a los treinta, a los sesenta o a los ochenta años? Lo cierto es que a medida que acumulamos los años, más podremos combinar nuestros sueños con nuestra sabiduría. ¿Qué sueño le gustaría ver cumplido?

Jesús nos llama a ver la vida con ojos de niños. Ellos ven la vida como algo muy simple y su fe asimismo es sencilla. ¿Lo es la suya?[22]

Cómo deshacerse de lo acumulado

Dad a Jehová la gloria y el poder.
SALMO 96:7

Un pensamiento interesante de David Morris que se encuentra en su libro *Una vida de adoración* [A Lifestyle of Worship]:

Usted sabe lo que sucede cada vez que decide limpiar su garaje (tal vez no si todavía no lo ha hecho). Descubre cosas que habían estado extraviadas por años. También encuentra cosas que debieron haberse desecho mucho tiempo atrás. El cúmulo de cosas lo desconcierta y le hace preguntarse: ¿Qué hace *eso* en mi casa? ¿Qué voy a hacer con todas esas piezas de repuesto? Siempre podemos encontrarle sitio a un artículo más que carece de utilidad e importancia, nuestro raciocinio es "de pronto voy a necesitarlo algún día". Eso puede ser cierto, pero el hecho es que la mayoría de nosotros tendemos a quedarnos con las cosas durante demasiado tiempo, así su utilidad haya sido rebasada por la necesidad de espacio, orden y limpieza.

Si no tenemos cuidado vamos al otro extremo y el almacenamiento mismo se convierte en nuestra meta. Creamos la necesidad de más espacio para más cosas que a su vez satisfacen nuestros deseos de dominio y control, incluso si ya estamos casados.

Nuestra vida espiritual también puede convertirse en un depósito para almacenar por gusto "cosas" inútiles como títulos y parafernalia religiosa, actitudes y heridas del pasado, tradiciones caducas, logros de otrora y testimonios rancios que no reflejan aquel "primer amor" hacia Jesús. Al guardarlos pensamos que serán útiles en el futuro pero todo lo que hacen es congestionar nuestra vida y estorbar cualquier progreso.

Esto lleva a una fragmentación de la existencia porque nos dedicamos a crear cajas y compartimentos para todas las cosas. Nos engañamos al llamar esto "organización" y clasificar en detalle las cosas que pertenecen a nuestra vida ocupacional, nuestra vida social, nuestra vida matrimonial, nuestra vida espiritual, nuestra vida recreativa y más. La lista de cajas de almacenamiento puede ser interminable.

Después viene Jesús y dice: "¿Puedo mirar qué hay en esa caja?

Si Jesús les preguntara esto, ¿cómo responderían?

Con su pregunta Él trata de mostrarnos que nuestro sistema de clasificación y almacenamiento es inútil ante su mirada omnisciente. Nos atrevemos a pensar que podemos esconder ciertos secretos de Dios, pero en lo profundo de nuestro corazón sabemos que nada le es oculto. Esto es algo en lo que debemos meditar.[23]

A las escondidas

Y oyeron la voz de Jehová Dios que se paseaba en el huerto, al aire del día;
y el hombre y su mujer se escondieron de la presencia de Jehová Dios
entre los árboles del huerto.
GÉNESIS 3:8

Dennis Rainey tiene algunas ideas muy valiosas acerca de las relaciones: ¿Recuerdan cómo jugaban de niños a "las escondidas"? Mis primos y yo solíamos jugar antes del anochecer. Me acuerdo que yo era mucho mejor para esconderme que para buscar a los demás. Nadie me podía encontrar, pero después de un rato y a pesar del gran regodeo que me producía el saber que había desconcertado por completo a los demás niños, se apoderaba de mí una sensación insoportable de aislamiento. Esta soledad era lo que siempre me hacía salir de mi escondite.

De la misma manera, la mayoría de nosotros somos más aptos para escondernos que para buscar en nuestras relaciones. La raza humana se ha entrenado bien para esconderse pues lo hemos hecho desde el principio mismo. Tan pronto Adán y Eva se metieron en líos en el Huerto del Edén, lo primero que hicieron fue correr a esconderse. También se escondieron el uno del otro al cubrirse con la famosa hoja.

Desde aquel entonces tenemos por costumbre usar máscaras en nuestras relaciones, tanto con Dios como con los demás seres humanos. Nos escondemos porque tenemos miedo de desenmascararnos y dejar que las personas vean cómo somos en realidad. Sentimos que si otras personas descubren nuestras fallas, nos rechazarán.

En ninguna relación humana se sufre más a causa de los escondites y las máscaras que en el matrimonio. Es la más íntima de las asociaciones humanas en la que dos personas procuran conocerse entre sí y ser conocidas al máximo. Es trágico que muchas personas se casan para dejar la soledad, y después se sienten más solas que durante todos sus años de soltería.

El problema es que Dios no nos creó para que vivamos escondidos. En el huerto fue Él quien salió a buscar a Adán y Eva. Hoy mismo Él es quien nos busca por todas partes y nos invita a salir de nuestro aislamiento pecaminoso y egocéntrico para dejarnos descubrir tanto por Él como por nuestro cónyuge.[1]

¿Para quién fuimos hechos?

Le has hecho poco menor que los ángeles,
y lo coronaste de gloria y de honra.
SALMO 8:5

¿Le gustan las ventas de garaje? En los Estados Unidos hay miles de personas fascinadas con ese concepto y salen a buscarlas todos los sábados. La esposa de un hombre que vive en el sur de California era así, y aunque no era su actividad predilecta, siempre trataba de acompañarla para pasar tiempo con ella. Un día él notó algo que estaba cubierto en un garaje. Levantó el cobertor y descubrió una motocicleta vieja y oxidada. Preguntó al dueño cuánto quería por ella, pero al enterarse de que no estaba a la venta dijo: "Bueno, suponga que sí, ¿cuánto quisiera recibir por la moto?" El dueño lo pensó y dijo al rato: "A ver, recibiría treinta y cinco dólares a cambio". La transacción se llevó a cabo y el esposo se llevó a casa la nueva adquisición. Allí quedó guardada en el garaje varios años hasta que su esposa dijo: "Si no haces algo con esa moto voy a llamar a la casa de empeño para que se la lleven".

Su esposo salió a revisarla para cerciorarse de lo que se requería para hacerla funcionar. Escribió en un papel todos los repuestos y partes, después llamó a la casa matriz de Harley–Davidson. Tras dar el número de identificación del vehículo hubo un prolongado silencio al otro lado de la línea hasta que el representante de la división de repuestos le dijo que en una hora lo llamaría. El esposo comenzó a preocuparse porque la motocicleta podría haber sido robada o utilizada en el algún delito. El hombre de los repuestos llamó a pedirle que buscara debajo del asiento para ver si había algo escrito allí. Así lo hizo, y al informar al representante de Harley–Davidson sobre lo que había encontrado, este le ofreció cientos de miles de dólares por la motocicleta. ¿Qué la hizo tan valiosa? Había sido fabricada para Elvis Presley. El valor no estaba en la moto, sino en la persona para la que hecha.

Lo mismo se aplica a usted y a su cónyuge. Su valor intrínseco no radica en ustedes mismos, sino en el hecho de que cada uno fue hecho para deleite y gozo de Dios. Recuerden eso la próxima vez que se miren el uno al otro.[2]

Fuego cruzado

Pues tengo por cierto que las aflicciones del tiempo presente no son comparables con la gloria venidera que en nosotros ha de manifestarse.
ROMANOS 8:18

Se oye en las noticias: "Los policías entraron al banco y quedaron atrapados en el fuego cruzado" o "nuestras tropas pacificadoras tuvieron que enfrentarse al fuego cruzado". ¿Qué es fuego cruzado? En los ejemplos citados, consiste en disparos que provienen de dos o más puntos enfrentados, de tal modo que las balas se desplazan en direcciones cruzadas. Esto inmoviliza a las personas que se encuentran en la línea de fuego, las obliga a mantenerse pegadas al suelo y sentirse fuera de control. Tal vez usted nunca haya experimentado un fuego cruzado de esa clase, pero hay otros tipos de fuego.

Usted está felizmente casado y todo va de maravilla. De repente estalla la tubería en su casa en algún punto crítico. Todo tiene que detenerse y ustedes quedan sin agua por tres días mientras viene el plomero. Después uno de sus hijos presenta algunos síntomas alarmantes y el doctor quiere hospitalizarlo (solo para observación) por una noche. En seguida usted recibe una llamada de los padres de su esposa. Uno de ellos se encuentra bajo cuidado intensivo tras sufrir un ataque cardíaco y quiere que usted vaya a verlo de inmediato. Supongamos que esto sucede tres días antes de la Navidad. ¿Ya siente la presión? Es obvio. Es porque usted ha quedado atrapado en un fuego cruzado de relaciones. No puede darse el lujo de quedar inmovilizado porque todos lo necesitan, ¿qué hace entonces?

Gary Rosberg sugiere que tan pronto se determine que hay un fuego cruzado, debemos establecer prioridades. ¿Quién lo necesita más que todos los demás? ¿Su cónyuge? No puede hacer solo o sola lo que se necesita hacer, pero usted tampoco. A veces en situaciones de presión vemos al cónyuge como nuestro peor enemigo, cuando en realidad esa persona es su arma y su recurso más grande. Todos los demás son importantes, pero ustedes pueden ayudarles mejor si trabajan como equipo. Pregúntense uno al otro: "¿Qué necesitas de mí?" Escuchen con atención la respuesta de cada uno. No traten de dar consejos al otro o arreglar todos los problemas de una sola vez. Es algo imposible. Tan solo hablen al respecto, y recuerden que quienes mejor manejan el fuego cruzado lo hacen a partir de un matrimonio que ya está bien construido. Por eso, no esperen a que llegue la presión para comenzar a construir y a fortalecer su matrimonio.[3]

Se requiere algún ensamblaje

Si Jehová no edificare la casa, en vano trabajan los que la edifican;
Si Jehová no guardare la ciudad, en vano vela la guardia.
SALMO 127:1

Bunky Knudsen tenía reputación y no era la mejor. Estaba echado a perder. Un chico rico que vivía en una mansión con sirvientes y todos los lujos y diversiones que alguien pudiera querer.

Habían llegado las vacaciones de verano para Bunky, quien después comenzaría su último año en la secundaria. Estaba anticipado un verano de relajación total en el que podría levantarse todos los días a la hora que quisiera. Sin embargo, cierta mañana temprano recibió una llamada de su padre que era el presidente de la General Motors. Le preguntó cuánto tardaría en llegar a la planta automotriz. Bunky respondió que tardaría por lo menos una hora y su padre dijo: "Pues bien, tengo un regalo para ti. Quiero darte un auto último modelo". Su hijo contestó: "Ahí estaré en diez minutos".

Al llegar, su padre lo llevó a través de todas las líneas de ensamblaje hasta llegar a un depósito viejo y polvoriento en una esquina lejana de la propiedad. Abrió la puerta y ahí estaba sobre el suelo, un Chevrolet nuevo... en varios miles de piezas.

El padre sabía que su hijo era consentido y que ya era hora de hacer algo al respecto. Bunky recibió así la motivación para trabajar desde las siete de la mañana hasta las diez de la noche durante todo el verano. Entusiasmado por la ilusión de ensamblar su propio automóvil nuevo, también adquirió una experiencia inestimable: Aprendió cada faceta en el proceso de ensamblaje automotor.

Su padre no le dijo lo que muchos tememos oír en los almacenes donde compramos productos nuevos: "Se requiere algún ensamblaje de las partes". La mayoría de nosotros estamos dispuestos a pagar un poco más con tal de disfrutar de inmediato un producto ya ensamblado y en perfecto funcionamiento.

Esto también se aplica en otras áreas. Dios nos da lo que necesitamos para vivir la vida cristiana, pero nosotros tenemos que realizar parte del ensamblaje. Tenemos que hacer funcionar lo que Dios ya ha hecho en nuestra vida. Hasta que lleguemos al cielo tendremos que ensamblar algunas partes, y en nuestro matrimonio siempre habrá algo en qué trabajar, pero el ensamblaje será más llevadero y productivo si trabajamos como un equipo.[4]

Control de daños

Si Jehová no edificare la casa, en vano trabajan los que la edifican;
si Jehová no guardare la ciudad, en vano vela la guardia.
SALMO 127:1

Muchas organizaciones, departamentos de policía y ejércitos tienen planes de control de daños para mantener a un mínimo la pérdida de vidas o recursos. También sería útil que las parejas casadas tuvieran un plan para controlar daños ya que hoy día existen demasiadas presiones sobre el matrimonio, y pasado cierto tiempo muchos ceden y caen.

¿Existe alguna alternativa para que las parejas puedan fortalecerse contra los ataques que amenazan la durabilidad de las relaciones y los compromisos? Por supuesto que sí. Vamos a enunciarlo primero en términos negativos: Nada hay que pueda lisiar a un matrimonio con más rapidez que el vacío espiritual. Uno puede terminar exhausto física, emocional y hasta intelectualmente. Sí, se puede causar daño cerebral en el matrimonio. Esto sucede al permitir que las diferencias pequeñas se conviertan en irritaciones insolubles. Comenzamos a pensar lo peor y a preguntarnos si hemos cometido un error fatal. ¿Existe una opción preventiva? Claro que sí. Los esposos necesitan que otra persona camine junto a ellos en el recorrido por la vida que es su matrimonio. Alguien dijo a propósito: "¿Cómo pueden tener un matrimonio hecho en el cielo si no cuentan con la ayuda del cielo en su matrimonio?"

¿Quién edifica su casa? Si es el Señor, están en buenas manos y todo va a salir bien. Cierto autor lo expresó de este modo:

El matrimonio ideal adquiere la forma de un triángulo equilátero. El vértice superior representa a Dios y los dos lados iguales representan a los cónyuges, mientras que la base del triángulo corresponde a Jesucristo. Esta analogía infiere que ambos esposos, fundamentados en su fe en Jesucristo, siempre avanzan hacia las alturas en una relación amorosa con Dios. La representación perfecta corresponde así a dos individuos que se acercan cada vez más el uno al otro en la relación matrimonial, al mismo tiempo que ascienden hacia Dios y a la madurez espiritual.

Si esto no describe la condición actual de su matrimonio, es probable que se sientan frustrados y perplejos, temerosos de que este cuadro nunca represente su hogar. ¡No se desanimen! Su trabajo no es cambiar a su esposo, eso corresponde a Dios. Su trabajo consiste en seguir fiel en oración por su cónyuge. Tan pronto Dios enderece su relación vertical con su cónyuge, la relación horizontal con usted quedará bellamente arreglada.[5]

Reducción de la ansiedad generada por padres y suegros

Y la paz de Dios gobierne en vuestros corazones.
COLOSENSES 3:15

¿Qué sucede en las reuniones familiares? Si planifican por adelantado mediante la evolución cuidadosa de la situación, podrán mejorar al máximo estas experiencias, sin importar que tengan lugar en su casa, en la casa de sus padres o en la de los suegros. Consideren estas preguntas:

- ¿Qué quieren que suceda durante la reunión?
- ¿Qué le gustaría que fuera diferente esta vez?
- ¿Qué es posible cambiar?
- ¿Cuáles han sido las mejores experiencias? ¿Qué factores contribuyeron a ellas?

Otra pregunta importante que puede generar sentimientos mezclados es: ¿Por qué se reúnen? ¿Cuál es el propósito del evento? Una respuesta honesta a estas preguntas puede aliviar en gran medida la presión. He escuchado respuestas como estas:

- "Los extraño y quiero verlos".
- "Voy porque mi esposo necesita estar con ellos".
- "Se están poniendo más viejos".
- "Nuestros hijos necesitan conocer a sus parientes".
- "Voy por obligación. La culpa que sentiría al no ir es peor que esas reuniones".
- "La pasamos juntos de maravilla, es la mejor época del año".
- "Me preocupa el trastorno que ocasionaría si intentara cambiar algo de nuestras reuniones, aunque es cierto que necesitan algo de renovación. Por eso me limitaré a seguir lo que quieran hacer los demás".

Tan pronto hayan evaluado por qué se reúnen, identifiquen y modifiquen sus expectativas. Si están preparados para no sorprenderse cuando los abuelos se enfaden porque sus hijos quieren pasarse todo el tiempo frente al televisor con sus juegos de video en lugar de hablar con ellos, estarán en una posición mejor para ayudarlos a aceptarse entre sí y ser flexibles a las preferencias y características propias de los demás miembros de la familia. Si todos los años su suegra se queja por todo el trajín de preparar la cena navideña, ¿por qué se sorprende y se fastidia otra vez? Si asiste a la reunión y da a todos permiso de ser quienes son, y está preparado para ciertos eventos y tradiciones que tendrán lugar como siempre lo han hecho, su nivel de ansiedad se mantendrá al mínimo.

Buenas relaciones con sus familiares

Por lo cual, animaos unos a otros, y edificaos unos a otros,
así como lo hacéis.
1 Tesalonicenses 5:11

¿Alguna vez tiene problemas con sus parientes? Puede tratarse de alguna dificultad de tiempo atrás con uno de sus padres o un hermano, con un hijo o hija mayor de edad, con alguno de sus hijos pequeños o con su esposo. Quizás un nuevo nivel de expectativa y una nueva forma de pensar resulten de ayuda.

Una de las mejores maneras de producir cambio es levantar oraciones específicas por las personas que usted tenga dificultad en aceptar, y por usted también. Pida a Dios que comience a sanar a esta persona de las causas del problema en su raíz. Pídale también que cambie su propia capacidad para aceptar a esa persona en particular. Pida a Dios que le dé un grado mayor de entendimiento y paciencia, y que lo ayude a controlar los rasgos o reacciones suyas que tampoco le gustan. Esta es la historia de un individuo:

La última vez que vi a mi hermana mayor, la perfeccionista de la familia e interventora oficial en las faltas de todos los demás, solo le dije que no había ningún problema si ella trataba de ser perfecta y esperaba que los demás también lo fuéramos. Tampoco había problema si ella señalaba nuestras fallas porque la aceptaríamos sin importar qué hiciera. No obstante, también le dije que me tenía preocupada porque si era así con nosotros, era probable que también lo fuera consigo misma. Le dije que iba a orar por ella para que el Señor la ayudara a descubrir la raíz de aquello que le hacía ser tan dura consigo misma.

Para terminar, le dije que me preocupaba más la forma como se trataba a sí misma que su trato hacia el resto de nosotros. No dijo una sola palabra y pensé que iba a llorar. Ayer me llamó y por un momento pensé que hablaba con una extraña. Su tono no era crítico en absoluto, de hecho su voz sonaba amistosa. No puedo creer cómo ha cambiado.

No pierda la esperanza, ¡el cambio sí puede suceder!

Problemas físicos en el matrimonio

Sobrellevad los unos las cargas de los otros.
GÁLATAS 6:2

Una pareja que lleva cincuenta y cinco años de matrimonio nos ofrece su testimonio:

Creo que al hacer un recuento de nuestro matrimonio, uno de los aspectos más satisfactorios ha sido la manera en la que hemos disfrutado el uno del otro, así como el hecho de que Dios nos guió a unirnos y nos permite hasta hoy día disfrutar nuestra compañía mutua.

Un obstáculo que enfrentamos fue el accidente automovilístico que sufrió mi esposa a cinco escasas semanas de habernos casado. El cuerpo de mi esposa estuvo envuelto en yeso durante nuestro primer año de matrimonio porque su columna había sido aplastada. Al reflexionar después en aquella época temimos que si hubiéramos sido más jóvenes (al casarnos yo tenía veintiséis y ella veintitrés años), no habríamos permanecido juntos porque fue un tiempo bastante difícil para la relación. No teníamos dinero, pero nos teníamos el uno al otro.

[Ahora habla la esposa] Creo que mi esposo aportó a nuestro matrimonio su gran paciencia y su abnegación para poner esta familia en primer lugar. Siempre supe cómo iba a ser él y su paciencia conmigo fue maravillosa. Durante seis años tuve que usar muchas veces un soporte para la columna, y él tuvo gran paciencia y comprensión para conmigo. Cada vez que me recostaba para descansar un rato, él nunca me miró mal ni entró al cuarto a decir: "¿otra vez en la cama?" o "aquí vamos otra vez", nada por el estilo.

Después él tuvo el primero de una serie de ataques al corazón antes de su cirugía poco después de sus cuarenta años. Creo que nuestras dificultades físicas nos dieron mucha comprensión mutua. Ambos recibimos suficientes limitaciones físicas pero nunca nos consideramos inválidos, ni siquiera con su derrame cerebral.

Estamos muy agradecidos con Dios porque su mente no fue afectada, pero hemos tenido que hacer ajustes. La jubilación no fue un gran ajuste para nosotros porque él en realidad nunca ha dejado de trabajar. En cambio, ajustarnos a las limitaciones del derrame a esta altura de nuestra vida ha sido lo más difícil. Sin embargo, aun así sabemos que cada día trae su afán y que todavía nos tenemos el uno al otro.

¿Cómo aceptarán ustedes pérdidas como estas en su matrimonio? ¿Cómo han manejado las que ya han experimentado?

Escogidos

Bendito sea el Dios y Padre de nuestro Señor Jesucristo,
que nos bendijo con toda bendición espiritual en los lugares celestiales en Cristo,
según nos escogió en él antes de la fundación del mundo,
para que fuésemos santos y sin mancha delante de él.
EFESIOS 1:3, 4

Piensen por un momento en aquel tiempo en el que ustedes eran un poco más jóvenes (tal vez mucho más jóvenes), aquella época escolar en la que debían competir en equipos. Después de ser designado como capitán del equipo, ¿qué era lo mejor que podía suceder? ¿Ser el primero en ser seleccionado? El capitán se fijaba en uno, apuntaba con el dedo y decía: "Te elijo a ti". En ese mismo instante uno sabe de primera mano lo maravilloso que se siente ser una persona escogida.

Ahora recuerde su famosa pregunta: "¿Quieres casarte conmigo?" Ustedes se eligieron el uno al otro. También es maravilloso ser escogido por otra persona para ser su cónyuge. La Biblia nos da numerosos ejemplos de personas que fueron escogidas para propósitos específicos. Abraham fue uno de estos individuos.

Abraham nació durante un tiempo en el que no había mucha interacción entre Dios y la humanidad. Un buen día, Dios le habló a Abraham. Podrá imaginarse el susto que sintió, pero quedó sin duda alguna: Abraham supo que se trataba de Dios. El Señor dijo: "Vete de tu tierra y de tu parentela, y de la casa de tu padre, a la tierra que te mostraré" (Gn. 12:1). Que Dios hablara a Abraham era un milagro, ¡pero había más todavía! Dios le dijo a Abraham que era alguien especial. Abraham era su escogido para convertirse en el patriarca de la bendición divina, y Gálatas 3:7-9 afirma que los que estamos en Cristo somos hijos de Abraham y herederos de la promesa de bendición. Ahora lean las palabras de Pablo en el versículo de hoy. ¡Ustedes también han sido escogidos por Dios! La elección de ustedes no tiene que ver con sus características o sus cualidades individuales. Dios eligió declararlos santos y sin mancha aparte de sus méritos y a pesar de sus faltas. Aunque ustedes no son perfectos, Dios los escogió para que estuvieran con Él. ¿Por qué? Porque Él los ama. ¿No se sienten de maravilla al saber esto?

Oren el uno por el otro

*Confesaos vuestras ofensas unos a otros, y orad unos por otros,
para que seáis sanados. La oración eficaz del justo puede mucho.*
SANTIAGO 5:16

Quizá hayan oído la amonestación acerca de convertir la oración en parte vital de su vida en pareja, y tal vez quieran hacerlo, pero si son como muchas parejas, es posible que se hayan preguntado muchas veces cómo van a lograrlo. Quizás esta sea su pregunta: "¿Qué debe hacer una pareja para que esto sea una realidad?" A continuación, algunas sugerencias que nos ofrece Dave Stoop:

1. *Oren el uno por el otro.* Pueden comenzar con esto, y aunque la Biblia no dice "esposos y esposas oren el uno por el otro", sí dice en Santiago 5:165 que todos debemos orar "unos por otros para que [seamos] sanados". Ore así por su cónyuge:

   Y esto pido en oración, que vuestro amor abunde aun más y más en ciencia y en todo conocimiento, para que aprobéis lo mejor, a fin de que seáis sinceros e irreprensibles para el día de Cristo (Fil. 1:9-10).

   Lean juntos las epístolas de Pablo y fíjense en sus oraciones. Esta puede ser una herramienta significativa para la oración mutua. Si apenas han comenzado a incorporar esta disciplina en su vida devocional de pareja, es importante que hablen sobre lo que van a hacer. Tan solo diga a su cónyuge que está orando por él o ella y que para tal fin ha decidido emplear la oración de Pablo como modelo.

   Tal vez este primer paso no le haga sentir que en efecto están orando juntos, pero es un buen lugar para comenzar si todavía no oran como pareja el uno por el otro.

2. *Oren en silencio pero juntos.* Saquen tiempo para estar a solas y comiencen a hablar sobre algunas de sus cargas y preocupaciones. Al terminar la conversación uno de ustedes puede decir al otro: "Oremos acerca de este asunto".

   Después dediquen tiempo a orar juntos en silencio. Mientras oran, tal vez quieran tomarse de la mano para recordar que así oren en silencio, están orando juntos.[6]

A orar juntos

*Confesaos vuestras ofensas unos a otros, y orad unos por otros,
para que seáis sanados. La oración eficaz del justo puede mucho.*
SANTIAGO 5:16

Ayer discutimos la importancia de orar juntos. Orar el uno por el otro y
orar en silencio son buenos puntos de partida. Continuemos con las sugerencias de Dave Stoop.

3. *Terminen la oración silenciosa en voz alta.* La tercera forma en la que
   pueden orar juntos es una extensión de la segunda que acabamos de
   describir. [Vea Mayo 10]. Nos adentra un paso más en el proceso de
   sentirnos más cómodos y abiertos al orar juntos. En lugar de terminar
   su oración silenciosa con un simple "amén", pónganse de acuerdo
   para que después de un ligero apretón de manos, uno de ustedes
   termine la oración en voz alta. Tan solo exprese de forma audible
   algo que reconozca sus sentimientos de gratitud y alabanza porque
   Dios está presente en medio de ustedes y porque no solo escucha sus
   oraciones, sino también las necesidades íntimas del corazón de cada
   uno de ustedes.

4. *Escriban sus oraciones y después léanlas juntos.* Otra forma en la que una
   pareja puede comenzar a orar en voz alta consiste en que cada uno
   escriba primero una oración corta y sencilla que le sea significativa.
   Hagan esta parte por separado y júntense después para leer en voz
   alta sus oraciones.

5. *Oren mientras hablan.* En este paso, retrocedemos para incluir a Dios
   de manera más consciente en nuestra conversación preliminar. Como
   pareja, solo tienen que detenerse en medio de la conversación para
   sugerir "vamos a orar un momento". Al principio pueden orar en
   silencio, pero a medida que aumenta la confianza, solo tienen que
   ponerse de acuerdo para incluir a Dios en la conversación espontánea.

6. *Oren a diario en voz alta.* Quizás esta sea la disciplina que más se
   dificulte, pero también es la más grata y provechosa.

7. *Practiquen la "oración vulnerable".* Esta es bastante difícil. En la oración
   vulnerable, oramos acerca de nosotros mismos en voz alta y en
   presencia de nuestro cónyuge.

Recuerden, orar juntos logra más que acercar dos personas a la presencia de Dios, ¡por poderoso que esto sea! También contribuye a entretejer
dos corazones de por vida.[7]

Eres especial

*No os afanéis, pues, diciendo: ¿Qué comeremos, o qué beberemos,
o qué vestiremos? Porque los gentiles buscan todas estas cosas;
pero vuestro Padre celestial sabe que tenéis necesidad de todas estas cosas.
Mas buscad primeramente el reino de Dios y su justicia, y todas estas cosas os
serán añadidas. Así que, no os afanéis por el día de mañana, porque el día de
mañana traerá su afán. Basta a cada día su propio mal.*
MATEO 6:31-34

Tu presencia es un regalo para el mundo.
Eres un ser único e irrepetible.
Tu vida puede ser lo que quieras que sea.
Enfrenta un solo día a la vez.
Cuenta tus bendiciones, no tus problemas.
Triunfarás sin importar qué te toque enfrentar.
Hay muchas respuestas dentro de ti, búscalas.
Entiende, sé valiente y sé fuerte.
No te impongas límites.
Hay tantos sueños que aguardan ser realizados.
Las decisiones son demasiado importantes, no las dejes al azar.
Esfuérzate en alcanzar tu máximo potencial, tu meta y tu premio.
Nada gasta más energía que las preocupaciones.
Cuanto más tiempo cargues un problema, más pesado será.
No tomes las cosas demasiado en serio.
Lleva una vida de serenidad, no de remordimientos.
Recuerda que una pizca de amor rinde mucho.
Recuerda que lo invisible es eterno.
Recuerda que la amistad es una inversión sabia.
Los tesoros de la vida son personas... juntas.
No olvides que nunca es demasiado tarde.
Haz cosas ordinarias de forma extraordinaria.
Saca tiempo para cerrar los ojos y pedir un deseo.
Nunca olvides, ni siquiera por un día,
Cuán especial eres en esta vida.

—Colin McCarty

Dios ha declarado que tanto usted como su cónyuge son muy especiales, y las personas especiales necesitan recibir un trato especial.

¿Cuánto debemos?

*Y perdónanos nuestras deudas, como también nosotros
perdonamos a nuestros deudores.*
MATEO 6:12

Años atrás se escuchaba una vieja canción escrita por Merle Travis que incluía las palabras "Le debo mi alma a la compañía de crédito". Muchas parejas van por la vida endeudadas con todo el mundo o por lo menos así parece. A veces cuando aceptamos un favor la persona dice "me lo quedas debiendo". Estar endeudado con alguien no es una sensación agradable. Sentimos una gran presión sobre nuestra cabeza hasta que devolvemos lo prestado. En especial es lamentable que muchas parejas hayan tenido que experimentar la bancarrota financiera. Lo cierto es que nunca fuimos llamados a tener deudas: "No debáis a nadie nada, sino el amaros unos a otros" (Ro. 13:8).

Por supuesto, es difícil comprar una casa y otros artículos costosos sin incurrir en la deuda, pero hay muchas otras mercancías por las que podríamos esperar para no quedar endeudados. ¿A quién debe usted dinero y cuánto debe? También hay muchas cosas que debemos además del dinero. ¿Hay alguien a quien deba la correspondencia de una carta? ¿Le debe disculpas a alguien? ¿Tal vez una visita, una llamada o cierta cantidad de tiempo personal? ¿Hay algo que deba a su cónyuge en este mismo momento? ¿Qué se debe a sí mismo? ¿Un poco de tiempo a solas, para sentarse a leer o para almorzar relajado con un amigo? A veces estamos endeudados con nosotros mismos tanto o hasta más que con los demás.[8]

Como Phillip Keller muestra a continuación, hay más deudas que debemos reconocer aparte de las monetarias, y esto se aplica de forma especial al matrimonio:

La deuda de la cortesía mutua ignorada.

La deuda de promesas sin cumplir.

La deuda de ánimo negado en la adversidad.

La deuda de la insensibilidad.

La deuda del descuido y el abandono en soledad.

La deuda de no interesarse en los demás.

La deuda del silencio cuando se necesitaba elogio.[9]

¿No sería algo maravilloso poder comenzar a vivir libres de deudas?

Ustedes son retratos

Por tanto, nosotros todos, mirando a cara descubierta como en un espejo la
gloria del Señor, somos transformados de gloria en gloria en la misma imagen,
como por el Espíritu del Señor.
2 CORINTIOS 3:18

Sostenga la voluminosa cámara frente al sujeto, hunda el obturador y después de una serie de ruidos mecánicos saldrá un pedazo de papel de una ranura en la cámara. Al principio aparece en blanco, pero después de contados segundos comienzan a emerger algunas formas y colores vagos. El proceso continúa y al transcurrir unos treinta segundos la imagen adquiere características únicas y reconocibles. Es su cónyuge. Su reproducción fotográfica ha quedado revelada e impresa frente a sus ojos, ¿no es asombroso el proceso de revelado instantáneo de la Polaroid?

Lo cierto es que no se trata de algo novedoso, es el mismo proceso empleado por un artista talentoso, aunque mucho más rápido y mecanizado. Un artista comienza con el lienzo en blanco. Después mete un pincel o una espátula en la pintura y comienza su aplicación creativa sobre el lienzo. Al principio parece que eso es todo lo que sucede, un proceso mecánico de aplicación de pintura. Poco a poco los colores se superponen y los bosquejos que al principio eran vagos se vuelven visibles. Si se trata de una figura humana, el artista observa de vez en cuando a su modelo paciente e inmóvil para asegurarse de capturar su imagen con precisión y representar a la persona con exactitud. Lenta y gradualmente el rostro comienza a parecerse cada vez más a la persona que el artista se ha propuesto representar.

Algunos retratos tardan horas y otros requieren días o hasta semanas para ser finalizados. Todos los retratos demoran porque la obra artística progresa con lentitud y minuciosidad. Usted y su cónyuge son un retrato que todavía no ha terminado su progreso. El artista trabaja todo el tiempo para moldearlos, corregirlos, cambiarlos y hasta rehacerlos. Él no comete errores. Él sabe qué necesita ser añadido o borrado. Un modelo contratado o una persona que haya comisionado a un artista para realizar su retrato nunca se para detrás de él para decirle cómo hacer su trabajo. Más bien confía, se sienta y espera con paciencia, se relaja y deja que el experto culmine su creación. Dios es el artista que se ha propuesto moldearnos, y el producto final es más que un simple retrato. ¡Ustedes son confeccionados por Dios en la imagen de su Hijo Jesucristo! Dejen que su artista trabaje sin interrupciones en ustedes dos, tengan la plena certeza de que lo alabarán por el resultado glorioso.

Amor es...

Voy a mostrarles el camino que conduce a las alturas.

Si hablo en lenguaje humano y angélico pero no tengo amor, soy como metal retorcido y rechinante. Así tuviera el don profético y pudiera ver todos los secretos, si pudiera dominar todo el conocimiento y tener fe suficiente para mover montañas, si no tengo amor nada soy.

Si diera todas mis pertenencias para alimentar a los pobres y entregara mi cuerpo para ser quemado pero no tengo amor, no me beneficio en lo más mínimo.

El amor soporta y es bondadoso. El amor no es celoso y no saca a relucir lo que no es. No es engreído ni insolente. No busca lo suyo ni es irritable, tampoco lleva cuentas de las ofensas sufridas. No se complace de la injusticia pero se alía gustoso con la verdad. Aguanta todo en silencio, tiene fe infatigable, espera bajo cualquier circunstancia, soporta sin límite.

El amor nunca falla...

Cuando era niño hablaba como niño, pensaba como niño y razonaba como niño, pero al convertirme en hombre dejé las cosas infantiles. Por ahora vemos sin precisión, como en un espejo retrovisor, pero en aquel entonces veremos cara a cara. Ahora conocemos en parte, pero después entenderemos tanto como somos entendidos.

Quedan pues la fe, la esperanza y el amor, pero de estas tres lo más grande es el amor.[10]

¿Cómo está su cuerpo?

Así que, hermanos, os ruego por las misericordias de Dios, que presentéis vuestros cuerpos en sacrificio vivo, santo, agradable a Dios, que es vuestro culto racional. No os conforméis a este siglo, sino transformaos por medio de la renovación de vuestro entendimiento.
ROMANOS 12:1, 2

¿Cómo está su cuerpo hoy día? Examínelo frente al espejo. ¿Cómo está el cuerpo de su cónyuge? ¿Alguna vez se han puesto a hablar acerca del cuerpo de cada uno de ustedes? Es interesante advertir y entender lo que la Biblia dice acerca de nuestro cuerpo.

No somos dueños de nuestro cuerpo porque no nos pertenece. Nunca ha sido nuestro y nunca lo será. Nuestro cuerpo pertenece a Dios y nosotros debemos presentarlo a Él como un sacrificio. Cada vez que se presentaban sacrificios a Dios en el Antiguo Testamento, los animales ofrecidos debían ser los mejores, sin tacha ni imperfección alguna. El nuestro en cambio es un sacrificio *vivo*. Mientras tengamos aliento de vida somos sacrificios ambulantes. Las personas deberían vernos y decir: "Ese es un sacrificio a Dios". Ahora bien, de nosotros depende que pongan esa frase entre signos de exclamación o de interrogación. Lo mejor es que digan: "¡Te ves muy bien, cómo te cuidas!" y no "¿se supone que eres un sacrificio vivo? Buen chiste".

¿Qué clase de sacrificio es usted? ¿Cómo trata su cuerpo y qué estado físico tiene? En nuestro tiempo las personas se han vuelto más conscientes que nunca acerca de su salud, y todo lo que hagamos con el cuerpo afecta también a nuestro cónyuge. Lo que comemos o dejamos de comer, hacer ejercicio con regularidad (cuatro veces ejercicio aeróbico cada semana, y lo siento pero el golf no califica), así como dormir lo suficiente, son factores que contribuyen a nuestro estado físico. Además, esto es algo que importa mucho a Dios.

Nuestro cuerpo es templo del Espíritu Santo (vea 1 Co. 6:19). Pertenece a Dios, quien en esencia nos dice: "Traten bien lo que les he dado, pues así me honrarán y darán buen testimonio a otros sobre su relación conmigo".

¿Es esto algo que ha considerado con seriedad en su vida?

Llévelo puesto

*...para que la participación de tu fe sea eficaz en el conocimiento
de todo el bien que está en vosotros por Cristo Jesús... Sí, hermano, tenga yo
algún provecho de ti en el Señor; conforta mi corazón en el Señor.*
FILEMÓN 6, 20

Hay personas que bromean sobre el hecho de que uno no puede llevarse posesiones al cielo, pero ¿quién quisiera hacerlo al fin de cuentas? ¿Qué le gustaría llevarse por toda la eternidad? No son muchas las posesiones que puedan tener tanta importancia para nosotros.

Quizá la pregunta no debería ser *qué* nos gustaría llevar, sino a *quién* nos gustaría llevar. ¿Quién es la persona con la que le gustaría pasar la eternidad que todavía no conoce a Jesús como Salvador? Esto pone en perspectiva el asunto, ¿no es verdad? ¿Tiene una lista con nombres de personas por las que ora para que puedan pasar juntos la eternidad? Por supuesto, queremos que nuestros hijos, nuestro cónyuge y otros familiares conozcan a Jesús, pero ¿qué decir de la persona que nos trae el correo, el de la tienda, el doctor, el estilista o el manicurista? ¿Saben todos ellos que usted sigue a Cristo? ¿Conocen el camino a Jesús? Usted debe dar testimonio de Cristo a otros por medio de la clase de vida que vive frente a ellos, hasta en su forma de conducir por la calle, de hablar sobre otras personas o de reaccionar a la persona que le golpea con su carrito de mercado al adelantarse en la fila. ¿Cómo reacciona a los que le cambian el pedido o le cobran más de lo debido, o que lo ignoran mientras atienden al cliente que venía después de usted? ¿Cuál es su reacción frente a la persona desaliñada de la calle que golpea en su puerta para pedir trabajo o comida?

Nuestras palabras dicen a otros lo que creemos, pero nuestra conducta habla con mayor elocuencia. Hagamos a otros partícipes de quiénes somos, qué tenemos y quién es Jesús para nosotros. Necesitamos hoy parejas que sean diferentes y que no les importe hacerse notar como representantes de Jesús.[11]

¿Están exhaustos?

Porque él es nuestra paz, que de ambos pueblos hizo uno,
derribando la pared intermedia de separación.
EFESIOS 2:14

Fatiga, cansancio y extenuación. A todos nos sucede tarde o temprano. Todos nos sentimos agotados en algún momento y eso es normal. Al final del día no vamos a sentirnos igual que en la mañana. Todo tipo de cansancio se introduce en nuestra vida: físico, emocional y mental. De hecho, a veces también sentimos fatiga espiritual. Hay días en los que quisiéramos ondear la bandera blanca y gritar "¡me rindo! Necesito que alguien me reemplace ya". Hay días en los que nos cansamos de esperar. "Cansado estoy de llamar; mi garganta se ha enronquecido; han desfallecido mis ojos esperando a mi Dios" (Sal. 69:3).

Algunos de nosotros nos fatigamos a causa de las críticas y la persecución. "Me he consumido a fuerza de gemir; todas las noches inundo de llanto mi lecho, riego mi cama con mis lágrimas. Mis ojos están gastados de sufrir; se han envejecido a causa de todos mis angustiadores" (Sal. 6:6, 7). A veces las críticas vienen de nuestros más allegados, ¡aun de nosotros mismos!

El agotamiento es una señal de que usted necesita detenerse a descansar y renovar sus energías. Si no lo hace, podría caer víctima del mal contemporáneo que se conoce como desgaste crónico, y debo advertirle que la recuperación no será tan rápida como los síntomas.

La Palabra de Dios puede renovar sus energías, por eso haga un alto en el camino varias veces al día y tome una buena dosis. Absorba la revelación divina, medite en su contenido y déjese refrescar por ella. Dedique un momento a leer Isaías 40:29, 31: "[El Señor] da esfuerzo al cansado, y multiplica las fuerzas al que no tiene ningunas... los que esperan a Jehová tendrán nuevas fuerzas; levantarán alas como las águilas; correrán, y no se cansarán; caminarán, y no se fatigarán". Ahora preste atención a lo que Jesús dijo: "Venid a mí todos los que estáis trabajados y cargados, y yo os haré descansar" (Mt. 11:28).

Jesús es el único que puede darle el descanso que necesita. Cuanto más intente llevar solo toda la carga, más exhausto quedará. Cuanto más entregue a Él en oración (sin quitárselo después), más fuerte se sentirá. ¡Pruébelo!

La vida de un sirviente

He aquí mi siervo, a quien he escogido;
mi Amado, en quien se agrada mi alma.
MATEO 12:18

Dudo que haya crecido en un hogar lleno de sirvientes, pero si es así usted sabe que el único trabajo que desempeñaron fue el servicio.

Es probable que cuando usted se casó, no supiera que esa clase de servicio iba a formar parte de sus "deberes matrimoniales".

Algunas actividades de servicio son reconocidas y apreciadas, pero en otras uno se siente explotado o inapreciado. Si se siente así a veces, recuerde que hubo uno que vino a servir que tampoco fue apreciado. Uno de los más de cien nombres y títulos de Jesús fue "Siervo". Esta función fue un cumplimiento de la profecía en Isaías 42:1.

Es lamentable que no vivamos en un mundo donde se valore el servicio. Preferimos recibir antes que dar, acumular antes que distribuir y aferrar antes que soltar. Es muy natural que seamos egocéntricos, pero en todo el Nuevo Testamento vemos que aquellos cuya vida había sido transformada eran siervos de los demás. En Romanos 1:1 Pablo se presentó a sí mismo como un siervo de Jesucristo. En 2 Pedro 1:1, Pedro se presentó como un siervo de Jesucristo. Judas, el hermano de Jesús, también dijo lo mismo, al igual que Juan en Apocalipsis. Quizá todos temamos cuánto nos pueda costar el ser siervos porque hay riesgos en el servicio. Podemos enfocarnos en los riesgos del caso o podemos enfocarnos en el servicio como un privilegio y una experiencia de aprendizaje.[12]

El coronel James Irwin, que fue uno de los astronautas que caminó sobre la superficie lunar, dijo que mientras daba pasos por la luna se dio cuenta de que al regresar a la tierra muchos lo tratarían como un personaje célebre de talla internacional. Consciente de su responsabilidad como cristiano, escribió:

A mi regreso a la tierra, supe que yo era un siervo y no una superestrella. Estoy aquí como siervo de Dios en el planeta tierra para contar lo que he experimentado a fin de que otros puedan conocer la gloria de Dios.

Si Cristo, Señor del universo, se volvió un siervo por nosotros, ¿acaso podemos hacer menos por Él?[13]

¿Cómo puede usted ser más servicial hoy día? Dediquen unos momentos a contestar esta pregunta.

No lo posponga

No os conforméis a este siglo, sino transformaos por medio de la renovación de vuestro entendimiento, para que comprobéis cuál sea la buena voluntad de Dios, agradable y perfecta.

ROMANOS 12:2

Déjelo para mañana. Espere un momento, la idea es que no aplacemos las cosas hasta mañana. No obstante, hay algunas excepciones, como lo sugiere Lloyd Ogilvie:

Si debe resolverse un problema difícil o si debe tomarse una decisión difícil, hable al Señor acerca de ello, alábelo por ello y después posponga la resolución del asunto hasta que Él tenga acceso total a su mente e imaginación. Después de la alabanza inicial, déle gracias todo el tiempo por las respuestas que vienen en camino y porque sabrá justo a tiempo qué es lo que Él quiere que usted haga.

Cierta mujer vino a verme para hablarme de sus "problemas sin solución". Al describir ciertos detalles específicos, confesó que no sabía cómo orar. Hablamos acerca de la posibilidad de alabar a Dios en medio de esa gran necesidad. Durante un tiempo de oración con ella, pedí por la unción del Espíritu Santo sobre su voluntad e imaginación. Ella comenzó a experimentar lo que se conoce como "terapia del gozo" en su vida de oración. Esta mujer es una ejecutiva competente en una empresa grande. Su perfeccionismo y su atención al detalle le sirvieron para mantener un diario que se ha convertido en una especie de autobiografía espiritual. Ella mantuvo un registro detallado de los problemas que rindió a Dios por medio de la alabanza. Para ella lo más asombroso era sentir una nueva libertad para imaginar soluciones a los mismos problemas que me había comentado en un principio.

Henry Drummond dijo alguna vez: "Hay una voluntad de Dios para mí que no se aplica a nadie más. Es una voluntad particular, diferente de la voluntad que Él tiene para cualquier otra persona. Es como una voluntad privada que nadie más conoce". Al decir "privada" no dio a entender que la voluntad de Dios para cada uno de nosotros sea tan individualizada que nos libere de toda responsabilidad por los demás. Más bien, Dios tiene una voluntad personal para cada uno de nosotros, como parte de su propósito eterno y perfecto.[14]

¿Cómo podrían ustedes seguir el ejemplo de esa mujer? ¿Qué beneficio aportaría esto a su matrimonio?

Allí estaré

Por la misericordia de Jehová no hemos sido consumidos, porque nunca decayeron sus misericordias. Nuevas son cada mañana; grande es tu fidelidad.
LAMENTACIONES 3:22, 23

Armenia, 1988. Samuel y Daniela enviaron a Armando a la escuela. Samuel dijo a su hijo: "Que tengas un buen día, y recuerda que siempre estaré allí si me necesitas".

Horas más tarde cientos de edificios cayeron destrozados como resultado de un terremoto. Los muertos se contaban en los millares y muchas personas quedaron atrapadas entre los escombros. Samuel fue a la escuela de Armando y encontró el lugar donde había estado su salón de clases. Comenzó a levantar rocas y pedazos de madera. Le preguntaron qué hacía y dijo que trataba de encontrar a su hijo, pero trataron de disuadirlo. Le dijeron que si no dejaba de escarbar solo empeoraría las condiciones y los escombros causarían más daño. Nadie quiso ayudarlo. Un bombero le dijo que estaba en peligro porque se había muchos incendios. Samuel no se dejó desanimar ni se dio por vencido. Levantaba las rocas una por una y se mantenía en alerta constante. Trabajó así toda la noche y hasta bien entrado el día siguiente. Samuel levantó una viga y la apoyó sobre una columna, en ese momento comenzó a oír un grito débil de ayuda. Se detuvo a escuchar pero nada más se oyó. Comenzó a excavar de nuevo y por fin oyó una voz tenue que decía "papá".

Reconoció la voz de su hijo Armando y comenzó a cavar más rápido y con más vigor. Después de un rato por fin lo vio y dijo: "Armando, sal de ahí hijo mío". El niño respondió: "No, deja que los otros niños salgan primero, yo sé que tú me vas a sacar". Todos salieron, uno después de otro. Por último, Armando salió a la superficie y Samuel lo abrazó durante varios minutos. Después Armando dijo: "Tuve que jurarles a los demás que no íbamos a morir. Si tú estabas vivo, vendrías a salvarme y ellos también se salvarían. Tú me prometiste que estarías aquí si te necesitaba". Así lo hizo Samuel, no solo para su hijo Armando, sino para otros catorce niños.

¿Están ustedes siempre disponibles y dispuestos para el otro? ¿Le gustaría que su cónyuge estuviera siempre allí para usted? Dios lo está, y quiere que también lo estemos siempre.[15]

Consolación mutua

Pero Dios, que consuela a los humildes, nos consoló con la venida de Tito.
2 CORINTIOS 7:6

¿Sabe usted cómo consolar a su cónyuge? ¿Sabe él o ella cómo consolarlo usted? La mayoría de parejas creen que sí, pero nunca se han sentado a discutirlo con calma.

El consuelo es algo que todos necesitamos. Tal vez usted haya oído a Joni Eareckson Tada hablar o cantar, quizá haya visto sus obras de arte. A la edad de diecisiete años se rompió el cuello en un accidente acuático y desde entonces le ha tocado pasar por muchas pruebas. Durante una de sus permanencias en el hospital, se sintió abrumada por la idea de quedar inválida por el resto de su vida. Nadie parecía notar su temor y sus lágrimas de angustia. De repente oyó que la puerta de su habitación se abrió. En la oscuridad pudo ver a su mejor amiga Jackie que se desplazaba hacia ella sobre sus manos y rodillas. Se subió a la cama para estar junto a ella, la abrazó y comenzó a cantar "Jesús, experimentado en dolores, qué amigo más grande..." Esas palabras dieron a Joni el consuelo que necesitaba y la confianza de que no perdería su vida. Jackie pudo traer de nuevo a Joni la seguridad del amor de Dios hacia ella.

¿Cuáles son las palabras que su cónyuge quiere oír cuando necesita recibir consuelo? Usted no siempre puede dar respuesta al "por qué" y no siempre puede arreglar el problema con consejos e instrucciones, lo cual por lo general no suministra consuelo alguno. Hablar demasiado tampoco ayuda. Tan solo esté allí, abrace a su ser querido y escuche. Si quiere, cante un himno en voz baja o solo tararee la melodía. Si quiere permanezca en silencio, pero esté siempre disponible. Diga de vez en cuando que le gustaría hacer desaparecer el dolor si pudiera. El simple hecho de saber que usted nota el desconsuelo y que le importa puede ser el mayor motivo de consuelo para esa persona.[16]

¿Tiene alguna carencia?

Mi Dios, pues, suplirá todo lo que os falta conforme a
sus riquezas en gloria en Cristo Jesús.
FILIPENSES 4:19

En la década de los setenta hubo un embargo petrolero y tuvimos una gran escasez de gasolina o por lo menos eso nos dijeron. Según el último número en la placa del automóvil, uno podía ir a la estación de servicio en días pares o impares. Durante la Segunda Guerra Mundial también hubo mucha escasez en este país y todos tuvieron que aprender a hacer ciertos ajustes y sacrificios. La mayoría de las parejas jóvenes de la actualidad nunca han tenido que enfrentar privaciones a esa escala.

También en los setenta, las personas escucharon la fatídica transmisión radial: "Houston, tenemos un problema aquí". El comandante Jim Lovell del Apolo 13 fue el que dijo esas palabras y el mundo entero supo que esta nave espacial tripulada por tres hombres estaba en serios problemas. Los ingenieros de vuelo comenzaron a trabajar de inmediato para determinar cuán grave era la situación, y todo se redujo a una insuficiencia crítica de energía. De hecho, tenían el equivalente a lo que se requiere para hacer funcionar una cafetera durante nueve horas.

También hay carencias críticas en las relaciones, ¿ha considerado alguna vez cuáles son?

• Algunas parejas tienen carencias comunicativas.
• Algunas relaciones sufren por falta de esperanza.
• Algunas relaciones tienen escasez de perdón.
• Algunas relaciones carecen de intimidad y cercanía.
• Algunas relaciones escasean en expresiones de amor.

¿Puede pensar en otras carencias posibles? Algunas parejas han calificado su nivel de escasez y abundancia en una escala de 1 a 10 para entender mejor qué es lo que necesitan con mayor urgencia.

Si hay alguna escasez en su relación matrimonial, hablen juntos al respecto, escúchense el uno al otro y luego pidan ayuda a Dios para recibir lo que tanto usted como su cónyuge necesitan. Él lo suministrará con generosidad, pueden contar con ello.

Aquí viene el juez

¿Así pagáis a Jehová, pueblo loco e ignorante?
¿No es él tu padre que te creó? El te hizo y te estableció.
DEUTERONOMIO 32:6

Que quede satisfecha la justicia. Esto es algo que creemos en este país. Debemos tener justicia porque es el pilar de cualquier sociedad. Con ella se reivindica a los inocentes y se castiga a los culpables. Todos esperamos que nuestro sistema judicial funcione, pero con frecuencia no lo hace.

Tenemos un complejo sistema de tribunales: Tribunales municipales, de distrito, tribunales supremos estatales y el tribunal supremo federal que es la máxima entidad judicial en los Estados Unidos. Si esperamos que impere la justicia en todo lugar, por supuesto que también esperamos verla allí. Sin embargo, los jueces también son humanos. Tienen una cantidad excesiva de casos bajo su jurisdicción, tanto así que el representante de la nación ante la corte suprema debe elegir entre miles de casos potenciales que aguardan ser oídos por esta corte. Además, hay tanto papeleo en el sistema superior de cortes que las reglas estrictas acerca de la manera correcta de redactar y archivar un documento, así como su longitud y presentación, pueden impedir que un caso legítimo sea oído ante la corte. La justicia perfecta no existe entre los seres humanos.

Es posible que ustedes dos no tengan que preocuparse demasiado por el desempeño de la corte suprema. Sin embargo, todos sin excepción tenemos un juez de nuestra vida. Él es un Juez justo y ecuánime. Él ya lo sabe todo de antemano y sabe qué va uno a decir antes de abrir la boca (vea Sal. 139:4).

Habrá un día de juicio final. Lean lo que dice Apocalipsis 20:11-15:

> Y vi un gran trono blanco y al que estaba sentado en él, de delante del cual huyeron la tierra y el cielo, y ningún lugar se encontró para ellos. Y vi a los muertos, grandes y pequeños, de pie ante Dios; y los libros fueron abiertos, y otro libro fue abierto, el cual es el libro de la vida; y fueron juzgados los muertos por las cosas que estaban escritas en los libros… y fueron juzgados cada uno según sus obras. Y la muerte y el Hades fueron lanzados al lago de fuego. Esta es la muerte segunda. Y el que no se halló inscrito en el libro de la vida fue lanzado al lago de fuego.

Los creyentes no comparecerán ante el gran trono blanco que es el juicio de los pecadores, pero sí nos presentaremos ante el tribunal de Cristo. Este no es un juicio por el pecado, sino sobre la manera como hayamos servido a Jesús. Después de esto recibiremos oportunidades todavía más grandes para servirle. Piense por un momento en cómo se sienten las personas antes de presentarse ante la corte para ser juzgadas. ¡Qué gran diferencia si usted conoce a Jesús y puede anticipar con gozo la venida de su juicio![17]

Amor perfecto

En el amor no hay temor, sino que el perfecto amor echa fuera el temor.
1 JUAN 4:18

¿Acepta a su cónyuge por completo o en parte? Píenselo bien. Si acepta a su cónyuge en parte, solo podrá amarle en parte, y si ama solo en parte, su matrimonio nunca será completo.

La Palabra de Dios dice que "el perfecto amor echa fuera el temor". Hay una ilustración conmovedora de cómo el amor echa fuera el temor en el libro *Welcome Home, Davey* [Bienvenido a casa, Davey]. Dave Roever prestaba servicio militar a bordo de un buque artillero en Vietnam, y mientras sostenía una granada a unos diez centímetros de su cara la bala de un tirador hizo estallar el explosivo.

Esta es su descripción de la primera vez que vio su rostro después de la explosión:

> Al ver lo que reflejaba ese espejo vi un monstruo, no un ser humano... sentí que mi alma se marchitaba y era succionada por un hoyo negro de desesperanza. Quedé con un vacío indescriptible y aterrador. Estaba solo por completo y mi soledad debió ser igual al sentimiento desolador de las almas perdidas en el infierno.

Por fin regresó a los Estados Unidos para encontrarse con su prometida Brenda. Justo antes de que ella llegara, él presenció cómo una esposa informaba a otra víctima de quemaduras que quería el divorcio. En ese momento entró Brenda.

> Sin mostrar el más mínimo desamor, horror o asco, se inclinó hacia mí y me besó en lo que quedaba de mi cara. Después me miró en mi ojo bueno, sonrió y dijo: "¡Bienvenido a casa, Davey! Te amo". Para que usted entienda lo que eso significó para mí, tiene que saber que así me llamaba ella en nuestros momentos más íntimos, cuando me abrazaba y susurraba "Davey" al oído. Con el uso de ese término cariñoso ella me dijo: *Eres mi esposo, siempre serás mi esposo y todavía eres mi hombre.*

En esto consiste el matrimonio.[18]

El poder de las palabras

Todo tiene su tiempo, y todo lo que se quiere debajo del cielo tiene su hora...
tiempo de callar, y tiempo de hablar.
ECLESIASTÉS 3:1, 7

Las palabras son las ventanas del alma. Son las que llevan de la mano a mi amada para adentrarse en mi ser, y también me permiten la entrada en sus pensamientos más íntimos. Las palabras dan forma y expresión a nuestros pensamientos más profundos. Por eso son tan valiosas.

Usamos palabras para pintar el retrato de nuestro amor mutuo: "Me encanta como te arreglas el pelo". Unas cuantas palabras sinceras dichas en el momento oportuno pueden elevar el espíritu de su cónyuge a las alturas celestiales. Las palabras son hermosas. También capturan la intensidad entrañable de nuestra pasión. Las palabras pueden ser como la válvula de presión en una olla a vapor que permite su salida impetuosa o la flecha que da justo en el blanco para sanar al cónyuge herido. Las palabras son muy poderosas.

El problema es que a veces las palabras se nos escapan y no podemos encontrar las mejores palabras para expresar nuestros sentimientos más profundos. El lenguaje puede ser inadecuado para expresar lo que queremos dar a entender. A veces la palabra precisa da vueltas en nuestra cabeza o se posa en la punta de la lengua pero cual mosca, no se deja atrapar. En otras ocasiones la palabra que usamos no hace justicia a la belleza y la intensidad del sentimiento. Mark Twain dijo: "La diferencia entre la palabra correcta y la casi correcta es la misma diferencia que hay entre el relámpago y la luciérnaga". Muchas veces las palabras pueden quedar cortas.

Es deber de esposos y esposas por igual discernir en qué momento deben decir palabras de ánimo, consuelo, reto e inspiración a su cónyuge. En el matrimonio cada uno de nosotros tiene responsabilidad por el crecimiento y la afirmación del otro. También es deber de todo esposo y esposa guardar silencio si esto es lo que necesita su cónyuge. En esos momentos de silencio la forma más sublime de amor que podemos expresar puede ser el simple acto de poner una mano sobre el hombro o la mano de nuestro cónyuge.

Nunca dejen sin decir un pensamiento o un sentimiento que pueda edificar y animar a su cónyuge. Este es el ministerio de las palabras. De igual forma, nunca diga algo que convenga más no decir. Hay un tiempo apropiado para todo.[19]

Borrón y cuenta nueva

La cordura del hombre detiene su furor, y su honra es pasar por alto la ofensa.
PROVERBIOS 19:11

- Ella olvida escribir el mensaje telefónico y él olvida llamar para avisar que llegará quince minutos tarde.
- Él deja abierta la puerta del garaje al salir para el trabajo. Ella no lleva un registro de los cheques que ha escrito.
- Ella come más helado de lo que él quisiera y él pasa más tiempo distraído en su taller de lo que ella quisiera.
- Él cree que ella habla demasiado por teléfono y ella cree que él necesita hacer más ejercicio.
- A ella le gusta ir de compras pero nunca llama para ver si el almacén tiene el producto que quiere. Él detesta las compras y por eso nunca ayuda con los víveres y los artículos del hogar.

En todo matrimonio, cada día se producen muchas ofensas pequeñas. Un gran secreto de los matrimonios exitosos es pasar por alto esas infracciones pequeñas, porque cuantas más reglas y regulaciones apliquemos a esa clase de inconvenientes, menos atención y tiempo se dedicará al amor y el afecto. Deberíamos reír más y legislar menos.

Debemos ser pacientes unos con otros. Los humanos somos criaturas extrañas porque notamos de inmediato las faltas de los demás pero nos cuesta ver que ponemos de punta los nervios de las personas con muchas de nuestras propias "peculiaridades". Tenemos muchas debilidades que nuestro cónyuge no alcanzó a ver en los primeros días de nuestra luna de miel, y tenemos muchas actitudes que pueden ser percibidas como insensibilidad.

El versículo de hoy se puede parafrasear así: "La sabiduría de un hombre le da paciencia, y su gloria es ignorar una ofensa". Para crecer en nuestro matrimonio debemos crecer en madurez y sabiduría. Pasar por alto una ofensa no es algo que puedan hacer los inmaduros espirituales.

Un gran secreto en la aplicación de este principio es hacer siempre el esfuerzo consciente de elevar el nivel de resistencia en cuanto a lo que usted considera como ofensa "pequeña". En otras palabras, procuren que las ofensas grandes sean cada vez más pequeñas e insignificantes.[20]

No se angustien

Así que, no os afanéis por el día de mañana, porque el día de mañana traerá su afán. Basta a cada día su propio mal.

MATEO 6:34

En la actualidad, cuando los recién graduados se someten a una entrevista para aspirar a un trabajo, una de las preguntas que acostumbran hacer es: "¿Qué beneficios ofrecen para la jubilación? ¿Qué fondo de pensión tienen?" A veces se rechazan ofertas de trabajo porque no se ofrece algo que uno quiere recibir dentro de cuarenta o cincuenta años. Muchas personas se preocupan hoy, y con buena razón, por el futuro del Seguro Social. No saben si habrá dinero disponible para cubrir sus gastos médicos cuando dejen de trabajar. ¿Ha preguntado alguna vez sobre este asunto?

En otras áreas de la vida caemos con frecuencia en el círculo vicioso de preocuparnos por el futuro y abstenernos de disfrutar el presente. Permitimos que algo que puede o no suceder en el futuro lejano nos robe el gozo del tiempo presente. No obstante, el noventa por ciento de nuestras preocupaciones acerca del futuro nunca se hacen realidad. W. Phillip Keller hace una descripción gráfica de esta tendencia nuestra:

Nos angustiamos e inquietamos por el futuro desconocido.

Imponemos las dificultades imaginarias del mañana al día de hoy.

Así profanamos cada día con intranquilidad y ansiedad indebidas.

Nuestro Padre nunca quiso que viviéramos así.

Él nos da vida un día a la vez.

Ayer pasó y nunca volverá.

Hoy es el único día que tengo disponible para gozar a un ritmo apacible.

El presente es demasiado valioso como para saturarlo con preocupaciones.

Por eso debemos aprender a disfrutarlo en severidad y fortaleza.

Ponga las cosas importantes en primer lugar.

Las distracciones latentes pueden esperar.

De todas maneras, el tiempo se encarga de borrarlas casi todas.[21]

¿Qué puede hacer usted con el regalo de hoy? Un ritmo apacible no se produce con pasos apresurados. ¿Acaso Dios se apresura? No, pero debemos reconocer que nosotros sí tendemos a hacerlo. Queremos poner punto final a las cosas y proseguir a la siguiente actividad en la lista, pero al hacerlo perdemos el gozo del momento porque estamos demasiado enfocados en el resultado final. ¿Es esto lo que queremos de verdad?

Quizá podamos aprender a desplazarnos con más lentitud por la vida y a disfrutar cada momento. Si dejamos de preocuparnos por el mañana, podemos experimentar las alegrías de aquí y ahora.

Vivamos los mandamientos

Y habló Dios todas estas palabras, diciendo: Yo soy Jehová tu Dios,
que te saqué de la tierra de Egipto, de casa de servidumbre.
ÉXODO 20:1, 2

Kent Hughes ha escrito un libro excepcional sobre los Diez Mandamientos que se titula *Disciplines of Grace* [Las disciplinas de la gracia]. De hecho, es la base para gran parte de nuestro estudio sobre este pasaje en Éxodo. El autor nos ofrece un resumen llamativo de los primeros cuatro mandamientos y llama cada uno de ellos una "palabra de gracia". Revisemos los primeros cuatro mandamientos.

Qué racimo más bello tenemos en las primeras cuatro palabras de gracia. Ayúdanos Dios a vivir tu Palabra en la práctica con todo lo que tenemos. Cada palabra es magistral y fundamental y cada una posee el mismo poder, pero como un arreglo floral, su máximo efecto viene como resultado de su acción conjunta que produce el dulce poder para amar a Dios. Considere cada componente del racimo:

La primera palabra de gracia es la primacía de Dios: "No tendrás dioses ajenos delante de mí". Es decir, "¡Me tendrás solo a mí! Yo debo estar siempre en primer lugar". Si Dios es primero, nada viene antes que Él ¡y usted podrá amarlo cada vez más y más! ¿Está seguro de que Él es primero en su vida?

La segunda palabra de gracia es la persona de Dios: "No te harás imagen, ni ninguna semejanza...". Esto significa que no debemos crear imágenes materiales o mentales de Dios conforme a nuestro propio ingenio. Dios quiere que lo veamos en su Palabra y en su Hijo, porque de esta forma podremos amarlo más. Cuanto más clara sea su visión, más grande será su amor. ¿Cuál es su visión de Dios?

La tercera palabra de gracia es reverencia a Dios: "No tomarás el nombre de Jehová tu Dios en vano". Es decir, "tratarás con reverencia el nombre de Dios". Si lo amamos con reverencia en mente y labios, nuestro amar será elevado. Con toda honestidad, ¿ha deshonrado o reverenciado su nombre?

La cuarta palabra de gracia es dedicar tiempo a Dios: "Acuérdate del día de reposo para santificarlo". Esto nos enseña que debemos mantener siempre santo el Día del Señor. ¿Se lo dedica usted semana tras semana por amor a Él?[22]

¿Por qué no consideran esto y discuten cómo incorporar estos mandamientos en su matrimonio?

Una indicación de amor

Mi amado habló, y me dijo: Levántate, oh amiga mía, hermosa mía, y ven.
Porque he aquí ha pasado el invierno, se ha mudado, la lluvia se fue;
Se han mostrado las flores en la tierra, el tiempo de la canción ha venido,
Y en nuestro país se ha oído la voz de la tórtola.
La higuera ha echado sus higos, y las vides en cierne dieron olor;
Levántate, oh amiga mía, hermosa mía, y ven.

CANTARES 2:10-13

Consideren estos pensamientos:

¿Se ha preguntado alguna vez por qué la primavera siempre ha sido la estación de los amantes y el telón de fondo en la literatura romántica de todos los siglos? Debe ser porque la primavera refleja la experiencia de los amantes jóvenes. Todo es fresco y la lozanía del nuevo amor fluye por todo el mundo. La felicidad y el color triunfan sobre el gris del aburrido invierno. Cada vez que una pareja se enamora, es como primavera para ellos porque sus almas son revitalizadas con una cascada de amor y todo adquiere un aspecto renovado. Lo que solía ser gris o blanco y negro es ahora colorido, y lo oscuro es ahora iluminado...

El amor recién nacido trae nueva vida. Los amantes de la primavera, como los árboles primaverales, fueron secos y estériles durante el invierno pero germinan y florecen bellamente en la primavera.

Una indicación de amor real es el deseo de comunicarnos, el apetito constante de descubrir todo lo que se pueda acerca de esta persona a la que tanto amamos. Ningún detalle parece trivial en esa búsqueda de compañerismo, ningún sentimiento del amado es insignificante para el amante. Los detalles y los sentimientos son importantes en ese proceso porque existe un interés genuino e intenso por la persona.[23]

¿Ha descubierto ya todo lo que se puede conocer acerca de su cónyuge? ¿Se han sentado a mirar todos sus álbumes de fotografías para preguntar al paso de cada página "¿cuántos años tenías en esa foto?", "¿dónde estabas en ese momento?", "¿cómo te sentiste en esa época de tu vida"? Si no han tenido esa experiencia, ¿por qué no hacerlo hoy? Es posible que descubran facetas nuevas del cónyuge que tal vez nunca habían imaginado siquiera.

¿Y qué si soy diferente?

...con toda humildad y mansedumbre, soportándoos con
paciencia los unos a los otros en amor.
EFESIOS 4:2

¿Cómo se sienten respecto al hecho (sí, es un hecho) de que ustedes dos son tan diferentes? ¿Es esto un motivo de celebración o de consternación? Es muy valioso e importante que aprendamos a apreciar nuestras diferencias.

En 1 Corintios 12–14 aprendemos que *diversidad no implica división*. Podemos aprender a maximizar el valor de nuestras diferencias. En segundo lugar, es imposible entender y apreciar quién es su cónyuge sin entender sus características únicas y exclusivas que le han sido dadas por Dios.

Consideren estos pensamientos al respecto:

Si no quiero lo que tú quieres, por favor no trates de decirme que mi deseo es erróneo.

Si creo algo diferente a lo que tú crees, por lo menos haz una pausa antes de corregir mi punto de vista.

Si mi emoción es menos o más intensa que la tuya en las mismas circunstancias, no me exijas que sienta más o menos al respecto.

Si actúo o dejo de actuar de manera inconforme a tu plan de acción, déjame hacerlo a mi modo.

No te pido que me entiendas, al menos por ahora.

Eso solo vendrá cuando estés dispuesto a darte por vencido en tu plan de cambiarme hasta convertirme en una réplica exacta de tu persona.

Aguantarme y aceptarme como soy es el primer paso que debes dar para entenderme. No te pido que adoptes mi mentalidad y mis costumbres, solo que no te irrites ni te decepciones por mi aparente descarrío.

Es posible que al entenderme llegues a apreciar nuestras diferencias, y que lejos de procurar cambiarme quieras preservar y hasta nutrir esas diferencias.[1]

Mientras que los primeros dos pasos son importantes, el tercero es crítico. No solo necesitamos reconocer nuestras diferencias y estar dispuestos a valorarlas, sino que también necesitamos hallar la forma de entenderlas y aprovecharlas. Esto será de mucho beneficio en su matrimonio, ¿ya lo han intentado?

Consejo para toda la vida

Por lo demás, hermanos, todo lo que es verdadero, todo lo honesto, todo lo justo, todo lo puro, todo lo amable, todo lo que es de buen nombre; si hay virtud alguna, si algo digno de alabanza, en esto pensad.
FILIPENSES 4:8

Si siempre ha querido apropiarse de un versículo que lo ayude a perseverar en su vida cristiana, no lo busque más. Lea varias veces el texto para hoy y mejor todavía, ¡memorícelo! Vamos a considerar todo lo que significa para nosotros esta instrucción bíblica:

La palabra "verdadero" significa eso y nada más. Hay muchos conceptos, enseñanzas de la nueva era y presuposiciones de todo tipo que engañan a muchos con falsedades.

"Honesto" es una palabra difícil de describir o traducir. Se refiere a algo que posee dignidad o santidad intrínsecas. La idea en este versículo es que debemos enfocar nuestra mente en asuntos más serios y dignos que el común de las personas. ¿Cómo piensan el uno del otro durante el día?

En el Nuevo Testamento la palabra "justo" alude a condición o conducta correcta. También se emplea para describir a personas que son fieles en el cumplimiento de su deber para con Dios y las personas.

"Puro" es un término que describe aquello que posee pureza moral, libre por completo de corrupción y contaminación. Es fácil que nuestros pensamientos se deterioren si acogemos ideas negativas. Necesitamos que nuestros pensamientos sean limpios, sobre todo en esta sociedad. Casi siempre es aquí donde comienza la destrucción de un matrimonio.

La palabra "amable" significa "agradable, atrayente o placentero". Se necesitan pensamientos de bondad, amor y aceptación para reemplazar cualquier sentimiento de venganza o amargura. Lo que usted piense acerca de su cónyuge puede determinar cómo actuará hacia él o ella.

"De buen nombre" significa "lleno de gracia" o "sensato". Implica que las palabras que pasen por nuestra mente vayan cargadas de ecuanimidad y de las mejores intenciones. Esto será posible si nos concentramos en todo lo virtuoso y lo que es "digno de alabanza", es decir, los atributos de Dios mismo.

La palabra "pensar" significa "considerar, meditar, profundizar". Pablo nos instruye en Colosenses 3:2 a fijar nuestra mente en "las cosas de arriba, no en las de la tierra".

Ese es el plan, ¿les parece que se puede poner en práctica? Sí, pero no traten de hacerlo solos. Dejen que el Espíritu Santo obre con y en ustedes. Así verán cambios grandes en su manera de pensar, y esto a su vez hará una gran diferencia en su matrimonio.

Tome su decisión

Pero la serpiente era astuta, más que todos los animales del campo que Jehová
Dios había hecho; la cual dijo a la mujer: ¿Conque Dios os ha dicho:
No comáis de todo árbol del huerto?
GÉNESIS 3:1

¿No le molesta que alguien cambie de parecer después de haber tomado una decisión importante? Es algo que sucede en la vida y todos lo hacemos, pero unos más que otros.

¿Es posible cambiar de opinión al mismo tiempo que se revierten las consecuencias trágicas de una decisión tomada desde el principio que ha afectado a toda la raza humana? Es posible, y sucede todos los días en la vida de muchas personas.

Veamos cuál fue la primera decisión. Cierta conversación tuvo lugar entre Satanás y Eva, y de todos los temas posibles se pusieron a hablar de Dios. No debatieron sus atributos ni su existencia, el asunto en cuestión era la obediencia. ¿A quién obedecería Eva? ¿A quién daría el señorío sobre su vida? Son preguntas interesantes que a todos nos toca responder.

Después Eva dio el fruto prohibido a Adán y él optó por comerlo. Eva no tuvo que amenazarlo ni ofrecerle algún trato, Adán tomó su propia decisión sin coacción alguna. De esta manera, la primera pareja perdió su inocencia al decidirse por Satanás en lugar de Dios. Por eso desde el principio la cuestión siempre ha sido a quién serviremos. ¿A Dios o a Satanás?

Para cada persona esta decisión puede ser sutil o bastante obvia. Josué lo planteó así a las personas de su tiempo: "escogeos hoy a quién sirváis" (Jos. 24:15). ¿A quién va a servir usted? Si dice sí a Jesús y Él se convierte en Señor y Salvador de su vida, ¡la decisión que Adán y Eva tomaron en el huerto queda revertida en su vida! Ustedes han decidido aceptar a Dios como el amo de su vida. Permítanle también ser el amo de su matrimonio.[2]

Hoyos de ventilación y "la silla del perdón"

Airaos, pero no pequéis; no se ponga el sol sobre vuestro enojo.
EFESIOS 4:26

En el Océano Ártico las focas pueden nadar bajo el agua durante varios minutos. Como no tienen branquias, deben volver a la superficie para respirar aire. Como viven rodeadas por gruesas capas de hielo, necesitan abrir hoyos de ventilación en varios lugares estratégicos. Para evitar que esas perforaciones vitales se congelen y queden tapadas, una foca se encarga de su revisión frecuente, atraviesa cada hoyo con su nariz y rompe la capa delgada de hielo que ya se ha comenzado a formarse.

Como las focas, las parejas también necesitan mantener abiertos sus canales de comunicación y estar pendientes de cualquier barrera de hielo que comience a levantarse entre ellos. Las técnicas de supervivencia empleadas por las focas ilustran el principio bíblico poderoso del versículo citado. En otras palabras, es necesario impedir que las irritaciones duren más de veinticuatro horas. Trátenlas antes de que se congelen y endurezcan tanto que no puedan romperlas con su nariz.

En la región quesera del sur de Wisconsin hay una atracción turística que se conoce como "La pequeña Noruega". No se trata de un pueblo, sino de una granja establecida por inmigrantes noruegos hace más de un siglo. Un guía del lugar nos condujo a mi esposa y a mí por los alrededores y las edificaciones de este interesante sitio. Subimos unas escaleras para llegar a la habitación principal de la cabaña y vimos cerca de la cama un mueble extraño al que nuestro guía se refirió como "la silla del perdón". Era un taburete pequeño de madera en el que a duras penas cabrían dos personas.

Nuestro guía explicó la costumbre: Si el esposo y la esposa entraban a la habitación enfadados el uno con el otro por cualquier razón, tenían que sentarse juntos en ese asiento incómodo hasta que ambos dijeran "lo siento". Si los dos no tenían el mismo gesto restaurador, ninguno podía ir a la cama.[3]

El duelo

Antes, en todas estas cosas somos más que vencedores
por medio de aquel que nos amó.
ROMANOS 8:37

¿Ha estado alguna vez en un accidente automovilístico? En ese caso, puede reconocer los sonidos que se producen. Primero el rechinar de los frenos y un choque terrible seguido por el ruido ensordecedor del metal retorcido y los vidrios despedazados. Luego viene un silencio espeluznante. Hay otro tipo de choques que muchos hemos experimentado en el matrimonio.

Suponga que durante su última discusión intensa, ustedes se hayan dicho el uno al otro algo así como: "¿Por qué no me dices qué quieres o cuál es tu forma de ver las cosas? Voy a sentarme aquí a escucharte sin interrumpir". En ese caso, es muy probable que el problema haya desaparecido y que en adelante hayan tenido menos choques similares. La mayoría de las parejas tienen que aprender a hacer esto porque casi todos los individuos prefieren hablar primero y escuchar después. Cada cónyuge prefiere ver las cosas "a su manera", pero si quedan bloqueados en ese aprieto el siguiente choque será inevitable y mucho más dañino, como dos remolques en dirección opuesta que se acercan a toda velocidad sobre un trecho de carretera de un solo carril. Al quedar enfrentados, ninguno podrá avanzar hasta que uno de ellos retroceda hasta un tramo ancho de la carretera. Con demasiada frecuencia ambos interlocutores creen que el acto de retroceder es una demostración de debilidad, así que en lugar de avanzar hacia la culminación feliz del recorrido, quedan atascados en una lucha por el poder y la superioridad.

El conductor que retroceda primero hasta el tramo ancho hace posible el progreso porque a partir de ese momento ambos pueden avanzar. No tiene que conquistar al otro conductor porque lo que ha conquistado es el problema mismo.

Así también, la persona que primero se ofrezca a escuchar al otro cuando hay un problema hace posible la comunicación. Las pugnas y los duelos producen parálisis y enemistad. Durante un enfrentamiento paralizador, la única manera de avanzar es retroceder. Cada uno de nosotros ha sido llamado a ser "pronto para oír" (Stg. 1:19). ¿Por qué no prueban esa técnica?

Distracciones

Todo tiene su tiempo, y todo lo que se quiere debajo del cielo tiene su hora.
ECLESIASTÉS 3:1

"Tenía pensado pasar tiempo con mi esposo la otra noche, pero los niños me distrajeron".

"Iba a conversar más tiempo con mi esposa anoche, pero me distraje con un proyecto en el garaje". ¿Suena familiar? Hay tantas cosas que reclaman nuestra atención, y las distracciones pueden ser muy llamativas. Algunas pueden hasta valer la pena, pero consideren lo que el diccionario dice acerca de la distracción: "Una intrusión mental o una causa de confusión". Eso no es muy positivo. La palabra se emplea para indicar que la persona se desvió del curso que se había propuesto seguir. Distracción también significa algo que logró descarriarlo de su propósito establecido.

A veces usamos distracciones para evitar cosas o situaciones que no son agradables o que provocan tensión. Por ejemplo, orar juntos, hablar sobre un tema delicado, y discutir cuánto tiempo gastamos en compras, hablando por teléfono, viendo televisión o jugando golf. ¿Qué distracciones les han desviado de su meta propuesta durante los últimos seis meses? Dediquen unos minutos a pensar en esto. Podría ser algo tan sencillo como salir de la casa para entrar algo que solicitó el cónyuge, pero al regresar nos distrajimos con algo que pasaron por televisión y tuvimos que detenernos solo un momento (para ser exactos, cinco minutos).

Todos somos susceptibles a distracciones, pero debemos saber que cuestan mucho porque nos incapacitan. Cada vez que se sienta tentado a ceder a la distracción, pregúntese: "¿Quiero que esta intrusión o confusión mental se apodere de mi vida en este momento?"

Aprenda a llamar por nombre propio a las distracciones. Nuestro Dios es un Dios de orden y Él quiere que haya orden en nuestra vida. Hay un tiempo adecuado para hacer las cosas y las distracciones no son parte de su plan. Usted puede evitar las distracciones porque "no nos ha dado Dios espíritu de cobardía, sino de poder, de amor y de dominio propio" (2 Ti. 1:7).

¡Usted puede hacerlo![4]

Guarden su corazón

Sobre toda cosa guardada, guarda tu corazón; porque de él mana la vida.
PROVERBIOS 4:23

"Guarda" es una expresión interesante. Significa "ejercer un cuidado inmenso". Guardamos nuestras posesiones, nuestra vida, nuestros hijos y nuestro cónyuge porque nos importan de verdad. Salomón nos dice que debemos estar alertas y pendientes todo el tiempo para proteger y defender nuestro corazón. En otras palabras, a estar en guardia ante la primera señal de ataque. ¿Por qué? Porque nuestro corazón es el manantial de nuestra vida. El diccionario dice que un manantial es "una fuente de cabecera o la cabecera principal de una corriente o un río". Si se seca, no tenemos agua.

El Valle de la Muerte en California es un gran ejemplo de esta realidad. Hubo un tiempo en el que una corriente alimentaba un lago en ese lugar, pero al secarse el lago murió. Existe otro problema que puede acaecer a un manantial, y los embotelladores de la compañía francesa Perrier se dieron cuenta de ello en 1990. El agua de manantial que venden no solo dejó de distribuirse en toda Europa, también tuvieron que mandar devolver ciento sesenta millones de botellas que estaban por todo el mundo. Esto le costó a la compañía unos treinta millones de dólares. ¿Por qué sucedió esto? La fuente del agua embotellada de mayor venta en el mundo se había contaminado. Los trabajadores olvidaron cambiar los filtros para extraer el benceno que por naturaleza está presente en el dióxido de carbono, el gas que se emplea para hacer las burbujas del agua mineral de Perrier. Todo lo que se había contaminado había dejado de ser apto para el consumo humano.

Nosotros también tenemos un manantial interno de nuestra vida. Hay muchas toxinas que pueden introducirse en nuestro corazón que a su vez pueden contaminar nuestra relación con nuestro cónyuge y con Dios. Lo que vemos, lo que leemos, cómo decidimos pasar el tiempo y con quién nos asociamos, todas estas cosas pueden afectar la condición de nuestro corazón.

¿Cómo está su corazón? ¿Cómo está el corazón de su cónyuge? ¿Es necesario que guardemos nuestro corazón con mayor intensidad? Tal vez sea tiempo de hablar con el Señor sobre esto, y también entre ustedes.[5]

¿Está enfermo?

...los que esperan a Jehová tendrán nuevas fuerzas; levantarán alas como las águilas; correrán, y no se cansarán; caminarán, y no se fatigarán.

ISAÍAS 40:31

Como usted no se siente bien decide ir al médico, y este decide hacerle un chequeo físico completo. Usted se queja de debilidad general, dolores de cabeza, cansancio e irritabilidad. El doctor le dice que tiene buen aspecto y que vuelva en otra ocasión para hacer un examen completo de sangre. La noche antes del examen usted no come después de las ocho de la noche y al día siguiente entra muy temprano al consultorio. La enfermera procede a extraer de su brazo lo que parece una cantidad enorme de sangre.

Su doctor llama un par de días después y dice: "Por fin hemos encontrado el problema, con razón se ha sentido mal. Tiene anemia, eso es todo. Podemos corregir el problema, yo le dicto el tratamiento, usted lo sigue y pronto volverá a su estado normal". La anemia no es inusual en absoluto. Algunas veces padecemos de anemia porque no cuidamos bien nuestro cuerpo.

Nuestro matrimonio también puede sufrir alguna forma de anemia porque no lo nutrimos y no prestamos atención a los síntomas del problema. Otros dos tipos de anemia también pueden ocurrir. Podemos sentir cansancio y agotamiento por nuestras luchas, lo cual nos hace irritables el uno con el otro. De este modo, la relación misma carece de fuerzas suficientes para seguir adelante. La anemia marital es previsible y corregible. Esto significa en algunos casos que acudimos a un consejero matrimonial.

La segunda clase de anemia es espiritual. Nuestra relación con el Señor parece distante, nuestras oraciones parecen no pasar del techo, nos sentimos vacíos en los cultos de adoración y nos preguntamos "¿dónde está Dios?"

¿A quién acuden para recibir ayuda en medio de esta condición? Solo hay una persona calificada para ello: Dios mismo. No es cuestión de orar más, servir más o asistir a más reuniones en la iglesia. Dios tiene la respuesta y esta solo consiste en esperar en Él. Mediten en quién es Él, oren de corazón para que Él les hable.

Discutan qué significa "esperar en el Señor" para cada uno de ustedes.[6]

¿Se siente inferior?

Porque somos hechura suya, creados en Cristo Jesús para buenas obras,
las cuales Dios preparó de antemano para que anduviésemos en ella.
EFESIOS 2:10

Nuestra marca es superior. "Esa marca es inferior a esta". "No compre un carro inferior, este es el que usted se merece". Los avisos publicitarios nos gritan en todas direcciones que necesitamos tener lo mejor de todo. A veces desarrollamos una actitud según la cual para estar satisfechos todo lo que tenemos debe ser perfecto y mejor que lo de todos los demás. En ocasiones esto incluye hasta a nuestro cónyuge, y si él o ella no son perfectos, ¡pues toca cambiarlos!

Los sentimientos de inferioridad pueden afectar nuestro matrimonio. Se producen cuando uno o ambos cónyuges se creen inferiores. Algunas personas que se casan vienen de un trasfondo que haría sentir inferior a cualquiera. Muchos luchan con sentimientos de insuficiencia, pero recuerden que todo esto no es más que eso, un sentimiento. Existe un fundamento mucho mejor para basar sus opiniones, y es la Palabra de Dios. La Biblia dice que nosotros valemos mucho. Charles Stanley describe muy bien nuestro valor:

> Dios no basa nuestro valor en las cosas que tengamos, sino en tener a Jesucristo como nuestro Salvador personal y el Espíritu Santo como nuestro consolador y consejero siempre presente.

> Dios no determina cuánto valemos según nuestro desempeño y logros, sino conforme a si hemos recibido su regalo gratuito de gracia y perdón en nuestra vida.

> Dios no basa nuestro valor en las personas que conocemos, dónde vivimos o qué aspecto tenemos, sino en si conocemos, seguimos y confiamos en Jesucristo como nuestro Señor.

> Dios dice que solo necesitamos recibir su amor y aceptar lo que Él ha hecho por nosotros para ser aceptados por completo en su reino eterno.

> Si usted capta por un solo instante cuánto lo ama Dios, cuánto desea estar con usted y todas las cosas buenas que ha preparado para usted, podrá tener una confianza tan plena en su interior que nada podrá reemplazarla.[7]

Si usted y su cónyuge son valorados tanto por Dios, ¿cómo deberían tratarse el uno al otro?

No dejen de caminar

Yo pues, preso en el Señor, os ruego que andéis como es digno
de la vocación con que fuisteis llamados.
EFESIOS 4:1

¿Han salido a caminar juntos alguna vez? Es una costumbre que por lo general comienza durante el cortejo. Las parejas caminan con desenvoltura y hablan mientras se miran a los ojos, se deleitan con cada palabra dicha y se desentienden de casi todo lo que les rodea. No tienen prisa ni urgencia de llegar a alguna parte, solo disfrutan el acto mismo de acompañarse.

Pasemos la misma escena al tiempo "después del matrimonio". Uno de los dos sugiere que salgan a caminar y el otro dice "¿para qué?" Después de un forcejeo por fin salen a caminar, pero esta vez sus brazos no están alrededor del otro. Todo lo contrario, uno de los dos va cinco pasos más adelante y dice "camina más rápido" (por lo general es el esposo), mientras que el otro va despacito porque quiere admirar los alrededores y pide al cónyuge que vaya más despacio también.

La actividad de andar sirve como una descripción de la vida cristiana. Quizá le hayan preguntado: "¿Cómo vas en tu andar con Cristo?" Esto significa: "¿Cómo está su vida cristiana?" En la Biblia, andar tiene que ver con una forma particular de vida. Efesios 4 y 5 hablan acerca de nuestra manera de andar. En Efesios 4:1 y 2 aprendemos que nuestro deber es andar "como es digno" y que nos aseguremos de que nuestra conducta se ajuste a nuestro llamado. En Efesios 4:17 y 18 aprendemos que nuestro deber es andar diferente a los no creyentes. Otros versículos nos dicen que no debemos conformarnos a este mundo. Así se traduce en la nueva versión en inglés conocida como *El mensaje*: "No se acostumbren tanto a su propia cultura que vivan conforme a ella sin siquiera pensarlo" (Ro. 12:2). Efesios 5:1 y 2 nos dice que debemos andar con un amor sacrificado y orientado hacia los demás. Por último, la Biblia nos dice que debemos andar en fe. Para andar de esta forma, necesitamos la voluntad y la dirección de Dios para nuestra vida.

¿Cómo andan ustedes? El mejor lugar para practicar su forma de andar es su propio matrimonio. Esto funciona de verdad, y la próxima vez que decidan salir a caminar juntos, uno de ustedes debe sugerir: "Vamos a caminar juntos como solíamos hacerlo antes de casarnos". Quizá se sorprendan con los resultados.

No se lo puede llevar

De Jehová es la tierra y su plenitud; el mundo, y los que en él habitan.
SALMO 24:1

¿Han oído la historia del moribundo que quería llevarse todo su dinero al morir? Aunque no era mucho lo que tenía, estaba determinado a no separarse de ello y llevarlo dondequiera que estuviera. Por eso pidió a su pastor, a su doctor y a su abogado que acudieran a su casa, donde yacía. Dio a cada uno un sobre con diez mil dólares e instrucciones para depositar los sobres en su féretro durante el servicio fúnebre. Después de unas semanas el hombre murió y todos hicieron lo que se habían propuesto hacer. Más tarde se reunieron para tomar café y hablar acerca de la experiencia que habían tenido. El ministro dijo: "Estoy seguro de que si Frank siguiera con vida, habría querido ayudar para la compra del órgano nuevo de la iglesia. Por eso saqué dos mil dólares y dejé ocho mil en el féretro".

El doctor dijo: "Pues yo sé que él apreció mucho los cuidados que le suministré y que además estaba interesado en la clínica nueva. Por eso saqué cinco mil y puse los otros cinco mil en el ataúd".

El abogado dijo: "Yo creo que les gané a ustedes porque tomé lo que pusieron en el ataúd, me quedé con los diez mil y puse en el ataúd un cheque por treinta mil dólares".

Todos querían quedarse con el efectivo, y así es como viven muchas parejas. Acumulan, almacenan, retienen y amasan cuanto les sea posible. No solo dinero en efectivo, también tienen un gran apetito de poseer automóviles, ropa, muebles, joyas y propiedades. En cambio nosotros, si somos cristianos, debemos tener un estilo diferente de vida que se llama mayordomía. Esto significa pedir a Dios lo que Él quiere que acumulemos.

En primer lugar, no somos dueños de nosotros mismos porque Dios es nuestro dueño. Él es el dueño de todo, por eso debemos librarnos de todas las presiones que nos hemos impuesto y recordar que tan solo administramos lo que Dios ha confiado a nuestro cuidado. Él no quiere que tratemos de llevarlo con nosotros porque Él solo nos quiere a nosotros.[8]

La vida es una guerra

Y conociendo Jesús los pensamientos de ellos, dijo:
¿Por qué pensáis mal en vuestros corazones?
MATEO 9:4

Consideren las palabras de una pareja y su perspectiva acerca de la vida: Cada vez más, mi esposa y yo vemos la vida como una guerra. En últimas, nuestra batalla es contra las fuerzas del mal, pero a nivel diario la guerra incluye luchas con el tiempo, el dinero, las prioridades, la salud y las crisis no planificadas. Si vamos a combatir como aliados, debemos proponernos mejorar y aumentar nuestra intimidad. Para lograr crecimiento en esta área, debemos dar prioridad a nuestro tiempo antes de la cena. Este tiempo es sagrado y no debe ser desplazado por otras actividades porque es la mejor oportunidad para descansar y relajarnos antes de volver al campo de batalla.

Esto ha requerido instrucciones reiteradas a nuestros hijos para que no nos interrumpan. También requiere que dejemos timbrar el teléfono, hacer esperar a nuestros invitados y ofender a muchos otros que ven nuestro plan como una empresa egoísta. De hecho, esta es nuestra oportunidad de reabastecernos de combustible para enfrentar el mundo con una lealtad mutua más clara, una pasión más profunda por lo bueno, y un sentido de reposo que en ningún otro lugar podemos obtener.

Este tiempo rara vez dura menos de media hora, y en algunas ocasiones se extiende hasta una hora. Casi siempre comenzamos con una revisión conjunta de las actividades del día y esto da inicio a una conversación acerca de las cosas que provocaron afán o deleite a cada uno de nosotros. Mi esposa acostumbra leer en voz alta los pensamientos que ha registrado en su diario y en otras ocasiones yo quiero que ella escuche algo que yo haya escrito. Nos parece de crucial importancia que leamos juntos y en voz alta. Esto no solo ayuda a cristalizar la expresión vaga de nuestras luchas, sino que se constituye en un registro oficial de nuestro progreso en la vida.

Aunque no es un tiempo estructurado, es común que pasemos de las actividades a los sentimientos, de las luchas al gozo y de la lectura a la oración ferviente. Para concluir ese tiempo sagrado rogamos a Dios que profundice el corazón de cada uno de nosotros para Él. Después volvemos a nuestra familia y al mundo renovados en nuestra condición de aliados íntimos.[9]

A rendir cuentas

De manera que cada uno de nosotros dará a Dios cuenta de sí.
ROMANOS 14:12

Todos debemos rendir cuentas a alguien. Puede ser a nuestro jefe, a nuestra familia o hasta a nuestros amigos. Sin duda alguna debemos rendir cuenta de nuestro dinero bajo el gran auspicio de la agencia estatal de recolección de impuestos y rentas. Por encima de todo, hemos de rendir cuentas a Dios, sobre todo en el futuro no muy lejano.

Ahora bien, ¿qué decir de la responsabilidad que introducimos en nuestra vida por elección propia? Es decir, la responsabilidad que tenemos para con nuestro cónyuge. ¿Ha considerado alguna vez el hecho de que ustedes deben rendirse cuentas el uno al otro? Esta responsabilidad conyugal se aplica a un tipo de relación en la que su cónyuge puede hacerle preguntas personales para ayudarlo a mantenerse firme en la senda correcta. Usted también puede hacerle preguntas similares, por supuesto.

Todos necesitamos responder a alguien para que podamos reflejar la presencia de Dios en nuestra vida de forma genuina. Si no tenemos a quién rendirle cuentas, es más fácil que cometamos errores graves. Así de sencillo. A todos nos gusta estar a cargo de nuestra propia vida y ser nuestro propio jefe, pero todos somos ciegos y sordos en algunas de las áreas en las que más ayuda necesitamos. Hay personas que pueden retarnos a mejorar, apoyarnos para seguir adelante y animarnos en medio de los problemas. Como creyentes somos llamados a rendir cuentas en muchas áreas.

Hermanos, si alguno fuere sorprendido en alguna falta, vosotros que sois espirituales, restauradle con espíritu de mansedumbre, considerándote a ti mismo, no sea que tú también seas tentado. Sobrellevad los unos las cargas de los otros, y cumplid así la ley de Cristo (Gá. 6:1, 2).

Mejores son dos que uno; porque tienen mejor paga de su trabajo. Porque si cayeren, el uno levantará a su compañero; pero ¡ay del solo! que cuando cayere, no habrá segundo que lo levante (Ec. 4:9, 10).

Fieles son las heridas del que ama; pero importunos los besos del que aborrece… Hierro con hierro se aguza; y así el hombre aguza el rostro de su amigo (Pr. 27:6, 17).

¿Se rinden cuentas el uno al otro como parte de su matrimonio? Si no es así, mediten y hablen al respecto, oren sobre este asunto y pónganlo en práctica.

Sigamos las reglas

No penséis que he venido para abrogar la ley o los profetas; no he venido para abrogar, sino para cumplir. Porque de cierto os digo que hasta que pasen el cielo y la tierra, ni una jota ni una tilde pasará de la ley, hasta que todo se haya cumplido.

MATEO 5:17, 18

Vivimos en un mundo de transgresores de la ley. Algunos creen que las leyes se hicieron para infringirlas. Algunas reglas son justas y otras parecen arbitrarias. Las reglas restringen, confinan y regulan, pero también suministran estructura y orden. ¿Qué decir de las leyes que Dios nos ha dado? ¿Las ven como algo restrictivo o benéfico? ¿Entorpecen su progreso o mejoran su vida? ¿Son difíciles o fáciles de cumplir? Pocas personas consideran con seriedad las leyes de Dios en la actualidad, pero lo cierto es que traerán bendición si las obedecemos. David nos dio una descripción completa de los beneficios de la ley:

La ley de Jehová es perfecta, que convierte el alma; el testimonio de Jehová es fiel, que hace sabio al sencillo. Los mandamientos de Jehová son rectos, que alegran el corazón; el precepto de Jehová es puro, que alumbra los ojos. El temor de Jehová es limpio, que permanece para siempre; los juicios de Jehová son verdad, todos justos. Deseables son más que el oro, y más que mucho oro afinado; y dulces más que miel, y que la que destila del panal. (Sal. 19:7-10).

¿Qué hacen las leyes de Dios? *Revelan su santidad*. Nos invitan a ser santos. Su propósito es ayudarnos a conocer mejor al dador de la ley y hacer plena nuestra vida. ¿Hay leyes o reglas conforme a las cuales ustedes viven en su matrimonio? ¿Cuáles son?

Amor es...

Así hable en lenguas de hombres y de ángeles, si no tengo amor no soy nada. Aunque sea capaz de predicar y conocer todos los secretos y paradigmas, y así posea fe suficiente para mover una montaña pero no tengo amor, soy como nada.

El amor es sufrido y bondadoso. El amor no tiene envidia ni es engreído. No mantiene un registro de insultos y ofensas, no le divierte en absoluto la maldad, sino que se regocija cada vez que la verdad prevalece. El amor puede abarcarlo todo, tener confianza plena, abrigar toda esperanza y soportar todo lo que venga. El amor nunca se da por vencido...

Por ejemplo, cuando era niño hablaba como niño, pensaba como niño y actuaba como niño, pero al convertirme en adulto dejé atrás mis actitudes infantiles. Si nos quedamos en la infancia (es decir, *sin amor*), nos vemos el uno al otro en un espejo de apariencias, pero si pasamos a la vida adulta (es decir, *con amor*), podremos ver sin obstáculos y cara a cara. Como niños tendremos inmadurez para entender las cosas, pero como adultos entenderemos todo tal y como somos entendidos. Las tres cosas que permanecen son la fe, la esperanza y el amor, pero la más grande de todas es el amor. Procuren con diligencia el amor. [10]

Dios dio la ley en amor

Yo soy Jehová tu Dios, que te saqué de la tierra de Egipto,
de casa de servidumbre.
ÉXODO 20:2

¿Se ha preguntado alguna vez cómo habría sido estar presente cuando Dios dio los Diez Mandamientos a Moisés?

Aconteció que al tercer día, cuando vino la mañana, vinieron truenos y relámpagos, y espesa nube sobre el monte, y sonido de bocina muy fuerte; y se estremeció todo el pueblo que estaba en el campamento. Y Moisés sacó del campamento al pueblo para recibir a Dios; y se detuvieron al pie del monte. Todo el monte Sinaí humeaba, porque Jehová había descendido sobre él en fuego; y el humo subía como el humo de un horno, y todo el monte se estremecía en gran manera. El sonido de la bocina iba aumentando en extremo (Éx. 19:16-19).

Trate de imaginarse la escena en su mente. Percíbala con su vista, su oído y hasta su olfato. Sienta la experiencia como la vivieron los hijos de Israel. ¿Ha estado alguna vez en una tormenta tan intensa que se oía como un rugido estremecedor y ensordecedor? ¿Ha visto relámpagos en los picos de las montañas y destellos de luz seguidos por truenos retumbantes? ¿Ha sentido el vaivén y la sacudida de un terremoto? Junte todos estos factores y esa es la escena que viene al caso.

La entrega misma de la ley revela el carácter de gracia de Dios. Él no tenía que hacer lo que hizo, sino que eligió hacerlo. Lo que Dios hizo es lo que siempre ha hecho por nosotros en su gracia. Cuando la ley fue dada por segunda vez, Moisés le recordó esto al pueblo:

...sino por cuanto Jehová os amó, y quiso guardar el juramento que juró a vuestros padres, os ha sacado Jehová con mano poderosa, y os ha rescatado de servidumbre, de la mano de Faraón rey de Egipto (Dt. 7:8).

Hoy mismo Dios les dirige a ustedes su gracia porque los ama. Los hijos de Israel no pudieron ganarse el amor de Dios, y usted tampoco lo logrará jamás. Dios pagó todo el precio por el camino que su pueblo habría de recorrer, y Él también lo paga ahora.

Palabras para toda la vida

La lengua de los sabios adornará la sabiduría;
mas la boca de los necios hablará sandeces.
PROVERBIOS 15:2

Cierta esposa buscaba libros interesantes en la biblioteca pública. Se fijó en la portada extraña de un libro que llevaba por título El caso de la lengua suelta [The Case of the Flapping Tongue]. El nombre del autor era... Salomón. Abrió el libro y para su gran sorpresa, descubrió que era una selección de versículos del libro de Proverbios. Al dar un vistazo al libro se sorprendió al descubrir que las palabras "lengua", "boca", "labios" y "palabras" ocurren casi cincuenta veces en ese libro de la Biblia.

Proverbios es un libro muy práctico y maravilloso que ofrece a toda pareja palabras para toda la vida, en especial para que las dediquen el uno al otro.

Nuestra boca puede ser usada de formas dañinas o benéficas. Consideremos las advertencias de Proverbios que nos ayudan a tener una lengua controlada.

Lisonjas: "Sabroso es al hombre el pan de mentira; pero después su boca será llena de cascajo" (Pr. 20:17).

Queremos alejarnos de la adulación porque no es sincera y casi siempre se vuelve en contra de uno. Si su cónyuge le hace una pregunta directa, sea honesto (pero también suave y bondadoso).

Chismes y calumnias: "El que encubre el odio es de labios mentirosos; y el que propaga calumnia es necio (Pr. 10:18). Dios tiene palabras muy fuertes acerca del chisme. Para muchas parejas es fácil caer en ese hábito.

Palabras irascibles: "El hombre iracundo levanta contiendas, y el furioso muchas veces peca" (Pr. 29:22). La ira y la irritabilidad reflejan por lo general terquedad y rigidez. Esto no permite construir una relación basada en el amor.

Jactancia: "Como nubes y vientos sin lluvia, así es el hombre que se jacta de falsa liberalidad" (Pr. 25:14). Llamar la atención a nosotros mismos casi siempre nos aleja de los demás.

Hablar demasiado: "En las muchas palabras no falta pecado; mas el que refrena sus labios es prudente" (Pr. 10:19). Mientras hablemos no podremos escuchar, y es solo cuando escuchamos que aprendemos.

¿Alguna de estas situaciones les resulta familiar? ¿Ocurre alguna de ellas en su matrimonio?

Palabras de sabiduría

Porque todos ofendemos muchas veces. Si alguno no ofende en palabra,
éste es varón perfecto, capaz también de refrenar todo el cuerpo.
SANTIAGO 3:2

Control. Deseado por todos, ausente en la mayoría y abusado por muchos. Ahora bien, si de controlar nuestra boca se trata, es algo esencial. Una boca fuera de control es como un tren descarrilado que está a punto de crear desastres a su paso. En cambio, una boca bajo control puede ser gran fuente de gozo y ánimo. Si quieren recibir guía en cuanto a la mejor manera de responder a su cónyuge, acudan al libro de Proverbios.

En primer lugar, todos nosotros debemos dar consejos sabios y sensatos: "Los labios del justo saben hablar lo que agrada; mas la boca de los impíos habla perversidades" (Pr. 10:32). "La boca de los sabios esparce sabiduría; no así el corazón de los necios" (Pr. 15:7).

Somos llamados a amonestar, reprender y en especial a impartir exhortaciones espirituales: "El oído que escucha las amonestaciones de la vida, entre los sabios morará. El que tiene en poco la disciplina menosprecia su alma; mas el que escucha la corrección tiene entendimiento" (Pr. 15:31, 32).

También tenemos el deber de decir las palabras apropiadas en el momento apropiado: "Manzana de oro con figuras de plata es la palabra dicha como conviene" (Pr. 25:11).

¿Sabían que la Palabra de Dios también nos pide que tengamos sentido del humor? "El corazón alegre hermosea el rostro; mas por el dolor del corazón el espíritu se abate... Todos los días del afligido son difíciles; mas el de corazón contento tiene un banquete continuo" (Pr. 15:13, 15). El humor es saludable y puede hasta mantenerlo a uno con vida. No necesitamos reír un poco sino mucho, como solía orar cierto hombre: "Señor, aflójanos y activa nuestro hueso de la risa".

El buen humor nos ayuda a sobrevivir, y necesitamos ser siempre capaces de reírnos de nosotros mismos. ¿Cuál de estos versículos pedirá usted a Dios que lo ayude a aplicar hoy?

¿Cómo manejan la vejez?

Y hasta la vejez yo mismo, y hasta las canas os soportaré yo;
yo hice, yo llevaré, yo soportaré y guardaré.
Isaías 46:4

Cada vez somos más viejos, ¿no es así? Está bien admitirlo, así no nos guste reconocerlo. Vivimos en una sociedad que celebra la vitalidad de la juventud, pero casi a todos nos toca cumplir treinta, cuarenta, cincuenta, sesenta años y otros todavía más. Si no cumplimos esos años es porque... bueno, ustedes saben cuál es la alternativa. En Norteamérica tenemos una condición que se describe como "encanecer antes de tiempo", pero lo cierto es que cada vez hay más personas que tienen entre sesenta y setenta años de edad. Este grupo de personas tiene dificultades y retos muy específicos. Usted lo sabe muy bien si tiene esa edad o si sus padres han llegado a esa etapa de la vida. Problemas con la salud, la jubilación y la pérdida de la memoria son los problemas que primero vienen a nuestra mente.

Nuestra manera de enfrentar y manejar la vejez es una decisión voluntaria. Podemos asumir una postura pesimista o apegarnos al modelo bíblico. La vejez puede ser un tiempo de gran fortaleza espiritual, como lo refleja Isaías 46:4, el versículo correspondiente al tema de hoy.

E. Stanley Jones en su libro Madurez cristiana [Christian Maturity], cuenta cómo esta promesa de Dios en el libro de Isaías se cumplió en su vejez. Escribe que Dios le dijo esto al cumplir setenta años: "Te voy a dar ahora los mejores diez años de tu vida". Jones añade: "Ya pasaron los primeros dos y puedo decir que han sido los mejores dos años de mi vida. ¡Me quedan ocho más! Casi todos mis signos de interrogación propios de la vejez han sido enderezados y ahora son exclamaciones saltarinas". [11]

Podemos vivir en el pasado y aterrados por el futuro o anticipar desde ya el futuro y vivir con fe y esperanza. ¿Ha considerado alguna vez que su vejez podría ser gozosa y agraciada? Recuerde la promesa de Dios: "Aun en la vejez fructificarán; estarán vigorosos y verdes" (Sal. 92:14).[12]

El matrimonio basado en un versículo

*Antes sed benignos unos con otros, misericordiosos, perdonándoos unos a otros,
como Dios también os perdonó a vosotros en Cristo.*
EFESIOS 4:32

¡Qué versículo tan bueno para ayudar a las parejas! ¿Cómo podemos aplicarlo en la vida diaria entre esposo y esposa? Estas son algunas de las posibilidades.

Cancelar deudas. Perdonar a otras personas tal como Dios nos ha perdonado en Cristo significa cancelar las deudas. Esto implica resistir el impulso de traer a colación el pasado. Significa también pedir al cónyuge que nos perdone si mencionamos por impulso problemas del pasado en medio de una discusión acalorada.

Ser amables: El diccionario define la amabilidad como la capacidad de tener empatía, simpatía, afabilidad y benevolencia. El perdón brota con más facilidad si tenemos una actitud amable en lugar de una defensiva. Para reemplazar la muralla de la actitud defensiva con amabilidad tenemos que volvernos vulnerables y dispuestos a dejar que otros se aprovechen de nosotros. Por eso es tan difícil ser amable en la mayoría de los casos. Solo una persona fuerte puede ser amable, y a veces no sentimos que tenemos tanta fuerza. No obstante, somos llamados por la Biblia a ser amables y también contamos con la promesa de que recibiremos de Dios la fortaleza necesaria. El Salmo 28:7 dice: "Jehová es mi fortaleza y mi escudo; en él confió mi corazón, y fui ayudado, por lo que se gozó mi corazón, y con mi cántico le alabaré"

Tener un corazón tierno: Ser amable implica ser vulnerable en gran medida, pero ser tierno de corazón requiere todavía más vulnerabilidad. Esto significa que debemos ser capaces de absorber algunas ofensas y heridas para que el cónyuge pueda crecer. Significa quitar por completo las murallas e invitar al cónyuge a sentir nuestras propias emociones. Por supuesto, también significa sentir lado a lado las emociones del cónyuge. Si somos tiernos de corazón será mucho más fácil perdonar.

Lo opuesto a la ternura de corazón es la dureza de corazón. En Marcos 10:4, 5 Jesús dice que la dureza de corazón fue lo que motivó la legislación de Moisés en cuanto al divorcio. En otras palabras, las parejas de corazón tierno no necesitan jamás del divorcio porque los de corazón tierno saben y pueden perdonar. Nadie ha encontrado jamás una mejor manera de vivir que esta.

Sensibles en extremo

El que fácilmente se enoja hará locuras; y el hombre perverso será aborrecido.
PROVERBIOS 14:17

Usted se ha cruzado con personas de temperamento explosivo. ¿Quiénes son? Aquellos que poseen una antena ultrasensible para interpretar todo lo que usted dice y hace como una confabulación directa y personal en su contra. Estos individuos tienen una capacidad muy refinada para encontrar agravios, insultos, menosprecios y comentarios degradantes allí donde ni siquiera existen. Después proceden a interpretar mal todo y reaccionar de forma defensiva o agresiva o ambas al mismo tiempo.

Una persona que critica exige una disculpa pero después contraataca, y si la respuesta del otro no le satisface, corran todos a esconderse. El crítico procede a desatar su arsenal de armas, y entre sus tácticas predilectas están el trato silencioso, el azote de la puerta, echar la culpa a los padres y negar privilegios matrimoniales. Conviene que ni usted ni su cónyuge sean personas sensibles en extremo. Ya fue bastante difícil tener que contender con algún miembro de la familia en esta área, pero es mucho peor si el problema existe en el matrimonio. Si algunas personas son sensibles en extremo, ¿qué pueden hacer? Reflexionen en estas preguntas:

1. ¿Existe una tendencia a imaginar lo peor o a interpretar cualquier diferencia como un insulto?
2. ¿Se someten al Espíritu Santo para que Él imparta equilibrio y neutralidad a las percepciones subjetivas?
3. ¿Han orado para tener la reacción apropiada si ha ocurrido una ofensa?
4. ¿Ha preguntado la persona ofendida: "¿Podrías por favor aclararme esta situación?" o "¿Podrías decir eso de una manera diferente, por favor?"
5. ¿Han puesto en práctica el siguiente pasaje? "La cordura del hombre detiene su furor, y su honra es pasar por alto la ofensa" (Pr. 19:11).

En lugar de imaginarse lo peor, presuponga lo mejor ¡y obtendrá resultados por completo diferentes![13]

Pregunte al dueño

¿No hizo él uno, habiendo en él abundancia de espíritu?
MALAQUÍAS 2:15

"Esta es mi esposa". "Este es mi esposo". Usamos frases como estas con mucha frecuencia que implican una noción de propiedad. También hablamos acerca de "mi" matrimonio o "mis" derechos matrimoniales. La propiedad es un asunto importante y puede crear grandes altercados.

Hace unos años se entabló una demanda gigantesca entre los estados de Nueva Jersey y Nueva York para determinar quién era dueño de la mayor parte de la isla Ellis en el puerto de Nueva York, el lugar donde millones de inmigrantes entraron a los Estados Unidos. En un principio esta isla tenía menos de dos hectáreas y el estado de Nueva York poseía el título de propiedad, pero la bahía a su alrededor fue asignada a Nueva Jersey. Sin embargo, con el paso de los años y a medida que se transportaron y depositaron grandes cantidades de tierra, la isla creció a casi diez hectáreas. A partir de entonces comenzaron los problemas porque ambos estados reclamaron posesión de esa propiedad. Lo que faltaba por definir eran los derechos de propiedad, y las demandas legales de ambas partes tenían montos millonarios.

Los conflictos por derechos de propiedad también pueden ocurrir en los matrimonios. Las personas tienden a ser territoriales en diversos grados. Ciertas habitaciones o áreas de la casa se convierten en propiedad "exclusiva" de cada cónyuge. No hay problema con esto mientras cada pareja se ponga de acuerdo en cuanto a límites y derechos, pero algo de lo que nadie se puede adueñar es la relación matrimonial. Esto es algo que pertenece solo a Dios. Consideren la porción bíblica para el día de hoy.

Su significado es que una pareja casada no tiene derecho alguno de hacer lo que quiera con su matrimonio. Dios no concede a la pareja derechos de propiedad sobre el matrimonio. Dios creó el matrimonio y por eso le pertenece. Él los juntó a ustedes, fue testigo presencial de sus votos y en su soberanía y gracia les bendijo. Tal vez nuestros certificados nupciales deberían incluir esta frase: "Propiedad de Dios".[14]

¿Cómo se sienten acerca de esto? ¿Son los "derechos" un asunto delicado en su matrimonio?

La humildad hace maravillas

Cuando viene la soberbia, viene también la deshonra;
mas con los humildes está la sabiduría.
PROVERBIOS 11:2

¿Es usted aficionado al baloncesto? Así no lo sea, es probable que haya oído hablar acerca de Michael Jordan. Este hombre fue considerado el mejor atleta del mundo en las dos décadas pasadas. Su deporte fue el baloncesto y su desempeño en esa rama del deporte fue extraordinario, pero al retirarse decidió probar cómo le iba en el béisbol. El resultado no fue lo que había esperado. Casi no le pegaba a la bola y dejaba caer pases y tiros lentos, hasta se refería al árbitro y los jugadores con nombres propios del baloncesto, no del béisbol. Al darse cuenta por fin de que no era apto para las grandes ligas, pasó a las ligas menores. ¿Por qué decidió probar su suerte en el béisbol? Tal vez porque quiso hacer realidad el sueño que su padre tuvo para él. Quizá sintió que sería fácil transferir sus habilidades a este deporte gracias a su versatilidad extraordinaria. No obstante, fue un desastre. Después de un tiempo se dio por vencido y volvió al baloncesto. Michael aprendió que existen límites que todos debemos enfrentar en la vida así poseamos las mejores habilidades. Sin duda fue una experiencia dolorosa, pero le dio la sabiduría y la humildad para perseverar en lo que podía hacer mejor. ¿Acaso fue un fracaso? Algunos dirían que sí lo fue, pero llámese fracaso o experiencia de aprendizaje, es algo que puede producir el mismo resultado.

Usted también experimentará frustraciones y momentos bochornosos en su matrimonio. De hecho, ¡es muy probable que ya tenga varios a su haber! ¿Qué pudo aprender por medio de esas experiencias? Algunos aprenden a ser modestos y a reconocer que no podemos hacerlo todo porque existen limitaciones. Es posible que haya aprendido a ser más cauteloso o a dedicar más tiempo a prepararse. Debe reconocer que no puede hacerlo todo, y si su cónyuge tiene más capacidad que usted absténgase de competir. Más bien tenga gratitud, acéptelo y relájese. Ahora bien, si experimenta algún fracaso, en lugar de revivir la experiencia aprenda de ella.[15]

Vuélvanse como niños

De cierto os digo, que si no os volvéis y os hacéis como niños, no entraréis en el reino de los cielos. Así que, cualquiera que se humille como este niño, ése es el mayor en el reino de los cielos.

MATEO 18:3, 4

Pensamos que los niños aprenden de los adultos, pero también es cierto que los adultos podemos aprender mucho de los niños acerca del amor y la vida. Consideren estas palabras y cómo pueden aplicarse a su matrimonio.

Un niño no ha resuelto en su mente qué es posible y qué no lo es. No tiene nociones preconcebidas acerca de qué es la realidad, y si alguien le dice que la alfombra musgosa bajo el bosque de pinos es un lugar mágico, es posible que espere a que nadie lo observe para ir a cerciorarse por sí mismo. Un niño también sabe cómo aceptar un regalo. No le preocupa perder la dignidad o quedar en deuda si lo acepta. Su conciencia no le remuerde porque el regalo es gratuito y él no ha hecho nada para ganarlo. Por eso, aunque no tiene derecho a él, opta por recibirlo con gozo. De hecho, si es algo que quiere mucho puede hasta pedirlo. En último lugar, un niño sabe cómo confiar. Suponga que es muy tarde y oscuro, se escucha el ruido ensordecedor de las sirenas y el padre se acerca para despertar al niño. No le explica nada, solo lo toma de la mano y lo levanta. Aunque el niño está más asustado que nunca y no tiene idea remota de lo que sucede, decide tomar la mano de su padre y deja que lo guíe por donde él decida en medio de la más densa oscuridad.[16]

Una oración para hoy:

Señor, hazme semejante a un niño. Líbrame del impulso a competir con otro por posición o prestigio. Que sea sencillo y cándido como un niño. Líbrame de depender de apariencias y estratagemas. Perdóname por pensar tanto en mí mismo. Amén.[17]

Prefiera la esperanza a la futilidad

...si hay virtud alguna, si algo digno de alabanza,
en esto pensad [fijen sus mentes en ello].
FILIPENSES 4:8

Como cristianos, somos llamados a ser personas de esperanza en lugar de desesperación. Somos llamados a ser personas que confrontan obstáculos y encuentran maneras de superarlos en lugar de resignarse a una sensación de futilidad.

Es extraño, pero he encontrado a algunas personas que en realidad no quieren descubrir las excepciones a los problemas. Quizá no quieran abrigar esperanzas por temor a ser decepcionadas. Algunas ven las excepciones como eso mismo, anomalías que solo suceden por coincidencia.

Por otro lado, muchas personas también luchamos con una memoria selectiva y los recuerdos dolorosos tienden a afincarse y persistir en nuestra mente y corazón. Nos concentramos en los fracasos y pasamos por alto los éxitos, ¡pero no tiene que ser así! Podemos escoger otra dirección, por eso vamos a considerar algunos consejos que muchos consejeros matrimoniales ofrecen para ayudar a las parejas a tener relaciones satisfactorias.

Nunca he trabajado con una pareja que no se la lleve bien por lo menos en ciertas ocasiones. Todos podemos mantener una buena relación por cierto tiempo, y en algunos casos podría ser apenas el veinte por ciento del tiempo. Eso está bien y de hecho es suficiente. A fin de tener un matrimonio duradero, el primer paso es descubrir qué hace cada uno de ustedes durante los momentos en los que se la llevan bien. Pueden averiguarlo a solas o en pareja. Intercambien ideas y determinen qué hacía cada uno antes y durante ese tiempo de armonía. Cerciórese de centrar la atención en lo que usted hacía antes que en lo que hacía su cónyuge. Este es el punto de partida para cualquier cambio significativo. ¿Qué pensaban y sentían mientras la relación estaba en su mejor momento? Planifique más momentos de ese tipo sin importar qué haga su cónyuge. Enfóquese en los buenos ratos que han vivido juntos.

Con el tiempo, esto fortalecerá su relación. Es un primer paso alentador porque le permite saber que después de todo sí ha hecho algo bien.

Tal vez este sea un ejemplo de lo que Pablo dio a entender en el versículo para hoy. ¿Por qué no lo leen de nuevo?

Los brotes del amor

He aquí que tú eres hermosa, amiga mía; he aquí que tú eres hermosa.
CANTARES 4:1

Harold Myra era el editor de la revista Christianity Today y estaba en sus cuarenta al escribir "Una oda al matrimonio". Este poema ilustra los problemas y las posibilidades del matrimonio a estas alturas de la vida.

¿Recuerdas cómo comenzó nuestro amor?

Años atrás te ofrecí mi brazo aquella noche de septiembre en la que salimos juntos por vez primera. Te aferraste a él y saltamos juntos el charco. Luego caminamos tan cerca el uno al otro que me di cuenta de que te gustaba. Miré tu cara bajo la luz de la calle y noté tu emoción callada, casi disimulada. No había compromiso, solo el comienzo de algo hermoso. Con mi brazo te acerqué a mí en aquella noche de enero, dentro del automóvil. Llegó la medianoche y tuvimos que separarnos. Un "buenas noches" no sería suficiente, por eso nuestros labios se tocaron por primera vez en un beso terso y delicado. "Me gustas", te dije y nada más. Después el aire de noviembre hirió otra vez el rostro de cada uno de nosotros mientras jugueteábamos en la granja de tus padres. En ese momento lo supe y susurré en tu pelo "TE AMO". Me alcanzaste a oír y las palabras fueron como una explosión porque significaban mucho más que "me gustas" o "me caes bien". Estas palabras iban cargadas de compromiso, y tus palabras volvieron a mí con sonidos firmes y seguros: "También te amo".

Nuestro beso de celebración fue el comienzo de una nueva creación. Sí, yo te elegí de entre todas las niñas hermosas que conocía. Te elegí por encima de todas ellas. ¡Cuán maravillosas son las mujeres del planeta Tierra! Las hay con cabellos rizados al viento, de todos los colores y estilos, con miles de formas y perfiles exquisitos, hay chicas que ríen con gusto, otras que leen poesía y tocan el piano, otras que cantan y tocan guitarra, y otras que saben arreglar carburadores. De todas las posibilidades fascinantes en el mundo, te elegí a ti... [18]

¡Qué viva el amor!

He aquí que tú eres hermosa, amiga mía; he aquí que tú eres hermosa.
CANTARES 4:1

Este es el resto del poema de Myra que leímos ayer:

Después vino la boda y la lluvia de arroz al partir con rumbo a nuestra luna de miel. Pasamos juntos días y noches maravillosos porque tú y yo, dos personas tan diferentes como un pino y un cedro, nos habíamos elegido el uno al otro. El cielo reía y la arena estaba dispuesta para los pies inexpertos de la nueva criatura que éramos "nosotros". ¿Cambia el tiempo todo aquello? ¿Fuimos tan ingenuos? Ahora, después de que hemos amado, discutido, reído y dado a luz, ¿qué significa para ti que te abrace y te diga "te amo"? En ausencia del éxtasis del amor juvenil, ¿tiene que ser rutinaria la reafirmación de nuestra unidad? Al decir "te amo" no siento que se me sale el corazón del pecho y mi cuerpo no se muere por unirse al tuyo, por lo menos no como antes. Sin embargo, las palabras portan mucho más significado ahora que durante el cortejo, pues llevan el peso de un millón de momentos compartidos...

"Te amo" puede sonar simple, pero no lo es si recordamos el tapiz que hemos entretejido día a día con miradas de amor, palabras cariñosas, aceptación incondicional, abrazos y besos, comidas y caminatas, juegos y pasatiempos, y el simple levantarnos cada día para recordar lo que creamos aquel día en el que dijimos por primera vez "te amo". Nuestro amor es algo permanente y vivo que crece cada día que pasa.[19]

Cómo manejar las transiciones

Guarda silencio ante Jehová, y espera en él.
SALMO 37:7

Algunas personas quisieran que la vida fuera como un reproductor digital de películas. De esta forma, tan pronto encontraran una etapa satisfactoria en particular, solo tendrían que oprimir el botón de pausa o los botones de repetición y quedarse ahí todo el tiempo que quisieran. No obstante, la vida no es una serie de puntos estáticos y los períodos estables en la vida son la excepción, mientras que las transiciones son la norma. El doctor Charles Sell emplea una analogía apropiada para describir estas transiciones normales en la vida:

Las transiciones son misteriosas, como el pasaje subterráneo que vi durante el recorrido turístico por un castillo. Las habitaciones del castillo eran gigantescas y los enchapes en madera eran extravagantes, mientras que las vigas descomunales en la parte interior de las torres daban la impresión de una solidez impenetrable. No obstante, lo que más cautivó mi atención fue ese túnel subterráneo. Era una ruta de escape de casi un kilómetro de longitud y conducía del castillo a los establos. Se diferenciaba por completo del resto del castillo.

El salón de baile daba a sus visitantes una impresión de dignidad, los lujosos dormitorios una sensación de comodidad y el jardín proyectaba serenidad. En cambio, el túnel secreto era misterioso y sobrecogedor. No tenía sillas cómodas porque no era un lugar para descansar, tampoco había obras de arte que ornamentaran sus paredes húmedas y oscuras hechas de piedra. No era un lugar para la apreciación visual porque el túnel no se había construido para permanecer mucho tiempo en su interior, sino para aquellos que se vieran en necesidad de pasar al otro lado con rapidez y urgencia. El túnel obligaba a la mente a enfocarse sin vacilación en el pasado o en el futuro: El castillo extravagante que se dejaba atrás, en algunos casos para siempre, o los establos al final del túnel que representaban la oportunidad de seguir con vida.

Así son las transiciones en la vida, como ir de un lugar a otro. Las circunstancias presentes pueden parecer como un vacío innecesario y nos parecería más agradable retroceder y permanecer en la seguridad del pasado. ¿Como es esto imposible? Resulta necesario que avancemos por el túnel oscuro que conduce hacia nuestro futuro, con la confianza plena de que habrá reposo y claridad al otro lado.[20]

¿Cuáles son las transiciones que han experimentado en su matrimonio? ¿Cómo las han manejado?

Eviten los "presupuestos"

Antes sed benignos unos con otros, misericordiosos, perdonándoos unos a otros.
EFESIOS 4:32

Un amigo mío describió así los "presupuestos":

Los que han estado casados mucho tiempo tienden a darse por sentado el uno al otro. Estos son algunos de los "presupuestos" más comunes:

Siempre estarás aquí y a mi disposición.

Siempre me amarás.

Siempre estarás en capacidad de proveer para mis necesidades.

Siempre serás la misma persona.

Siempre estaremos juntos.

Dar todo esto por sentado en un matrimonio es vivir más en la fantasía que en la realidad. Las personas que hacen presuposiciones gratuitas, por lo general, son poco agradecidas por las bendiciones diarias que reciben. Después de un tiempo llegan a creer que la vida les debe estos pequeños obsequios. Rara vez dicen gracias por los favores recibidos. Si usted no aprecia a una persona como es debido, la degrada y envía este mensaje implícito: No vales mucho para mí. También niega a esa persona el regalo de la apreciación humana, porque ser amados y apreciados nos da a todos razón para vivir cada día. Si ese regalo es negado de forma metódica, nuestro espíritu se marchita y muere con el paso de los años. Hay personas que soportan esta penalidad en el matrimonio y se quedan casados para siempre, pero es como si cumplieran una sentencia penal. En matrimonios prolongados donde uno o ambos cónyuges no son apreciados como es debido, una muralla de indiferencia se levanta entre ellos. Cuanto más dure el matrimonio, más se elevará esa muralla y el aislamiento será más intenso. La única salida de este embrollo es sencilla pero crucial: Comenzar a decir "gracias" y a mostrar apreciación por todos y cada uno de los detalles.

Procuren mantenerse sintonizados con lo que sucede en su matrimonio, sean más generosos y alentadores.[21]

Tengan presente que en un matrimonio saludable...

- Se cuida tanto de "número dos" como de "número uno".
- Se renuevan las energías del cónyuge.
- Se eliminan la culpa y la vergüenza.
- Se está dispuesto a aprender el uno del otro.
- Se pone punto final a las discrepancias con un sentimiento de resolución.
- Se sienten mejor los dos después de un desacuerdo.[22]

La historia de su vida

Enséñame, oh Jehová, tu camino, y guíame por senda de rectitud.
SALMO 27:11

Muchas de las oraciones del rey David quedaron consignadas como salmos. Cierto día él oró: "Hazme saber, Jehová, mi fin, y cuánta sea la medida de mis días" (Sal. 39:4). ¡Tremendo! ¿Le gustaría saber con exactitud cuántos días le quedan? ¿Qué decir de la manera en la que dejaremos este mundo? ¡Esta es una incertidumbre que más nos conviene ignorar para poder vivir!

El Dr. Gary Chapman sugirió un ejercicio interesante: En un pedazo de papel, trace una línea como esta:

. . . . . ———————————————————— >

Esta línea representa su vida. Al final hay una flecha, ¿sabe por qué? Su vida no termina, sino que continúa por la eternidad. Note los puntos a la izquierda de la línea. El primer punto representa el día en el que usted nació, el segundo es el día en el que conoció a su cónyuge, el tercero es el día de su boda, el cuarto marca el nacimiento de sus hijos y el último punto representa algo que todavía no ha ocurrido: El día de su muerte.

¿Puede ver cuán cerca están los puntos al comienzo de la línea? No hay mucho espacio. Lo cierto es que los puntos están aumentados y la línea está condensada porque en realidad no podemos abarcar la línea entera.

Así es como Dios ve nuestra vida. Él es quien nos da la línea que va de aquí a la eternidad. Nosotros consideramos esos puntos como el enfoque de nuestra existencia y vivimos en función de ellos. ¿Se ha preguntado alguna vez para qué quiere Dios que vivamos? ¿Podría ser que Él quiere que vivamos conforme a la línea antes que en función de los puntos?

Analicen la siguiente línea:

Su cónyuge. . . . . ———————————————————— >

Solo queda una cantidad pequeña de tiempo en la tierra para disfrutar y edificar a su cónyuge, ¿no es así? Quizás el mensaje sea que usted vive para la eternidad, y mientras siga aquí con vida su deber es hacer el mejor uso de su tiempo.[1]

La gran neblina

Porque en otro tiempo erais tinieblas, mas ahora sois luz en el Señor;
andad como hijos de luz.
EFESIOS 5:8

La neblina es interesante. Consiste de humedad condensada que enfría el aire y a veces nos hace titiritar. También puede bloquear nuestra visión y darnos un gran susto mientras conducimos por la carretera, tanto que hasta nos puede obligar a detenernos a esperar que pase. El sol puede brillar en ese mismo instante pero usted ni se entera porque todo lo que ve es neblina. Hasta el sonido se distorsiona, como si hubiera una pesadez insoportable en el aire. No se requiere mucha humedad para que la neblina lo detenga todo. ¿Sabía que una neblina densa que cubra siete bloques de una ciudad a una profundidad de treinta metros contiene menos humedad que un vaso de agua?

Muchos barcos se han estrellado contra las rocas o han quedado atrapados en arrecifes a causa de la neblina, y otros tantos aviones han chocado contra montañas bajo sus efectos.

En el centro de California existe un tipo de neblina que parece emanar del suelo y que empaña por completo las carreteras estatales número cinco y la noventa y nueve. Siempre que se hace presente, pueden ocurrir los peores accidentes automovilísticos en cadena.

Algunos esposos y esposas sienten como si flotaran en medio de una gran neblina, sin saber en qué dirección deben ir. A veces parece que una gran nube gris se posara sobre la relación matrimonial para enfriar el amor y la cercanía de los cónyuges. También podría tratarse de una neblina que oculta la verdad de quién es Dios y qué quiere para nosotros. Es algo que sucede.

¿Saben qué hacer con la neblina? Pueden esperar a que se desvanezca, pero eso es como ponernos a merced de ella. También pueden salir de ella o pasar por encima, y al hacerlo obtendrán un nuevo sentido de dirección, luz para ver el camino y ánimo para seguir adelante. No podemos hacer mucho en cuanto al clima y la neblina, pero sí podemos impedir que el matrimonio sea abrumado por cualquier cosa que impida una visión clara de las cosas.[2]

El regalo de la pasión

Y creó Dios al hombre a su imagen.
GÉNESIS 1:27

Esta es la pregunta del día: ¿Es usted una persona apasionada? ¿Sí o no? ¿Diría su cónyuge que usted tiene pasión? Pregúntense esto el uno al otro y definan qué quieren dar a entender al decir "persona apasionada". El diccionario dice que ser apasionado consiste en tener o demostrar sentimientos fuertes o que es el resultado de un sentimiento fuerte, ardiente e intenso. También se refiere a una disposición constante para la estimulación sensual y la actividad sexual.

Quizás algunos de ustedes piensen: "¡Sí, me identifico con esa última parte!" ¿Qué decir de las otras definiciones? ¿Acaso no son relevantes también?

Hay personas que dicen: "Yo no fui hecho para sentir tantas emociones, no es así como funciono". A esas personas les pregunto: ¿Fueron creadas a imagen de Dios? La respuesta es sí porque todos lo fuimos. ¿De dónde proviene nuestra capacidad para experimentar emociones? ¿Dónde obtenemos nuestra capacidad para amar, odiar, afligirnos y llorar? Recibimos todo esto de Dios. Nuestro Dios es un Dios de pasiones.

Tal vez nunca hayan pensado en Dios como un ser apasionado. Sabemos que Él ama, como vemos en Juan 3:16: "Porque de tal manera amó Dios al mundo...". Sabemos que aborrece porque Proverbios 6:16 habla acerca de siete cosas que le son detestables: "Los ojos altivos, la lengua mentirosa...". También sabemos que sabemos que se ríe: "El que mora en los cielos se reirá; el Señor se burlará de ellos" (Sal. 2:4). Sabemos que llora: "Jesús lloró" (Jn. 11:35). La Biblia nos dice que Dios abraza, besa, grita, susurra, canta y se aflige (vea Lc. 15:20; Jer. 25:30; 1 R. 19:12; Sof. 3:17; 1 Cr. 21:15).

Nuestras emociones son buenas, así no las entendamos. Si usted es más reservado y su cónyuge es más expresivo, es posible que tengan conflictos por esas diferencias. Aunque las mujeres son predispuestas a experimentar emociones y se les alienta a expresarlas más que los hombres, ambos sexos fueron creados para vivir como seres apasionados. Si uno de ustedes todavía no ha desarrollado su entendimiento y expresión de las emociones, faciliten ese cambio. Puede ser algo incómodo, pero no duden que enriquecerá su vida y su matrimonio.

Una oración responsable

Digo, pues: Andad en el Espíritu, y no satisfagáis los deseos de la carne.
Porque el deseo de la carne es contra el Espíritu, y el del Espíritu es contra la
carne; y éstos se oponen entre sí, para que no hagáis lo que quisiereis.
Pero si sois guiados por el Espíritu, no estáis bajo la ley
GÁLATAS 5:16-18

Esta es una oración que pueden leer en voz alta hoy o incluso una vez al día durante una semana. Verán los resultados.

Señor:

Me has dado todas las cosas buenas en mi vida, especialmente mi cónyuge. Hazme recordar que no ha sido obra mía, sino tuya, y que yo no soy Tú. Te pido ahora un mayor sentido de responsabilidad.

Ayúdame a recordar que soy responsable por mí y a nunca hacer algo que me haga perder el respeto propio o que traiga vergüenza a mi matrimonio.

Ayúdame a nunca rebajarme a hacer algo que vulnere a mi cónyuge.

Ayúdame a nunca hacer algo que lamente el resto de mi vida.

Señor, siempre quiero recordar mi responsabilidad hacia las personas que amo y quienes me aman, así como hacia las demás personas. Quiero ser fiel para no decepcionar a los que me aman.

Ayúdame a no fallarle a mi cónyuge que tanto cuenta conmigo. Líbrame de ser una fuente de aflicción para mi cónyuge.

Señor, a veces me resulta difícil ser fiel, pero sé que Tú me puedes mantener fiel. ¡Gracias porque no todo depende de mí!

Ayúdame a no ser la clase de persona que recuerda sus derechos y olvida sus responsabilidades. Ayúdame a no ser una persona que quiere sacarle jugo a la vida sin invertir nada en ella. Ayúdame a no ser alguien a quien no le importa qué le sucede a los demás.

Recuérdame que soy responsable contigo y que habré de rendirte cuentas por la forma en la que uso lo que Tú me has dado. Que siempre honre y respete a mi cónyuge.

Además, ayúdame cada minuto del día a recordar cuánto nos amas y con cuánto amor Jesús murió por mí. Te alabo. Amén.[3]

Franqueza

Fieles son las heridas del que ama; pero importunos los besos del que aborrece.
PROVERBIOS 27:6

"Dime qué opinas de una buena vez, puedo aguantar lo que sea". ¿Hay alguien en su vida que le diga las cosas sin pelos en la lengua? ¿Tiene una persona que sea franca con usted y a quien pueda decirle cómo son las cosas en realidad? ¿Es más fuerte la relación como resultado de la honestidad mutua? Es algo que usted necesita, y lo ideal es que esa persona sea su cónyuge. A esto se refiere Proverbios 27:6, porque tal vez no queramos oír la verdad pero es lo que más beneficio nos trae. Proverbios también declara: "La represión aprovecha al entendido, más que cien azotes al necio" (17:10). Se siente mejor que alguien nos halague, pero puede acarrear serios problemas: "El hombre que lisonjea a su prójimo, red tiende delante de sus pasos" (Pr. 29:5). Apliquemos esto al matrimonio.

La franqueza consiste en ser abiertos y veraces de tal modo que al expresarse la verdad, la relación matrimonial sea fortalecida. El ser francos viene como resultado de que nos importa el cónyuge y lo amamos. Queremos lo mejor para esa persona y tenemos su bienestar en mente. En Efesios 4:15 se describe cómo "siguiendo la verdad en amor", podemos crecer y edificarnos el uno al otro. Esto significa que si hablamos con la verdad, nuestra relación se cimentará en equipo y será mejor que antes. Así son las relaciones saludables. La franqueza mutua es un indicio de amistad cercana y es algo muy necesario en el matrimonio. Ustedes serán personas diferentes si la franqueza está presente. Cambiarán y crecerán. Proverbios enuncia así el resultado: "Hierro con hierro se aguza; y así el hombre aguza el rostro de su amigo" (27:17).

Tenga presente que su respuesta a la franqueza de su cónyuge hará la diferencia. Una actitud defensiva es contraproducente para la franqueza. Respuestas como "déjame pensar sobre este asunto" o "lo tendré en cuenta" son las que mantienen en el curso debido a un matrimonio.

¿Puede usted aguantar la verdad? ¿Quiere que le digan las cosas de frente? ¿Por qué? ¿Edificará un matrimonio mejor con franqueza? Sin duda alguna.

Un último pensamiento: Si de verdad quiere que alguien le diga las cosas de frente, lea con atención la Palabra de Dios.[4]

Un buen hallazgo

El que halla esposa halla el bien, y alcanza la benevolencia de Jehová.
PROVERBIOS 18:22

Años atrás ciertas frases eran usadas con frecuencia por los hombres, como "necesito encontrar esposa". Después del casamiento, podía oírse a muchos decir: "Al fin pude encontrar mujer para mí". ¿Cómo es que un hombre "halla esposa"? Es un concepto interesante. Hallar o adquirir algo no es más que el primero de muchos pasos.

Hay muchos artículos que uno adquiere en la vida que incluyen un manual para el propietario. Si compra algo nuevo como un carro, una nevera, un motor para el bote, una máquina de coser o una computadora, puede estar seguro de que también recibirá un manual que le da las instrucciones de operación. Es algo que usted necesita para que su nueva compra funcione como es debido. El problema es que algunas personas nunca dedican tiempo a leer el manual y por eso el artículo no funciona bien o se daña en poco tiempo.

Un hombre que "halla" o adquiere esposa está en la misma situación, con una excepción fundamental: ¡No es su dueño! El matrimonio es una asociación de subordinación equitativa. Por supuesto, los esposos sí necesitan algo que los ayude a entender bien a sus esposas. La mayoría de los hombres luchan en esta área y dicen: "No logro entender a las mujeres, ¡son tan diferentes a nosotros! Son lo más raro que Dios creó". Las mujeres no son raras, solo son únicas.

Todo esposo tiene el mandato bíblico de aprender a entender a su esposa. En 1 Pedro 3:7 dice: "Vosotros, maridos, igualmente, vivid con ellas sabiamente". La versión de Phillips dice: "Traten de entender a sus esposas porque tienen que vivir con ellas". ¿Qué debe hacer un esposo para lograrlo? Por lo menos tres cosas:

- Estudie la Palabra de Dios, así aprenderá cómo actuar y responder.
- Estudie libros que enseñan acerca de las mujeres.
- Estudie a su esposa. Ella es única, permita que le ayude.

¿Quiere conocer el futuro?

Y dijo Faraón a José: Yo he tenido un sueño, y no hay quien lo interprete;
mas he oído decir de ti, que oyes sueños para interpretarlos. Respondió José a
Faraón, diciendo: No está en mí; Dios será el que dé respuesta propicia a Faraón.
GÉNESIS 41:15, 16

El futuro nos intriga. A algunas personas les fascina más lo que podría suceder en el futuro que lo que experimentan en el presente. La anticipación, las expectativas y los misterios de lo desconocido son más emocionantes que la realidad del ahora. Por eso es que siempre han existido adivinos. Hay personas que están dispuestas a pagar bastante dinero para que un ser misterioso fije su mirada en una bola de cristal o examine una serie de naipes con la esperanza de descubrir lo que podría suceder. ¿Acaso no hemos querido todos asomarnos al futuro en algún momento de nuestra vida? En especial si confiamos que será muy bueno. ¿Ha dicho alguna vez "me gustaría ver un solo instante cómo será..."? ¿Se ha preguntado alguna vez qué aspecto tendrá dentro de diez o veinte años?

Enfocarse en los sueños del futuro nos extrae de la mundanalidad del aquí y ahora, pero también nos quita la energía que podríamos usar para resolver los problemas del presente. No se supone que debamos vivir atascados en el pasado o demasiado ocupados en fantasías acerca del futuro a fin de experimentar el presente. Lo que sucede en el presente contribuye a moldear nuestro futuro, y soñar sobre una vida emocionante y un matrimonio vibrante en el futuro es una meta aceptable si vamos a trabajar con empeño en crear eso ahora mismo.

Solo hay uno que conoce el futuro y ese es Dios, pero hay algo que sí podemos saber acerca del futuro: Si conocemos a Jesús, estaremos con Él para siempre. Ese es todo el conocimiento que necesitamos.

"Opulencia"

No te afanes por hacerte rico; sé prudente, y desiste.
PROVERBIOS 23:4

En la epidemia de influenza de 1918 y 1919, varios millones de personas murieron. Aunque las parejas siguen expuestas a epidemias de influenza en la actualidad, tienen mayor riesgo de contraer otra terrible enfermedad: Opulencia. Es correcto, opulencia y no influenza, ¡y también es contagiosa! Estos son los síntomas:

- Deseo de tener más sin importar qué tengamos ya.
- Esforzarse en alcanzar el éxito sin tener contentamiento.
- Dar prioridad a la carrera sobre la familia.
- Rehusar la satisfacción con algo menos que lo mejor.
- Negarse a seguir las pautas bíblicas sobre vivir nuestra vida para la gloria de Dios.[5]

Hoy día la mayoría de las personas valoran más lo que no tienen que lo que tienen. Ven lo que tienen sus amigos y dicen: "Necesitamos eso". Algunos "necesitan" comprar mucha ropa, otros "necesitan" el carro último modelo y otros "deben tener" la computadora con los últimos componentes y programas, pero la verdad es que no necesitan ninguna de esas cosas, solo las quieren. La Palabra de Dios tiene mucho que decir acerca de nuestra necesidad de acumular cosas:

> El que ama el dinero, no se saciará de dinero; y el que ama el mucho tener, no sacará fruto (Ec. 5:10).

> Porque los que quieren enriquecerse caen en tentación y lazo, y en muchas codicias necias y dañosas, que hunden a los hombres en destrucción y perdición (1 Ti. 6:9).

> Ningún siervo puede servir a dos señores; porque o aborrecerá al uno y amará al otro, o estimará al uno y menospreciará al otro. No podéis servir a Dios y a las riquezas (Lc. 16:13).

Nuestro contacto exclusivo con los valores prevalecientes de la cultura nos pone en peligro de contagiarnos de opulencia. Necesitamos estar en guardia y vacunarnos contra esa enfermedad. Parte de la vacuna viene como resultado de dar una mirada honesta a nuestra posición en la vida y entender que la acumulación de cosas no satisface de verdad nuestros deseos.

¿Está en forma?

Tú, pues, sufre penalidades como buen soldado de Jesucristo.
2 Timoteo 2:3

La sesión de hoy es más personal de lo acostumbrado y raya en la impertinencia. ¿Está usted en forma? ¿Está en forma su cónyuge? (Recuerden que debemos decir la verdad con amor.) ¡El devocional de hoy no tiene por objetivo crear disensión! Algunas veces nos miramos en el espejo y desearíamos estar en la casa de espejos de la feria. Usted sabe, esos espejos que estiran, distorsionan, expanden y alargan nuestro aspecto físico. Si acaso usted lleva unos cuantos kilos de más, esto podría afectar su vida en cierto grado. El peso de más puede entorpecer nuestros reflejos y hacernos más lentos.

Estamos en una sociedad muy consciente del aspecto físico y el peso de las personas. Parece que la mayoría de la población se sube a la báscula todos los días (en ese momento parte del país se ladea), y todos se prometen a sí mismos perder peso. Hay muchas maneras de hacer esto, y cada uno de ustedes puede seleccionar su preferencia:

Dieta, para matarlo de hambre.

Ejercicio, para eliminarlo a punta de sudor.

Píldoras, para librarse de él con sustancias químicas.

Liposucción, para sacarlo con aspiradora.

Cirugía estomacal, para bloquearlo de forma definitiva.

En una u otra manera, todos estos métodos son extremos.

Vamos a hacer otra vez la pregunta con una variación: ¿Está usted en buena forma espiritual? Es todavía más importante tener buen "estado físico" en nuestra vida espiritual. El apóstol Pablo nos advirtió: "Sed sobrios, y velad; porque vuestro adversario el diablo, como león rugiente, anda alrededor buscando a quien devorar; al cual resistid firmes en la fe" (1 P. 5:8, 9). Si esto es lo que ustedes enfrentan, pónganse en forma y manténganse en forma. Lean juntos la Palabra, oren juntos y tengan compañerismo cristiano. ¡Eso siempre funciona![6]

El matrimonio de conveniencia

...dando honor a la mujer como a vaso más frágil,
y como a coherederas de la gracia de la vida.
1 PEDRO 3:7

La boda es una cosa y el matrimonio es otra. Hay una gran diferencia entre la manera como todo comienza en un hogar y la forma en la que continúa. En su libro Secrets to Inner Beauty [Secretos de la belleza interior], Joe Aldrich describe las realidades de la vida conyugal.

No pasa mucho tiempo antes de que los recién casados descubran que "nadie lo tiene todo en una sola persona". Pronto aprenden que un permiso de matrimonio es apenas una licencia de aprendiz, y preguntan en agonía: "¿Hay vida después del matrimonio?"[7]

El matrimonio comienza como un viaje romántico en una carroza bajo la luz de la luna, por el sendero cubierto de nieve refulgente. En cambio, vivir juntos después de la luna de miel es como una caminata difícil con maletas al hombro a través de rocas y arena ardiente. Philip Yancey ofrece estos pensamientos al respecto:

En los Estados Unidos y otras culturas de estilo occidental, las personas tienden a casarse por sus sentimientos mutuos de atracción a las cualidades atractivas de cada uno: Sonrisa radiante, buen sentido del humor, buena figura, habilidad atlética, buena personalidad y encanto. Con el paso del tiempo, estas cualidades pueden cambiar. Los atributos físicos, en especial, se deteriorarán con la edad. Entretanto, pueden surgir algunas sorpresas desagradables: Mediocridad en los oficios domésticos, una tendencia a la depresión, desacuerdos y decepción en el área sexual. A diferencia de esto, los cónyuges en un matrimonio arreglado por los padres (estos constituyen más de la mitad de todos los matrimonios en nuestra aldea global) no centran su relación en la atracción mutua. Tras enterarse de la decisión tomada por sus padres, uno acepta el hecho de que vivirá muchos años con alguien a quien a duras penas conoce. En ese caso, la pregunta fundamental deja de ser "¿con quién me debo casar?" y es ahora: "Con el cónyuge que me ha tocado, ¿qué clase de matrimonio podremos construir juntos?"[8]

¿Cómo sería su vida si el matrimonio de ustedes dos hubiera sido arreglado de antemano por otros? Sea por arreglo premeditado o por elección voluntaria, todo matrimonio necesita ser construido. ¿Qué clase de matrimonio quieren construir juntos? Conversen al respecto.[9]

Nada oculto

El amor nunca deja de ser; pero las profecías se acabarán,
y cesarán las lenguas, y la ciencia acabará.
1 Corintios 13:8

Eric Liddell, un misionero cuya vida fue narrada en la producción épica Carros de fuego, plantea un asunto importante:

Nada perturba el gozo en un hogar como tener que esconder cosas el uno del otro. Tanto esposo como esposa deberían ser capaces de enfrentarlo todo juntos, sin dejar una sola cosa en secreto. Es triste el día en el que se daña la transparencia total en la relación. Es triste el día en el que el niño siente que necesita ocultar algo de sus padres. Es triste el día en el que los padres creen que les toca engañar a sus hijos o atemorizarlos para ganar su obediencia.

Debe haber lealtad, y la lealtad muchas veces demanda valentía. Permanezcan lado a lado en medio de la dificultad, las penalidades y las pérdidas. Manténganse unidos sin importar que el mundo los aclame, los ridiculice o los ignore. Un ambiente de confianza y confidencialidad es indispensable par ala felicidad. Los hijos deben honrar a sus padres con su obediencia, y los padres con honestidad transparente deben inspirar a sus hijos a confiar.

El amor es el elemento esencial dentro del hogar cristiano. La eficiencia, la limpieza y el lujo jamás podrán suplir la falta de amor. El amor es un interés genuino en los demás miembros de la familia, y convierte sus alegrías y tristezas así como sus luchas y logros en patrimonio común de todos. El amor anticipa y ve de antemano cómo puede ayudar a aligerar la carga del otro. Siempre está dispuesto a incomodarse y a sacar tiempo para ayudar. El amor nunca abriga resentimientos, no se ofende con facilidad y siempre está listo para perdonar. Donde hay amor, está Dios.

Recuerden el voto matrimonial, aquella promesa de doble faz que se dieron para el resto de la vida. "¿Prometes amar, consolar, honrar y preservar a tu esposo [esposa] en salud y en enfermedad, así como renunciar a todos los demás y guardarte solo para él [ella] durante todo el tiempo que ambos vivan?" "Lo prometo".

Hágase esta pregunta: "¿Cumplo esta promesa tanto en la letra como en el espíritu?" Si quitamos al amor de su trono y la relación está centrada en algo erróneo, ¿cómo puede haber felicidad en el hogar? El amor es el secreto de un hogar feliz.[10]

Fuente de poder

...nosotros predicamos a Cristo crucificado, para los judíos ciertamente tropezadero, y para los gentiles locura; mas para los llamados, así judíos como griegos, Cristo poder de Dios, y sabiduría de Dios.
1 Corintios 1:23, 24

Una falla en la empresa de energía. Primero las lámparas menguan y después se va la luz del todo. Los ruidos de la nevera y el ventilador dejan de escucharse. Un silencio escalofriante atraviesa el aire. Es algo que también puede suceder si se conectan demasiadas a la fuente de poder y se produce una sobrecarga. Podría tratarse de un corto circuito en el sistema o el desgaste de un transformador. Algunas veces puede ser tan simple como un tropiezo con el cable que ocasionó la desconexión de la toma de corriente. Sin importar cuál sea la causa, la falta de energía eléctrica no es muy divertida porque la vida se vuelve bastante complicada.

En relación con nuestra vida personal, hay dos preguntas importantes que considerar. Primero: ¿Quién es su fuente de poder? ¿Es usted o su cónyuge? ¿Acaso el Señor? Algunos de nosotros vamos por la vida conectados a una fuente real de poder, mientras que otros hacen funcionar su vida con un paquete portátil de baterías que recargan con su propia energía. Como es natural, estos últimos quedan sin recursos energéticos después de un tiempo. En cambio, si su fuente es el Señor, nunca habrá falta de poder ni energía. Él nos da como un regalo su poder y lo pone a nuestra disposición a través del Espíritu Santo.

Esta es la segunda pregunta: ¿Está usted conectado? ¿Estaría de acuerdo su cónyuge con la respuesta? Un serrucho eléctrico no funciona si se mueve de un lado al otro con la mano. Tiene que estar conectado. Nosotros nos conectamos al orar y al escuchar y leer la Palabra. ¿Muy ocupado para eso? Pues sí, todos lo estamos. Podemos orar acostados, sentados, parados, mientras caminamos y hasta en el automóvil. También podemos leer a cualquier hora durante un minuto en cada oportunidad. Los que comienzan su día con Jesús se dan cuenta de que están conectados a una fuente de poder que no se sobrecarga ni se agota jamás. Es una fuente como ninguna otra.[11] Además, hace maravillas en su matrimonio.

¿Críticas o ánimo?

Por lo cual, animaos unos a otros, y edificaos unos a otros, así como lo hacéis.
1 TESALONICENSES 5:11

Lean estos pensamientos en voz alta el uno al otro con actitud de meditación. Uno de ustedes lee el primer punto y el otro hace un comentario. Para la siguiente idea cambian de función y siguen así hasta que hayan leído y comentado cada idea. Concluyan con una oración.

Una intimidad casi mística se desarrolla a partir de las tristezas compartidas.

La expresión más profunda de nuestro amor viene por medio de nuestra disposición a conllevar el tedio de las rutinas y frustraciones de cada uno.

Al final de la vida lo que cuenta no es la cantidad de logros obtenidos, sino las personas que hayamos tocado y las relaciones que hayamos desarrollado.

Es mejor que un hombre tenga pocos ingresos ganados con dignidad que hacer alarde de su posición y perder así el respeto de su esposa. Es bueno que una esposa soporte con paciencia mientras su esposo lucha durante las temporadas tenebrosas de desempleo.

La amargura estrangula la vitalidad de un matrimonio y seca los huesos, además hace que las palabras de nuestro cónyuge sean como uñas rechinantes sobre un tablero. La amargura y la intimidad no pueden crecer en el mismo corazón.

Si tanto el esposo como la esposa se enfocan más en complacerse uno al otro que en su bienestar individual, Dios les pondrá en libertad para amarse y respetarse más el uno al otro.

Si una pareja pelea todo el tiempo, es porque uno de los dos o ambos no se han rendido al Espíritu Santo.

El secreto de un matrimonio apacible es negarnos a nosotros mismos, tomar nuestra cruz y seguir a Jesús. Debemos andar en rectitud con el Espíritu antes de que podamos andar en rectitud con nuestro cónyuge.

Si nuestro cónyuge tiene fortaleza debemos afirmarlo, pero nunca presionarlo a mantener un desempeño impecable todo el tiempo. Criticar a nuestro cónyuge en cuanto a su fortaleza equivale a aniquilar su empeño y coraje.[12]

Irritaciones

Sé vivir humildemente, y sé tener abundancia; en todo y por todo estoy enseñado, así para estar saciado como para tener hambre, así para tener abundancia como para padecer necesidad.

FILIPENSES 4:12

Una partícula de polvo le cae en un ojo, ¿qué siente? Irritación. Eso es lo que debe sentir para percatarse del problema, pero no toda irritación cumple esa función positiva. A veces usted o su cónyuge pueden sentirse irritados por las minucias de la vida o ciertas circunstancias que no pueden cambiarse. La irritación se produce si algo no anda bien. La puerta del garaje que no funciona, el día que quiso jugar golf y llovió, la uña que se partió antes de la reunión social, su esposo que debió llenar el tanque de combustible y ahora a usted le toca detenerse para hacerlo, la empresa que le tocó llamar para quejarse de un error en la cuenta que le enviaron, y después de presionar ocho veces el botón para hablar con un asistente real de carne y hueso, su llamada fue desconectada. Bienvenidos al curso básico "La vida diaria". Es fácil fastidiarse y quejarse de cosas como estas. Cada vez que usted y su cónyuge hablan durante la comida o mientras realizan alguna tarea, ¿hay expresiones quejumbrosas e irritadas? En el caso remoto de que así sea, ¿cómo contribuyen esas palabras a la relación matrimonial? Por otro lado, si ustedes han aprendido como muchas otras parejas a aplicar Filipenses 4:12 a su matrimonio, están en muy buena condición.

Toda persona y toda pareja tienen una decisión que tomar: Cambiar lo que puede cambiarse, y aquello que no puede ser cambiado aceptarlo, aprender de ello y buscar las bendiciones de Dios en las demás áreas de su vida. Alaben a Dios, no solo cuando las cosas salen bien, sino ¡todo el tiempo!

Amor es...

Si hablo en las "lenguas" de los hombres y aún de los ángeles, pero carezco de amor, me he vuelto un metal rimbombante o un címbalo ruidoso. Así tenga el don "profético" y conozca todas las verdades secretas y posea todo el conocimiento, o incluso si tengo una fe tan perfecta que sea capaz de mover montañas, pero carezco de amor, ¡nada soy! Si doy todo lo que poseo para alimentar a los hambrientos y hasta sacrifico mi cuerpo (para decir algo jactancioso), si carezco de amor ¡de nada me sirve!

El amor es sacrificado y bondadoso. El amor nunca es envidioso, nunca jactancioso, nunca engreído, nunca se comporta como no debe ser. Tampoco busca su propio interés, no se deja provocar ni lleva una cuenta de las ofensas cometidas. No tiene simpatía por el engaño, sino una simpatía total con la verdad. Está a prueba de todo, siempre tiene esperanza y siempre es paciente.

El amor nunca muere...

Cuando era niño hablaba como niño, pensaba como niño y razonaba como un niño. Ahora que soy un hombre me he despojado de las actitudes infantiles. Por ahora vemos las cosas reflejadas en un espejo mal iluminado, pero en aquel entonces ¡veremos cara a cara! Por ahora mi conocimiento es incompleto, pero en aquel entonces será tan pleno como el conocimiento que Dios tiene de mí ahora. De modo que la fe, la esperanza y el amor perduran sobre todo lo demás, y entre ellos el más grande es el amor.[13]

El primer mandamiento

No tendrás dioses ajenos delante de mí.
ÉXODO 20:3

Nada, nada en absoluto puede ir antes que Dios. El primer mandamiento es directo y simple, pero también fácil de quebrantar. En la actualidad se han multiplicado los dioses. Algunas personas adoran la tierra y muchos rinden culto a Elvis Presley y a otros famosos. Hoy día todo el mundo tiene un dios, sea que lo llamen dios o no. He visto matrimonios que ponen a su cónyuge antes que a Dios. Un famoso predicador del pasado llamado G. Campbell Morgan dijo:

> Es tan imposible para un hombre vivir sin un objeto de adoración como lo sería para un ave volar sin aire. La composición misma de la vida humana y el misterio intrínseco del ser del hombre, exige un centro de su adoración como una necesidad de la existencia. La vida entera es un acto de adoración, y la cuestión es definir si la vida y los poderes del hombre van a dedicarse a la adoración del Dios verdadero o de algún dios falso.[14]

Aquello que usted ponga en primer lugar en su vida puede ser su dios. Podría tratarse de su trabajo, su cónyuge, su deporte favorito, el sexo o la acumulación de aquellas cosas que componen la "buena" vida. Todo lo que tenga prioridad sobre Dios en su vida lo ha quitado del trono. Cuando Dios prohibió que tuviéramos otros dioses delante de Él, quiso decir a cada uno de nosotros: "¡Me tendrás a mí!"

¿Entiende lo que significa tener a Dios y amarlo? Todo lo que hacemos debe hacerse para honrarlo y glorificarlo. Es nuestro llamado vital, y nadie lo expresa mejor que David:

> Dios, Dios mío eres tú; de madrugada te buscaré; mi alma tiene sed de ti, mi carne te anhela, en tierra seca y árida donde no hay aguas, para ver tu poder y tu gloria, así como te he mirado en el santuario. Porque mejor es tu misericordia que la vida; mis labios te alabarán. (Sal. 63:1-3).

¿Cómo estar seguro de que Dios es el único objeto de su adoración hoy?[15] ¿En qué manera tangible ocupa Dios el primer lugar en su vida?

El segundo mandamiento

No te harás imagen, ni ninguna semejanza de lo que esté arriba en el cielo, ni abajo en la tierra, ni en las aguas debajo de la tierra.
ÉXODO 20:4

¿Tienen los Diez Mandamientos un lugar en su matrimonio? Consideremos el segundo. Este mandamiento no es igual al primero. El primero prohíbe la existencia de otros dioses y el segundo prohíbe la fabricación de otros dioses. En otras palabras, no debemos crear otros dioses a propósito. El versículo 5 lleva este mandamiento aun más lejos.

No te inclinarás a ellas, ni las honrarás; porque yo soy Jehová tu Dios, fuerte, celoso, que visito la maldad de los padres sobre los hijos hasta la tercera y cuarta generación de los que me aborrecen (Éx. 20:5).

Este mandamiento quizá le incomode porque todos tenemos imágenes y objetos en los templos y en nuestras casas. No hay problema si los usamos como recordatorios visuales creados con apreciación y percepción humanas, pero el mandamiento sí prohíbe el uso de objetos como imágenes y estatuas de Jesús y de Dios en el culto privado y público.

Las imágenes limitan a Dios aunque Él es ilimitado y oscurecen su gloria aunque es refulgente. Se hacen para revelar a Dios pero hacen todo lo contrario y ocultan al Dios verdadero. ¿Sabía que ahora es posible comprar un muñeco de peluche que llaman Jesús y que se puede lavar a máquina? También existen planes para comercializar un muñeco que representa a Dios como un viejo entrañable de barba y cabello blanco, cubierto con una manta en la que puede verse el arco iris y los animales de la creación como si fluyeran de su interior. Al crearse un ídolo, se supone que su función es ofrecer algo de valor para apreciar lo que representa, pero estos muñecos hacen todo lo contrario. El Dios que creó el universo y que nos creó a nosotros no puede ser confinado a una imagen hecha por mano humana. Si tratamos de crear algo para representar a Dios, menoscabamos la adoración de quien Él es en realidad. El hecho es que no podemos verlo. Él está muy por encima de lo que puede ser visto y eso mismo añade a su santidad y majestad.

Algunas veces las parejas casadas crean otros ídolos que menoscaban su adoración genuina a Dios. ¿Cuáles cree usted que son? ¿Existen imágenes indebidas en su vida?

Profanación del nombre de Dios

No tomarás el nombre de Jehová tu Dios en vano;
porque no dará por inocente Jehová al que tomare su nombre en vano.
ÉXODO 20:7

Los hijos de Israel tenían tanto respeto y reverencia por algunos de los nombres de Dios que ni siquiera los usaban. El nombre de Jehová era tan sagrado que en la cultura israelita solo era pronunciado una vez al año por el sacerdote al dar la bendición en el día de la Expiación. Hoy en cambio, ese mandamiento es visto por muchos como un chiste, a juzgar por la forma en la que es ignorado, maltratado y violado. Es difícil encontrar una película o un programa de televisión que no infrinja este mandamiento. ¡En algunas películas se quebranta cientos de veces! ¡Ya casi nadie se toma la molestia de fijarse en eso!

Los tiempos han cambiado, sin duda alguna, pero también hay muchas maneras en las que cada uno de nosotros quebranta este mandamiento. Es posible que usemos el nombre de Dios de una forma poco sincera o vacía. Tal vez hagamos un juramento en el nombre de Dios que después rompamos. Esto constituye una violación de este mandamiento. Levítico 19:12 dice: "Y no juraréis falsamente por mi nombre, profanando así el nombre de tu Dios. Yo Jehová". La Biblia es muy clara al decir que si usamos con irreverencia el nombre de Dios, violamos este mandamiento. ¿Qué saldría ahora mismo de sus labios si se machucara el dedo con un martillo? ¿"¡Ay!" o algo diferente? Algunos han desarrollado una habilidad nada envidiable para incluir el nombre de Dios cada vez que dicen groserías. El poeta inglés Lord Byron escribió: "Como no supo qué decir, dijo una grosería". Alguien ha dicho que "las groserías son el lenguaje de los que no saben expresarse". ¿Se ha fijado en lo que dice últimamente? Otra violación es usar el nombre de Dios para maldecir a otros. A veces una persona puede encolerizarse tanto que esto se convierte en hábito, bien sea de pensamiento o de palabra. Esto tiene consecuencias. Lea otra vez Éxodo 20:7 y después mire este versículo: "Mas yo os digo que de toda palabra ociosa que hablen los hombres, de ella darán cuenta en el día del juicio. Porque por tus palabras serás justificado, y por tus palabras serás condenado (Mt. 12:36, 37).

Bastante grave, ¿no es así?

El reposo del séptimo día

Acuérdate del día de reposo para santificarlo. Seis días trabajarás, y harás toda tu obra; mas el séptimo día es reposo para Jehová tu Dios; no hagas en él obra alguna, tú, ni tu hijo, ni tu hija, ni tu siervo, ni tu criada, ni tu bestia, ni tu extranjero que está dentro de tus puertas.
ÉXODO 20:8-10

Reposo. Dios dice que una vez a la semana necesitamos cesar nuestras labores y tomar un buen descanso. También nos dice así que la vida consiste en mucho más que trabajar, y nos insta a seguir este patrón: "Porque en seis días hizo Jehová los cielos y la tierra, el mar, y todas las cosas que en ellos hay, y reposó en el séptimo día; por tanto, Jehová bendijo el día de reposo y lo santificó" (Éx. 20:11). Puesto que Dios es Dios, Él no necesitaba reposar como nosotros. No es como si Él hubiera quedado extenuado, tan solo decidió cesar su actividad y eso es lo que también quiere que hagamos.

Tenemos la necesidad física de descansar. Existe un ritmo propio al séptimo día de la semana que permite el mejor balance de trabajo y descanso, porque las personas han intentado con muchos otros planes que han fracasado.

También tenemos la necesidad espiritual de este tiempo inactivo para corregir el enfoque de nuestra vida. Para los hijos de Israel era un día para celebrar su redención y liberación. Dios quería que su pueblo dedicara ese día a buscarlo y agradecerle por haberlos liberado. Escuchen lo que el Señor dijo a Isaías: "Si retrajeres del día de reposo tu pie, de hacer tu voluntad en mi día santo, y lo llamares delicia, santo, glorioso de Jehová; y lo venerares, no andando en tus propios caminos, ni buscando tu voluntad, ni hablando tus propias palabras" (Is. 58:13).

¿Qué hacen ustedes como pareja ese día? ¿Acaso es un tiempo para adelantar proyectos pendientes o lo dedican a una maratón de compras impulsivas? ¿Pasan más horas juntos como pareja? El día de reposo es un día que pertenece a Dios. En su matrimonio, ¿quién viene primero en aquel día? Es un día para servir, adorar, regocijarse y descansar. Hablen juntos acerca de esto y evalúen su actitud hacia este día especial. ¿Necesitan hacer algunos cambios?

El quinto mandamiento

*Honra a tu padre y a tu madre, para que tus días se
alarguen en la tierra que Jehová tu Dios te da.*
ÉXODO 20:12

La esencia del quinto mandamiento es amar a los demás. Los primeros cuatro tienen que ver con amar a Dios, lo cual hace posible cumplir los otros seis. Si tenemos una relación correcta con Dios podemos tener relaciones correctas con los semejantes, y esto comienza por la relación con nuestros padres.

Honor. No usamos mucho esta palabra en la actualidad, ni la ponemos en práctica. El vocablo hebreo se deriva de un verbo que significa "ser pesado". En cierto sentido, damos peso a las personas que honramos y tenemos en alta estima. Las elevamos y las vemos como importantes. Para que los hijos honren a sus padres, deben obedecerlos. Efesios 6:1 dice: "Hijos, obedeced en el Señor a vuestros padres, porque esto es justo". Claro que ustedes ahora son adultos y no niños, ¿cómo pueden honrar hoy a sus padres? Como adultos, debemos tratar con dignidad y veneración a nuestros padres. Hay cuatro maneras prácticas de hacer esto:

Respételos. "Cada uno temerá a su madre y a su padre, y mis días de reposo guardaréis. Yo Jehová vuestro Dios" (Lv. 19:3). ¿Cómo? Hable de sus padres con afabilidad y hábleles con amabilidad.

Provea para sus necesidades. No sea negligente con ellos a medida que envejecen. Dedíqueles tiempo, atención, amor y un oído atento, así como ayuda para sus necesidades físicas.

Trátelos con consideración. Haga más fáciles los años que les quedan por vivir. ¡Anímelos a gastar su herencia en ellos mismos!

Hágales sentirse orgullosos. "Mucho se alegrará el padre del justo, y el que engendra sabio se gozará con él. Alégrense tu padre y tu madre, y gócese la que te dio a luz" (Pr. 23:24, 25).[16]

¿Cómo es su relación con sus padres ahora mismo? ¿Cómo es su relación con sus suegros? ¿De qué manera les honra?

La vida es preciosa

No matarás.
ÉXODO 20:13

Si usted vive en los Estados Unidos, vive en un país donde el futuro es excelente... para el homicidio. La cultura estadounidense mata. Tan solo observe las estadísticas. Hay violencia de todo tipo, y hasta los ataques terroristas van en aumento. La atrocidad del bombardeo en Oklahoma City, el ataque terrorista del 11 de septiembre de 2001, y las muertes violentas entre familiares y estudiantes que tanto ocupan las noticias, son realidades que no podemos negar.

La vida es preciosa. La humanidad fue hecha a imagen de Dios. "Y creó Dios al hombre a su imagen, a imagen de Dios lo creó; varón y hembra los creó" (Gn. 1:27). La vida es sagrada y hemos sido llamados a atesorar, honrar y proteger nuestra vida y la de los demás. La Biblia dice no al homicidio. La Biblia también dice no al suicidio, que no solo es violencia contra uno mismo, sino que vulnera por igual a familiares y amigos. Hasta los suicidios con asistencia médica para los enfermos y ancianos son erróneos, sin importar qué opinión prevalezca por el momento en la sociedad. Las Escrituras dicen no al feticidio que es el aborto. Este es un pecado directo contra Dios. En algún momento y lugar tendremos que asumir una postura firme sobre este asunto. La Palabra de Dios tiene prioridad, y tal vez usted piense: "Es un mandamiento tremendo, pero se aplica a otra persona porque yo no soy homicida". Puede ser cierto, pero considere estas palabras de Jesús que se aplican a todos nosotros:

Oísteis que fue dicho a los antiguos: No matarás; y cualquiera que matare será culpable de juicio. Pero yo os digo que cualquiera que se enoje contra su hermano, será culpable de juicio; y cualquiera que diga: Necio, a su hermano, será culpable ante el concilio; y cualquiera que le diga: Fatuo, quedará expuesto al infierno de fuego (Mt. 5:21, 22).

¿Acaso no hemos tenido enojo y menosprecio en nuestro corazón contra otros en algún momento? Esto también puede suceder en el matrimonio. ¿No hemos tenido pensamientos de violencia hacia otros en nuestro corazón? Allí comienza todo, y debemos reconocer que los pensamientos sí llevan a las acciones.[17]

¿Qué pensamos los unos de los otros? ¿Qué piensa usted de su cónyuge?

El séptimo mandamiento

No cometerás adulterio.
Éxodo 20:14

Uno de los mejores libros para parejas que tratan el tema de la relación sexual es el escrito por Doug Rosenau, Una celebración del sexo. Lean lo que dice acerca del séptimo mandamiento.

Una gran relación matrimonial solo tiene espacio disponible para dos personas. El compromiso es vital para la compañía íntima, y la creación de límites sanos es irremplazable para un matrimonio y vida sexual fantásticos.

Adulterar significa "contaminar mediante la añadidura de una sustancia extraña o la dilución del producto". Usted puede adulterar su relación matrimonial de muchas otras maneras además de un acto de infidelidad sexual. Puede adulterar su matrimonio con un compromiso excesivo al trabajo, a los hijos o la iglesia. La prohibición de Dios "no cometerás adulterio" se interpreta muchas veces como un cerco protector que guarda el hermoso jardín de la intimidad sexual en el matrimonio. Con frecuencia vemos los cercos como algo que podemos saltar para disfrutar de otro césped más verde. En realidad, el cerco de la prohibición al adulterio está allí para que los casados tengan la intimidad necesaria que les permite crear una relación maravillosa dentro de esos confines, así como el tipo de conexión emocional y sexual más profunda que solo puede ocurrir y florecer en un matrimonio. Este cerco les protege de los elementos contaminantes que pueden amenazar la cualidad de su compañerismo íntimo.

Los compromisos más importantes a su cónyuge vienen en una serie de decisiones diarias y constantes. Todos los días, cada vez que usted dice "tengo a mi cónyuge" y rehúsa pensar en otra persona, usted reafirma su compromiso matrimonial. Usted permite que el sexo fortalezca la relación y establezca límites sanos a medida que decide controlar sus impulsos sexuales y preservar su integridad sexual.

Estas decisiones no son siempre inmensas y obvias, pero crean el pegamento que mantiene la unidad del matrimonio y la pureza de la relación sexual. Todos los días usted tiene que tomar la decisión de no adulterar ni diluir su relación matrimonial.[18]

No robe

No hurtarás.
ÉXODO 20:15

¿Qué sucedería si ciertas personas caminaran desprevenidas y de repente alguien se acercara por detrás y gritara: "¡Ladrón, deténgase!" La mayoría se detendría, y con buena razón. ¿Acaso no hemos robado todos algo en uno u otro momento?

Si el servicio de impuestos nacionales recaudara todo el dinero que deben las personas y todas las compañías tuvieran todo el dinero robado por sus empleados, nuestras finanzas estarían en buenas condiciones. "No hurtarás" es un mandamiento que cubre muchas clases de robos. Si usted robaba cualquier cosa en tiempos del Antiguo Testamento, le esperaba un mal rato. Si disponía de una oveja o un buey ajenos, tenía que restituir cuatro ovejas o cinco bueyes. Si era sorprendido con el animal la restitución era el doble (vea Éx. 22:1-4).

El robo es común en la actualidad, y muy sutil. En el libro The Day America Told the Truth [El día que se dijera la verdad en Norteamérica], los autores llegaron a estas conclusiones sobre los trabajadores en los Estados Unidos:

- La llamada ética protestante desapareció hace mucho tiempo del lugar de trabajo en los Estados Unidos.
- Los trabajadores en Norteamérica admiten con franqueza que gastan más del veinte por ciento de su jornada laboral en perder el tiempo. Eso equivale a una semana de cuatro días laborales en toda la nación.
- Casi la mitad de la población admite que finge enfermedades con regularidad para no ir al trabajo.[19]

El robo no se limita a los atracos bancarios ni a los hurtos menores. Es mucho más fácil robar tiempo por medio de descansos prolongados y largas horas de almuerzo, así como llegar tarde al trabajo y salir temprano. Abstenernos de trabajar al máximo de nuestra capacidad es robo. ¿Qué decir del uso personal de equipos de oficina como el fax, la fotocopiadora, el teléfono, la conexión a la Internet y demás recursos de la empresa? Sucede todo el tiempo.[20]

El robo también puede ocurrir en el matrimonio sin que siquiera nos demos cuenta. Podemos robar el tiempo que necesitan nuestro cónyuge y nuestros hijos. Podemos robar energía que deberíamos dedicar a nuestra relación y que enfocamos en otras actividades. Podemos robar bondad y amor que debemos a nuestra familia, pero son otros los que reciben los beneficios. Asimismo, podemos robar pensamientos que deberían ir dirigidos al cónyuge. Los mandamientos sí se aplican en todo sentido a nuestro matrimonio.

Los esposos necesitan ser animados

Por lo cual, animaos unos a otros, y edificaos unos a otros, así como lo hacéis.
1 TESALONICENSES 5:11

Varios esposos contaron cómo eran alentados por la esposa de cada uno de ellos. Estas son sus palabras:

"Ella me llama varias veces a la semana para saber cómo me va y decirme que tiene fe en mí. Eso me anima mucho, en especial si he tenido que luchar bastante ese día. También llama para hablar de sus pruebas y así me da la oportunidad de animarla. Esto a su vez me anima porque me hace sentir que a ella sí le importa lo que yo tenga que decir".

"Ella entiende mi dolor físico, me apoya con su energía y hace lo que puede para encargarse de ciertas cosas para hacerme más fácil la vida. Apoya las decisiones que he tomado y me ayuda a implementar y llevar a cabo el curso de acción que hemos fijado. Está siempre disponible para hablar y expresar su opinión".

"Mi esposa ha hecho un sinnúmero de cosas para animarme. Por ejemplo, cada vez que hago algo que según ella estuvo muy bien, hace comentarios positivos al respecto. Para celebrar mis éxitos, inicia una noche grandiosa de placer mutuo. Esa es una forma maravillosa de dar ánimo".

"Mi esposa me anima porque manifiesta su deseo de acompañarme a hacer las cosas que me gustan como ir exposiciones de arte, partidos de fútbol, películas y más. Siempre se mantiene ocupada con quehaceres y demás, pero satisface todos mis deseos y necesidades de forma íntima y exclusiva. Es algo muy satisfactorio que siempre anticipo con gran emoción al final de cada día".

"Hablamos cada noche entre quince minutos y ella tiene su oído atento a lo que le digo y respuestas que me animan, así como una actitud abierta y honesta. Siempre es halagadora, fiel, leal, confiable y comprometida a hacer que el matrimonio y la familia funcionen. Además, nuestra relación no es cuestión de competencia".

Pregunta para el esposo: ¿Cómo le gustaría que su esposa lo alentara?[21]

Decir la verdad

Por lo cual, desechando la mentira, hablad verdad cada uno con su prójimo;
porque somos miembros los unos de los otros.
EFESIOS 4:25

¿Oyó la anécdota del conferencista que fue presentado como un gran hombre de negocios? Resulta que el que lo presentó dijo que su negoció era el cultivo y venta de papas en Maine y que el último año había producido ganancias de $25.000 dólares. Después de una presentación prolongada y detallada el conferencista se levantó y dijo: "Antes de comenzar me voy a permitir hacer algunos cambios a la presentación. Primero que todo el negocio no está ubicado en Maine, sino en Texas. No era con papas, sino petróleo. No fueron $25.000 dólares, sino $250.000. No fueron ganancias, sino pérdidas, y por último, ni siquiera fui yo, sino mi hermano".

¿Habría podido alejarse más de la verdad? Esto es humorístico, pero algunos errores similares están lejos de serlo. Necesitamos personas veraces por completo, que no hablen con lenguas viperinas. El problema es que nuestra sociedad no cree realmente en la verdad absoluta. Las encuestas tomadas aun entre cristianos muestran que muchas personas no ven problema alguno en oscurecer un poco la verdad. En el matrimonio debemos ser veraces al cien por ciento, así nos duela o nos preocupen las consecuencias. Considere estas dos situaciones:

1. Al hacer una pregunta, ¿busca en realidad una respuesta veraz? ¿Son preguntas como "¿qué tanto te gusta mi nuevo atuendo?" y "¿me he engordado?" averiguaciones honestas o solo insinuaciones para recibir halagos?

2. Si olvida recoger algo o arreglar un asunto, ¿irrumpe de inmediato a decir "cuánto lo siento, se me olvidó"? O ¿Acaso saca disculpas o decide echar la culpa al que quiere averiguar lo sucedido?

Decir una parte de la verdad puede conducir a un cónyuge a creer algo diferente a la verdad. Necesitamos tener mucho cuidado en nuestra comunicación. La verdad es el fundamento de la confianza.[22]

Tentación en su matrimonio

No os ha sobrevenido ninguna tentación que no sea humana;
pero fiel es Dios, que no os dejará ser tentados más de lo que podéis resistir,
sino que dará también juntamente con la tentación la salida,
para que podáis soportar.
1 CORINTIOS 10:13

Hay una cosa tan segura como la muerte y los impuestos: Si usted está casado, tendrá que enfrentarse a la tentación. Todos serán tentados porque Satanás siempre busca alguien a quien destruir. Los esposos serán tentados y las esposas también, aunque de formas diferentes.

¿Cuáles son las tentaciones comunes que padecen los esposos? La impureza sexual es una de las más grandes. La lujuria es motivo de lucha para muchos hombres. También la tentación de descuidar la relación. Es muy fácil ignorar a nuestra esposa y evitar la inversión de tiempo que requiere el matrimonio. La dureza y el enojo también entran en acción, sobre todo si no hemos cumplido ciertas expectativas o sentimos que hemos perdido el control de la situación. La idolatría personal es algo que también se inmiscuye, y ocurre cuando comenzamos a idolatrar nuestra carrera, nuestras posesiones o nuestros "juguetes".

Las esposas también luchan. Algunas de ellas son tentadas a manipular a su esposo para conseguir lo que quieren en lugar de confiar en Dios para hacer los cambios del caso. Algunas mujeres se dedican a mantener la paz en lugar de establecerla, pero mantener la paz no hace que el dolor desaparezca. ¿Ha oído alguna vez que el enojo a fuego lento es el precursor del resentimiento a largo plazo? Esto es algo bastante común, y a veces la manera como las mujeres expresan su enojo (después que le han permitido acumularse) confunde a su esposo. Para la mujer casada, las dos formas más comunes de expresar su enojo, con base en una encuesta nacional, son gritar y llorar.

Hay otras tentaciones en el matrimonio, pero la buena noticia es que Jesús también fue tentado y triunfó. Al llegar la tentación, recuerde que Dios es su respuesta. La tentación da a Dios una oportunidad para demostrar su fidelidad. ¡De usted depende que sea aprovechada![23]

Aprecio, empatía y aceptación

Sobrellevad los unos las cargas de los otros.
GÁLATAS 6:2

¿Cómo se muestra apreciación en el matrimonio? Haciendo un esfuerzo intencional para notar todas las cosas positivas que hace el cónyuge y hacerle saber que las apreciamos. Esto también implica que nos enfocamos en las experiencias positivas en lugar de fijarnos en lo negativo. También es importante empeñarse en lograr acuerdos y apreciar los puntos de vista del cónyuge. Los halagos transmiten aprecio pero necesitan ser balanceados entre lo que la persona hace y lo que ella o él es como persona. Las frases de apoyo que se basan en las cualidades de una persona no son muy comunes y se aprecian en gran manera. Mostrar un interés genuino en el cónyuge si él o ella se siente contrariado, contribuye a la unidad y la intimidad en la relación. Quizás usted no logre expresarlo de manera física, pero su manifestación de interés en hacerlo puede ser todo lo que se necesita en el momento. Si su cónyuge le cuenta un problema, no lo relacione con un problema similar que usted tuvo antes, ni diga a su cónyuge lo que debe hacer, ni haga chistes para levantarle el ánimo, ni pregunte cómo se convirtió esa situación en un problema. Más bien escuche con atención, ofrézcale un abrazo, dígale que entiende y deje en claro que está bien que se sienta y actúe como lo ha hecho.

En el matrimonio tenemos la opción de responder con empatía, simpatía o apatía. La empatía es el sentimiento de estar con otra persona tanto en el ámbito emocional como intelectual. La simpatía es involucrarse demasiado en las emociones de su cónyuge, y la apatía es el otro extremo en que no podría importarnos menos. La aceptación mutua de lo que ustedes son y dicen es positiva. Aceptar al cónyuge significa hacerle saber que así no esté de acuerdo con lo que dice, usted está dispuesto a oír todo lo que quiera decir. Significa librar a su cónyuge de ser moldeado conforme a la fantasía deseada por usted. Es decir: "Tú y yo somos diferentes en muchos sentidos. Está bien que tú seas tú y yo sea yo. Seremos más fuertes juntos que separados si aprendemos a complementarnos el uno al otro". Esto no significa que los cónyuges no ayuden a cambiarse uno al otro, esto es algo inevitable. No obstante, el propósito por el cual se hace y el método empleado son lo que cuentan.

La seguridad del compromiso

El amor nunca deja de ser...
1 CORINTIOS 13:8

Donald Harvey, autor de The Drifting Marriage [El matrimonio a la deriva], dijo:

> Comprometerse al matrimonio como institución no debe considerarse una sentencia. El propósito de ese compromiso es suministrar seguridad y estabilidad. Todas las parejas tienen conflictos y en todo matrimonio tienen que hacerse ajustes. Si uno se siente seguro en el compromiso de un cónyuge al matrimonio, existe la oportunidad de tratar los conflictos y realizar los ajustes necesarios. Esto es lo que hace resistente un matrimonio.
>
> Un matrimonio puede soportar muchas afrentas tanto de afuera como de adentro, si el compromiso al matrimonio como institución es fuerte. Se necesita esa clase de compromiso para que tenga lugar el crecimiento.[24]

Me gusta lo que Neil Warren ha dicho sobre una de las ventajas que da el compromiso en una relación:

> El compromiso disminuye casi por completo el temor al abandono. Este temor es casi insoportable para muchas personas y podría decirse que es el más potente de todos.
>
> Durante nuestra infancia fuimos incapaces de cuidar de nosotros mismos, nos preocupaba perdernos en medio de una multitud, ser olvidados mientras esperábamos en la escuela para ser transportados de regreso a casa, o quedar solos tras la muerte de nuestros padres. Temores como estos persisten a lo largo de nuestra vida, y todos temblamos ante la posibilidad de ser abandonados.
>
> Por eso es que la promesa de un cónyuge para permanecer fiel a nuestro lado significa tanto. Su cónyuge será leal en medio de cualquier circunstancia. Esto lo libera de una forma radical, le permite ser usted mismo en todo nivel, así como arriesgarse a crecer y ser auténtico sin temor alguno de ser abandonado.[25]

¿Qué ha significado para usted el compromiso de su cónyuge con el paso de los años? ¿Cómo ha sido demostrado? ¿Cómo ha demostrado esa clase de compromiso a su cónyuge?

El amor de un esposo

Maridos, amad a vuestras mujeres, así como Cristo amó a la iglesia...
EFESIOS 5:25

Ana Morrow Lindbergh, la esposa del famoso aviador Carlos Lindbergh, llegó a convertirse en una de las escritoras más populares de los Estados Unidos y fue una mujer admirada por sus propios logros. ¿Cómo sucedió esto? Ella nos da una pista sobre el éxito de su carrera:

> Por supuesto, enamorarse profundamente es una gran fuerza liberadora y la experiencia más común de las mentes libres... Lo ideal es que ambos en la pareja de enamorados se liberen uno al otro para adentrarse en mundos nuevos y diferentes. Yo no fui la excepción a esa regla universal. El simple hecho de saber que era amada fue increíble y cambió mi mundo, mis sentimientos acerca de la vida y de mí misma. Recibí confianza, fortaleza y un carácter casi nuevo. El hombre con el que me iba a casar creyó en mí y en lo que podía hacer. En consecuencia, descubrí que podía hacer más de lo que pensaba.

Carlos sí creyó en Ana a un grado extraordinario porque pudo ver lo que había debajo de su timidez. Se dio cuenta de que en su interior había una gran riqueza de sabiduría y una reserva profunda e inexplorada de talentos y habilidades. Dentro de los confines y la seguridad de su amor, ella fue dejada en libertad para descubrir y desarrollar su propia capacidad, ponerse en contacto con sus propios sentimientos, cultivar sus propias habilidades y salir del capullo de la timidez cual mariposa bella y delicada cuya presencia beneficiaría muchas vidas más allá del perímetro fijado por la sombra de su esposo. Él fue quien la animó a volar con estilo propio, y la admiró por hacerlo.

No le quepa duda, esta dama estaba enamorada de su hombre y unida a él para toda la vida. De hecho, fue dentro de los confines de su amor que ella sacó la confianza para alcanzar al mundo a pesar de sus limitaciones y su timidez.

Aquí hablamos de raíces y alas, del amor de un esposo que es bastante fuerte como para asegurar y al mismo tiempo confiado como para soltar sin sentirse amenazado. Es un amor que abraza fuerte sin ahogar y que suelta sin recelo para disfrutar, magnético en su aferramiento pero también magnánimo para permitir el vuelo y la creatividad, sin sentir celos mientras otros aplauden sus logros y admiran su competencia. Carlos "el seguro" quitó la red de en medio para que Ana "la tímida" pudiera aletear y volar.[26]

¿Extraña a sus hijos?

Mas yo en ti confío, oh Jehová; digo: Tú eres mi Dios.
En tu mano están mis tiempos.
SALMO 31:14, 15

"Extraño la infancia de mis hijos. Estuve demasiado copado de trabajo durante ese tiempo".

"El nido tarda en desocuparse más de lo que quisiera, en realidad se han tomado su tiempo para salir de la casa".

"Miré su silla pequeña y comencé a llorar. Parece que fue ayer cuando mi hijo se sentó en ella".

"Estoy seguro de que me alegraré apenas se vayan, pero ¿no me sentiré inútil después?"

"La habitación se veía tan sola tras su partida".

"Me emociona la idea de tener un trabajo nuevo, ¡y esta vez remunerado!"

"Ya que se han ido, nos sentamos juntos pero no hablamos ni nos miramos a los ojos. ¡Nada!"

"Ser padre y madre es una labor tan difícil que ya me quiero salir de ese trabajo".

"Nos casamos a los veinte y tuvimos el primero a los veintidós. El último llegó a los treinta y cuatro y se fue al cumplir los veintiuno. ¿Por qué no nos dijo alguien que tardaríamos veinte y nueve años en volver a ser una pareja?"

"Nos hemos ajustado a la ausencia de los hijos. Espero que ninguno de ellos se divorcie o pierda el empleo y tenga que vivir con nosotros. ¡Me gusta esta etapa de la vida!"

"No quiero basar mi felicidad en las veces que llaman, escriben o visitan. Necesito tener mi propia vida de ahora en adelante".

"Se fueron demasiado pronto, se casaron demasiado jóvenes y tuvieron niños demasiado rápido. Espero que se den cuenta de que no soy su niñera. ¡Ya levanté familia propia y no voy a levantar otra!"

"Hice lo que pude. Ahora ellos están en manos del Señor, y ahora que lo pienso no hay duda que siempre lo estuvieron".

Quizá sus hijos ya han dejado el nido. En ese caso, ¿ha dicho alguna vez frases semejantes a las anteriores? ¿A quién hizo partícipe de estos pensamientos? ¿O acaso está en medio de la crianza de una tribu de pequeñines y no le queda ni un minuto para pensar en lo que dirá en aquel entonces, mucho menos ahora? Tome un descanso y reflexione en esto por un momento. ¿Cómo se sentirá cuando sus hijos salgan del hogar? ¿Qué le gustaría decir cuando se vayan? ¿Qué quisiera decir su cónyuge? Permitan que Dios sea el que guíe sus pensamientos.

A rendir cuentas

No reprendas al escarnecedor, para que no te aborrezca; Corrige al sabio, y te amará. Da al sabio, y será más sabio; enseña al justo, y aumentará su saber.
PROVERBIOS 9:8, 9

Dennis Rainey nos ofrece ideas útiles en cuanto a la responsabilidad moral:

> Creo que si hay algo que puede incorporar y asegurar un carácter piadoso en su vida y la mía, es el simple hábito de rendir cuentas. No tiene que pasar mucho tiempo antes de que usted se entere de que algún pastor, cantante, evangelista o líder ministerial cristiano ha perdido su ministerio, casi siempre debido al adulterio... Una vez me senté a escribir una lista de características de las personas que han cedido a la tentación. Caso tras caso, así es como otras personas les describieron:
> - Mantienen un espíritu independiente con pocos límites definidos.
> - Racionalizan y justifican su conducta.
> - Autónomos y aislados de las personas.
> - Toman decisiones sin consultar a otros.
> - Falta de autenticidad y apertura en cuanto a su vida privada.
> - Defensivos, orgullosos y renuentes a admitir errores y fracasos.
> - Esconden áreas importantes de su vida de los demás.
> - Intimidantes, inabordables y reservados. Son aislados, mantienen a todos los demás a cierta distancia y no están dispuestos a someterse a escrutinio alguno.
>
> Cada vez que usted se aísla, es mucho más susceptible a caer en tentación. Años atrás asistí a una conferencia de escritores cristianos en Minneapolis. Mientras bajaba por la escalera del hotel vi una revista pornográfica en el piso. Seguí de paso, pero más tarde ese mismo día volví a verla en el mismo sitio. Estaba solo en Minneapolis. Pude haber recogido la revista, llevarla unos cuantos metros a mi puerta y mirarla en la privacidad de mi cuarto de hotel, sin que nadie se hubiera enterado jamás. Gracias a Dios, tomé la decisión correcta y no toqué esa revista, pero pude entender el poder de la tentación para una persona que vive aislada. El aislamiento es una de las armas más poderosas que el enemigo utiliza para atrapar a los cristianos.[1]

¿Qué es la oración?

La oración eficaz del justo puede mucho.
SANTIAGO 5:16

¿Cómo definiría la oración? Lo ayudará conocer lo que otros han dicho al respecto. Tal vez su definición sea similar.

Leonard Cohen: "La oración es una traducción". Un hombre se traduce y habla como un niño para pedir todo lo que necesita en un lenguaje que todavía le falta dominar".

E. M. Bounds: "La oración no es algo impulsivo y efímero. No es una voz que clama sin ser escuchada en el silencio infinito. Es una voz que entra al oído de Dios y vive mientras el oído de Dios esté abierto a los lugares santos, mientras el corazón de Dios lata por las cosas santas. Dios moldea el mundo mediante la oración".

William Law, en *A Serious Call to a Devout and Holy Life* [Llamado serio a una vida devota y santa]:

"La oración es el acercamiento más íntimo a Dios y el disfrute más sublime de Él que podemos experimentar en esta vida".

Oswald Chambers, en *My Utmost for His Highest* [En pos de lo supremo]:

"Tenemos nociones correctas o erróneas acerca de la oración según la concibamos en nuestra mente. Si pensamos que la oración es como el aliento en nuestros pulmones y la sangre de nuestro corazón, estamos en lo correcto. La sangre fluye sin cesar y la respiración continúa sin interrupción. Así no seamos conscientes de ello, es algo que siempre sucede. No siempre somos conscientes de la manera como Jesús nos mantiene en unión perfecta con Dios, pero si vivimos en obediencia a Él, Él siempre lo hace. La oración no es un ejercicio, es la vida misma".

Billy Graham: "Orar es una conversación de doble vía entre usted y Dios. En la oración lo que cuenta no es la postura corporal, sino la actitud del corazón. La oración no es nuestro mecanismo para usar a Dios, más bien nos coloca en la posición correcta para que Dios pueda usarnos".

Eugene Peterson, en *Working the Angels* [Ángeles a trabajar]: "Orar nos pone en riesgo de tener que someternos a las condiciones de Dios. Al orar, proceda con lentitud. El resultado más común de la oración no es que consigamos lo que queremos, sino lo que Dios quiere, algo muy diferente a lo que consideramos más conveniente para nosotros. Además, casi siempre al darnos cuenta de lo que sucede ya es demasiado tarde para retractarnos. Por eso al orar, vaya lento y proceda con cautela".[2]

Solo no es bueno

Y dijo Jehová Dios: No es bueno que el hombre esté solo; le haré ayuda idónea para él... Y de la costilla que Jehová Dios tomó del hombre, hizo una mujer, y la trajo al hombre.
GÉNESIS 2:18, 22

Es probable que haya tenido la experiencia de trabajar duro y por mucho tiempo en un proyecto que resultó de maravilla. Después se sienta a observarlo y dice: "De verdad hice un buen trabajo". Eso no es orgullo, es un hecho. Es un buen sentimiento saber que uno hizo un trabajo de calidad, y esto nos da una idea de cómo se sintió Dios al crear la tierra:

* El primer rayo de luz brilló en todo su esplendor y Él vio que era bueno.
* Después vinieron la tierra y el mar, y Él vio que era bueno.
* Cuando la tierra produjo árboles y plantas Él vio que era bueno.
* Al formar las dos grandes lumbreras, Él vio que era bueno.
* Tras crear las criaturas marinas y las aves, Él vio que todo era bueno.
* Cuando el hombre fue creado Él dijo: "No es bueno que el hombre esté solo".

Usted necesita a su cónyuge más de lo que cree. El dolor más grande en el matrimonio es sentirse como un soltero casado. El aislamiento es el primer paso hacia el adulterio. Las parejas necesitan intimidad y esto incluye la intimidad verbal. Hablar, escuchar y poner todo en común es uno de los propósitos del matrimonio. El doctor Juan Baucom hace una observación interesante:

> Con el surgimiento de la casa con dos baños, a los norteamericanos se nos olvidó cómo cooperar. Con la popularización de los dos automóviles por familia, se nos olvidó cómo asociarnos, y con la llegada del hogar con dos televisores, se nos olvidó cómo comunicarnos.[3]

Pregunte a su cónyuge si hay ocasiones en las que él o ella siente soledad, y en ese caso qué podría hacer para ayudarlo. Sin importar qué le diga, responda así: "Gracias por hacérmelo saber. Comenzaré a mejorar en esa área". Esta respuesta hará prodigios en la sanidad de las heridas causadas por la soledad.[4]

¿Está desanimado?

Diré yo a Jehová: Esperanza mía, y castillo mío; mi Dios, en quien confiaré.
SALMO 91:2

Lea lo que Charles Swindoll dice acerca del desánimo:

Desánimo. ¿De dónde viene? A veces se siente como un viento seco y árido de un desierto solitario, y algo en nuestro interior comienza a marchitarse. En otras ocasiones se siente como una bruma helada que se mete por nuestros poros, insensibiliza el espíritu y nubla el camino que tenemos por delante. ¿Qué tiene el desánimo que se roba el gozo de nuestra vida y nos deja vulnerables y expuestos? No conozco todas las razones y ni siquiera conozco la mayoría de las razones, pero sí conozco una de las razones: No tenemos un refugio. Es difícil encontrar refugios en nuestro tiempo, es decir, personas que se interesen lo suficiente como para escuchar y que sean buenas para guardar secretos. Todos necesitamos puertos en los que podamos atracar cada vez que nos sintamos abrumados por el temporal y angustiados por la tormenta.

¿A quién acude usted cuando siente que su vida se hunde o cuando enfrenta un asunto vergonzoso, tal vez hasta escandaloso? ¿Qué es lo que usted necesita cuando las circunstancias perforan su muro de contención y amenazan anegar su vida con dolor y confusión? Usted necesita un refugio. Alguien que lo escuche. Alguien que entienda...

Las personas desanimadas no necesitan críticos. Ya les duele bastante la situación y no necesitan que se les achaque más culpa ni angustia. Lo que necesitan es ánimo. Necesitan un refugio. Un lugar para esconderse y sanar. Alguien dispuesto y disponible para cuidar de ellas, un confidente y compañero de armas. ¿No puede encontrar uno?

¿Por qué no se apropia del refugio de David? Aquel a quien llamó su fortaleza y escondedero, su roca fuerte y su alto refugio, torre fuerte y refugio contra el turbión.

El refugio de David nunca falló, ni siquiera una vez, y él nunca se lamentó por las veces que dejó atrás su pesada carga para correr a refugiarse en Él.

Tampoco usted se arrepentirá.[5]

Desgaste

¿Qué provecho tiene el que trabaja, de aquello en que se afana?
Yo he visto el trabajo que Dios ha dado a los hijos de los hombres
para que se ocupen en él.
ECLESIASTÉS 3:9, 10

El desgaste es algo que puede suceder a cualquiera de nosotros y que afecta mucho al matrimonio. Considere las palabras de Frank Minirth:

Los cristianos que no quieran desgastarse tienen que detenerse a pensar con cuidado si están en el trabajo que Dios tiene para ellos. Si usted cree que será despedido si pasa tiempo suficiente con la familia así como en reposo y relajación, es bastante improbable que ese sea el trabajo que Dios quiere para usted. Sin embargo, antes de pedir la renuncia sería provechoso considerar si hay otro puesto en la misma compañía que le sirviera mejor.

Si ponemos a Dios, la familia y el trabajo en cualquier otro orden, nuestra fidelidad a Dios decae y es como si dijéramos: "No confío en Dios para suplir mis necesidades". Para Dios es preferible que usted tenga menos ingresos con tal de que pueda disfrutar un mejor estilo de vida. Si renuncia a recorrer el camino que lleva al desgaste total, es casi seguro que enfrentará la posibilidad de ser despedido. Sin embargo, también es posible que se sorprenda al descubrir que su valía para la empresa irá en aumento porque usted emprenderá cada día con nuevas energías y más dispuesto a dar lo mejor de sí para producir el máximo durante la porción del día que debe dedicarse al trabajo.

Aprender una nueva forma de vida es difícil para alguien adicto al trabajo, pero es muy necesario. El adicto al trabajo tiene que practicar la relajación, decir no a las expectativas que otros tengan de él, programar tiempo a solas con Dios, programar ocho horas de sueño, y programar tiempo con la familia. La alternativa es volverse cada vez menos productivo y de menos beneficio para los seres queridos y para uno mismo como resultado del desgaste físico y mental.[6]

¿Percibe algún síntoma de desgaste en usted o en su cónyuge? ¿Algún indicio de adicción al trabajo? Si no es así, ¡alégrese! De lo contrario, ¿qué pasos puede dar para revertir este proceso?

Pensamientos para su matrimonio

Gozaos con los que se gozan.
ROMANOS 12:15

Lean estos pensamientos en voz alta el uno al otro y en actitud de meditación. Para el pensamiento siguiente cambien de papel y así de forma consecutiva, hasta que hayan leído y comentado cada idea. Terminen juntos en oración.

El amor es lo que el amor hace. Definir el amor aparte de la acción es imposible porque el amor nunca descansa. Si el amor descansa deja de ser amor y se convierte en indiferencia. El amor siempre hace algo y siempre está en movimiento. El amor es el pegamento que mantiene unido nuestro matrimonio y el aceite que impide los roces innecesarios. A veces debemos hacernos algún daño intencional con ternura, a fin de sanar la relación. Es necesario decir algunas cosas que pueden doler hasta causar lágrimas, pero la apertura y la honestidad mutuas constituyen la única base posible para un matrimonio armonioso de verdad. Si adquirimos la costumbre de orar cada uno por la sanidad del otro, nos libraremos de la noción insensata de que estamos condicionados por nuestras circunstancias. No lo estamos. Jesús quiere y puede involucrarse en el tropel de las circunstancias humanas y hacer lo sobrenatural, si se lo pedimos.

Hablen de los extremos de la vida, de los momentos vergonzosos, de las grandes victorias, de las tentaciones tenebrosas, de los fracasos trágicos y de las alegrías arrobadoras. Rían, lloren, canten y dancen. Hagan música bella juntos, huelan las flores, diviértanse y quítense todo peso de encima. Sean reales y genuinos, ¡al fin y al cabo están juntos para toda la vida! Disfrútenlo. La expresión más fuerte de amor que podemos tener es sacrificarnos el uno por el otro. Al negarnos a nosotros mismos por el bien de nuestro cónyuge probamos con nuestras acciones que sí "captamos" cuál es el significado verdadero del amor.

En algún momento nuestras necesidades sociales (y las demás) serán diferentes a las del cónyuge. Esto significa que los esposos deben dar el brazo a torcer y hacer concesiones. Uno querrá hablar por deseo y el otro deberá estar dispuesto a hablar por deber.

Si ignoramos de forma repetida los detalles pequeños que son importantes para nuestro cónyuge, es como ignorar el agua que está a punto de desbordarse en una inundación. Si se acumula suficiente presión, no habrá muro de contención que logre impedir su avance. Los detalles que se dejan por hacer añaden presiones innecesarias al matrimonio.[7]

Una oración sensible

Pero sed hacedores de la palabra, y no tan solamente oidores,
engañándoos a vosotros mismos.
SANTIAGO 1:22

Señor:

Te alabo por entenderme así como mis luchas. Admito que tengo faltas numerosas que todavía interfieren con la manera como Tú quieres que viva en mi matrimonio. Perdóname por mis actos pecaminosos conscientes e intencionales, así como aquellos que parecen infiltrarse aunque lucho contra ellos a diario.

Ayúdame a no decir una cosa con mis palabras y otra con mis acciones, en especial a mi cónyuge. Reconozco que esto me hace indigno de confianza.

Ayúdame a no criticar a mi cónyuge por las mismas faltas que veo en mí.

Ayúdame a no exigir de mi cónyuge la excelencia que yo mismo me esfuerzo poco o nada en alcanzar.

Ayúdame a no jugar con las tentaciones para las que soy débil en particular, sino más bien a evitarlas por completo. Quiero proteger mi matrimonio.

Ayúdame a lidiar con la incapacidad para decir "sí" o "no" y a ser firme en mis compromisos, sobre todo en mi familia.

Ayúdame con mi terquedad y renuencia a dejar hábitos malos que dañan mi relación contigo.

Ayúdame a abandonar mis intentos de agradar tanto en la iglesia como en el mundo. Perdóname por agradar a otros y a mí mismo antes que a ti.

Ayúdame a ser íntegro y a vivir durante la semana como vivo el domingo por la mañana.

Ayúdame a expulsar de mi vida todo lo que me impide darte todo de mí.

Gracias por escuchar, por responder y por obrar en mi vida.

En el nombre de Jesús. Amén.[8]

Sigamos a Jesús

¿Por qué sigue a Jesús?

Cristo dijo que lo sigamos porque seguir a cualquier otra persona o causa lleva a la perdición.

Cristo dijo que sepamos a quién nos parecemos porque obtener nuestra imagen propia de otra fuente aparte de Dios es como envenenar nuestra alma y nuestro espíritu.

Cristo dijo que limpiemos el interior del vaso porque es la única manera de desarrollar un carácter verdadero y evitar una existencia vana.

Cristo dijo que dejemos de conformarnos a nuestra cultura porque está enferma y adaptarnos a ella nos descompondrá.

Cristo dijo que seamos honestos porque el uso de máscaras hace fatua nuestra vida e insatisfactorias nuestras relaciones.

Cristo dijo que dejemos de culpar a los demás porque asumir responsabilidad por nuestros propios problemas es esencial para tener madurez y salud verdaderas.

Cristo dijo que perdonemos a los demás porque la falta de perdón es arrogante y hace tanto daño a otros como a nosotros mismos.

Cristo dijo que vivamos como herederos porque vivir como huérfanos nos lleva a quedar contentos con resultados mediocres.

Cristo dijo que resolvamos paradojas porque casi siempre aquello que parece contrario al sentido común es el mejor camino de todos.

Cristo dijo que dejemos de preocuparnos porque la preocupación solo logra quitarnos la energía que necesitamos para trabajar en las cosas que sí podemos cambiar.

Cristo dijo que perseveremos porque el fruto de nuestra labor nunca saldrá si nos cansamos de hacer lo que se requiere para producirlo.

Todo lo que Cristo nos dice es para nuestro bien supremo, y es muy importante que así lo entendamos. Su consejo no tiene el propósito de cargarnos, sino hacernos libres. Cuando Él nos dio su instrucción se propuso satisfacer nuestras necesidades más profundas, y si la seguimos eso es justo lo que hará.[9] Además, si ustedes son fieles en seguirlo, verán una gran diferencia en su matrimonio.

Memoricen la Palabra de Dios

¿Con qué limpiará el joven su camino? Con guardar tu palabra...
En mi corazón he guardado tus dichos, para no pecar contra ti.
SALMO 119:9, 11

Voy a comunicar algo muy personal. Tengo una confesión que hacerles. En mi adolescencia me aficioné a una actividad muy particular. Me aficioné a memorizar las Escrituras. Esto me ha ayudado más veces de las que puedo recordar. En ciertos momentos tuve que enfrentar tentaciones y luchar para tomar buenas decisiones, ¿ya pueden imaginarse qué sucedía cada vez? Alguna porción bíblica que había memorizado "se prendía" en mi mente en el momento preciso. Casi siempre era 1 Corintios 10:13: "No os ha sobrevenido ninguna tentación que no sea humana; pero fiel es Dios, que no os dejará ser tentados más de lo que podéis resistir, sino que dará también juntamente con la tentación la salida, para que podáis soportar". Ese pasaje fue un salvavidas para mí.

Durante las décadas de mi vida adulta (tengo sesenta y dos años a la fecha), en realidad no traté de memorizar con regularidad la Palabra de Dios, hasta hace un par de años. Cierto amigo mío en un campamento para familias dio una charla basada en su libro *Seeking Solid Ground* [En busca de suelo firme]. Es un estudio del Salmo 15 y trata acerca de cómo sacarle máximo provecho a la vida. Al final de su charla nos retó con amabilidad a memorizar este salmo.

No sé por qué, pero decidí hacerlo. Algo que descubrí fue que a mi edad los conectores de mis neuronas no están tan despiertos como hace cuarenta años. Requirió más esfuerzo y disciplina, pero por fin lo hice mío tras dedicarle entre dos y tres minutos cada mañana. A veces si despierto en la noche lo cito en silencio. También lo recito mientras conduzco por la carretera. Son palabras que me confortan y dan seguridad. Me mantienen alerta y enfocado en Dios. ¿Por qué no habrían de hacerlo? ¡Provienen de su misma Palabra! Les recomiendo que traten de adquirir este hábito. No es demasiado difícil, y lo cierto es que si no memorizan la Palabra de Dios se están perdiendo una gran bendición. Es una actividad fabulosa para una pareja que busca hacer algo en común.

Orden en el matrimonio

...hágase todo decentemente y con orden.
1 Corintios 14:40

¿Hay orden en su matrimonio? Es algo que le encanta a Dios porque Él vive según un orden establecido y también pone orden en todas las cosas que crea. Él no puso todo en movimiento para luego alejarse y no involucrarse. Él creó, pero Él también sustenta. A Él le gusta la regularidad, mientras que a algunos de nosotros nos aburre esa noción. El Dr. Larry Crabb habla acerca del orden en la creación del hombre y la mujer:

Dios creó primero a Adán, luego a Eva. "Porque el varón no procede de la mujer, sino la mujer del varón, y tampoco el varón fue creado por causa de la mujer, sino la mujer por causa del varón" (1 Co. 11: 8, 9). ¿Se ha preguntado alguna vez por qué? Aquí no se aplicó el dicho "las damas primero". Hubo orden en el plan divino y esto permitió que la relación entre hombre y mujer representara el orden establecido por la relación entre Cristo y su iglesia (vea Ef. 5:21-33).

Dios también dijo que la existencia de Adán sin Eva no era buena. ¿Qué dispuso Dios para Adán? Le dio la tarea de dar nombre a los animales. Esto tuvo un propósito definido. ¿Puede imaginarse a Adán en medio de esa labor? Seguro no se imaginó que hubiera tantos animales. Tal vez haya notado en Génesis 2:20 que Adán no encontró compañía adecuada entre todos esos animales. Es probable que haya pasado mucho tiempo dedicado a observar y nombrar las criaturas, hasta que llegó un momento en el que se dijo a sí mismo: "Aquí algo hace falta". Tal vez la experiencia le hizo darse cuenta de su situación para decir: "No tengo a nadie y quiero estar acompañado". En ese momento Dios creó a Eva y Adán se sintió completo. El diseño fue perfecto y quedó completo.

Ustedes como pareja casada están completos. Dios quiere que vivamos vidas ordenadas. ¿Cómo podemos expresar ese orden? Por medio de ser lo mejor que podamos ser como cónyuges. También mediante la obediencia a la enseñanza de las Escrituras sobre su relación y el compromiso firme de hacer que su matrimonio perdure hasta que la muerte los separe. Ese es el orden que Dios ha establecido para el matrimonio como institución perdurable y satisfactoria.[10]

Transformados

Por tanto, nosotros todos, mirando a cara descubierta como en un espejo la
gloria del Señor, somos transformados de gloria en gloria en la misma imagen,
como por el Espíritu del Señor.
2 Corintios 3:18

Transformación. Es una palabra que usamos en serio y en broma. Los hombres se ríen a veces de los salones de belleza y los llaman "laboratorios de transformación". Unos dicen: "Oye compadre, debiste verla cuando entró para compararla a como salió de ahí. ¡Qué diferencia! ¡Qué transformación! Esa gente hace milagros". (Claro que son cuidadosos y saben a quién pueden decir algo así.) "Esa casa fue transformada de un cuchitril a un palacio". También: "Ese hombre se transformó por completo después de volverse cristiano". Así debería ser siempre. Todos estamos en el proceso de ser transformados, porque como cristianos todavía no estamos acabados. ¿Cómo somos transformados? Considere esta pregunta: ¿Son sus pensamientos o su manera de pensar muy diferentes a lo que fueron cuando usted no era cristiano? Deberían serlo. Nuestra mente y nuestros pensamientos son el núcleo de nuestra conducta. Romanos nos dice: "No os conforméis a este siglo, sino transformaos por medio de la renovación de vuestro entendimiento" (Ro. 12:2, cursivas añadidas).

Debe darse un cambio de enfoque y un cambio de mente, y esto es un proceso. ¿Ha oído alguna vez a una persona mientras aprende a tocar el piano? Al principio es un sufrimiento para los que la rodean, pero si esta persona practicara una hora al día y usted la oyera a intervalos de tres meses, seis meses, un año y dos años, sería testigo de una transformación.

¿Existen indicios de esta clase de transformación en su vida cristiana? Estos son algunos para considerar:

- ¿Es la vida cristiana más fácil para usted o le toca esforzarse bastante para vivirla?
- ¿Se manifiesta de forma cada vez más natural y espontánea el fruto del Espíritu en su vida o es algo que requiere mucho trabajo de su parte para producir?

La transformación vendrá de forma natural. Dediquen una semana a reflexionar en lo que sucede en su vida de pareja, podría ser el comienzo de una gran transformación.[11]

No hay atajos

Todo aquel que lucha, de todo se abstiene; ellos, a la verdad,
para recibir una corona corruptible, pero nosotros, una incorruptible.
1 Corintios 9:25

Para algunos hombres y mujeres los atajos son parte de su vida. Si pueden ahorrar tiempo o energía con la eliminación de unos pasos en el proceso, lo harán con gusto. De una u otra forma, todos somos alentados a tomar atajos. Por ejemplo, todos los "sistemas" que prometen riquezas fáciles y rápidas y las dietas que garantizan la pérdida de "veinte kilos en veinte días". ¿Morderíamos el anzuelo si la oferta dijera "pierda veinte kilos en sesenta días"? Tal vez no. Otros dicen: "Aprenda a hablar a perfección un idioma extranjero con tan solo oír las dieciséis lecciones fáciles del curso casero, ¡sin tener que leer una sola palabra!" ¿Por qué tomar dos años de clases magistrales si se puede lograr en la décima parte del tiempo?

Quizá haya tomado un atajo durante la caminata o en el automóvil solo para descubrir que se demoró el doble en llegar, tanto en distancia como en tiempo. Ese es el problema que tienen la mayoría de los atajos. En realidad no funcionan ni cumplen lo prometido. Resultan más costosos y se demoran más que el proceso establecido para lograr las metas, porque hacen caso omiso de ciertos pasos esenciales. Así uno llegue a su destino o termine mucho antes, no cuenta con la mejor preparación para lo que sigue.

Las Escrituras ilustran el hecho de que para triunfar se requiere entrenamiento. No hay atajos para el crecimiento en la vida cristiana. Es cuestión de disciplina y entrenamiento, diligencia, sudor, persistencia y práctica. Lo mismo se aplica al matrimonio. Uno tiene que dedicar las horas requeridas en conversación y edificación mutua, así como la constancia para ser atentos y sensibles a fin de establecer una intimidad duradera. No es algo que sucede de la noche a la mañana. Ningún vendedor que prometa "sexo y matrimonio espectaculares en tan solo treinta días" puede producir los resultados legítimos y valiosos de la constancia y la disciplina.

Si se sienten tentados a tomar atajos en cuanto al tiempo y la atención que deben dedicarse el uno al otro, no cedan. Es una forma muy fácil de perder el rumbo en su matrimonio.[12]

¿Qué edifica una relación?

Pero cualquiera que me oye estas palabras y no las hace,
le compararé a un hombre insensato, que edificó su casa sobre la arena.
MATEO 7:26

Es tiempo de hacer una evaluación del matrimonio. No es el examen final ni una prueba de inteligencia o algo por el estilo. Es más como una encuesta de opinión (con algo de información al final).

Hay ciertos elementos que se requieren para construir una relación exitosa. Si falta o se descuida uno solo, la relación está en problemas y podría fragmentarse. Vamos a considerar cuatro de ellos, pero en lugar de identificarlos de entrada concéntrense primero en las características de cada uno. Sin adelantarse a leer la respuesta abajo, traten de identificarlos a continuación:

1. El más perdurable (la palabra comienza con la letra A).
2. El más frágil (la palabra comienza con la letra C).
3. El más ignorado (la palabra comienza con R o H).
4. El que más tiempo requiere (no más pistas, lo siento).

¿Cuáles fueron sus respuestas? Supongo que pudieron identificar los primeros tres elementos. Por supuesto, el que más perdura es el amor porque tiene una cualidad imperecedera. Como creyentes podemos amar porque Dios nos amó primero, pero es necesario ponerlo en práctica con cantidades homogéneas de "D&D" (dicho y demostrado).

El elemento más frágil en una relación es la confianza, ya que puede romperse con facilidad mas no así mismo ser restaurada. El respeto y el honor son los más ignorados. El último es el que requiere más tiempo en desarrollarse y es el entendimiento o el conocimiento.

Quizás usted piense: "No estoy tan mal, en realidad soy fuerte en tres". Así no funciona el asunto. Nadie puede decir que ama de verdad a una persona si no le tiene confianza. El amor no suple la desconfianza. Tampoco se puede decir: "Le he perdido el respeto a mi cónyuge, pero lo entiendo a perfección". El entendimiento no llena el vacío dejado por la deshonra. Una relación se construye como una mesa, sobre cuatro patas. Si una es débil, toda la estructura se tambalea. Si dos se debilitan puede haber un colapso total. ¿En qué condición se encuentran hoy los cuatro pilares de su relación?[13]

¿Necesitamos aprobación?

Pues, ¿busco ahora el favor de los hombres, o el de Dios? ¿O trato de agradar a los hombres? Pues si todavía agradara a los hombres, no sería siervo de Cristo.
GÁLATAS 1:10

¿Cuánto anhela usted ser aprobado por las personas? ¿Puede vivir sin esa aprobación o es una motivación indispensable para usted? A unos les gusta ser aprobados más que a otros. Los que tienen una gran necesidad de aprobación también languidecen más que los demás al ser criticados.

Si vivimos en función de ser aprobados, trabajamos más duro para dar una buena impresión, incluso en el matrimonio. Nos preguntamos todo el tiempo: "¿Será que de verdad le caigo bien a los demás? ¿En realidad piensan que soy buena persona?" Buscamos que otros nos den la señal aprobatoria con el dedo pulgar hacia arriba.

Juan Ortberg comparó este problema con la imagen mental de un jurado conformado por todas las personas en nuestra vida que nos examinan y califican como los jueces en una competición de patinaje artístico. ¿Tiene uno de esos jurados en su mente? ¿Lo tiene su cónyuge? ¿Qué personas conforman ese jurado? Podrían ser jefes, supervisores, pastores o colegas. Si todavía siguen allí, ¿no cree que ya se han aglutinado por bastante tiempo en su mente? ¿Cuántas veces podemos saber con certeza qué piensan los demás de nosotros? Casi nunca. Todo lo que sabemos es qué pensamos que ellos piensan, y ese es un ejercicio inútil, ¿no es así?

No hay duda, todos queremos ser vistos como personas inteligentes, seguras y exitosas. ¿Importa en realidad qué piensan los demás? Dios quiere que vivamos de otra manera, en función de agradarle a Él. Cuanto más hagamos esto, mayor será nuestra seguridad y menos necesitaremos la aprobación de otros. Por supuesto, también nos daremos cuenta de que nunca la necesitamos, solo pensamos que sí.[14]

Amor es...

Supongamos que puedo hablar en idiomas humanos y angélicos. Si no tengo amor, soy un gong atronador o un címbalo ruidoso. Supongamos que tengo el don de profecía y que puedo entender todas las cosas secretas de Dios y conocer todo acerca de Él. Supongamos también que tengo fe suficiente para mover montañas. Si no tengo amor, nada soy en absoluto. Supongamos ahora que entrego mi cuerpo para ser consumido por las llamas. Si no tengo amor, nada logro en absoluto.

El amor es paciente. El amor es amable. No quiere lo que pertenece a otros. No se jacta. No es orgulloso. No es áspero. No busca su propio interés. No se enoja con facilidad. No lleva un registro de las ofensas de otros. El amor no se alegra de la maldad, sino que se llena de gozo cada vez que se dice la verdad. Siempre protege. Siempre confía. Siempre espera. Nunca se da por vencido.

El amor nunca falla...

Cuando era niño hablaba como niño, pensaba como niño y tenía el entendimiento de un niño. Al convertirme en adulto dejé atrás los hábitos de la niñez. Ahora solo alcanzamos a ver la apariencia nebulosa de las cosas. Es como si las viéramos en un espejo borroso, pero un día las veremos con claridad. Veremos cara a cara. Lo que conozco ahora es incompleto, pero un día conoceré tanto como Dios me conoce. Las tres cosas más importantes que se deben tener son fe, esperanza y amor, pero la más grande de todas es el amor.[15]

¿Transformado en qué?

...hasta que Cristo sea formado en vosotros.
GÁLATAS 4:19

¿Cómo se describiría a sí mismo hace cinco años? Hágalo ahora mismo. Después proceda a describirse como es hoy. ¿Usó las mismas palabras o algunas fueron diferentes?

Ahora describa su matrimonio como era hace cinco años. ¿Qué palabras emplearía? Si ya terminó, describa su matrimonio en el presente. ¿Usó las mismas palabras? ¿Está su matrimonio en un proceso de cambio? Si es así, ¿en qué dirección va?

Lo cierto es que nosotros como creyentes cambiamos. Ese es nuestro llamado: Ser diferentes, crecer y someternos a la refinación del Señor. Hace unos años el interés de los niños se concentró en un programa de televisión producido en Japón. Se trataba de las aventuras de un grupo de superhéroes adolescentes llamados "Los poderosos transformadores" o Power Rangers. A los niños les encantaba el programa porque los personajes tenían la capacidad de transformarse a voluntad, y aunque eran jóvenes comunes y corrientes, lo hacían cada vez que necesitaban poderes especiales para combatir las fuerzas del mal con sus artes marciales. Para ello gritaban a una: "¡Es tiempo de metamorfosis!" Con esto quedaban transformados y poseían la capacidad de lograr hazañas sorprendentes. Es así como en inglés la palabra morph se ha convertido en parte del vocabulario cotidiano. Casi a todos nos gustaría poder transformarnos así, y de hecho podemos hacerlo. ¿Sabe cuál es el origen de esta palabra? Morphoo en griego significa "la formación interna y real del carácter esencial de una persona". Se emplea para describir la formación y el crecimiento de un embrión en el cuerpo de la madre. Observe con atención la cita bíblica para hoy. La palabra "formados" es esa misma en el original griego. ¿Sabe qué significa esto? Pablo quería que los creyentes en Galacia no solo tuvieran a Cristo gestado en ellos, sino también que reflejaran a Jesús en cada aspecto de la vida de ellos.

Consideren lo siguiente: Estamos en un proceso de gestación espiritual. Jesús es formado en nosotros día a día, y a medida que esto sucede, más oportunidad tenemos de reflejarlo y más puede ser transformado nuestro matrimonio. Así que ¡prepárense para su metamorfosis![16]

¿Es pecado la depresión?

¿Por qué te abates, oh alma mía, y por qué te turbas dentro de mí?
Espera en Dios; porque aún he de alabarle, salvación mía y Dios mío.
SALMO 42:11

Una de las preguntas más comunes que los cristianos hacen sobre la depresión tiene que ver con su pecaminosidad. "¿Es la depresión un pecado? ¿Es pecado que un cristiano esté deprimido?" La depresión en sí misma no es pecado. A veces la depresión es consecuencia del pecado, pero no siempre. Si es un síntoma de pecado, nos sirve de advertencia. La depresión siempre ha existido. Muchas personas que fueron usadas de forma poderosa por Dios en el Antiguo Testamento estuvieron tan deprimidas que quisieron morir. Por ejemplo Moisés, Job, Elías, Jonás y ciertos escritores de los salmos (vea en particular el Sal. 42 y 43). Grandes hombres y mujeres a lo largo de la historia han luchado con la depresión, por eso no deje que alguien le diga que es anormal estar deprimido, que es pecado deprimirse o que los cristianos no experimentan depresión. La depresión es una reacción normal a lo que sucede en la vida. Muchas personas se sorprenden al leer el relato de la depresión de Jesús en el Getsemaní. Jesús fue un hombre perfecto y libre de todo pecado, pero también completo en su humanidad y sujeto a tentaciones como nosotros. Lea la narración en Mateo 26:36-38:

> Entonces llegó Jesús con ellos a un lugar que se llama Getsemaní, y dijo a sus discípulos: Sentaos aquí, entre tanto que voy allí y oro. Y tomando a Pedro, y a los dos hijos de Zebedeo, comenzó a entristecerse y a angustiarse en gran manera. Entonces Jesús les dijo: Mi alma está muy triste, hasta la muerte; quedaos aquí, y velad conmigo.

Jesús sabía lo que estaba a punto de sucederle, y esto produjo su depresión. Jesús no se sintió culpable por estar deprimido y tampoco deberíamos sentirlo.

¿Deprimido?

El que canta canciones al corazón afligido
es como el que quita la ropa en tiempo de frío,
o el que sobre el jabón echa vinagre.[17]
PROVERBIOS 25:20

¿Alguna vez ha hablado con alguien sobre las veces en las que ha estado deprimido? Si no es así, no le quepa duda de que sería una conversación interesante. La depresión es parte de la vida. Es una respuesta normal a ciertas experiencias e incluso a cambios químicos que ocurren en nuestro cuerpo. Usted y su cónyuge estarán deprimidos en alguna etapa de su matrimonio. ¿Sabrán cómo actuar el uno hacia el otro en esa situación?

Consideremos la depresión. Puede ser una oportunidad para ministrar al cónyuge, escucharlo, animarlo y apoyarlo. No seremos de ayuda alguna si le decimos que reaccione y salga de su postración, que sonría porque las cosas podrían ser peores o que encuentren algo constructivo para hacer con su tiempo. Peor todavía, si creemos que lo más conveniente para ambos es eludirlo.

Tal vez usted ya sepa qué se siente estar deprimido. Es como una sensación general de pesimismo, desesperanza, tristeza y apatía. La depresión no es como la tristeza porque no tiene que ver con alguna pérdida o desilusión específica. La depresión es diferente porque dura más tiempo y es más intensa. Puede perdurar de forma indefinida con su intensidad paralizadora que hace difícil realizar las actividades normales de cada día. La depresión cierra de un golpe la ventana de la esperanza y en muchos casos pone una persiana metálica en su lugar.

Si considera el significado literal de la palabra "depresión", verá que significa mover algo de una posición superior a un nivel inferior. Con frecuencia si se pregunta a la persona deprimida cómo se siente, dirá "por el piso" o "muy decaído".

La depresión es un mensaje que nos advierte que algo anda mal en nuestra vida. Si le sucede a usted o a su cónyuge, preste atención al mensaje y luego busque la ayuda necesaria. Por encima de todo, permanezcan uno al lado del otro durante este tiempo.

¿Qué lo motiva?

Y él es antes de todas las cosas, y todas las cosas en él subsisten.
COLOSENSES 1:17

¿Quién está en el centro de su vida? ¿Quién está en el centro de su matrimonio? Consideren lo que dice Tim Riter:

En mi motocicleta Honda, el poder viene por medio del buje que alberga el eje que está en el centro de la rueda. Al recibir propulsión de la cadena, el eje transmite ese poder a través de los radios hasta la rueda y así comienza a moverse la rueda. Nuestra vida es como esa rueda. El eje es el centro de nuestra vida, lo que nos motiva e impulsa. Los radios son áreas específicas de nuestra vida como personalidad, carácter y actividades. La rueda es la parte exterior de nuestra vida que muestra acción. Si nuestros radios no están conectados con firmeza a Dios en el eje de nuestra vida, no podremos movernos. Es posible que tengamos acción: El eje se mueve y hasta los radios dan vueltas, pero la rueda no se mueve. A pesar de la mucha actividad, poco o nada se logra. Por otro lado, si todas las piezas de nuestra vida están bien conectadas a Dios, podemos tener paz y armonía. Puede ser que nuestra vida nunca se desacelera y que no podamos escapar del ritmo apremiante de la vida, pero podemos unificar todo en y bajo Cristo.

La ansiedad por el pago de la hipoteca no es algo que invada todo el tiempo nuestra mente. Confiamos en la promesa de Dios: Él proveerá para nuestras necesidades si lo ponemos en primer lugar. No vivimos con temor constante por problemas de salud, bien sea que muramos, lo cual nos llevará por fin al amor de nuestra vida, o que vivamos para servir a Dios aquí en la tierra. Si nuestra salud mejora nos alegramos, pero así empeore sabemos que el poder de Dios se perfecciona en nuestra debilidad. La preocupación por la oposición del gobierno y la junta escolar no produce depresión, pues ¿quién puede oponerse a lo que Dios se propone ver realizado?

En lugar de preocuparnos o afanarnos, nos enfocamos en agradarle a Él. Si confiamos en Dios como el centro de nuestra vida, todas las piezas de nuestra existencia conectan a perfección. Estamos completos y tenemos paz. Confiamos en el amor y el poder de Dios, y tenemos el nivel apropiado de responsabilidad por la manera como se desenvuelven los acontecimientos.[18]

El plan de Dios

El que encubre sus pecados no prosperará; mas el que los confiesa y se aparta alcanzará misericordia.
PROVERBIOS 28:13

Charles Stanley, pastor y fundador del ministerio En Contacto tiene una sugerencia para todas las parejas.

Dios dio el esposo y la esposa a cada uno de ellos para que fueran más de lo que podrían ser solteros. La plenitud de cada uno no puede tener lugar hasta que aprendan a entregarse en lo más íntimo y trabajar para el bien mutuo. Las áreas personales que se mantengan privadas no tienen oportunidad para crecer y desarrollarse. ¿Por qué no ponen en práctica el plan de Dios?

El matrimonio, el amor y la comunicación no pueden separarse de Dios sin quedar marchitados. Puede haber muchas áreas de su vida que tengan un aviso de "prohibida la entrada" para Dios, así como para su cónyuge. ¿Acaso se debe esto a su temor al fracaso, una amargura profunda, amor fingido o un espíritu vengativo? Estos venenos del alma pueden ser neutralizados por Dios y su cónyuge, si usted se dispone a buscar y recibir ayuda.

Dios quiere desarrollar su alma tanto como su cuerpo. Muchas personas sociables no usan todos los dones que Dios les dio porque su vida emocional está bloqueada. Se niegan a dejar expuestas sus emociones para ser llevados a la madurez. Examínese por un momento. ¿Tiene coraje suficiente para mirar en su interior y ver qué hay allí en realidad? ¿Está dispuesto a hablar a Dios y a su cónyuge sobre su identidad más íntima? Poco a poco, adquirirá la fortaleza necesaria para decir: "Mi amor, dime exactamente qué sientes con respecto a mí, acerca de ti, y de todas las cosas en nuestro matrimonio". ¡No diga una sola palabra hasta que su cónyuge termine de hablar!

Abra su corazón a la luz de Dios y la simpatía de su cónyuge, y verá retroceder al enemigo. ¡Ustedes pueden alcanzar la plenitud en el desarrollo de sus emociones y sus relaciones![19]

¿A qué se dedica?

Porque tú formaste mis entrañas; tú me hiciste en el vientre de mi madre.
Te alabaré; porque formidables, maravillosas son tus obras; estoy maravillado,
y mi alma lo sabe muy bien.
SALMO 139:13, 14

Tim Stafford, en su libro Knowing the Face of God [Conocer el rostro de Dios] habla de sus reflexiones acerca de Dios y su creación:

La primera pregunta que hacemos a una persona después de aprender su nombre es: "¿A qué se dedica?" En el proceso de conocer a Dios, también debemos hacer preguntas en ese sentido. Aunque Él esconda de nosotros su rostro, lo cierto es que no ha escondido su obra en ningún lado.

¿A qué se dedica Dios? Él hace flores, montañas y noches estrelladas, los desiertos con su severidad y los bosques fecundos con su espesura. En estas cosas se revela a sí mismo como un artista de imaginación incomparable.

No obstante, la obra de Dios va mucho más allá de la naturaleza. Ese fue apenas el comienzo. Las personas admiten por lo general que se puede conocer algo de Dios a través del universo que Él creó: "Los cielos cuentan la gloria de Dios". Ahora bien, para conocer a alguien por medio de su obra uno debe concentrarse en la obra que más ama. Dios no ama tanto a las estrellas como me ama a mí. Los cielos con todo y su esplendor, serán en últimas enrollados y quitados. Lo mismo sucederá al mundo en el que vivimos, con toda su gloria que atiborra los sentidos y con su compleja y densa ecología. Son como el sistema de andamios que Miguel Ángel diseñó para pintar la capilla sixtina. Maravillosos por derecho propio pero desmantelados en el momento preciso para que la obra grandiosa y definitiva pudiera verse con mayor claridad. Cuando Dios terminó de crear todo lo demás se dispuso a crear al hombre y la mujer, criaturas que se caminaban erguidas y que no solo hablaban entre sí, sino también con Él. Desde aquel entonces Dios ha trabajado para terminar de completar estas criaturas. Incluso llegó a convertirse en una de ellas. El pueblo de Dios es su obra más grande que será desplegada en un escenario renovado por completo: Cielos nuevos y tierra nueva.

Maravillarnos de nosotros mismos no es incompatible con maravillarnos de Dios. Esta es la lógica del conocido Salmo 139: "Porque tú formaste mis entrañas; Tú me hiciste en el vientre de mi madre. Te alabaré; porque formidables, maravillosas son tus obras; estoy maravillado" (13-14).[20]

Dios fue el que los creó. Ustedes son una obra grandiosa hecha a la imagen de Dios. ¡Trátense el uno al otro como tal!

Hay que quitar el tapón

No apaguéis al Espíritu.
1 TESALONICENSES 5:19

En el estado de Colorado hay un pueblo pequeño al pie de unas colinas que parece una de esas aldeas tipo "Sleepy Hollow". No hay mucha precipitación y dependen de la irrigación artificial, pero algunos ciudadanos de mucha iniciativa instalaron una tubería que sube por las colinas hasta un lago de agua potable y fresca. Como resultado, el pueblo ha tenido agua en abundancia. La población ha aumentado y el lugar se ha convertido en un sitio turístico de gran interés.

Cierta mañana las mujeres que viven allí abrieron los grifos y no salió agua. Los hombres subieron a la colina y vieron que el lago estaba lleno como siempre. No pudieron encontrar la causa del corte, y a medida que pasaron los días y las semanas, las personas comenzaron a mudarse del lugar hasta que aquella población próspera volvió a su antigua condición inhóspita. Un buen día uno de los oficiales del municipio recibió una nota. Tenía muy mala ortografía y gramática, pero decía: "Si uno de ustedes quita el tapón que está metido a unos veinte centímetros dentro del tubo, tendrán el agua que quieran". Los hombres subieron otra vez al lago, examinaron el tubo y encontraron el tapón que alguien había insertado. No era muy grande, pero lo suficiente para llenar el tubo. Es sorprendente que una reserva de agua tan grande pueda obstruirse con un tapón tan pequeño. Tan pronto se sacó el tapón, el agua volvió a bajar con la misma presión de antes.

¿Por qué hay una falta de presión semejante a esa en nuestra vida? Después de todo, tenemos una represa inagotable de agua de vida. El problema es que a nuestro alrededor la tierra es seca y árida. Tenemos la tubería que conecta la represa divina a nuestra vida. ¿Por qué no corren las aguas refrescantes todo el tiempo? La respuesta es simple: Hay un tapón en el tubo.

¿Hay algo que obstruya su relación matrimonial para que no crezca a plenitud en este tiempo de su vida? Si es así, ¡encuentren el tapón![21]

¿Cómo se forja la confianza?

Y su señor le dijo: Bien, buen siervo y fiel; sobre poco has sido fiel,
sobre mucho te pondré; entra en el gozo de tu señor.
MATEO 25:21

Quizá tenga dificultad para confiar en otros. Las experiencias de la vida pueden hacernos renuentes, o tal vez alguien que usted conoce ha perdido del todo la confianza. Muchos preguntan: "¿Cómo puedo desarrollar más mi confianza en otro y al mismo tiempo asegurar su confiabilidad?" Es una buena pregunta. Tom Marshall. Tiene algunas sugerencias útiles al respecto.

La confianza cuesta. Uno tiene que correr el riesgo de salir lastimado. Cada vez que usted se pone en manos de otra persona queda vulnerable. Ese es el riesgo. Si usted confía de verdad en su cónyuge, confíele todas las cosas que hace bien. ¿Por qué arriesgarse ambos al confiar al otro un área en la que no tiene muchas probabilidades de éxito? Descubran las fortalezas que tiene cada uno y concéntrense en ellas.

Si su cónyuge realiza a satisfacción lo que se le ha pedido, nunca, jamás lo dé por sentado. Hágale saber cuánto aprecia su cumplimiento [de eso justamente trata el pasaje de hoy].

¿Es usted una persona confiable? Esa es la pregunta clave. Dar ejemplo de esta cualidad anima a otros, en especial a su cónyuge. Cuando se puede confiar del todo en ambos cónyuges se produce un sentimiento de seguridad irremplazable y a ninguno le toca ser el "policía" como toca casi siempre con los hijos.

Ahora bien ¿qué sucede si (y este es un "si" bien grande) su cónyuge le defrauda en alguna área? También es una buena respuesta. ¿Qué tiene de malo darle otra oportunidad? ¿Por qué no se remite a la última vez que su cónyuge tuvo éxito y comienzan allí? Reconstruyan de nuevo paso a paso. Hay ciertas frases que deben evitarse como si fueran la plaga porque pueden poner en peligro la confianza futura: "Pasará mucho tiempo antes de que pueda volver a depender de ti"; "Debí saber que no podía confiar en ti". Estas declaraciones destruyen la confiabilidad del cónyuge, dividen y no sirven para edificar la vida matrimonial.

Lo ideal es que su confianza mutua nunca sea quebrantada, y si lo es recuerden que sí puede reconstruirse. El Espíritu Santo puede hacer maravillas por nosotros como individuos y como pareja.[22]

El pilar del amor

Nosotros le amamos a él, porque él nos amó primero.
1 JUAN 4:19

Tom Marshall ofrece unas reflexiones maravillosas acerca de cómo amar. Esta es una adaptación extraída de su libro Right Relationships [Relaciones correctas]:

Estoy seguro de que ya oído hablar antes sobre el amor como pilar de todo. Tal vez ya demasiadas veces, pero es muy posible que no lo haya oído en estos términos: Usted fue hecho para el amor, y en particular, para el amor divino. Tenemos la necesidad de ser amados de tal modo que solo Dios nos puede satisfacer, y solo al experimentar su amor hacia nosotros y corresponderle con nuestro amor, es que quedamos en libertad de amar a los demás para edificación suya. Esta clase de amor hace la diferencia, y por eso tiene muchas expresiones.

Una de ellas es el interés. Esto es el amor en acción. El interés no es cuestión de abrigar sentimientos lindos por el cónyuge. Significa que cuidamos de su bienestar y procuramos lo que más le convenga todo el tiempo. El cuidado verdadero consiste en velar por la otra persona.

Otra expresión verdadera de amor es la bondad. Si usted es bondadoso y amable con la otra persona, le da ejemplo para que actúe de la misma manera hacia usted en una situación similar. El amor también es disfrutar del otro y esta es la parte placentera de la vida. ¿De qué se trata? Atracción, interés, gusto y otras actitudes favorables. A usted le gusta estar con su cónyuge y hacer muchas cosas con él o ella.

Otra expresión del amor es la ternura. Consiste en todas las acciones afables que contribuyen a sanar a su cónyuge si sufre o se siente vulnerable. Es una expresión apacible y delicada pero se deriva de su fortaleza.

Al amar usted también es generoso, en especial para dedicar su tiempo, atención, asistencia y ánimo. El ejemplo perfecto lo tenemos en la naturaleza generosa de Dios.

La compasión es un llamado hecho a todos los cristianos, pero el medio ideal para su expresión es dentro del matrimonio. Es el sentimiento de piedad y dolor por la experiencia difícil del cónyuge. Es dolerse con él o ella pero con un deseo genuino y activo de ayudar.

El perdón es como el botiquín de primeros auxilios para un matrimonio. El perdón dice: "No más culpa, no más cuentas por cobrar". Es un regalo no merecido que promete no traer a cuenta lo pasado.[23]

¿Cuándo terminó?

Fíate de Jehová de todo tu corazón, y no te apoyes en tu propia prudencia.
PROVERBIOS 3:5

¿Al fin cuándo termina? Siempre es así. Para algunos termina casi de inmediato y para otros dura semanas, meses o en algunos casos hasta varios años, pero de forma invariable llega a su fin en algún punto. Se trata de la luna de miel. Se supone que es un tiempo idílico en el que todo es perfecto para la pareja. De hecho, la definición escueta del diccionario es "vacación o viaje de descanso para la pareja recién casada". Como es obvio, no puede durar para siempre. Al decir "se acabó la luna de miel" nos referimos por lo general a un estado mental en el que se hace patente la disminución del idealismo romántico y el encuentro con la realidad de quién es la otra persona y qué es el matrimonio al fin de cuentas. Lo que antes no era evidente o que ninguno había notado se hace ahora muy obvio. Las parejas tienen tres alternativas al llegar a ese punto, y su elección determina el curso de su vida futura como pareja.

Una alternativa es enfocarse en las fallas aparentes de la otra persona y emprender una cruzada con el propósito exclusivo de cambiar al cónyuge.

La segunda respuesta posible es buscar la armonía, pero solo a punta de tolerancia y distancia. "Si no me molestas por esto o aquello, tampoco te meteré contigo en aquel asunto". En realidad es una aceptación del egoísmo de cada uno mediante la evasión de cualquier confrontación que conduzca a una separación emocional.

Esto es algo que puede durar cincuenta años o más. Todos hemos visto matrimonios de tolerancia. La pareja termina como un par de solteros casados.

La tercera alternativa consiste en que el esposo y la esposa notan sus fallas mutuas, pero en este caso optan por fijarse más en las propias que en las del cónyuge. Deciden pedir a Jesucristo que los refine y se proponen la meta de llegar a ser todo lo que Él quiere que sean, de manera específica en su matrimonio.

¿En cuál de estas tres posibles situaciones se encuentran ustedes? ¿En cuál les gustaría estar? La luna de miel siempre se acaba, y eso es algo bueno porque permite que comience el crecimiento real del matrimonio. Además, esto crea la oportunidad de que comience otra luna de miel mejor y más duradera.[24]

Cambio en la relación

*Clama a mí, y yo te responderé, y te enseñaré cosas
grandes y ocultas que tú no conoces.*
JEREMÍAS 33:3

Forjar relaciones nuevas y sólidas requiere cambio, y para algunos el cambio puede ser atemorizador. Sin embargo, podemos transformar cualquier relación si así lo decidimos y nos comprometemos a vivir nuestra vida conforme a la Palabra de Dios. Ahora bien, para vivir y reflejar algo en nuestra vida no solo debemos conocerlo, sino también darle tiempo para incorporarse a nuestra vida y llegar a ser parte de nuestros pensamientos y valores.

Si alguien le dice "usted es demasiado viejo para cambiar y aprender una nueva manera de reaccionar después de todos estos años", ¡eso no es cierto! Si alguien le dice que es fácil cambiar si tan solo se lo propone, ¡tampoco es cierto! El cambio es difícil, pero posible. Requiere energía, esfuerzo y tiempo, pero sí es posible. La esencia de nuestra fe cristiana es la esperanza. En ciertas situaciones de consejería, he visto a parejas casadas cambiar, pero le soy honesto, a veces no creí que el cambio fuera posible.

Somos criaturas de hábito, pero la presencia de Jesucristo en nuestra vida puede imponerse a los patrones de conducta que hayan sido reforzados en el transcurso de los años.

Estos son tres pasos demostrados que llevan al cambio: 1) Elija una conducta en particular que le gustaría cambiar; 2) Decida qué reacción diferente quisiera tener (con base en la Palabra de Dios); 3) Memorice la porción bíblica correspondiente y repítala entre quince y veinte veces al día.

Por cuanto nuestros pensamientos son un factor tan crítico en la manera en la reaccionamos a otros y a nosotros mismos, es posible que algunos de nuestros hábitos en las relaciones necesiten ser sometidos a una reconstrucción radical. Ahora imagínese en el acto de reaccionar de manera y positiva renovada en diversas situaciones. Hágalo unas quince a veinte veces al día. Si es necesario, interprete ese nuevo papel y actúe como tal frente a una persona de confianza. Encomiende a Dios esta nueva manera de relacionarse y agradézcale por todo lo que hará en su vida.

Mida su crecimiento con criterios nuevos. En lugar de enfocarse en el noventa por ciento de las veces que recaiga en el patrón antiguo, esfuércese en repetir el diez por ciento en el que sacó una nota excelente.

El sueño

Seremos como los que sueñan. Entonces nuestra boca se llenará de risa,
y nuestra lengua de alabanza.
Salmo 126:1, 2

Walter Wangerin cuenta esta historia:

Tuve un sueño. Fue sencillo y recuerdo más el sentimiento que los detalles, pero pareció durar mucho tiempo. Tan solo consistía en que un amigo mío venía a verme y yo estaba muy emocionado con la idea. No supe quién era el amigo pero eso no me pareció extraño. Supongo que no me preocupaba quién fuera, solo me concentré en la anticipación y la certeza de que vendría.

Cuanto más se acercaba el momento de su llegada, mi emoción aumentaba en intensidad. Me sentía más y más como un niño que retozaba de dicha, distraído de todos los demás asuntos de la vida porque solo podía pensar en este. Quería salir a la puerta y gritar al vecindario entero: ¡Mi amigo viene en camino!

Pues bien, era evidente que no había visto por muchos años a este amigo. Por la intensidad de mi emoción, ni siquiera me imaginé cuál sería su aspecto. ¿Acaso es esto posible? A duras penas podía esperar, y lo extraño es que más que su aspecto estaba convencido de que lo reconocería por su olor, cierto aroma que recordaba como algo reconfortante, suculento, cálido y arrobador, algo semejante a la frescura inconfundible de un corcel después que acaba de galopar. Por extraño que parezca, en anticipación de su llegada no aguzaba tanto la vista como el olfato y el paladar.

Una música animosa acompañó mi espera, y a medida que se acercaba esta música se volvía más compleja y exquisita. Por fin, él llegó.

En ese momento cubrí con mis manos mis mejillas, mientras lloraba y reía al mismo tiempo.

Él me miró a los ojos, con afecto que me atravesó el alma. Me sentí morir pero también más fuerte que nunca bajo el poder de su mirada, y supe al instante quién era. Me encendí como una llama perfecta al conocimiento de su nombre: JESÚS. Él llegó tal y como dijo que vendría.

Ya era un hombre adulto cuando tuve ese sueño, pero es una de mis posesiones más preciadas y lo recuerdo con frecuencia.[25]

¿Sueña usted con Jesús? Dialoguen acerca de lo que Él significa para cada uno de ustedes.

Los pequeños detalles

Y vio su amo que Jehová estaba con [José].
GÉNESIS 39:3

¿Cómo es su nivel de cumplimiento en las cosas pequeñas de la vida? ¿Las hace como es debido, las posterga o las olvida? Un ejemplo bíblico de alguien que fue fiel en los detalles se encuentra en los últimos capítulos de Génesis. Al considerar la historia de José, vemos a un hombre íntegro y confiable:

- Le fue asignada la responsabilidad de cuidar los rebaños de su padre "siendo de edad de diecisiete años" (Gn. 37:2).
- Después de ser vendido como esclavo por sus hermanos terminó en la casa de Potifar, donde cumplió tan bien sus deberes que fue puesto a cargo de todo lo que Potifar poseía (vea 39:5). La Biblia no dice por qué fue elevado, pero es probable que haya tenido que hacer labores penosas y arduas para ganarse la confianza de su amo.
- Rechazó los avances amorosos de la esposa de Potifar, pero de todas maneras fue arrojado en la prisión porque ella mintió y dijo que fue José el que había tratado de seducirla (vea vv. 7-18).
- Su carácter en prisión fue tan fuerte que el director de la prisión lo puso a cargo de todos los prisioneros (vea vv. 21-23).
- Tras interpretar el sueño del Faraón, fue sacado de la prisión y nombrado gobernador en Egipto, segundo en poder y autoridad solo a Faraón (vea 41:38-41).

¿Trató José de ascender en su nivel de responsabilidad? En realidad, no. Fue fiel en el cumplimiento de sus responsabilidades y tuvo contentamiento cada vez que Dios le daba más. Hasta sus palabras a la esposa de Potifar demuestran la calidad de su carácter: "He aquí que mi señor no se preocupa conmigo de lo que hay en casa, y ha puesto en mi mano todo lo que tiene. No hay otro mayor que yo en esta casa, y ninguna cosa me ha reservado sino a ti, por cuanto tú eres su mujer; ¿cómo, pues, haría yo este grande de mal, y pecaría contra Dios?" (Gn. 39:8, 9).

Todos tenemos ambiciones, pero ¿están enfocadas en lo correcto? Jesús dijo que la ambición más grande debe ser servir a los demás como un humilde siervo (vea Mr. 10:42-45).

Si usted quiere ser un líder, tiene que ser un siervo. ¿Quién en su matrimonio cumple con todas las "cosas pequeñas"?[26]

Ayuda del Espíritu Santo

Y de igual manera el Espíritu nos ayuda en nuestra debilidad; pues qué hemos de pedir como conviene, no lo sabemos, pero el Espíritu mismo intercede por nosotros con gemidos indecibles.
Romanos 8:26, 27

"Es que no sé qué decir en mis oraciones". ¿Alguna vez se ha sentido así al orar? "A veces me faltan las palabras". Usted no está solo, todos hemos sentido lo mismo. Al orar nuestra mente divaga y cada rato vemos el reloj para ver si hemos orado lo suficiente. ¿Le sucede esto cuando ora a solas? Algo muy interesante es que a las personas casadas que oran juntas esto les sucede con menos frecuencia.

El Espíritu Santo es la respuesta cuando no sabemos cómo orar y al sentirnos como paralíticos en nuestra vida de oración. Es allí donde realmente la obra del Espíritu Santo entra en acción. Él nos ayuda al mostrarnos por qué y cómo deberíamos orar. Esa es una gran promesa, ¡y el Espíritu Santo siempre la cumple! Son varias las maneras específicas en las que Él nos ayuda:

- El Espíritu intercede por usted cada vez que es oprimido por los problemas.
- El Espíritu lo guía porque dirige sus pensamientos a las promesas de la Palabra de Dios que más se aplican a sus necesidades.
- El Espíritu lo ayuda a orar de la manera correcta.

Uno de sus llamados en el matrimonio es asistir a su cónyuge cada vez que necesite ayuda. Siempre debe mantenerse alerta a esas llamadas de auxilio. Si tiene dificultad para orar, recuerde que puede orar por su cónyuge y que cuenta con una persona muy especial para fortalecerlo: El Espíritu Santo.

¿Cuánta determinación tiene?

...deseando verte, al acordarme de tus lágrimas, para llenarme de gozo.
2 TIMOTEO 1:4

Determinación férrea, porfiada y testaruda. Eso es lo que se requiere para perseverar. "Inténtelo vez tras vez tras vez". Ese es el mensaje que siempre se ha dado a niños, grupos, comunidades y hasta naciones: ¡Persista!

Cuando Roberto I (1274–1329) era rey de Escocia, los ingleses trataron de invadir su pequeño reino. "Roberto el Bruce" al fin de cuentas logró proteger e independizar a Escocia, pero hubo un tiempo en el que tuvo que huir de su castillo para evitar su captura y muerte. Escapó a una cueva y luchó con una depresión profunda y la incertidumbre acerca de qué debía hacer.

¿Siente a veces incertidumbre en cuanto a lo que debe hacer a continuación?

Después él notó una araña muy pequeña que tejía su red. Trabajaba sin interrupción a medida que añadía hilo tras hilo. A veces su trabajo se dañaba, pero la araña persistía y volvía a hacerlo hasta que fabricó una red que podía atrapar a alguna mosca distraída. El rey observó que la perseverancia de la araña reflejaba dos cualidades: Paciencia y tolerancia. La araña nunca consideró siquiera la posibilidad de darse por vencida. Al reflexionar en el ejemplo de la araña, Roberto comenzó a desterrar sus sentimientos de ansiedad.

¿Tiene sentimientos de ansiedad que deba desterrar de su vida?

Al mirar sus problemas desde un punto de vista más objetivo y lógico, el rey pudo ver con más claridad su situación.

¿Podría usted adoptar una perspectiva diferente de los asuntos que tiene que enfrentar?

El rey tomó entonces la decisión de que sería como la araña y nunca se daría por vencido. Se le ocurrieron nuevas ideas que puso en práctica de inmediato, y pudo librarse de la depresión. En el año 1328 alcanzó el éxito y los ingleses reconocieron la independencia de Escocia.

¿Siente a veces que las personas conspiran contra usted como los ingleses lo hicieron contra Roberto? ¿Hay obstáculos que le impiden acceder a lo que usted tiene previsto para su vida? Sin importar qué problema tenga usted enfrente, en lugar de chocar contra él de cabeza, ¿por qué no trata de pasar por encima, por un lado o por debajo? Trate un nuevo método: Cálmese, expulse los pensamientos depresivos y como la araña, persevere. Esto es posible si tiene al Señor como su socio.[27]

Dé el primer paso

Así que, todas las cosas que queráis que los hombres hagan con vosotros,
así también haced vosotros con ellos; porque esto es la ley y los profetas.
MATEO 7:12

¿Ha optado alguna vez por sentarse a esperar que su cónyuge tome la iniciativa para acercarse a usted después de un desacuerdo? ¿Ha sentido que ambos hicieron algo mal o dijeron algo que no debieron decir pero usted se empecina en no admitirlo primero? ¿Será que si usted admite que se equivocó su cónyuge dirá "Tienes razón" en lugar de admitir su propia responsabilidad en el problema? Joy Davidson dijo:

Titubeamos para ser los primeros en aplicar la regla de oro. Sentimos que no es seguro y que debemos esperar hasta que todo el mundo se disponga a aplicarla al mismo tiempo que nosotros. No obstante, es por eso mismo que el mundo entero nunca está dispuesto a hacerlo, todos están a la espera de que el otro tome la iniciativa. Por supuesto que no es seguro, perderemos muchas ventajas propias del mundo si amamos al prójimo como a nosotros mismos y es posible que hasta perdamos la vida. Ahora bien, eso es justo lo que Dios nos dijo que hiciéramos.

Cristo nunca nos ofreció seguridad. Él dejó eso a los políticos, y podemos suponer que Caifás la ofreció en gran cantidad. Cristo nos dijo que esperáramos pobreza, humillación, persecución y dolor, y que nos considerásemos bienaventurados en aceptar esas pruebas. La buena nueva que vino de Nazaret nunca fue una noticia reconfortante según los parámetros del mundo. De alguna manera, las noticias que parecen reconfortantes casi siempre vienen de Satanás. Por mucho tiempo hemos tratado de aprovechar lo mejor de ambos mundos, de aceptar el cristianismo como un ideal y el materialismo como una práctica. En consecuencia, hemos llegado a la bancarrota espiritual.

Oh Dios, ayúdame a perdonar a otros como quiero que me perdonen. Que yo trate de comprenderlos tal como me gustaría ser comprendido. Que vea con sus ojos, piense con la mente y sienta con el corazón de cada uno de ellos. Después haz que me pregunte si debo juzgarlos o juzgarme a mí mismo y aceptarlos como niños al igual que yo, hijos de un mismo Padre celestial.[1]

¿Se acuerda?

Acordaos de lo que os habló...
LUCAS 24:6

"¿Te acuerdas?" Es una pregunta que se harán el uno al otro durante todo su matrimonio. A ver si recuerdan:

- La primera vez que se vieron.
- La primera vez que salieron juntos.
- El primer beso. El primer desacuerdo. La primera reconciliación.

¿Recuerdan con exactitud cuáles fueron sus votos nupciales en la boda? ¿Recuerdan los mejores momentos en su matrimonio y los peores? (Tal vez no sea una pregunta que quieran responder, pero lo que más recuerden puede determinar el curso de su matrimonio.)

Recordar. ¿Sabe qué significa? En términos literales, consiste en traer imágenes a la memoria para recrear el pasado, como si pudiera verlo y vivirlo de nuevo. Los videos y las fotografías son importantes porque nos ayudan a recordar. La vida está llena de recuerdos, pero lo triste es que la mayoría se desvanecen muy rápido o son nublados por lo que sucede en el momento. Recordar es un componente importante de su presente y también de su futuro. Woodrow Wilson dijo: "Una nación que no recuerda el ayer no sabe qué es el hoy ni qué va a hacer en el futuro. Trabajamos en vano si no sabemos de dónde vinimos y qué hemos sido hasta ahora".

Moisés recordó a los hijos de Israel quiénes y qué eran: "Acuérdate que fuiste siervo en tierra de Egipto, y que Jehová tu Dios te sacó de allá con mano fuerte y brazo extendido" (Dt. 5:15).

Es importante recordar los sucesos significativos de su matrimonio, y es todavía más crucial recordar su llamamiento y quiénes eran ustedes antes de que Cristo viniera a su vida. Recuerden siempre lo que Dios ha hecho por ustedes, no cada mes ni cada semana, sino a diario, porque es el regalo más grande que ustedes podrán recibir jamás. No se les olvide recordarlo.[2]

Mensaje para los esposos

Maridos, amad a vuestras mujeres, y no seáis ásperos con ellas.
COLOSENSES 3:19

El mensaje de hoy es para los esposos, pero es bueno que las esposas lo lean con tal que cumplan las siguientes condiciones: Absténganse de hacer referencia a este mensaje y decir "recuerda lo que escribió Norman"; tampoco vayan a decir a su esposo "eso es lo mismo que te he dicho todo el tiempo, ¿sí ves que yo tenía toda la razón?" Además, deben considerar si el mensaje también se aplica de algún modo a ustedes, ¿estamos de acuerdo?

Ahora bien, este versículo es como muchos en las Escrituras. Dice a los esposos qué hacer y qué no hacer. ¿Alguna vez ha cocinado algo y las instrucciones decían "hierva una vez y luego deje a fuego lento durante diez minutos"? La amargura es eso mismo, enojo a fuego lento. Puede quedarse en el interior de la persona y abrir un agujero en su estómago que le impide dormir, o puede expresarse de formas verbales y no verbales como una mirada de desagrado o una mueca.

Por lo general se desarrolla porque lo han lastimado o siente frustración después que algo no salió como esperaba. Muchas veces el hombre pasa horas enfrascado en el mismo asunto en su mente, como si tuviera un video del motivo de su frustración y se dijera a sí mismo: "Bueno, ya es hora de poner la grabación en la máquina y oprimir el botón de reproducción infinita". Tocar el mismo disco una vez no es malo, pero cada vez que se repite lo mismo es como sentir la experiencia penosa una y otra vez. Cada vez que el hombre hace esto, profundiza la herida del resentimiento y la cauteriza en lo profundo de su cerebro. Algunas heridas se ven incluso como tatuajes en los bancos de memoria del cerebro.

La Palabra de Dios dice que debemos librarnos de toda amargura. No tiene lugar en la vida de un esposo, además hay una manera de vivir mucho mejor que las parejas pueden experimentar. Se llama perdón. Su cónyuge no puede hacerse merecedor del perdón y no tiene que hacerlo. Después de todo, nosotros somos perdonados por Dios y nunca nos hicimos acreedores al perdón divino porque jamás habríamos podido hacerlo. No merecimos recibirlo pero fue un regalo, y ese es el ejemplo que debemos seguir.

¿Cómo puede saberlo?

Porque los caminos del hombre están ante los ojos de Jehová,
y él considera todas sus veredas.
PROVERBIOS 5:21

¿Alguna vez ha tratado de evitar que su cónyuge se entere de algo? Por ejemplo, que olvidó pagar una cuenta y el acreedor lo llamó o le envió una carta, y usted optó por obviar la mención de esta experiencia. ¿Tuvo éxito en ocultar algo así, tal vez por un breve tiempo o desde siempre? Tal vez usted pueda mantener algo oculto de otra persona y hasta de su cónyuge, pero ni siquiera trate de hacer eso con Dios. Es una causa perdida porque Él lo sabe todo y lo ve todo. Nada puede tomarlo por sorpresa.

¿Conoce usted a su cónyuge? En alguna medida.

¿Lo conoce de verdad su cónyuge? Hasta cierto punto.

Con Dios no hay medidas ni puntos, su conocimiento es completo y total, además de personal.

Oh Jehová, tú me has examinado y conocido. Tú has conocido mi sentarme y mi levantarme; has entendido desde lejos mis pensamientos. Has escudriñado mi andar y mi reposo, y todos mis caminos te son conocidos. Pues aún no está la palabra en mi lengua, y he aquí, oh Jehová, tú la sabes toda. Detrás y delante me rodeaste, y sobre mí pusiste tu mano. Tal conocimiento es demasiado maravilloso para mí; alto es, no lo puedo comprender. ¿A dónde me iré de tu Espíritu? Si subiere a los cielos, allí estás tú; y si en el Seol hiciere mi estrado, he aquí, allí tú estás (Sal. 139:1-3).

¿Es esto algo aterrador? No.

¿Nos debería preocupar? No.

¿Es un motivo de regocijo? ¡Sí, sí, sí!

¿Por qué? Dios lo conoce, lo acepta y lo ama. Él es el ejemplo perfecto de la manera en la que debemos amarnos y aceptarnos el uno al otro. Muchas veces el amor, el respeto y la aceptación disminuyen a medida que una persona conoce más a su cónyuge. Así no debe ser. El plan de Dios es que ustedes conozcan tanto como sea posible el uno del otro. Eso da más motivos para amar, no menos. Si llegan a tener dificultades con este concepto, recuerden que Dios los ama y sabe todo acerca de ustedes.

¡La vida santa sí es posible!

El temor de Jehová es el principio de la sabiduría, y el conocimiento del
Santísimo es la inteligencia.
PROVERBIOS 9:10

Vayamos al grano en esta discusión. ¿Qué significa vivir una vida santa? Dios quiere que demos la espalda a la maldad. No tenemos que ubicar la maldad porque nos rodea por todas partes. ¿Podemos evitar todo pecado? No, lo cierto es que vamos a pecar. Sin embargo, hay una forma de librarnos de él: "En esa voluntad somos santificados mediante la ofrenda del cuerpo de Jesucristo hecha una vez para siempre... porque con una sola ofrenda hizo perfectos para siempre a los santificados" (He. 10:10).

Dios quiere que le sirvamos. ¿Qué sucedería si cada mañana usted pidiera a Dios que le mostrara una nueva manera de servirle? Si usted lleva un estilo de vida santa, significa que no es usted el que controla o toma decisiones en su vida. Jesús es el Señor. Al consultar a Dios usted adopta su perspectiva y mentalidad perfectas en su vida.

Dios también quiere librarlo de todos los ídolos en su vida. Los ídolos que adoramos en la actualidad tal vez sean un poco diferentes a los de otros tiempos, pero usted los reconocerá como tales a continuación.

Dios no quiere que adoremos al dios de la riqueza. La riqueza no produce felicidad. Debemos confiar en Dios y no en los certificados de depósito, las cuentas de ahorros o las acciones de la bolsa de valores. También existe el dios del placer que se presenta en diversas formas. El entretenimiento es fantástico, pero ¿quién está a cargo? ¿La televisión o nosotros? También están los dioses del éxito, los títulos y el estatus que son diversas manifestaciones del orgullo.

Otro ídolo es el dios del culto al yo. Más personas de las que se cree han caído en la trampa del narcisismo con su deseo de tener un cuerpo despampanante, lo cual en sí mismo no es malo pero nunca debería convertirse en prioridad ni obsesión.

Dios no quiere que vayamos en pos de otros dioses. Si lo hacemos, no lo adoramos a Él como el único Dios santo, y tampoco llevamos una vida santa. Sí, la santidad implica que seamos refinados, pero en últimas es lo único que va a perdurar.[3]

Una cubierta sagrada

Me llevó a la casa del banquete, y su bandera sobre mí fue amor.
CANTARES 2:4

Matrimonios fuertes y espiritualidad deben ir de la mano. El compromiso espiritual mejora la calidad de nuestro matrimonio. La fe en Dios debería hacer una diferencia radical en la relación con nuestro cónyuge y aumentar nuestro amor mutuo. Por otro lado, algo anda muy mal si el compromiso con Dios es lo único que mantiene unido a un matrimonio. En ese caso el matrimonio se vuelve una prisión para dos individuos insatisfechos en lugar de un oasis de amor y aceptación y un lugar de refrigerio y restauración.

En su libro *Spheres of Love* [Esferas de amor], el doctor Stephen G. Post sugiere que la alta estima que gozó el matrimonio en otro tiempo ha sido difícil de mantener porque le falta lo que él definió como "una cubierta sagrada", es decir, una afirmación de las creencias fundamentales acerca del estado santo del matrimonio. Post escribe: "La dignidad plena del matrimonio debe articularse de nuevo". Esto significa que debemos replantear, en términos que otros puedan entender, la seriedad y la posición elevada del matrimonio. El matrimonio es un estado solemne que el mundo ahora toma con demasiada ligereza. El matrimonio fue parte del orden natural de Dios. El matrimonio trasciende las culturas. Es un compromiso serio que debe tomarse como un lazo permanente y el fundamento de la unidad familiar. El doctor Post añade: "El matrimonio es en esencia una unión tan misteriosa como la de Cristo y la Iglesia, por eso debe tomarse con suma reverencia mediante el intercambio de votos sagrados ya que habrá de convertirse en morada de Dios".

Henri Nouwen en su libro *Seeds of Hope* [Semillas de esperanza] amplía el concepto del matrimonio como morada de Dios:

El matrimonio no es una atracción de por vida entre dos individuos, sino un llamado a que dos personas den juntas testimonio del amor de Dios... El misterio real del matrimonio no es que el esposo y la esposa lleguen a amarse tanto que pueden encontrar a Dios en la vida de cada uno, sino que Dios los ama tanto que pueden descubrirse el uno al otro cada vez más como evidencias preciosas de la presencia de Dios. Los esposos al unirse como dos manos se extienden en oración hacia Dios y forman entre sus palmas un hogar para Dios en este mundo.[4]

Seguir a Jesús

Solamente que os comportéis como es digno del evangelio de Cristo,
FILIPENSES 1:27

Como un seguidor de Jesucristo, ¿hace usted lo que dice este versículo en su matrimonio? ¿Lo sigue en su forma de actuar y reaccionar hacia su cónyuge? Considere los siguientes ejemplos en la vida de Jesús.

Jesús tuvo compasión. Vemos su compasión expresada en Marcos 8:2: "Tengo compasión de la gente, porque ya hace tres días que están conmigo, y no tienen qué comer". Su interés fue aliviar el sufrimiento y satisfacer las necesidades de las personas. ¿De qué manera puede usted demostrar compasión a su cónyuge?

Jesús aceptó a las personas. Tan pronto Jesús entraba en comunicación con las personas, Él las aceptaba como eran. En otras palabras, creía en ellas y en lo que habrían de convertirse. La característica de aceptación puede verse en Juan 4, Juan 8 y Lucas 19. Cuando Jesús encontró a la mujer en el pozo, la aceptó como era sin condenarla. Aceptó asimismo a la mujer sorprendida en adulterio, como lo hizo también con Zaqueo, el recolector de impuestos deshonesto. ¿Cómo puede usted aceptar más a su cónyuge?

Jesús confirió valor a las personas. Las personas tuvieron importancia prioritaria para Jesús. Él estableció esta prioridad y dio valor a cada persona al anteponer sus necesidades a las reglas y regulaciones que los líderes religiosos habían impuesto. Él se involucró en la vida de personas que eran consideradas como pecadoras, y acudía en respuesta a su necesidad más urgente. Al hacer esto, elevó la dignidad y el respeto de cada uno hacia sí mismo.

Una de las maneras en las que Jesús elevó la dignidad de las personas fue mostrarles su valor ante los ojos de Dios, al comparar el cuidado divino hacia otras criaturas y hacia ellos: "¿No se venden dos pajarillos por un cuarto? Con todo, ni uno de ellos cae a tierra sin vuestro Padre" (Mt. 10:29).

¿Qué puede hacer usted para que su cónyuge se sienta más valioso(a) el día de hoy?

Cuidado con la lengua

La lengua de los sabios adornará la sabiduría;
mas la boca de los necios hablará sandeces.
PROVERBIOS 15:2

Pregunta: ¿Cuántas veces se mencionan las palabras "lengua", "boca", "labios" y "palabras" en Proverbios? La respuesta se da más adelante, pero baste decir por ahora que Proverbios es la mejor guía sobre comunicación que existe y en consejos prácticos rebasa a cualquier otro libro de la Biblia. Considere las siguientes lecciones sobre ciertas cosas que deben evitarse:

- ¿Qué decir de la jactancia? "Como nubes y vientos sin lluvia, así es el hombre que se jacta de falsa liberalidad" (Pr. 25:14). Es charlatanería inútil y ridícula. Pablo también se pronunció al respecto: "Ninguna palabra corrompida salga de vuestra boca, sino la que sea buena para la necesaria edificación, a fin de dar gracia a los oyentes" (Ef. 4:29).
- ¿Qué hacer con las adulaciones? "El que reprende al hombre, hallará después mayor gracia que el que lisonjea con la lengua" (Pr. 28:23). Sabemos cómo endulzar a alguien, en especial para conseguir algo a cambio. Esto en nada beneficia la relación matrimonial.
- ¿De qué sirven las palabrerías y retahílas? Proverbios 10:19 tiene la respuesta: "En las muchas palabras no falta pecado; mas el que refrena sus labios es prudente". Otra versión dice: "No hables tanto porque vas a terminar con el zapato en la boca. ¡No seas insensato y apaga el chorro!" ¡Bastante gráfico! Uno a veces se encuentra con personas que llenan el aire de palabras insulsas y vacías que nada significan ni aportan, en especial a una pareja casada.
- Algo más que debemos evitar son palabras coléricas y pendencieras: "El hombre iracundo levanta contiendas, y el furioso muchas veces peca" (Pr. 29:22). El espíritu de contienda se caracteriza por rigidez, terquedad e ira. Las discusiones constructivas que se hacen con el propósito de resolver conflictos son sanas, pero hay muchos argumentos que no se conducen en este espíritu.

Si le gustaría leer otros pasajes poderosos en Proverbios acerca de la comunicación y el enojo, busque en 14:16, 17; 15:4; 17:14, 22, 24, 25. Eso apenas es para comenzar. A medida que lee, ¿cuáles son los versículos que fortalecerían su vida si usted los pusiera en práctica?

La respuesta a la pregunta inicial es: ¡Más de ciento cincuenta veces!

El tiempo, ¿amigo o enemigo?

Todo tiene su tiempo... tiempo de callar, y tiempo de hablar.
ECLESIASTÉS 3:1, 7

"Me gustaría poder controlar el tiempo".

"No puedo darme el lujo de desperdiciar mi tiempo".

"Pronto se acabarán mis limitaciones de tiempo y podré pasar más tiempo con mi cónyuge".

"Este año sacaré tiempo para tener citas románticas con mi cónyuge".

"Algún día, cuando tenga tiempo, voy a sentarme a hablar con mi cónyuge. De verdad que sí".

Estas son frases comunes que reflejan nuestras buenas intenciones. Las decimos con el propósito de corregir y simplificar la vida. Son palabras diseñadas para aliviar tensiones y dar esperanza, pero con demasiada frecuencia no pasan de ser sueños infructuosos en el matrimonio.

¿Cómo es que se "saca" tiempo o se "encuentra" tiempo o se "encoge" el tiempo o se "desperdicia" el tiempo? ¿Alguna vez ha pensado en las frases que usamos al hablar acerca de nuestro uso del tiempo? A veces lo estiramos (¡no sabía que era elástico!), otras veces hacemos malabares con él (¿serán las horas y los minutos como pelotas, aros o bolos?), y también lo programamos en nuestra agenda (¿acaso le ponemos un cronómetro al tiempo?)

En últimas, ¿cómo define usted la palabra "tiempo"? ¿Se ha detenido a pensar si Adán y Eva tenían alguna noción de tiempo? ¿Acaso tenían algún tipo de reloj para marcar el paso de las horas? Es probable que no. ¿Es su vida dictada por el reloj? ¿Le dice su reloj cuándo debe comenzar a trabajar, a qué hora jugar, comer, dormir y hasta cuándo hacer el amor? ¿Ha dicho alguna vez "es demasiado temprano para ir a dormir" o "no es hora de cenar" o "es demasiado tarde para tomar una siesta"? ¿Acaso ha dicho "no tengo tiempo para hablar ahora mismo"? Si es así, ¿quién está en control de su vida? ¿Usted o su reloj?

Aunque nuestros métodos y técnicas para ahorrar tiempo se han vuelto más sofisticados, nunca hemos tenido que luchar tanto para manejarlo bien. Se supone que el tiempo es nuestro servidor y no nuestro amo. Necesitamos apartar tiempo para enriquecer el matrimonio de cada uno de nosotros.

¿No debería dedicar a su matrimonio el tiempo que gasta en otras actividades? Quizá ya sea hora de hablar sobre el uso correcto del tiempo con su cónyuge.[5]

¿Qué mora en usted?

La palabra de Cristo more en abundancia en vosotros.
COLOSENSES 3:16

¿Ha abierto alguna vez una pera o una manzana solo para encontrar algo que vive en su interior que no le agradó ver? Usted sabe muy bien cuál sería su reacción, ¡en especial si ya hubiera dado un mordisco!

Cierta vez en una reunión familiar, mi hija ya adulta entró a la sala y vio una canasta con las fresas más grandes, maduras y jugosas que jamás había visto. Ella se sirvió un plato y se sentó a comerlas una por una. Como eran tan grandes, al morder la primera la otra mitad quedó en su mano y así pudo ver lo que había dentro de la fresa. Había una protuberancia rara y notó unos granos que parecían huevos en miniatura, así como la mitad de una tijereta que se retorcía. Al darse cuenta de lo sucedido corrió al baño para escupir el pedazo de fresa que tenía en la boca, ¡así como los restos triturados de la tijereta! El insecto había convertido el interior de esa fresa en su morada y se había sentido "en casa" hasta ese momento.

Todos tenemos diferentes cosas que moran en nuestro interior. Podrían ser gérmenes o una infección, pero también podría tratarse de pensamientos y fantasías que vulneran nuestro matrimonio. Pablo dijo que hay algo que debe arraigarse muy hondo en la vida de un esposo y una esposa. Se llama la Palabra de Dios.

¿Se siente usted cómodo si las Escrituras no solo establecen morada en su mente, sino que también dirigen su vida? Tal vez sea una experiencia nueva y sin precedentes, pero lo cierto es que puede llegar a ser muy reconfortante. Muchas personas saben qué dice Efesios 4:32: "Antes sed benignos unos con otros, misericordiosos, perdonándoos unos a otros, como Dios también os perdonó a vosotros en Cristo". Sin embargo, vivir esto en la práctica es algo muy distinto. Si este pasaje de verdad vive en un esposo y su esposa, significa que la vida de ellos es su hogar, su morada. Ese matrimonio será el lugar donde se siente "en casa" y cómodo. Esto implica que cada cónyuge mire al otro y piense: "¿Cómo puedo ser benigno, misericordioso y perdonador contigo?"

¿Moran las Escrituras en su matrimonio? ¿Qué puede hacer hoy por su compañero de toda la vida?

El compañerismo es una necesidad

Así que, sigamos lo que contribuye a la paz y a la mutua edificación.
ROMANOS 14:19

¿En qué condición está su amistad? El matrimonio funciona mucho mejor cuando los cónyuges son los mejores amigos. Esto a veces se llama "compañerismo" o incluso "camaradería". Ron Hawkins nos aporta algunas ideas útiles acerca de este tema.

El buen compañerismo implica nuestra libre elección del cónyuge como compañía y nuestra aceptación incondicional de su personalidad y demás cualidades únicas.

El buen compañerismo se fundamenta en la convicción de que somos amados en todo aspecto por nuestro cónyuge. Por lo tanto, no necesitamos cambiar una sola cosa para ganar o retener ese amor.

El buen compañerismo requiere un compromiso para enfocarse en lo positivo mientras uno esté en presencia del otro.

El buen compañerismo incluye nuestra decisión libre para pasar la mayor parte de nuestro tiempo libre con el cónyuge.

El buen compañerismo viene como resultado de nuestra disposición a permitir y apoyar las diferencias individuales. Los buenos compañeros no tratan de hacer que el otro se ajuste a algún molde predeterminado.

El buen compañerismo implica la disposición a hablar con el otro en un lenguaje que comunica amor.

Los buenos compañeros no tratan de satisfacer todas las necesidades del otro, sino solo aquellas para las cuales tengan recursos. Jesucristo es el único que puede satisfacer ciertas necesidades de su cónyuge.

Los buenos compañeros pasamos tiempo juntos porque nos damos el uno al otro el regalo del tiempo. Nos divertimos juntos porque nos damos el regalo de la risa. Compartimos sentimientos y pensamientos porque nos damos el regalo de la comunicación abierta. Nos gusta estar juntos porque nos damos el regalo de la apreciación mutua. Discutimos toda clase de asuntos porque nos damos el regalo de la privacidad. Sobrevivimos juntos las crisis porque nos damos el regalo de la dependencia mutua. Discutimos nuestros temores porque nos damos el regalo de la vulnerabilidad. Cubrimos las debilidades de cada uno porque nos damos el regalo de la protección. Celebramos juntos nuestros valores individuales porque nos damos el regalo del respeto. Acogemos una vida aparte del tiempo que pasamos juntos porque nos damos el regalo de la individualidad y la libertad. Nos decimos la verdad porque nos damos el regalo de la honestidad. Manejamos juntos el conflicto porque nos damos el regalo de la ira apaciguada. Practicamos el perdón porque nos perdonamos sin esperar algo a cambio. Practicamos la aceptación incondicional porque nos damos el regalo del amor.[6]

¿Qué significa compromiso?

Por esto el hombre dejará padre y madre,
y se unirá a su mujer, y los dos serán una sola carne.
MATEO 19:5

La palabra "compromiso" no se usa en la Biblia, pero sí derivaciones como "comprometido" y "comprometerse". Compromiso tiene dos significados en griego: "hacer o practicar" y "encomendar algo a una persona". El compromiso implica imponerse la obligación de cumplir una promesa o garantizar que se va a emprender un curso de acción en particular. El acto de encomendarse a otro debería ser respaldado por razones sobrias. Tanto hombres como mujeres deberían ser capaces de presentarse a sí mismos y a los demás argumentos sensatos y racionales de por qué sus matrimonios son relaciones saludables y se puede esperar que florezcan. El compromiso también implica consentimiento, pues las personas permanecen en sus relaciones por voluntad propia. Si la voluntad para relacionarse con otra persona es respaldada por razones que validan los beneficios y la viabilidad de la relación, es razonable anticipar que será una relación estable y duradera.

El compromiso implica un juramento solemne por parte de cada cónyuge a la fidelidad de por vida. Si hay compromiso, la pareja entra en un pacto irrevocable. Se juran fidelidad mutua sin importar las circunstancias. Es algo similar al espíritu de Hernán Cortés cuando en 1519 echó anclas y entró con sus tropas a Veracruz, México. Los más de seis mil hombres tenían un compromiso irrevocable a su tarea de conquistar las nuevas tierras para la madre patria. Tan pronto Cortés prendió fuego las embarcaciones que los trajeron, no hubo ni siquiera posibilidad de una retirada. Esa clase de compromiso a "no irse en retirada" en el matrimonio es el indicado por el versículo de hoy.

El compromiso es la aceptación incondicional del cónyuge y la renuncia al placer y la comodidad personal.

El compromiso cuesta y la confiabilidad tiene precio. Alentar al cónyuge todo el tiempo, ser comprensivos sin juzgar y decir no a los deseos personales va en contra de nuestra naturaleza egoísta. El compromiso significa organizar el tiempo, los pensamientos y los recursos de uno en función y beneficio de otro u otros. Significa renunciar en gran medida a la libertad y los derechos personales.[7]

¿Confianza en quién?

Y conoceremos, y proseguiremos en conocer a Jehová...
OSEAS 6:3

Fíate de Jehová de todo tu corazón, y no te apoyes en tu propia prudencia.
Reconócelo en todos tus caminos, y él enderezará tus veredas...
La maldición de Jehová está en la casa del impío,
pero bendecirá la morada de los justos.
PROVERBIOS 3:5, 6, 33

Al pensar en qué es lo que mantiene unido a un matrimonio de sesenta años, tanto en los tiempos buenos como en los malos, nos preguntamos qué es lo que se requiere en realidad para lograrlo...

Si tratamos además de reducir a su esencia el proyecto gigantesco de criar hijos y queremos descubrir el secreto del éxito, aquel principio clave que le permite a usted como padre contribuir a la sociedad con adultos respetables en lugar de delincuentes y homicidas:

- No es el simple sentido común.
- No es seguir las tradiciones de sus padres y abuelos.
- No es suerte.
- No es leer todos los libros de los expertos y seguir todos sus consejos.

Más bien, es "confiar en el Señor" (Pr. 3:5).

Ese pasaje conocido no niega la utilidad del entendimiento humano. Más bien pareciera decir: "Lea todos los libros que tenga a su alcance. Hable con las generaciones más sabias de otros tiempos para averiguar qué hicieron bien y recolecte todos los consejos y la sabiduría que pueda, pero no cometa el error de apoyarse en esto porque no tiene la fortaleza suficiente para llevarlo a su destino.

Imagínese que está parado junto al gran cañón del Colorado y puede ver el abismo a sus pies. Hay una valla al borde del precipicio y pueden verse todos los avisos que le dicen "tenga mucho cuidado". Ese es un buen consejo, pero hacerle caso no implica que usted vaya a apoyarse en la valla o en los letreros porque lo más seguro es que no sean tan resistentes como parece. Más bien mantenga su peso firmemente plantado en la roca que tiene bajo sus pies.

Lo mismo se aplica al evitar los diversos peligros que amenazan la vida de una familia. Las señales y advertencias humanas tienen su lugar, pero la única seguridad real consiste en permanecer anclados a la Roca.[8]

El costo del éxito

Igualmente, jóvenes, estad sujetos a los ancianos; y todos,
sumisos unos a otros, revestíos de humildad; porque: Dios resiste a los soberbios,
y da gracia a los humildes. Humillaos, pues, bajo la poderosa mano de Dios,
para que él os exalte cuando fuere tiempo; echando toda vuestra ansiedad sobre
él, porque él tiene cuidado de vosotros.
1 PEDRO 5:5-7

La mayoría de nosotros quiere alcanzar el éxito. De hecho, todos nosotros queremos triunfar porque es mucho mejor que probar el fracaso. Vivimos en una sociedad saturada por la noción de éxito. Hay libros, clases, videos, audio casetes y seminarios que prometen enseñar algún método novedoso que nos permitirá saborear el éxito. El problema con el éxito es el costo. ¿Quién lo calcula por adelantado? Un comentario en The Executive Digest [El compendio para ejecutivos] decía: "El problema con el éxito es que su fórmula es la misma que la de un colapso nervioso". Esto suena desolador y mordaz, pero muchas veces es cierto.

Hay otra forma de alcanzar el éxito que no requiere empujar, rivalizar, aparentar ni ser sagaces y agresivos. Es un método sencillo. Es el método de Dios y ya lo leyeron en el pasaje de hoy. Sus elementos son la autoridad, la actitud y la ansiedad. Léalo de nuevo. Primero que todo, sométase a los que saben más que usted. Preste atención a sus consejos, su sabiduría, las lecciones que han aprendido y su orientación. En algunas ocasiones su mismo cónyuge será esa persona. Después sea humilde, en especial delante de Dios. Permita que Él lo lleve al éxito a su manera y en su tiempo. No tenga duda de que así sucederá. Podemos optar por halar cuerdas y manipular, o podemos dejar que Dios sea quien obre. Una actitud humilde no ofende ni ahuyenta a otras personas sino que les atrae porque usted es diferente. ¿Cómo demuestra humildad en su matrimonio?

Por último, junte todas las ansiedades que sin duda plagarán su vida y arrójelas, échelas fuera y ríndalas por completo a Dios. Permita que Él se encargue de ellas.

El éxito lo espera, al igual que el plan de Dios. ¡Es porque van de la mano![9]

El amor es...

1 Corintios 13
Traducción de J. B. Phillips

Si hablo con la elocuencia de hombres y ángeles pero no tengo amor, me he vuelto un metal rimbombante o un címbalo ruidoso. Así tenga el don de predecir el futuro y posea en mi mente no solo todo el conocimiento humano, sino los secretos de Dios mismo, y además tengo fe absoluta que puede mover montañas, pero no tengo amor, ¡nada soy! Si dispongo de todo lo que tengo y entrego hasta mi propio cuerpo para que sea quemado pero carezco de amor ¡de nada sirve!

Este amor del que hablo es tardo para impacientarse, siempre busca la manera de ser constructivo, no es posesivo, no es ansioso ni trata de impresionar a nadie y tampoco atesora ideas infladas ni se promueve a sí mismo.

El amor tiene buenos modales y no procura la ventaja egoísta. No es melindroso ni cascarrabias, no lleva cuenta de las ofensas ni hace ínfulas por la maldad de otra gente. Por el contrario, hace partícipes de su gozo a los que viven conforme a la verdad.

El amor no tiene límite en su capacidad de resistencia, su confiabilidad no tiene fin y su esperanza nunca disminuye. El amor puede durar más que cualquier cosa y nunca falla... Cuando yo era un infante hablaba, sentía y pensaba como un pequeño niño. Ahora que soy un hombre me he deshecho de las cosas infantiles.

En el presente somos hombres que miran reflejos difusos en un espejo. Vendrá el tiempo en que veremos toda la realidad de las cosas y cara a cara. En el presente todo lo que sé es una fracción de la verdad, pero vendrá el tiempo en que conoceré con la misma plenitud con que Dios me ha conocido.

En esta vida las cualidades más grandes y perdurables son fe, esperanza y amor, pero la más grande de todas es el amor.

Una oración por su matrimonio

Así que, hermanos, os ruego por las misericordias de Dios,
que presentéis vuestros cuerpos en sacrificio vivo, santo, agradable a Dios,
que es vuestro culto racional.
ROMANOS 12:1

Amado Dios:

Hoy oro para pedirte sabiduría y entender qué necesito hacer en mi matrimonio.

Ayúdame a vencer mi indisposición a enfrentar la verdad como tanto lo necesito. A veces me resulta difícil oír la verdad cuando es mi cónyuge quien la dice.

Necesito tu ayuda para vencer la pereza que me impide aprender la verdad.

Ayúdame a vencer mi terquedad porque me impide aceptar la verdad, en especial dentro de mi propia familia.

De verdad necesito fuerzas para vencer el orgullo que me impide buscar y aceptar la verdad.

Abre mis ojos y oídos para poderte oír hablar a mi conciencia.

Quita cualquier arrogancia en mi vida que me impida aceptar consejos sabios.

Abre mi mente bloqueada que resiste lo que mi cónyuge sugiere y aun a tu Espíritu Santo, el Espíritu de verdad.

Dame la gracia y el poder para hacer lo que sé que debo hacer en mi matrimonio.

Señor, líbrame de desviarme del camino recto. Ayúdame con mi falta de resistencia a la tentación y perdóname por ceder tan fácilmente.

Ayúdame a vencer mi hábito de postergar todo lo que es necesario hacer cuanto antes.

Dame la perseverancia para completar las tareas que son importantes para mi cónyuge.

Una vez más, te pido sabiduría para conocer tu voluntad y hacerla.

En el nombre de Jesús, amén.[10]

Él está a cargo

En Dios solamente está acallada mi alma; de él viene mi salvación.
El solamente es mi roca y mi salvación; es mi refugio, no resbalaré mucho.
SALMO 62:1, 2

Es muy importante que ustedes como pareja busquen la voluntad de Dios para sus decisiones, así como que hablen acerca de cómo sienten que Dios les habla y dirige. Recuerden los siguientes hechos acerca de la voluntad de Dios: Él tiene algo que quiere que ustedes hagan para Él en esta vida. Él ha establecido un patrón de la manera como deben vivir su vida. También tiene algo más para ustedes, y es el tiempo apropiado para hacer lo que Él quiere que hagan. El tiempo perfecto es un aspecto definitivo de su voluntad. Para algunos individuos y parejas es difícil esperar y hasta su personalidad los lleva a obviar la noción misma de esperar. Hay inquietud y nerviosismo constante en su vida y esto puede hacer que una persona actúe antes de que Dios diga que es tiempo de actuar. ¿Cómo es su disposición para esperar? Por ejemplo, en cosas tan simples como ingerir casi todo su postre antes de la cena porque no pudo "esperarse" a probarlo, abrir un regalo de cumpleaños o de navidad antes del día señalado porque no "se aguantó" las ganas de verlo o gastar el sueldo antes de recibirlo porque no puede perderse aquel producto o servicio nuevo que salió al mercado. "No pude esperar" es una frase que no forma parte del vocabulario que Dios quiere inculcarnos porque va en contra de su Palabra. Preste atención a estas palabras y note los beneficios de esperar:

Integridad y rectitud me guarden, porque en ti he esperado (Sal. 25:21).

Aguarda a Jehová; esfuérzate, y aliéntese tu corazón; sí, espera a Jehová (Sal. 27:14).

Espera en Jehová, y guarda su camino, y él te exaltará para heredar la tierra; cuando sean destruidos los pecadores, lo verás (Sal. 37:34).

A causa del poder del enemigo esperaré en ti, porque Dios es mi defensa (Sal. 59:9).

Recuerde que Dios tiene todo el tiempo del mundo. Dios tiene un orden y ritmo precisos para nuestra vida. No se quede sin experimentarlo.

¡Aprenda a contentarse!

No lo digo porque tenga escasez, pues he aprendido a contentarme,
cualquiera que sea mi situación.
FILIPENSES 4:11

Muchas parejas viven descontentas. Uno puede verlo en el rostro de cada uno de ellos y oírlo en sus voces. De hecho, casi siempre le dirán por qué si les da la oportunidad.

Muchas parejas viven contentas. Uno puede verlo en el rostro de cada uno de ellos y oírlo en sus voces. De hecho, casi siempre le dirán por qué si les da la oportunidad.

¿Cuál es la diferencia? Las parejas contentas han descubierto lo que descubrieron los apóstoles. Considere a Pablo, por ejemplo. ¿Qué hizo él? Aprendió a enfocarse en la soberanía de Dios antes que en los consejos o las opiniones de las personas. Aprendió a alabar y dar gracias a Dios en vez de fijarse en lo que no tenía. Aprendió a confiar en Dios para hacerle justicia y darle fortaleza, no en las alternativas que el mundo ofrece. Aprendió a poner la mirada en Jesús y no en sus opresores. Esto renovó sus fuerzas y lo libró de gastar su energía en futilidades.

Pablo vivía contento. El diccionario define "contento" como feliz con lo que uno tiene. ¿Alguna vez ha visto a un gato después que come su ración diaria? Se pone cómodo y ronronea con los ojos a medio abrir. Esa es una señal de contentamiento. Tal vez usted también haya corrido atrás el asiento en la mesa después de comer, y mientras se da unas palmaditas en el estómago dice con una sonrisa: "Ahora sí quedé contento".

En medio de una economía incierta y un mercado de valores que sube y baja todos los días, la incertidumbre acerca de la seguridad de nuestro empleo, las enfermedades que acechan a diario, la amenaza de guerras, el terrorismo y los desastres naturales, todavía es posible vivir contentos. ¿Cómo? De la manera que Pablo lo hizo: Confiando en Jesús. Nosotros también podemos confiar en Él para recibir fortaleza, refugio, sabiduría y paz. "La paz os dejo, mi paz os doy; yo no os la doy como el mundo la da. No se turbe vuestro corazón, ni tenga miedo" (Jn. 18:27).[11]

¿Santos o sanos?

Sed santos, porque yo soy santo.
1 Pedro 1:16

¿Diría usted que su cónyuge y usted son santos? ¿Le parece extraña la pregunta? ¿Cómo contestaría la pregunta a la luz de la cita bíblica de hoy?

¿Qué le viene a la mente cuando piensa en lo que significa ser una persona santa? Por lo general creemos que es vivir de tal modo que no hay pecado ni falla alguna en nuestra vida. Quizá nos hayan dicho que la idea detrás de la santidad bíblica viene de las palabras que significan "apartado" y "separado". ¿Es su idea de la santidad algo así como "no hagas esto o aquello" y "evita todas las cosas de este tipo"? Es posible que tenga una perspectiva negativa de lo que significa ser santo. Tal vez suponga que la santidad equivale a vivir incómodos y a ser diferentes y poco atractivos, casi excéntricos como el ermitaño o extremos como un mártir. Parece mucho más fácil ser profano que ser santo. Para muchos la santidad no es un estilo de vida, sino un período de tiempo especial. El himno "Take Time to be Holy" [Saca tiempo para ser santo] perpetúa esta creencia, pero en realidad carece de sentido. ¿Cómo saca uno tiempo para ser santo? ¿Significa que lo normal es que dediquemos casi todo el tiempo a no ser santos?

Vivir una vida santa como individuos o como cónyuges implica tomar muchas decisiones que nos transforman y conducen hacia la bondad positiva. La santidad es positiva. Usted y su cónyuge han recibido el mandato divino de ser santos. ¿Cómo? Para comenzar, por medio de una vida de oración activa y constante. La oración y la santidad van de la mano: "Confesaos vuestras ofensas unos a otros, y orad unos por otros, para que seáis sanados. La oración eficaz del justo puede mucho (Stg. 5:16).

Tal vez el mejor punto de partida es reconocer que sí podemos ser santos. ¿Cómo? Recordemos lo que la Palabra de Dios dice de nosotros: "Porque somos hechura suya, creados en Cristo Jesús para buenas obras, las cuales Dios preparó de antemano para que anduviésemos en ellas" (Ef. 2:10).

No le quepa duda, todavía tendrá altibajos, pero lo importante es comenzar y perseverar. La santidad sí es posible. "Huye también de las pasiones juveniles, y sigue la justicia, la fe, el amor y la paz, con los que de corazón limpio invocan al Señor" (2 Ti. 2:22).[12]

La tentación

Hice pacto con mis ojos; ¿Cómo, pues, había yo de mirar a una virgen?
Job 31:1

¿Mito o realidad? Tan pronto un hombre o una mujer se casa, el problema de la tentación sexual desaparece. Si usted cree eso, no tarda en llegar a su casa un enjambre de vendedores listos a ofrecerle los mejores terrenos pantanosos de la Florida.

De vez en cuando uno se topa con personas tan ingenuas que creen que dejarán de notar a las personas atractivas del sexo opuesto después que se casen. También creen que nunca más serán susceptibles a la tentación sexual. No es así en absoluto.

Todos padecemos las consecuencias de la caída. Nuestra mente ha sido afectada de muchas maneras, y debemos tener en cuenta que la mente es el órgano sexual más poderoso. Nuestros pensamientos, fantasías e intenciones crean luchas y tensión. El otro problema que afrontamos es que vivimos en una sociedad promiscua y agresiva en la incitación sexual por todos los medios. Hay sexo por todas partes y disponible para todos los gustos.

¿Qué puede hacer un esposo o una esposa creyente para lidiar con la tentación? Seguir la Palabra de Dios. En primer lugar, tome la misma decisión que Job. Este hombre de Dios decidió que no iba a ceder a la lujuria de sus ojos. Debemos ser cuidadosos con lo que miramos. De lo contrario, nuestra mente captura esas imágenes y las reproduce una y otra vez. Otro peligro es que esto puede volverse hasta más real y excitante que nuestra vida conyugal.

Después obedezca 1 Corintios 6:18: "Huid de la fornicación [toda clase de inmoralidades sexuales]". Aléjese de la tentación sexual, bien sea otra persona, una película o la pantalla de su televisor o computadora.

Proverbios 5:15-19 enseña un gran principio: Quédese en casa y obtenga allí su satisfacción sexual. Ese es el lugar donde usted debe invertir su tiempo y esfuerzo. Si su vida sexual es aburrida, suba la temperatura. Sea romántico con su esposa y propóngase conquistarla, lo mismo va para las esposas. ¿Cuándo fue la última vez que leyeron un libro cristiano que hable de sexo? Los hay, y muchos. Adquieran uno por lo menos.

Recuerden que siempre hay tentaciones al acecho en cada esquina, pero sepan que no serán tan tentadoras si su matrimonio es vivo y apasionado, y si crece a medida que ustedes piden al Señor que los ayude a combatirlas.[13]

Dios me dijo

Porque donde esté vuestro tesoro, allí estará también vuestro corazón.
MATEO 6:21

¿Se ha acercado alguna vez su cónyuge a decirle "Dios me dijo que esto es lo que debemos hacer"? En ese caso, quizá su respuesta haya sido: "¿Cómo sabes que fue Dios quien te habló?" Es una buena pregunta. Cuando uno está casado, ¿revela Dios sus planes a uno o a ambos cónyuges? ¿Cómo podemos saber que es Dios el que habla? La Biblia nos da lecciones maravillosas al respecto.

Dios habló de manera audible a Moisés, Samuel y Elías (vea Éx. 3:4, 5; 1 S. 3:1-4; 1 R. 19:13, 14). Algunas personas dicen que han "oído" la voz de Dios de manera inaudible mientras oraban. Él también ha hablado por medio de sueños (vea Hch. 16:9). Dios también ha usado ángeles, visiones y personas a las que no conocemos. La mayoría de nosotros hoy día no experimentamos ese tipo de respuestas divinas.

Dios puede hablarnos durante nuestro tiempo de oración al hacernos recordar un pasaje de las Escrituras que hayamos olvidado, ¡pero debemos leer la Biblia primero para que eso ocurra! Dios también puede hablarnos a través de maestros, conferencistas y pastores, o hasta en diálogo con otras personas. Además, Dios nos habla al cambiar nuestras circunstancias. Es probable que haya oído acerca de puertas abiertas y cerradas, y esta también puede ser una forma en la que el Señor nos habla.

No obstante, hay algo más importante que lo dicho hasta ahora.

En primer lugar, ¿quiere que Dios le hable y que dirija su vida como pareja? Los caminos de Dios no van a ser como sus caminos y es probable que tanto sus respuestas como el tiempo en que responde sean diferentes a lo que usted espera.

En segundo lugar, para oírlo usted necesita pasar tiempo con Él, a solas y también en pareja.

Por último, ustedes como pareja casada conforman un equipo. Ambos necesitan buscar al Señor en oración. Si cada uno recibe una respuesta diferente, es porque algo hace falta. Esperen hasta que estén unánimes y de acuerdo, así estarán más seguros de que es Dios quien los dirige.[14]

¿Cómo le va en su trabajo?

No hay cosa mejor para el hombre sino que coma y beba, y que su alma se alegre en su trabajo. También he visto que esto es de la mano de Dios.
ECLESIASTÉS 2:24

En una escala de cero a diez, ¿cómo se siente respecto a su trabajo? ¿Le encanta, le gusta o le gustaría dejarlo? A demasiadas personas en la actualidad no les gusta lo que hacen o no lo encuentran satisfactorio. Para algunos el trabajo es un trajín que les aterra la idea de ir al trabajo. Es lo que algunos llamarían "qué tedio". Nada hay peor que tener un trabajo que uno detesta, pero hay personas que ha experimentado eso ¡durante cuarenta años! Se limitan a ir las horas que les toca a cambio de un sueldo.

Es cierto que algunos trabajos son menos emocionantes o exigentes. Es cierto que ciertos trabajos lo ponen a uno en comunicación con personas a las que habría preferido no conocer y mucho menos trabajar con ellas.

Quizás esté en un trabajo de ese tipo y no pueda cambiar la situación porque tiene demasiadas cuentas por pagar o el sueldo es demasiado bueno. Quiero decirle que hay una salida. Hay algo que sí puede cambiar. Usted puede cambiar la manera como ve su trabajo si cambia su orientación o su actitud. Mire, Dios quiere que usted le encuentre sentido a su trabajo. ¿Alguna vez ha pedido a Dios que lo ayude a sentirse realizado y satisfecho con su trabajo? ¿Le ha pedido que lo ayude a desarrollar la capacidad de disfrutar su trabajo? ¿Para encontrarle sentido a lo que usted hace todos los días para ganarse la vida? ¿Ha considerado que su trabajo es algo que usted puede hacer para la gloria de Dios?

Es verdad. Tal vez sea para usted una forma completamente nueva de ver su trabajo, y ¿por qué no? Lo que sintamos respecto a nuestro trabajo y la actitud que tengamos hacia nuestra ocupación, tanto en la oficina como en casa, afectará nuestro matrimonio. Un mal día en el trabajo o en el manejo de la casa puede infectar nuestra relación matrimonial, pero no tiene que ser así. La decisión es nuestra. Es cuestión de actitud. Es cuestión de perspectiva.

Dé gracias a Dios por el trabajo que tiene ahora. Hay muchos más que no tienen trabajo, ¡y por seguro que les encantaría tener el suyo![15]

¿Tiene buen apetito?

Bienaventurados los que tienen hambre y sed de justicia,
porque ellos serán saciados.
Mateo 5:6

Hay apetitos para todos los tamaños, pequeño, mediano, grande y enorme. A veces se puede determinar la magnitud del apetito de una persona por la longitud de su cintura. Casi siempre lo que consumen aumenta su talla, pero hay unos que pueden comer como un caballo y no aumentar ni una libra. ¡Eso es casi inmoral!

Tenemos una fascinación tremenda con la comida y el apetito aquí en los Estados Unidos. Aunque la moda es ser lo más delgado que se pueda, por todas partes somos amonestados a tener buen apetito. ¿Cómo anda de apetito para la comida? ¿Anticipa con emoción la hora de comer y seleccionar los mejores alimentos?

La palabra "apetito" también se aplica a otras necesidades y deseos. Hablamos de apetitos sexuales, los cuales pueden a veces crear conflicto en el matrimonio porque varían de una persona a otra. El impulso de una persona puede ser o parecer excesivo al cónyuge, mientras que el apetito del otro pareciera no existir.

También hay otro tipo de apetito y es el espiritual. Un apetito espiritual saludable es evidente en la persona que desea leer y aprender las Escrituras, orar con mayor profundidad, pasar tiempo de compañerismo y edificación con otros creyentes, y adorar más al Señor. El salmista ofrece una descripción muy visual de lo que es un deseo fuerte de Dios: "Como el ciervo brama por las corrientes de las aguas, así clama por ti, oh Dios, el alma mía" (Sal. 42:1). ¿Ha tenido alguna vez tanta sed que jadeó como un perro? ¿Ha deseado con tal intensidad la presencia de Dios en su vida que estaba casi jadeante?

Aunque la obesidad no está de moda en nuestra sociedad, en lo espiritual sí es mejor ser gordos que flacuchentos. Siempre que tengamos hambre y sed de Dios, Él responderá, nos hablará y nos llenará hasta quedar más que satisfechos.[16]

¿Dar para recibir?

Bienaventurados los misericordiosos, porque ellos alcanzarán misericordia.
MATEO 5:7

Es probable que haya oído el término "empatía". Tal vez la haya experimentado como resultado de estar casado, cada vez que siente lo mismo que su cónyuge y experimenta lo que él o ella ha experimentado. Usted se pone al lado de su cónyuge en medio de sus experiencias emocionales. Es la expresión práctica de dos personas que se vuelven una en el matrimonio y la ayuda incondicional para llevar juntos la carga. Cualquier carga es más fácil de llevar con cuatro manos que con dos. Jesús habló acerca de otra manera de actuar que es igualmente crucial para la salud de un matrimonio. Se llama misericordia. Todos tenemos nuestra propia definición de esta palabra, así que intercambien las suyas ahora mismo.

El diccionario nos ayuda a entender la profundidad del significado de esta palabra. Una definición es "abstenerse de hacer daño o castigar a los ofensores". Paremos ahí. Si su cónyuge lo ofende, ¿tiene listo un plan de represalia y desquite o da prioridad al perdón? Desde la perspectiva de Dios, perdonar significa que la ofensa nunca ocurrió. Dios no se acuerda de ello en absoluto. Él no mantiene un registro gigantesco de todas nuestras faltas ni lleva cuentas de cobro.

Misericordia también significa bondad por encima de lo que pueda esperarse o demandarse en rectificación y enmienda. No es limitarse a hacer lo mínimo para salir del apuro ni dar lo que se requiera apenas para responder a la expectativa básica. Es llevar la carga dos, tres y hasta cuatro millas más allá de lo esperado. También significa esforzarnos para encontrar maneras de sorprender al cónyuge.

Hubo un hombre en Lucas 10 que hizo esto mismo, se trata del buen samaritano. No estamos seguros de por qué lo hizo pues desconocía al judío moribundo y no tenía obligación alguna de ayudarlo. Sin embargo, extendió su mano, salió de su entorno familiar, cambió sus planes, retrasó su viaje, se aseguró de que el hombre recibiera la ayuda necesaria mientras estuviera ausente, y nunca se quejó.

¿En qué maneras podrían ser más misericordiosos el uno hacia el otro esta semana? Lean otra vez el versículo de hoy.

¿A quién ama más?

Todo aquel que lucha, de todo se abstiene.
1 Corintios 9:25

Jim Ryun el famoso corredor, contó una historia personal acerca de su esposa que podría ayudarlos a verse el uno al otro desde un punto de vista diferente.

Una noche mi esposa Ana y yo estábamos acostados y discutíamos esta porción de las Escrituras. ¿Qué significa disciplinar nuestro cuerpo? ¿Cómo le sujetamos para hacer las cosas que debemos como pasar tiempo a solas con Dios y su Palabra, así como amar y ayudar a los que más nos cuesta por naturaleza, en lugar de las cosas que queremos hacer?

En medio de la conversación Ana me miró a los ojos y exclamó: "¿Sabes qué? Yo amo a Jesús más que a ti. Sí, así es como Él lo dispuso. Nosotros debemos amarlo primero a Él con todo nuestro corazón, alma, mente y fuerzas".

Sentí como si me hubieran sacado el aire con un batazo en el estómago. Aunque había sido una revelación para Ana, ¡para mí fue devastador oír esas palabras de labios de mi esposa! De aquella mujer que me amaba y había estado conmigo en todas las buenas y malas. El dolor debió hacerse evidente en mi expresión, pero tan pronto me recuperé y pude entender lo que había querido decir, supe que habíamos comenzado una nueva etapa como familia.

Ahora habíamos entrado a una relación de amor con el Señor de la vida de cada uno de nosotros. Después de la conmoción inicial, pude ver que sus palabras también representaban la actitud de mi corazón. Estábamos en el proceso de convertirnos en uno, tal como la Biblia enseña que debíamos serlo, amoldados el uno al otro con todas nuestras fortalezas y debilidades. Habíamos crecido al punto en el que amábamos al Señor con todo nuestro ser, y nada, ni siquiera nosotros como cónyuges, podría jamás tomar el lugar exclusivo del Señor como el primero en nuestra vida. Además, como lo amamos tanto a Él, hemos llegado a amarnos el uno al otro como nunca antes.

Nuestro horizonte espiritual se expande por todas partes desde que dejamos que Dios trazara nuestro destino en Cristo Jesús. Estamos bajo el control del Espíritu de Dios y vamos por dondequiera Él nos lleve.[17]

Qué decimos con nuestro trabajo

Jehová cumplirá su propósito en mí; tu misericordia, oh Jehová,
es para siempre; no desampares la obra de tus manos.
SALMO 138:8

Nuestro trabajo debe expresar quiénes somos como hechura de Dios. En vista de quién es Dios y cómo nos ve, tal como lo hizo evidente al darnos a su Hijo Jesucristo, es indudable que tenemos un gran valor para Él. Tenemos dignidad y suficiencia porque Dios así lo ha declarado, no a causa de nuestro trabajo.

La *calidad* de nuestro trabajo es una expresión de la creatividad que Dios nos ha transmitido.

El *rendimiento* en nuestro trabajo es una expresión de la capacidad con la que Dios nos ha dotado.

La *dignidad* de nuestro trabajo es una expresión del gran valor que Dios nos ha asignado.

Como creyentes, tenemos la oportunidad de hacer un buen trabajo por el *sentido de suficiencia* que nos caracteriza por decreto divino.

Por todo esto no deberíamos usar nuestro trabajo para sentirnos satisfechos y realizados. Si escudriñamos las Escrituras, descubrimos que somos especiales y valiosos solo porque así lo quiere Dios.

A lo largo de la historia, los humanos hemos utilizado muchos medios para sentirnos valiosos, pero todos son temporales y ninguno es permanente como la declaración de Dios. Este es el primer paso que debemos dar para prevenir o reducir a un mínimo nuestra pérdida de valor en situaciones como el desempleo y la crisis económica. Es el mismo paso que permite prevenir o disminuir nuestra sensación de pérdida e indignidad cuando nuestras habilidades, buen aspecto o posición en la sociedad ya no son parte de nuestra vida.

Considere lo que sucedería con usted y con la calidad de su trabajo si su actitud fuera: "Mi trabajo no solo es una expresión de lo que soy, sino de la presencia de Dios en mi vida". Sería el punto de partida para sentirse bien consigo mismo sin importar qué suceda en su trabajo.

El temor y la fe

Pero Jesús, luego que oyó lo que se decía, dijo al principal de la sinagoga:
No temas, cree solamente.
MARCOS 5:36

¿Recuerdan la película Carros de Fuego? Eric Liddell, el hombre cuya vida fue el tema de esta epopeya cinematográfica, escribió las siguientes palabras:

El temor paraliza todas nuestras facultades. Fracasamos porque nos llenamos de miedo. Si siente temor, deténgase a averiguar la razón en la quietud de la presencia de Dios. Sea honesto al enunciar la razón concreta. No deje que sus sentimientos o su temor dicten su acción. Si se convence de que debería hacer algo, proceda a hacerlo a pesar del sentimiento de temor. Usted tiene el poder de Dios a su disposición. Pablo dijo: "Todo [lo que Dios quiere que yo haga] lo puedo en Cristo que me fortalece" (Fil. 4:13). El apóstol aprendió a apropiarse de la fortaleza y el poder que Dios había puesto a su disposición.

Una vez que haya tomado la decisión, no tenga ansiedad ni dudas con respecto al resultado, sino más bien confianza absoluta. Recuerde que Dios pide su fidelidad, el resto puede dejarlo en sus manos.

Cada persona tiene sus propios temores. Los más comunes son temor a lo que otros piensen o digan, temor a hacer restitución, temor a disculparse por las posibles pérdidas que implique, temor a ser diferente a los demás, timidez o desconfianza en uno mismo, temor al futuro, y más.

El temor es resultado de fijarse en uno mismo o en los demás y no en Jesús, quien dijo: "No temas [lo que piense o haga la multitud], cree solamente" (Mr. 5:36).

¿Siente miedo en alguna situación? Deténgase un momento. Rinda ese sentimiento a Dios, tome la decisión que deje satisfecha su conciencia y póngala en práctica con tranquilidad y firmeza. Este es un acto de fe, aquella fe que vence al mundo y al temor. Dios le enseñará de esta manera a vencer toda clase de temores. Él puede hacer esto solo si cuenta con su cooperación y confianza plenas.[18]

¿Cuál es temor más grande en su vida? ¿Cuál es el temor más grande de su cónyuge? Dialoguen acerca de cómo pueden ayudarse el uno al otro a vencer estos temores.

Hable de Jesús

Envió desde lo alto; me tomó, me sacó de las muchas aguas.
Salmo 18:16

Hemos oído bastante acerca del Titanic. El reverendo Newell Hillis relata una historia acerca del coronel Archibald Gracie, uno de los sobrevivientes.

El coronel Gracie cuenta que tan pronto salió a flote tras el hundimiento del Titanic, se las arregló para llegar hasta una lancha sumergida que a ratos se hundía. Todos sus ocupantes eran hombres, los cuales sin importar cuál fuera su nacionalidad, comenzaron a orar. La noche era oscura y la tumba donde yacía el Titanic estaba en completo silencio debajo de ellos, al igual que las estrellas por encima. No obstante, mientras esos hombres oraban, cada uno de ellos pudo ver bajo su propia luz interior un "amigo" invisible que caminaba entre las olas. Desde aquella experiencia tremenda, ninguno de esos hombres necesitó libros de apologética para probar que Dios existe. Este hombre que relató su experiencia nos dice que Dios demostró su grandeza porque oyó las oraciones de algunos al otorgarles la muerte y así mismo oyó las oraciones de todos los demás al preservar su vida física.

Un escritor anónimo relató lo siguiente:

Cuatro años después del hundimiento del Titanic, un joven escocés se levantó en medio de una reunión en Hamilton, Canadá, y dijo: "Soy un sobreviviente del Titanic. Mientras iba solo a la deriva, aferrado a un mástil en aquella noche terrible, la corriente trajo hasta donde yo estaba a un hombre llamado John Harper, de Glasgow, quien también iba aferrado a algo. 'Joven', me dijo, '¿ya eres salvo?' 'No', le dije, 'no puedo decir con toda honestidad que lo sea'. Su respuesta fue: 'Cree en el Señor Jesucristo, y serás salvo'. La corriente se lo volvió a llevar pero por extraño que parezca volvió a traerlo más tarde, y tan pronto me vio dijo: '¿Ahora sí eres salvo?' 'A decir verdad, todavía no'. El hombre me dijo otra vez: 'Cree en el Señor Jesucristo, y te salvarás'. Poco después volvió a hundirse y nunca más lo volví a ver. Allí, solo y en medio de la noche helada, a cuatro kilómetros del fondo del mar, yo creí. Por eso me considero el último convertido de John Harper".[19]

En medio de una tragedia terrible, muchas personas llegaron a conocer a Jesús. ¿A quién puede usted hablar de Jesús esta semana?

Vida de oración

Mas tú, cuando ores, entra en tu aposento, y cerrada la puerta,
ora a tu Padre que está en secreto; y tu Padre que ve en lo secreto te
recompensará en público.
MATEO 6:6

Fred Littauer nos cuenta acerca de su vida de oración:

Hace seis años comencé a escribir mis oraciones diarias, por instrucción del Señor. Lo he hecho casi todos los días desde entonces. Es como escribir cartas a mi Padre celestial. Algunas veces las encabezo así: "Amado Señor Jesús". Otras veces comienzo con: "Amado Padre celestial". Hay ocasiones en las que ni siquiera uso encabezamiento, sino que comienzo a escribirle algo. Las palabras y la forma no son lo que importa. Lo importante es que yo entre en su presencia para comunicarme con Él, alabarlo, adorarlo, confesarme a Él, pedir de Él e interceder por otros delante de Él.

Escribir las oraciones trae muchos beneficios. El más obvio en mi vida es poder contar con el poder sanador del Señor. Todas las luchas con ciertos pecados que tuve durante tanto tiempo, han sido superadas por completo.

Escribir las oraciones también es una disciplina importante, ya que al revisar las fechas uno puede ver con mucha rapidez si dejó de hacerlo algún día. En segundo lugar, ayuda a mantener la mente puesta en el Señor y evita que la mente divague.

Quizás el beneficio más significativo de llevar una vida de oración por escrito es un cambio total en la vida. Para verificar cuánto ha cambiado mi vida, solo hay que preguntarle a mi esposa porque ella vive conmigo. Ella ve que la ira reprimida que antes ardía dentro de mí ha desaparecido y también sabe que mi espíritu crítico ya no es destructivo. Ahora ella no solo disfruta estar conmigo, sino que me extraña de verdad durante las contadas ocasiones en las que tenemos que separarnos. Jesús dijo: "Yo he venido a sanar a los de corazón quebrantado y a poner en libertad a los cautivos" (paráfrasis de Lc. 4:18). Él ha hecho todo eso por mí a través de las oraciones escritas por la simple razón de haber sido obediente a su ofrecimiento: "Venid a mí todos los que estáis trabajados y cargados, y yo os haré descansar" (Mt. 11:28).[20]

El sexo es sagrado

Huid de la fornicación. Cualquier otro pecado que el hombre cometa, está fuera del cuerpo; mas el que fornica, contra su propio cuerpo peca. ¿O ignoráis que vuestro cuerpo es templo del Espíritu Santo, el cual está en vosotros, el cual tenéis de Dios, y que no sois vuestros? Porque habéis sido comprados por precio; glorificad, pues, a Dios en vuestro cuerpo.
1 CORINTIOS 6:18-20

William Kirk Kilpatrick, en Psychological Seduction [Seducción psicológica] presenta algunas ideas muy valiosas acerca de la sexualidad en la cultura actual.

Si uno dice hoy día que el sexo es sagrado, corre el peligro de ser ridiculizado. Esto se debe a que la sociedad ha tenido mucho éxito en profanarlo. Si alguien raptara a una princesa, la vistiera de andrajos y le diera golpes en la cabeza hasta entorpecer su habla, y después dijera a sus colegas rufianes que esta mujer era una princesa, lo más seguro es que no le crean.

Nuestra sociedad se encuentra en una situación similar con respecto al amor sexual. Nos resulta difícil creer que algo que se practica con tanta bajeza en los lugares más viles también pueda hallarse en los más venerables. Debido a la condición tan común, vulgar y disponible a cualquiera por cualquier precio y hasta sin precio a que se ha rebajado el sexo, no sorprende que prevalezca el dictamen médico y psicológico: El sexo no es sagrado en absoluto. Por el contrario, es algo natural, un proceso biológico más entre muchos otros. Por eso, comamos y bebamos, durmamos y tengamos sexo con tal de mantenernos saludables.

A no ser que usted entienda que el cristianismo considera el amor sexual como algo sagrado, nunca entenderá por qué insiste en que el sexo se sujete a exclusiones y restricciones específicas, al igual que todas las demás cosas sagradas. La noción cristiana no es que el sexo sea malo. Por el contrario, es demasiado bueno y sublime para ser rebajado a lo común. Al igual que todas las demás cosas sublimes, merece ser protegido por límites y reglas objetivas que las emociones caprichosas del momento no puedan alterar. La postura cristiana es muy clara al respecto: El amor sexual es demasiado importante para ser dejado a la espontaneidad. La corrección y el decoro de la conducta sexual no dependen de la intensidad de los sentimientos, sino del siguiente criterio objetivo: ¿Ya hicimos un voto solemne de fidelidad a una persona? No podría ser de ningún otro modo.[1]

Compromiso a prueba de cambio

[El amor] todo lo sufre, todo lo cree, todo lo espera, todo lo soporta.
1 CORINTIOS 13:7

Habrá subidas y bajadas a lo largo de toda su vida matrimonial. Tendrán lugar cambios inmensos, algunos serán predecibles y otros abruptos. Todos tendrán potencial para contribuir a su crecimiento, pero no por eso dejarán de ser riesgosos. Muchos matrimonios mueren porque demasiadas parejas optan por ignorar el hecho ineludible de que las relaciones y las personas cambian. Una esposa contó lo siguiente en la iglesia de su hijo:

Como hemos estado casados cincuenta años, podrán imaginarse por cuántos cambios hemos tenido que pasar: tres guerras, once presidentes, cinco recesiones, de la revolución industrial a la exploración del espacio y de los caminos de herradura a la superautopista informática. Aunque estos cambios a nuestro alrededor han sido grandiosos, los cambios personales que Dios ha obrado en nosotros a través de nuestra relación mutua han sido mucho más grandes. Aunque muchas veces no pudimos ver cómo obraba Dios un momento dado, al volver la mirada nos damos cuenta de que nuestro matrimonio fue como ir a la "universidad para el desarrollo del carácter". Dios ha usado a mi esposo en mi vida y me ha usado en su vida para hacernos más semejantes a Cristo.

¿Cuáles son entonces las lecciones que hemos aprendido de cómo Dios usa el matrimonio para cambiarnos? Hay muchas sin lugar a dudas. En el transcurso de cincuenta años de matrimonio hemos aprendido que las diferencias nos hacen crecer, las crisis nos cultivan y el ministerio nos mantiene unidos. En primer lugar, Dios ha usado nuestras diferencias para ayudarnos a crecer. Ha habido muchas crisis que Dios ha usado para desarrollar nuestro carácter y hacernos crecer. La primera fue la más grande, y consistió en que tuvimos que vivir separados tan pronto nos casamos. El nuestro fue un romance en tiempos de guerra. Nos conocimos en la iglesia, salimos durante dos meses, nos casamos después de tres semanas de compromiso, y a escasos dos escasos meses de habernos casado, Jimmy fue enviado al Pacífico Sur durante la Segunda Guerra Mundial. No volvimos a vernos hasta que regresó dos años después, y aunque éramos como dos perfectos extraños, ¡éramos marido y mujer!

¿Cómo habrían manejado ustedes esa situación?

El carpintero

¿No es éste el carpintero...?
MARCOS 6:3

La mayoría de nosotros no dedica mucho tiempo a pensar en Jesús como un carpintero. Ese hecho no parece muy significativo, pero puede que lo sea. Un carpintero es alguien que diseña y crea. Jesús hizo esto en la expresión de su divinidad tanto como en su humanidad. Él creó el universo: "Todas las cosas por él fueron hechas, y sin él nada de lo que ha sido hecho, fue hecho" (Jn. 1:3).

Por otro lado, Él también fabricó muebles y otros utensilios que las personas usaban. Jesús sabía lo que era el trabajo duro de verdad. No era como en los programas de televisión que enseñan "trucos" de carpintería con taladros, serruchos eléctricos y lo último en tecnología. Era a punta de sudor, músculo y callos en las manos, con herramientas pesadas y sin las comodidades y la seguridad de un taller moderno. Es probable que sus manos tuvieran numerosas cortadas y magulladuras causadas por la madera, el serrucho y el martillo. Nos resulta difícil imaginarnos la cantidad de tiempo y energía que requería la fabricación de una sola silla o mesa. Ahora bien, ¿qué tiene que ver con nosotros el hecho de que Jesús fuera un carpintero? Considere estos pensamientos de uno de los oficiales en el Ejército de Salvación:

Como "carpintero" principal, Cristo santificó para siempre el trabajo humano. Todos somos miembros de una sociedad corporativa. Así como derivamos muchos beneficios, también debemos contribuir a la comunidad. Nuestras labores diarias reciben dignidad de aquel quien trabajó la madera con el sudor de su frente durante la mayor parte de su vida. Su labor permitió que los bueyes hicieran surcos en la tierra sin lastimarse con la yunta, que los niños se deleitaran con sus juguetes tallados a mano y que las familias vivieran en la comodidad de una casa construida por el "carpintero" mayor.

Hoy, el "carpintero" de Nazaret que pulió yuntas con sus manos habilidosas, quiere tomar cada vida rendida a Él y convertirla en un instrumento hermoso y útil en el reino eterno de Dios.[2]

Todos sus esfuerzos y labores en el matrimonio tienen propósito y mérito. A medida que Jesús talla y moldea su vida, permítale obrar a través de usted para construir un matrimonio que refleje su influencia y presencia.

¿Es usted el Llanero solitario?

Todo lo puedo en Cristo que me fortalece.
FILIPENSES 4:13

Suponga que ha sido uno de esos días malos en los que nada parece ir bien: Su cónyuge llega tarde, no hizo lo que usted esperaba, la comida se enfrió, todos quieren obtener algo de usted, el tráfico fue una pesadilla y ¡nada parece salir bien! Usted se siente irritado y miserable. Tal vez reviente de la rabia o decida no decir una sola palabra. Quizá sienta un poco de depresión. En días así, es posible que compliquemos el problema al cometer el error de tratar de arreglarlo todo por nosotros mismos. Asumimos el papel de "Llanero solitario" y creemos tener la razón, pero hasta este personaje fue lo bastante listo para tener un compañero: su amigo "Tonto".

Esta es la ocasión para decir "Ayúdame Dios", y sepa que Él lo hará. Una de las mejores maneras de manejar estos días difíciles es saturarnos de la Palabra de Dios. Lea estos pasajes en voz alta durante sus días tenebrosos. Reflexione en lo que dice cada uno y después note la diferencia.

A Jehová he puesto siempre delante de mí; porque está a mi diestra, no seré conmovido (Sal. 16:8).

Tú encenderás mi lámpara; Jehová mi Dios alumbrará mis tinieblas (Sal. 18:28).

Jehová es mi luz y mi salvación; ¿de quién temeré? Jehová es la fortaleza de mi vida; ¿de quién he de atemorizarme? (Sal. 27:1).

Dios es nuestro amparo y fortaleza, nuestro pronto auxilio en las tribulaciones (Sal. 46:1).

Crea en mí, oh Dios, un corazón limpio, y renueva un espíritu recto dentro de mí (Sal. 51:10).

Echa sobre Jehová tu carga, y él te sustentará; no dejará para siempre caído al justo (Sal. 55:22).

En Dios solamente está acallada mi alma; de él viene mi salvación (Sal. 62:1).

A veces Dios usa a su cónyuge para darle la ayuda y el apoyo que necesita. Dispóngase a recibir lo que él o ella le tenga para ofrecer.

¿Leyes o sugerencias?

La ley de Jehová es perfecta, que convierte el alma; el testimonio de Jehová es fiel, que hace sabio al sencillo. Los mandamientos de Jehová son rectos, que alegran el corazón; el precepto de Jehová es puro, que alumbra los ojos. El temor de Jehová es limpio, que permanece para siempre; los juicios de Jehová son verdad, todos justos. Deseables son más que el oro, y más que mucho oro afinado; y dulces más que miel, y que la que destila del panal. Tu siervo es además amonestado con ellos; en guardarlos hay grande galardón.
Salmo 19:7-11

Reglas y más reglas. ¿Alguna vez ha leído la sección del periódico que informa acerca de las leyes que fueron decretadas en su país o su estado ese día? Vivimos en una cultura que quiere toda la libertad posible, pero al mismo tiempo tratamos de imponer una gran cantidad de reglas, grandes y pequeñas. Esto puede ser muy frustrante, ya que a veces pareciera haber reglas para las reglas. Las reglas y las leyes existen por alguna razón. Necesitamos límites claros y definidos. Así algunas de nuestras leyes sean ridículas, lo cierto es que las leyes de Dios nunca lo son. ¿Cuáles son algunas de las reglas o leyes de Dios que usted resiste? Algunos oponemos resistencia solo en nuestra mente, otros se dedican a la ruptura flagrante de las leyes de Dios y otros se ingenian artimañas para evitarlas, pero todos creemos por igual que nunca seremos descubiertos. Lo cierto es que las leyes de Dios no son dadas para restringir nuestra vida y libertad. Su propósito es darnos una vida mejor. El comunicador de la televisión Ted Koppel inquietó a muchas personas en su discurso a una clase de graduados en la Universidad Duke hace unos años cuando dijo:

Nos hemos convencido de que los lemas publicitarios van a salvarnos. Decimos a las personas que se droguen, pero que usen una jeringa desinfectada, que disfruten el sexo cuando quieran y con quien quieran pero que usen condón. ¡No! ¡La respuesta es no! No deberíamos dejar de hacer algo porque no sea chévere, inteligente, porque pueda llevarnos a la cárcel o a morir de SIDA. En su forma más pura, la verdad no es un golpecito delicado en el hombro, sino un reproche aturdidor. Lo que Moisés trajo del Monte Sinaí no fueron "Las Diez Sugerencias".[3]

¿Trata usted algunas de las leyes de Dios como sugerencias, o reconoce que Él las ha dado para nuestro beneficio?

Fracturas de tensión

*Jehová es mi pastor; nada me faltará. En lugares de delicados pastos me hará
descansar; junto a aguas de reposo me pastoreará.*
SALMO 23:1, 2

¿Ha visto alguna vez a los corredores de maratón? Mejor todavía, ¿ha
experimentado usted mismo el recorrido arduo de esos kilómetros bajo el
sol ardiente o en medio de la lluvia helada? Kilómetro tras kilómetro los
corredores levantan un pie, lo azotan contra el concreto y hacen lo mismo
con el otro pie. ¿Se ha preguntado cuántas veces golpea cada pie esa superficie inclemente? Miles y miles.

A veces comienzan a aparecer rupturas microscópicas en la capa exterior de los huesos, en los pies o en las piernas. Si no dejan de correr y las
extremidades siguen sometidas al mismo castigo, esas fracturas diminutas
comienzan a expandirse y a producir dolor intenso. Esto tiene nombre:
Fractura de tensión.

Tal vez piense que las fracturas de tensión se limitan a los huesos, pero
no es así. Nosotros abusamos de nuestro cuerpo de muchas otras maneras.
Nuestro horario de actividades se congestiona, las cuentas por pagar se
acumulan, nos comprometemos a realizar ciertas actividades
"extracurriculares", aprendemos a comer mientras trabajamos o conducimos (casi siempre comida chatarra), tratamos de complacer todo el tiempo
al jefe, hacemos trabajo voluntario en la iglesia, y todo esto sin contar las
responsabilidades propias del matrimonio. En poco tiempo nuestro sistema nervioso comienza a presentar esas rupturas microscópicas, y estamos
a punto de estallar como una banda de caucho enroscada a la primera señal de oposición. A veces las fracturas de tensión se hacen evidentes en
nuestra relación matrimonial.

Su espíritu y su corazón también pueden fracturarse como resultado de
asumir una responsabilidad excesiva y hacer demasiado por cuenta propia. ¿Quién dijo que a usted le tocaba lidiar solo(a) con los problemas? Eso
puede fracturar su vida. Hay un "pastor" que aguarda para ayudarlo a
usted y a su cónyuge. ¿Por qué no le permiten hacerlo?

Confortará [renovará, restaurará] mi alma; me guiará por sendas
de justicia [rectitud e integridad ante Él, no por mérito propio sino]
por amor de su nombre (Sal. 23:3).

Lean el Salmo 23 en voz alta todos los días durante un mes, y después
chequeen su nivel de tensión.

El abrazo

Su izquierda esté debajo de mi cabeza, y su derecha me abrace.
CANTARES 2:6

Willard Harley afirma que para la mayoría de las mujeres el afecto es una expresión de seguridad, protección, comodidad y aprobación, que son artículos de mucho valor para ellas. Cuando un esposo muestra afecto a su esposa, le envía los siguientes mensajes:

- Cuidaré de ti y te protegerá. Eres importante para mí y no quiero que nada malo te suceda.
- Me intereso en los problemas que enfrentas y estoy contigo.
- Creo que has hecho un buen trabajo y estoy muy orgulloso de ti.

Un abrazo puede decir todo esto. Todo hombre necesita entender cuánto necesita la mujer esta clase de afirmaciones positivas. Para la esposa típica, estas expresiones nunca están de más. A la mayoría de mujeres les gusta abrazar. Se abrazan entre ellas, abrazan a los niños, a los animales, a los parientes, hasta a los muñecos de peluche.

Obviamente, un hombre puede demostrar afecto de otras maneras que tienen la misma importancia para una mujer. Una tarjeta cariñosa o una nota en la que exprese su amor e interés pueden servir para comunicar con sencillez y eficacia las mismas emociones. No olvide aquel detalle favorito de todos los tiempos, el ramo de flores. Casi a todas las mujeres en todo el mundo les encanta recibir flores, porque representa para ellas un mensaje poderoso de amor e interés.

Una invitación a cenar también es una muestra de afecto, y es como decir a la esposa: "No tienes que hacer lo que siempre haces por mí. Déjame atenderte como lo mereces porque eres especial para mí, y quiero demostrarte cuánto te amo y me intereso por ti".

Tomar de la mano es otra muestra eficaz y comprobada de afecto. Las caminatas después de comer, los masajes en la espalda, las llamadas de sorpresa y las conversaciones con expresiones de consideración y amor también se constituyen en depósitos valiosos al "Banco del amor".

Desde el punto de vista de una mujer, el afecto es el cemento esencial de su relación con un hombre. Esto es lo que la hace sentirse unida a él con un vínculo especial e inquebrantable.[4]

Un ejemplo para nosotros

Yo te he glorificado en la tierra; he acabado la obra que me diste que hiciese.
JUAN 17:4

Consideremos a Jesús. ¿Por qué fue tan eficaz en su trato con las personas? Su ministerio se concentró en ayudar a las personas a alcanzar la plenitud, y a capacitarlas para enfrentar los problemas, conflictos y cargas de la vida. Nosotros también hemos sido llamados a ministrar de este modo, en especial a nuestro cónyuge.

La característica principal de la vida personal de Jesús fue su obediencia a Dios. Él mantuvo una relación muy clara con su Padre: "Porque yo no he hablado por mi propia cuenta; el Padre que me envió, él me dio mandamiento de lo que he de decir, y de lo que he de hablar" (Jn. 12:49).

Jesús vivió una vida de fe, y por esa razón siempre tuvo una perspectiva correcta de las cosas. Él veía la vida a través de los ojos de Dios. ¿En qué sentido necesita ser fortalecida su fe? ¿Y la de su cónyuge?

Jesús vivió una vida de oración. "Pero su fama se extendía más y más; y se reunía mucha gente para oírle, y para que les sanase de sus enfermedades. Mas él se apartaba a lugares desiertos, y oraba (Lc. 5:15, 16). ¿Es la oración un acontecimiento diario para usted? ¿Oran juntos como pareja?

Jesús hablaba con autoridad: "porque les enseñaba como quien tiene autoridad, y no como los escribas" (Mt. 7:29). Si somos conscientes de la autoridad que tenemos en Jesús, seremos más eficaces al hablar acerca de Él. Jesús se comunicaba con las personas a un nivel muy profundo y no vivía aislado. Siempre fue personal, sensible y responsable. ¿Son visibles estas cualidades en su matrimonio?

El poder del Espíritu Santo capacitó a Jesús para ser eficaz. Vemos cómo comenzó su ministerio tan pronto recibió el poder del Espíritu Santo en Lucas 3:21, 22: "Aconteció que cuando todo el pueblo se bautizaba, también Jesús fue bautizado; y orando, el cielo se abrió, y descendió el Espíritu Santo sobre él en forma corporal, como paloma, y vino una voz del cielo que decía: Tú eres mi Hijo amado; en ti tengo complacencia".

La vida de cada uno de ustedes cambiará si usted experimenta este poder en su vida.

Ladrones de tiempo

Mirad, pues, con diligencia cómo andéis, no como necios sino como sabios,
aprovechando bien el tiempo, porque los días son malos.
EFESIOS 5:15, 16

Todos los días le roban, pero tal vez ni siquiera se haya dado cuenta. ¿Quién es el ladrón? El bandido del tiempo. ¿Cómo opera? Primero que todo, un día cualquiera lo encadena a su reloj y después lo hace perder de vista las llaves de su automóvil, crea interrupciones, programa actividades que se cruzan y lo hace olvidar que ya tenía demasiadas actividades pendientes para ese día. Este ladrón no solo le roba su tiempo, sino también su energía. Lo hace al convencerlo de creencias y reglas desusadas, así como mitos acerca de falsos deberes. Su mayor deleite es verlo correr de afán por todas partes y perder el gozo, la espontaneidad, la satisfacción, la creatividad y la productividad.[5]

Casi todos los ladrones de nuestro tiempo son impuestos por otras personas, pero en otras ocasiones los robos son ocasionados por nosotros mismos. ¿Cuáles son los ladrones de tiempo en su vida? Si no puede identificarlos, no dejarán de introducir la mano en sus bolsillos. Quizá reconozca este: Usted sabe cómo son las interrupciones, en especial si tiene hijos. La interrupción podría ser una llamada telefónica, alguien que toca a la puerta, un compañero de trabajo que entra a su oficina y dice "esto solo tomará un minuto". Algunas interrupciones son necesarias, pero la mayoría no lo son. A veces nos robamos a nosotros mismos con interrupciones injustificadas y distracciones que creamos a propósito. Algunas personas son así y les encanta la variedad que traen las interrupciones inesperadas. ¡Para esas personas las interrupciones son bienvenidas como posibilidades interesantes![6]

Piense un rato en las interrupciones que suceden en su vida. ¿Le controlan o es usted quien ejerce el control? ¿Cómo se siente cada vez que es interrumpido? ¿Cómo contribuyen las interrupciones a su matrimonio? Tal vez usted no pueda controlar si va o no a ser interrumpido, pero sí puede controlar cómo manejará la situación.

La relación matrimonial puede sufrir por causa de las interrupciones si no aprendemos a controlar nuestro tiempo. Durante la próxima semana, digan "no" a las interrupciones. Es posible que descubran una manera completamente nueva de vivir.

Así no se consuela

Respondió Job, y dijo: Muchas veces he oído cosas como estas;
consoladores molestos sois todos vosotros. ¿Tendrán fin las palabras vacías?
JOB 16:1-3

Suponga que su día ha ido de lo peor y que las cosas se amontonan una sobre otra, fuera de control. ¿Cómo es posible que alguien tenga tantas dificultades al mismo tiempo? Es como si su mundo se desbaratara de forma irremediable, como le sucedió a Job. Sí, ¡esto puede suceder cuando uno se casa!

Menos mal, usted tiene amigos que lo rodean y se disponen a consolarlo. Por lo menos, pensé que eran buenos amigos porque al principio no dijeron una sola palabra. Solo se sentaron ahí en silencio para apoyarlo, y eso lo ayudó a sobreponerse. El problema es que comenzaron a hablar, y usted desearía que no lo hubieran hecho. Uno de ellos le dijo que recordara los consejos que había dado a otros en el pasado. Eso no fue de gran ayuda, pero esa persona procedió a ventilar sus conclusiones. Tuvo la audacia de decirle que había tenido una visión en la que aprendió que su sufrimiento era el resultado de algún pecado. Imagínese que un amigo (o a su cónyuge) le dice que sus problemas fueron causados por sus pecados. Estupendo, ¿no es cierto? Después le dice que usted habla como un necio y lo que necesita hacer es arrepentirse. Para empeorar las cosas, le asegura que estos problemas son en realidad una bendición encubierta. ¡Grandioso! Justo cuando usted necesita consuelo, empatía y apoyo, ¿qué deciden darle? Una lección de teología. A medida que usted discute con sus amigos, su intensidad empeora porque ellos creen tener la razón en sus argumentos teológicos. Si esto le ha sucedido, tenga la seguridad de que no está solo(a). ¿Recuerda a Job? Puede leer acerca de su experiencia en Job 4 y 5.

Si alguien sufre, esa persona necesita consuelo y no teología. Necesita que usted le escuche, no que le dé consejos: "Por esto, mis amados hermanos, todo hombre sea pronto para oír, tardo para hablar" (Stg. 1:19). Su cónyuge no necesita críticas, lo que necesita es ánimo. Póngase a su disposición, permanezca en silencio y sea sensible a su dolor.

Una oración por su matrimonio

Jehová, Dios de los cielos... enviará su ángel delante de ti,
y tú traerás de allá mujer para mi hijo.
GÉNESIS 24:7

Oh casamentero celestial:

¡Qué gran deleite es poder llamarte casamentero, Señor Dios! Tú te interesas en asuntos tan humanos como el enamoramiento y el primer amor de las almas gemelas. Tú envías a tus ángeles para juntar a un hombre con la mujer de su vida, como lo hiciste por el solitario Isaac y la distante Rebeca. Tú obras por medio de suegras sabias, como lo hiciste con Noemí para beneficio de la hacendosa joven viuda llamada Rut (Rt. 2–4).

Casamentero divino, vemos pistas de tu afecto y participación en las muchas historias de amor que nos cuentas en tu Palabra. En la devoción fiel de Elcana a su esposa estéril Ana (1 S. 1–2). En el perdón sacrificado de Oseas hacia la descarriada Gomer (Os. 3). También en la lealtad valerosa de la bella joven Ester hacia el cruento rey Asuero (Est. 5). Además, alcanzamos a oír tu voz hasta en las historias de amor que parecen tener mal comienzo, cuando todo en el escenario del amor es un embrollo: "Y consoló David a Betsabé su mujer, y llegándose a ella durmió con ella" (2 S. 12:24).

También allí donde creer en el amor requiere de fe extraordinaria: "Y despertando José del sueño, hizo como el ángel del Señor le había mandado, y recibió a su mujer" (Mt. 1:24). Sí Señor, aun las uniones "hechas en el cielo" son sometidas a prueba por diferencias profundas en los contrayentes: "Y amó Isaac a Esaú, porque comía de su caza; mas Rebeca amaba a Jacob" (Gn. 25:28).

Gracias Señor, que no tenemos que ser "hechos el uno para el otro" para estar destinados el uno para el otro. Gracias Señor, porque no solo eres el mejor casamentero, sino ¡el único hacedor de los matrimonios! Sin importar cómo nos hayamos juntado, tan pronto nos casamos Tú te conviertes en nuestro "testigo" y el paladín de nuestra unión (Mal. 2:14). Ahora nosotros dos pertenecemos a ti (v. 5).

Hoy reposamos en el conocimiento dulce de que nuestra historia de amor es preciosa ante tus ojos, y pedimos que continúes tu intervención para que seamos una pareja que proclama tu gloria.

Amén.[7]

Un estilo de vida balanceado

Guarda silencio ante Jehová, y espera en él.
SALMO 37:7

¿Quisiera oír algunas sugerencias para mantener un estilo de vida balanceado? En ese caso, siga leyendo.

Comience su día quince minutos más temprano y haga algo que disfruta. Si le toca casi siempre saltarse el desayuno o consumirlo de afán, siéntese a disfrutarlo con calma. Mire alrededor de la casa o afuera y fíjese en algo agradable que haya ignorado hasta ahora.

Piense en cuáles son sus valores. ¿De dónde vinieron? ¿Cómo se ajustan a las enseñanzas de la Biblia? Todos los días, trate de pasar tiempo a solas. Sin importar qué haga en esos momentos, hágalo con lentitud y relajamiento.

Comience a desarrollar intereses y pasatiempos que sean diferentes por completo de lo que hace para ganarse la vida. Experimente un poco hasta que encuentre una actividad predilecta.

Decore su oficina o lugar de trabajo con algo nuevo. Siéntase bien con lo que haga para expresar su identidad y sin temor corra el riesgo de ser diferente.

Si juega deportes o se entretiene con algún pasatiempo, hágalo por el simple disfrute de la actividad y no lo convierta en una competencia (esto podría ser difícil para algunos). Aprenda a disfrutar cosas simples como correr y caminar, así como las sensaciones placenteras de las diversas actividades recreativas que tal vez no haya comenzado a apreciar todavía.

Asígnese más tiempo del que necesita para realizar su trabajo. Programe su agenda con mayor anticipación y en intervalos más prolongados. Si por lo general dedica media hora a una tarea, tómese ahora cuarenta y cinco minutos. Es muy posible que vea un aumento en la calidad de su trabajo.

Evalúe lo que hace y por qué lo hace.

En uno de sus sermones, el Dr. Lloyd Ogilvie, capellán del senado de los Estados Unidos, planteó dos preguntas interesantes relacionadas con lo que hacemos y cómo lo hacemos: "¿Qué hace usted con su vida que no podría hacer sin el poder de Dios?" y "¿Vive usted conforme a su propia suficiencia o según la abundancia de las riquezas de Cristo?" Ambas preguntas son un buen tema de reflexión y diálogo con su cónyuge.

El fracaso

Porque lo que hago, no lo entiendo; pues no hago lo que quiero,
sino lo que aborrezco, eso hago.
ROMANOS 7:15

¡Fracaso! La palabra que más nos amedrenta. Tanto, que algunos de nosotros ni siquiera la permitimos en nuestro vocabulario. El fracaso es algo que sucede a otros o al menos eso esperamos, pero lo cierto es que nos golpea a todos una que otra vez.

La palabra "fracaso" significa "chocar, engañar o decepcionar". Las palabras falacia y falible se derivan de su sinónimo que es "falla". El diccionario dice que el fracaso es "la condición o el hecho de no alcanzar el fin deseado o propuesto".[8] Ahora bien, ¿es el fracaso nada más que la ausencia de éxito? ¿Es tan solo cuestión de no haber acabado lo que uno se propuso? Tal vez no.

Muchos hombres y mujeres han alcanzado metas significativas pero ninguna satisfacción real en ellas. Fueron logros que en últimas no valieron la pena. Este es un tipo de fracaso, porque es como escalar por un sendero escabroso y llegar hasta la cima de la montaña, ¡tan solo para descubrir que no era la montaña indicada! El fracaso no es solo el dolor de la pérdida, sino también el dolor de un nuevo comienzo.

Cuando usted experimenta un fracaso, ¿se juzga a sí mismo como un fracaso o juzga aquello en lo que falló? La diferencia es crucial. Nosotros fallaremos en muchos sentidos como esposos o esposas. Podemos dejar que el fracaso nos devaste e inutilice, o podemos fijarnos en las Escrituras y ver cómo Dios usó a personas que fracasaron como Noé, Abraham, Jacob y Moisés, para cumplir sus propósitos.

¿Cómo maneja el fracaso? ¿Cómo lo maneja su cónyuge? ¿Hablan de sus fracasos? ¿Por qué sí o por qué no?

¿Qué pueden hacer para replantear su manera de ver el fracaso?

Hablen juntos sobre esto y dialoguen sobre la manera como les gustaría que su cónyuge los apoyara cuando fracasen.

La llamada a despertar

Perezoso, ¿hasta cuándo has de dormir? ¿Cuándo te levantarás de tu sueño?
PROVERBIOS 6:9

¿Quién se despierta primero en la mañana, usted o su cónyuge? ¿Cómo se despiertan? Hay personas que pueden despertar sin la ayuda de un reloj con alarma. Es como si tuvieran alguna especie de reloj interno que los despierta en el momento preciso. Hay otras personas que no solo necesitan un despertador, sino también un arreador de ganado, hasta son capaces de apagar el despertador sin tener que abrir los ojos. Además, así se levanten y caminen de un lado a otro, es posible que todavía no estén despiertos del todo. El cuerpo se mueve pero la mente sigue dormida, y pueden requerir dos o más tazas grandes de café para que todo comience a funcionar como necesitan.

Si uno de ustedes se levanta alerta, alegre y hablador mientras su cónyuge todo lo contrario, tienen grandes ajustes por delante. Por lo general es el alerta y hablador el que se encarga de hacer ajustes como calmarse un poco y guardar silencio hasta que el otro se despierte por completo.

La mayoría de nosotros necesitamos algún tipo de llamada a despertar, y no solo después de haber dormido lo suficiente. Las llamadas a despertar son una parte de la vida. Nos alertan de algo significativo en nuestra vida que necesitamos atender de inmediato. Dios usa estas llamadas de atención para alertarnos acerca de lo que tiene reservado para nosotros.

A veces Dios aprovecha alguna crisis personal para llamarnos la atención. Las llamadas a despertar vienen muchas veces en un tiempo de transición en la vida. Es una oportunidad ineludible para detenerse, escuchar y reflexionar. Es un tiempo para darnos cuenta de las encrucijadas en nuestra vida y las decisiones que debemos tomar.

A lo largo del recorrido por la vida que es el matrimonio, es posible que reciban varias llamadas de este tipo. Presten atención porque son oportunidades para crecer, y es muy posible que provengan del despertador de Dios. Tal vez sea su manera de captar su atención y decirles: "¡Despiértense! ¡Es hora de levantarse y comenzar a andar por aquí!"

Amor es...

Si hago uso de las lenguas de los hombres y de los ángeles pero no tengo amor, soy como una hojalata ruidosa o una campana destemplada. Si tengo el poder de un profeta y poseo conocimiento de todas las cosas secretas, y si tengo toda la fe para remover las montañas de su lugar, pero no tengo amor, nada soy. Si doy todos mis bienes a los pobres y entrego mi cuerpo para que lo quemen pero no tengo amor, de nada me sirve.

El amor no se cansa de esperar. El amor es bondadoso y no tiene envidia ni una opinión alta de sí mismo. El amor no tiene orgullo y su trato siempre es justo y ecuánime. El amor no se preocupa por sí mismo, no se enoja con facilidad y no hace un recuento de maldades. No siente placer alguno por lo que hacen los malhechores, sino gozo supremo en lo que es verdadero.

El amor tiene el poder de soportarlo todo, poner fe en todo y esperarlo todo...

Cuando era niño usé el lenguaje de un niño, tenía los sentimientos y los pensamientos de un niño. Ahora que soy hombre me he despojado de las cosas propias de un niño.

Por ahora vemos las cosas en un espejo desteñido, pero en aquel entonces veremos cara a cara. Mi conocimiento es ahora en parte, mas entonces será completo, tan completo como el conocimiento que Dios tiene de mí.

Nos quedan pues la fe, la esperanza y el amor, y el más grande de todos es el amor. [9]

Nada oculto

Oh Jehová, tú me has examinado y conocido. Tú has conocido mi sentarme y mi levantarme; has entendido desde lejos mis pensamientos. Has escudriñado mi andar y mi reposo, y todos mis caminos te son conocidos. Pues aún no está la palabra en mi lengua, y he aquí, oh Jehová, tú la sabes toda.
SALMO 139:1-4

¿Quién lo conoce mejor que nadie? ¿Quién conoce a perfección todos sus secretos? Por supuesto, Dios lo sabe todo y nada puede ocultarse de Él. De hecho, es impresionante que Él sepa hasta lo que vamos a decir antes de que lo digamos. ¡Ni siquiera nosotros lo sabemos muchas veces! De ninguna manera en absoluto podremos esconder algo de Dios, pero no es así con las personas. Una persona tiene que ser muy segura para revelarse a los demás. Sí, hasta cierto punto lo hacemos con parientes o amigos cercanos, y también con nuestro cónyuge como es nuestro deber. Todos tenemos algunas características menos deseables que las otras. Después de todo, somos pecadores salvados por la gracia de Dios. Algunas de estas características cambiarán de forma dramática con el paso del tiempo, otras solo cambiarán en parte. Lo sorprendente es que así cambien mucho, poco o nada en absoluto, esto no afecta en lo más mínimo el amor de Dios hacia nosotros.

Es probable que usted quiera ver cambios en algunas características o conductas de su cónyuge. Así sucede en casi todos los matrimonios. Cuanto más tiempo lleven casados, más aprenderán sobre cada uno. Tal vez lleguen a saber con certeza qué piensa el otro o qué va a decir a continuación. Los casados son las personas que más llegan a conocerse entre sí, y en ese proceso descubren algunos rasgos del otro que les gustaría cambiar.

Esta es la pregunta definitiva: ¿Qué sucede si su cónyuge no cambia tanto como usted quiere? ¿Qué va a hacer si no cambia en lo más mínimo? ¿Puede aceptarlo tal como es? Es posible que Dios haya creado a su cónyuge con algunos de esos rasgos "negativos". Píenselo.

¿Diferentes? ¡Créalo!

Por esto dejará el hombre a su padre y a su madre, y se unirá a su mujer,
y los dos serán una sola carne. Grande es este misterio; mas yo digo esto
respecto de Cristo y de la iglesia.
EFESIOS 5:31, 32

¿Recuerda el tiempo en el que comenzaron a salir juntos? Usted sabía que la otra persona no era una réplica suya. Ahora bien, tal vez nunca haya llegado a decirle "de verdad eres muy diferente a mí". Por lo menos no en aquella época. Quizá lo haya mirado a los ojos con la ilusión de que habría de convertirse en su futuro cónyuge, y le dijera algo así: "Tú eres única(o) e irrepetible". Luego se casaron y descubrieron con exactitud cuán único era el otro, solo que ahora usaron una nueva palabra: "Diferente".

¿No habría sido mejor si ustedes hubieran sido iguales en todo? ¿No sería el matrimonio mucho más fácil y llevadero? Tal vez sí, tal vez no.

Es interesante notar que Dios ha comparado el matrimonio a otra unión, a saber, su propia relación con la iglesia. Considere la manera como Dios creó a la mujer. Para que una mujer experimente intimidad con otra persona debe haber una relación profunda y significativa. Si ella pudiera tener intimidad sexual sin experimentarla primero a escala emocional, social, intelectual y espiritual, ¿por qué tendría un hombre que pasar por el proceso de "llegar a conocer" a esa mujer? La relación es lo que añade profundidad y significado al matrimonio. De eso mismo se trata el matrimonio, de llegar a conocerse bien el uno al otro. Dios también quiere una relación así con nosotros. Él quiere conocernos, y nosotros pasaremos el resto de nuestra vida en llegar a conocerlo. ¿Disfruta el viaje por la vida que es "llegar a conocer a Dios"? Algunas personas disfrutan ese proceso y otras no. Estas últimas quieren que Dios se limite a cumplir sus peticiones y satisfacer sus necesidades. Es muy triste, y de hecho hay muchas relaciones matrimoniales de ese tipo.

Dios quiere una comunicación con nosotros para siempre. Él quiere que mantengamos una relación con nuestro cónyuge que también perdure. Su ejemplo de amor a nosotros es el modelo a seguir en nuestro matrimonio. Es un decir "te amo mientras estamos en el proceso de conocernos", no "te amaré cuando...". Es un simple "Te amo". Si funciona para Él, puede funcionar para nosotros.[10]

Adoración

Dios es Espíritu; y los que le adoran, en espíritu y en verdad
es necesario que adoren.
JUAN 4:24

Comencemos con una discusión. Tomen unos momentos para hablar de la primera vez que recuerdan haber estado en un culto de adoración. Ahora hablen de la primera vez que recuerdan haber experimentado la adoración.

Espere un minuto, ¿acaso no son iguales esas dos preguntas? No en absoluto. Uno puede estar en una reunión de adoración sin adorar. Todos lo hemos hecho. Estamos presentes de cuerpo, pero nuestro corazón y nuestra mente están en otra parte, tal vez en el campo de golf, con un pequeño enfermo en casa o pendiente de la llegada de invitados a cenar el domingo por la noche.

La adoración en realidad no tiene que ver en absoluto con un lugar. Claro que es importante congregarse con otros cristianos, pero es mucho más que eso. En el tiempo de Jesús, los judíos tenían que ir al templo a adorar. Los samaritanos tenían su propio lugar de adoración en un templo que quedaba sobre un monte llamado Gerizim. Ese era el modelo antiguo, el sistema de antaño. La adoración se asociaba con el lugar al que las personas acudían. En Juan 14:21 Jesús dijo a la mujer samaritana que llegaría un día en el que el asunto de la adoración no tendría que ver con el lugar de culto.

El nuevo fundamento de la adoración a Dios no sería la ubicación de las personas, sino quiénes fueran. En 1 Corintios 6:19 dice: "¿O ignoráis que vuestro cuerpo es templo del Espíritu Santo, el cual está en vosotros, el cual tenéis de Dios, y que no sois vuestros?" La presencia de Dios no está en un templo. Él vive dentro de su pueblo. Todos nosotros somos el templo del Espíritu Santo. Mientras usted conduce por la autopista, ingiere su desayuno con cuatro pequeñines latosos o rastrilla el césped, allí mismo usted puede adorar a Dios.

Los elementos esenciales de la adoración son: "Espíritu y verdad". Si usted adora de verdad, el enfoque no es usted ni lo que usted experimente, sino Dios. La próxima vez que vayan juntos a la iglesia podrían decir: "Vamos a adorar de verdad. Concentrémonos en lo que Dios ha dispuesto para nosotros y alabémosle. No nos preocupemos tanto por lo que vayamos a obtener del servicio.[11]

Oraciones privadas

Y cuando ores, no seas como los hipócritas; porque ellos aman el orar en pie en las sinagogas y en las esquinas de las calles, para ser vistos de los hombres; de cierto os digo que ya tienen su recompensa.
MATEO 6:5

Archibald Hart ofrece algunos consejos valiosos en cuanto a la oración.

Una razón por la que creo que la oración es tan difícil para nosotros es que la oración privada se hace casi siempre en silencio. La oración silenciosa, al igual que la lectura en silencio, es un fenómeno moderno y puede considerarse un subproducto de la proximidad y la congestión propia de los centros urbanos. En tiempos del Nuevo Testamento, la oración y la lectura siempre se hacían en voz alta. De hecho, la amonestación de Jesús a sus seguidores en cuanto a entrar al aposento (estar a solas) para orar no fue una instrucción a orar en silencio, sino más bien una crítica a los hipócritas que oraban parados en las esquinas y otros lugares públicos. Tanto así, que la razón por la que necesitamos un "aposento" para orar es que nuestras oraciones hacen ruido o al menos deberían hacerlo. Orar en voz alta puede ser una experiencia refrescante y significativa. Le va a tocar buscar un lugar privado para hacerlo, pero considero que es una actividad encomiable y muy beneficiosa para todo creyente.

Hay muchos libros disponibles que pueden ayudarlo en su vida de oración, así que no trataré de hacer un resumen exhaustivo de ayudas. Más bien quiero ofrecerle unas cuantas sugerencias para mejorar su vida de oración.

1. Simplifique su oración cuanto más pueda. La oración adquiere muchas formas: Contemplativa, acción de gracias, peticiones, y más. También debería incluir la espera callada para que usted pueda recibir instrucción de Dios.

2. La actitud de la oración siempre debería ser la misma. Una espera serena en Dios y la experiencia de su presencia en humildad.

3. Desarrolle la oración de "estar" además de la oración de "pedir". La oración de "estar" es aquella que solo pide experimentar la presencia de Dios. Esa oración es receptiva antes que expresiva y no pide beneficio alguno aparte de Dios mismo. Con ella usted aprecia a Dios por quien Él es, no por lo que pueda darle. Esta clase de oración es un hábito que descuidamos para perjuicio nuestro. Nosotros salimos perdiendo si no vivimos en comunión con Dios.[12]

¿Cómo le parece la idea de orar en voz alta con su cónyuge? ¿Por qué no hablan acerca de esto y lo ponen a prueba?

Memorizaciones bíblicas para su matrimonio

En mi corazón he guardado tus dichos, para no pecar contra ti.
SALMO 119:11

En su libro The Heart of the King [El corazón del rey], Ron Auch habla acerca del significado verdadero de guardar la Palabra en nuestro corazón.

Guardar la Palabra dentro de nuestro corazón va mucho más allá de la simple lectura o memorización de la Biblia. Memorizar o leer la Palabra de Dios es una disciplina que pone la Biblia en nuestra cabeza. Sin embargo, todo debe pasar de la cabeza al corazón antes de que contribuya a transformarnos. El corazón es lo que somos. Al permitir que la Palabra de Dios entre en lo más profundo de nuestro corazón, le permitimos moldear la esencia misma de lo que somos.

La Palabra de Dios se guarda en lo profundo del corazón mediante la práctica de la oración. Dios nos habla de muchas maneras diferentes y en diferentes oportunidades. Ahora bien, si tomamos la Palabra que Dios nos habla en el aposento de oración y le hablamos en la intimidad acerca de esa Palabra, saldremos de allí como seres renovados. En el lugar secreto de la oración, la Palabra hablada de Dios se convierte en nuestro sustento. Se vuelve aquello que nos libra de recaer en el sendero viejo del pecado. El mismo poder se obtiene al orar conforme a la Palabra escrita de Dios. Al orar la Palabra escrita de Dios, expresamos cosas que no estamos acostumbrados a decir. Orar la Palabra de Dios nos enseña a decir las cosas que el Espíritu Santo quiere que digamos. El valor de esto es que nos conduce al conocimiento de Dios al mismo tiempo que aumenta nuestro deseo de Dios. Este conocimiento y deseo nos libra de caer en pecado.

David dijo en el primer salmo: "Sino que en la ley de Jehová está su delicia, y en su ley medita de día y de noche". Dios siempre ha querido que sus hijos guarden la Palabra en el corazón de cada uno de ellos. La meditación nos permite lograrlo de la manera más eficaz, y la meditación se hace mediante el repaso reiterado de un versículo en particular en su mente, una y otra vez.[13]

¿Cómo podrían ustedes orar la Palabra de Dios para su matrimonio? ¿Qué efecto tendría esa práctica en su vida matrimonial?

Fidelidad a prueba de fuego

Nadie tiene mayor amor que este, que uno ponga su vida por sus amigos.
JUAN 15:13

Esta historia de la Segunda Guerra Mundial, contada por Fred Hartley en Men and Marriage [Los hombres y el matrimonio] se ha reportado como cierta.

El combate era intenso. Un pelotón de soldados estadounidenses tuvo que retroceder y uno de sus hombres de infantería fue herido por una ráfaga de fuego. Mientras yacía en el campo de batalla, un soldado amigo preguntó a su sargento en la trinchera: "¿Puedo ir a traerlo?" "Es inútil, tal vez ya esté muerto y de todas maneras nunca podrían regresar vivos, pero si quiere...". Esas últimas palabras eran todo lo que el amigo necesitaba oír. Salió de inmediato y esquivó las balas mientras corría. Se arrastró sobre sus codos y rodillas, llegó a donde estaba el herido y lo puso sobre sus hombros. Se acercó a la trinchera a paso lento pero firme, y en ese instante una bala alcanzó al amigo heroico en el pecho y ambos cayeron al suelo. El sargento trató de encontrarle pulso al infante y no pudo, ya estaba muerto. Después dijo al soldad: "Le dije que sería inútil. Su amigo está muerto y ahora usted está herido". El amigo luchó para respirar y en medio del dolor explicó: "No me arrepiento de haberlo hecho. Mire sargento, apenas llegué a donde estaba mi amigo él estaba vivo, me reconoció y dijo: 'Gracias Jack, sabía que vendrías'". Tan pronto dijo esas palabras, el soldado murió.

Eso es amistad. El amigo verdadero dice: "Sabía que vendrías". En la amistad se tiene esta certeza: Yo sé que si llego a necesitarte, vas a estar ahí disponible. Sé que puedo contar contigo.

Eso es lo mismo que se requiere para un buen matrimonio, no demostraciones gratuitas de heroísmo, sino fidelidad a prueba de fuego. Fidelidad a prueba de fuego es algo que todo hombre debería anhelar y esforzarse en adquirir. Es el amor que puede cumplir su palabra así duela. Es la integridad que mantiene la lealtad lo mismo en un viaje de negocios al otro lado del mundo que sentados en el comedor uno frente al otro. Es el sentido interno de equilibrio que sabe cómo manejar las demandas hostigantes de una agenda sobrecargada, a fin de garantizar el cumplimiento de los compromisos. Esta es la clase de amor que tiene poder para perdurar y solidificar una relación.

La fidelidad a prueba de fuego es lo que diferencia un matrimonio excelente de uno mediocre. Es lo que todo hombre y toda mujer anhelan tener en lo profundo de su ser, pero que al parecer muy pocos disfrutan.[14]

287

Un talento de Dios

Sea la luz de Jehová nuestro Dios sobre nosotros, y la obra de nuestras manos
confirma sobre nosotros; Sí, la obra de nuestras manos confirma.
SALMO 90:17

Uno sabe que tiene algún talento porque es Dios quien se lo ha dado. Lo que necesitamos hacer es ofrecerlo de vuelta a Él, dedicar el talento que tenemos a Jesús. El músico cristiano de renombre mundial nos cuenta qué viene después de eso:

Tras la dedicación viene la disciplina, que es como una piedra dura que sirve para afilar y pulir aquella herramienta que Dios te ha dado para que la trabajes para Él. Aprendí desde muy pequeño que Dios me había dado un talento muy especial, pero de todas maneras tuve que hacer toda la práctica. El Espíritu Santo no hace esto por nosotros. Lo que sí hace es darnos confianza y donaire en el momento de hacer nuestra parte. Nos ayuda a sentir esto en nuestro interior: "Puedo hacerlo. Sí puedo, para Dios, para su gloria".

Para aprovechar al máximo tus oportunidades, debes:

- Reconocer que tienes un talento dado por Dios. ¡Recuerda que todos lo tienen!
- Dedicar el talento y a ti mismo a Dios.
- Disciplinarte en la práctica para llegar a ser el mejor en tu campo, para Dios.
- Creer que puedes lograrlo.
- Aprovechar cada oportunidad, sin importar cuán insignificante parezca. Puede ser la puerta que Dios quiere abrirte para alguna obra grande en el futuro, para Él.

Es emocionante caminar con el Señor en la luz de su Palabra y tratar de hacer lo mejor para Él. Nunca sabemos qué tiene reservado para nosotros, ¡me cuesta esperar para ver lo que va a hacer a continuación!

¿Talento? Sí, es importante, pero solo es una parte del todo. Tienes que permanecer alerta para aprovechar las oportunidades que se te presentan con el fin de usar tu talento para glorificar a Jesucristo. Si lo haces, ¡prepárate para vivir la vida en grande![15]

¿Cuál es su talento? ¿Cuál piensa usted que es el talento de su cónyuge? ¿Cómo puede usarlo para enriquecer su matrimonio y glorificar a Dios?

Guarde su corazón

Así que, el que piensa estar firme, mire que no caiga.
1 Corintios 10:12

Años atrás los televidentes quedaron cautivados por la serie policíaca Hill Street Blues. Después del acuartelamiento matutino, justo antes de salir a las calles, el sargento siempre decía a los oficiales: "Tengamos cuidado allá afuera". Era su manera de advertirles que debían mantener la guardia en alto porque lo impredecible podía y seguro habría de suceder.

Ese fue un buen consejo para los policías, y también es bueno para nosotros los casados.

Usted tiene que enfrentarse a una gran cantidad de peligros en el mundo así como invitaciones constantes a abandonar sus valores y parámetros cristianos, sobre todo en el matrimonio. Algunas de esas tentaciones son muy seductivas. La Biblia nos advierte una y otra vez que mantengamos la guardia en alto. Jesús nos instruye a guardarnos de la hipocresía (vea Mt. 16:6-12), la codicia (vea Lc. 12:15), la persecución (vea Mt. 10:17), las enseñanzas falsas (vea Mr. 13:22, 23), y por encima de todo, de la pereza espiritual y la falta de preparación para el regreso del Señor (vea Mr. 13:32-37). "Mirad también por vosotros mismos", dijo en Lucas 21:34, "que vuestros corazones no se carguen de glotonería y embriaguez y de los afanes de esta vida".

La misma advertencia se reitera en el resto de las Escrituras. Preste atención a las siguientes amonestaciones: "Procurad lo bueno [recto] delante de todos los hombres" (Ro. 12:17). "Mirad, pues, con diligencia cómo andéis [viváis]" (Ef. 5:15). "Temamos, pues, no sea que... alguno de vosotros parezca no haberlo alcanzado" (He. 4:1). "Por tanto, guárdate, y guarda tu alma con diligencia" (Dt. 4:9). "Mirad, pues, que hagáis como Jehová vuestro Dios os ha mandado" (Dt. 5:32). "Cuídate de no olvidarte de Jehová (Dt. 6:12). "Esforzaos, pues, mucho en guardar y hacer todo lo que está escrito en el libro de la ley de Moisés (Jos. 23:6). "Meditad bien sobre vuestros caminos" (Hag. 1:5).

Todas las advertencias tienen su razón de ser y por eso necesitamos recordarlas con frecuencia. Lean estos pasajes en voz alta cada mañana durante un mes. Léanlos en pareja y antes de lo esperado ya los sabrán de memoria. Esa es la mejor medida preventiva que pueden tomar.

¡Sienta el poder!

Temible eres, oh Dios, desde tus santuarios; el Dios de Israel,
él da fuerza y vigor a su pueblo.
SALMO 68:35

Desde nuestra llegada al mundo nos empeñamos en la búsqueda de poder. Una de nuestras primeras experiencias en la vida es el choque de poderes entre nosotros y nuestros padres. Esto lo confirma el hecho de que una de las primeras palabras que aprendemos a decir, si acaso no la primera, es "¡No!" ¿Por qué debería sorprendernos? La primera pareja que vivió sobre la tierra se enfrascó en una lucha de poder con Dios. Dios creó a la humanidad con libre albedrío y la capacidad de tomar decisiones y elegir entre diferentes alternativas. Pues bien, Adán decidió hacer lo que quiso, y por su negativa a seguir el camino de Dios nos perjudicó a todos los demás.

Para nosotros el poder equivale a seguridad y control. Se han escrito muchos libros acerca del tema del liderazgo que nos dicen cómo adquirir el poder, retener el poder y usar el poder. En el ámbito cristiano existe incluso un grupo de hombres llamado "El equipo poderoso". Está compuesto por hombres con músculos protuberantes y fortaleza hercúlea que van por todas partes con su espectáculo de romper cadenas aseguradas a su cuerpo y después dar su testimonio de fe.

La sensación de poder puede ser adictiva porque hace correr la adrenalina. Note la abundancia de avisos publicitarios que apelan a nuestro deseo de poder. No importa qué vendan, compramos aquel producto o servicio porque nos promete poder.

El uso incorrecto del poder en el matrimonio se manifiesta por lo general como dominación. De hecho, algunos hombres demandan que su esposa sea sumisa a ellos porque según la Biblia, se supone que deben serlo. Es deplorable que un hombre exija sumisión a su esposa, porque esto significa que ya la ha perdido y ha fracasado como cabeza de hogar. En lugar de aludir a lo que se supone que su esposa debe hacer, todo lo que un hombre realmente necesita hacer es seguir las instrucciones de Dios para él: Amar a su esposa como Cristo ama a la iglesia. El poder no es un problema hasta que lo convertimos en nuestro dios. El poder no crea problemas mientras no abusemos de él. David ofrece la perspectiva correcta sobre este asunto: "Dios es el que me ciñe de poder, y quien hace perfecto mi camino" (Sal. 18:32); "Jehová es mi luz y mi salvación; ¿de quién temeré? Jehová es la fortaleza de mi vida; ¿de quién he de atemorizarme?" (Sal. 27:1).

¿Yo? ¿Enojado?

El que tarda en airarse es grande de entendimiento; mas el que es impaciente de espíritu enaltece la necedad.
PROVERBIOS 14:29

Airaos, pero no pequéis; no se ponga el sol sobre vuestro enojo, ni deis lugar al diablo.
EFESIOS 4:26, 27

Por esto, mis amados hermanos, todo hombre sea pronto para oír, tardo para hablar, tardo para airarse; porque la ira del hombre no obra la justicia de Dios.
SANTIAGO 1:19, 20

¿Cómo se siente tras leer los pasajes de hoy? ¿Irritado, apaciguado, irascible...? ¿Notó que la Biblia no declara que el enojo como tal sea un pecado? Pablo dice en Efesios que si uno se enoja, debe superarlo lo antes posible. Santiago aconseja que seamos lentos para airarnos. Según el profeta Joel, Dios mismo es "tardo para la ira" (Jl. 2:13). Esto significa que Él sí se enoja en algunas ocasiones.

A veces sentimos que nos sube la irritabilidad cada vez que el cónyuge hace algo que nos fastidia. Decimos entonces algo así: "¿Qué te sucede?" "¿En qué estabas pensando?", y más. En poco tiempo sentimos que la cabeza nos va a estallar, y a la otra persona le rechinan los dientes o le dan ganas de arrojarnos algo.

En un momento así, conviene recordar las palabras de la Biblia y entender que si reaccionamos conforme a la ira no obtendremos lo que queremos. La irascibilidad es contraproducente y solo contribuye a agravar una situación ya tensa. Esa clase de impaciencia emocional y exaltada lleva a cometer muchos errores (cp. Pr. 14:29).

Todo entrenador de deportes sabe que un jugador enfadado no puede pensar bien y termina cometiendo un sinnúmero de faltas y errores. Lo mismo le sucede a los esposos y las esposas por igual.

Nuestros ancestros a veces reprimían demasiado la ira, pero en nuestra generación hemos ido al extremo opuesto y estallamos por cualquier pequeñez con la excusa de ser honestos en cuanto a nuestros sentimientos. La Biblia no parece indicar que nos haga mucho daño refrenar nuestra furia, más bien se inclina a favor de ejercer dominio propio, otorgar perdón incondicional a los que nos ofenden, y dejar la venganza a Dios.

¿Qué va a hacer usted hoy con su ira? Dialoguen acerca de la diferencia que esto haría en su vida.[17]

La evidencia del amor

Amados, amémonos unos a otros; porque el amor es de Dios. Todo aquel que ama, es nacido de Dios, y conoce a Dios. El que no ama, no ha conocido a Dios; porque Dios es amor. En esto se mostró el amor de Dios para con nosotros, en que Dios envió a su Hijo unigénito al mundo, para que vivamos por él.
1 JUAN 4:7, 9

¿Qué palabra es el antónimo de amor? "Apatía". Esta es la actitud que dice: "Ni me va ni me viene, haz lo que quieras. Yo me encargo de mi vida, tú encárgate de la tuya". "¿Quién dijo que hay que trabajar en los problemas en el matrimonio? Hay que dejarlos en paz para que se resuelvan solos".

En el pasaje de hoy, ¿en qué manera demuestra Dios su amor? Él se interesa y se involucra. Lo hizo al enviar a su Hijo a un mundo perdido. El apóstol Juan aclara que si decimos que amamos al cónyuge o a otro semejante, también debemos interesarnos en esa persona.

Cuando un miembro de la familia a la que decimos amar se vuelve obstinado o decide enredarse en alguna actividad errónea, o comienza a volverse perezoso, es difícil actuar al respecto. Después de todo, no queremos causar gran revuelo. Es más fácil decirnos: "No es gran cosa, tal vez no entendí bien lo que sucedió y de todas maneras hoy llegué demasiado cansado del trabajo".

La corrección amorosa es parte del amor, pero también hay otro aspecto. El mismo principio de intervención se aplica cuando un miembro de la familia hace algo positivo y conviene dar un elogio. La persona amorosa dice: "¡Te portaste de maravilla, aprecio lo que hiciste!" La persona apática ofrece una sonrisa indiferente y da la espalda para no perderse su programa de televisión. Ninguna reacción positiva o constructiva.

¿Qué se constituye entonces en evidencia del amor? ¿La intervención espontánea? Sí. Hay que involucrarse en la vida de la otra persona y participar de lo que realmente sucede en su mente y corazón, así como interesarse lo suficiente para tomar en serio sus palabras y sentimientos. Lo cierto es que toda persona casada quiere ser tomada en serio por su cónyuge. Eso es lo que Dios hizo con nosotros, y así es como demostramos que su amor de verdad nos ha invadido.[18]

¿Yo o nosotros?

Asimismo vosotras, mujeres, estad sujetas a vuestros maridos...
Vuestro atavío no sea el externo de peinados ostentosos, de adornos de oro o de
vestidos lujosos, sino el interno, el del corazón, en el incorruptible ornato de un
espíritu afable y apacible, que es de grande estima delante de Dios... Vosotros,
maridos, igualmente, vivid con ellas sabiamente, dando honor a la mujer como a
vaso más frágil, y como a coherederas de la gracia de la vida, para que vuestras
oraciones no tengan estorbo.
1 Pedro 3:1, 3, 4, 7

En este breve pasaje hay suficiente información para incomodar a cualquiera en nuestra generación. Su mensaje constituye una crítica directa a muchas nociones valoradas por nosotros como la independencia total, la confianza individual y la autonomía para definir nuestro propio destino.

Lo que el apóstol tiene en mente es el matrimonio como una provincia invisible y un dominio común de dos mentes y voluntades dispuestas a amoldarse y doblegarse la una a la otra. La frase "coherederas de la gracia de la vida" (v. 7) también se puede traducir "copartícipes de las bendiciones de Dios". ¿Qué significa esto? En cierto sentido esto alude a la procreación, ya que cada vida nueva nace como resultado de la unión entre un hombre y una mujer, y ello establece un modelo a seguir en todas las demás actividades propias de un matrimonio. Si el esposo y la esposa unen sus esfuerzos y características únicas en cooperación voluntaria y mutua, se producen resultados maravillosos.

Así como un esposo y su esposa son un solo ente en asuntos de finanzas, también lo son ante Dios. El banco hipotecario y el servicio nacional de impuestos también ven a las parejas casadas como una sola entidad, como dos personas acopladas en uno y un mismo ser que deben cumplir juntos todas sus obligaciones contraídas. Dios nos ve como socios inseparables que aguardan en un mismo espíritu recibir su bendición.

Somos como uno de esos castillos medievales que enarbolan un solo estandarte visible a una gran distancia. Antes de la boda, nuestras astas individuales decían "Yo", pero ya han sido reemplazadas por una sola bandera con la inicial "N" que significa: "Nosotros somos una unidad. Nosotros somos un equipo. Nosotros cuidamos el uno del otro. Nosotros somos coherederos y copartícipes.[19]

Su misión es mantener la paz

Gozaos con los que se gozan; llorad con los que lloran. Unánimes entre vosotros; no altivos, sino asociándoos con los humildes... No paguéis a nadie mal por mal... No os venguéis vosotros mismos, amados míos.
ROMANOS 12:15-17, 19

La diplomacia es el arte de dar la razón a la otra persona. Es un arte que no solo se necesita en las Naciones Unidas y en las aulas del Congreso, sino también en la sala, en la cocina y en todas las habitaciones de nuestro hogar.

Un paso más allá de las negociaciones y las componendas propias de la diplomacia es la iniciativa de paz. Todos los matrimonios se beneficiarían de la intervención de más pacificadores, y el pasaje de hoy nos proporciona algunas ideas para desarrollar esa habilidad tan valiosa.

1. *Identifíquese con su cónyuge* (Ro. 12:15). Sienta lo que él o ella siente en el momento, vea la situación desde su punto de vista (para variar) y piense en algo más aparte de sus propios intereses.

2. *Deje de llevar cuentas y recordar quién hizo qué a quién, no abrigue más rencores.* Jesús nunca hizo esto, su actitud básica fue: "Eso no lo tendré en cuenta, dejaré que el Padre se encargue de mis perseguidores cuando Él decida hacerlo. Eso no me concierne". Recuerde que se necesitan dos para reñir, y un altercado unilateral no llega a ninguna parte.

3. *La última clave está en Romanos 12:20 y es: ¡Sorprenda a su antagonista con un obsequio!* "Amontonar ascuas de fuego sobre su cabeza" tal vez no tenga sentido para nosotros, pero sí lo tuvo en la Palestina antigua. En todas las casas las personas usaban madera o carbón para calentarse y para cocinar. Si el fuego amanecía apagado, no había fósforos para encenderlo, sino que uno tenía que obtener ascuas de otra casa, las cuales se llevaban en un recipiente sobre la cabeza, pues así solían transportar las cosas. Lo que dice este pasaje es que si nuestro enemigo acude a nosotros en busca de ascuas, no cerremos la puerta en su cara, sino que seamos generosos y le demos fuego en abundancia para llevar sobre su cabeza de regreso a casa.

Si usted lo hace, establecerá una reputación nueva como promotor de la paz.

La atmósfera usual en nuestro matrimonio no tiene que ser contenciosa o polémica, sí podemos dejar que prevalezca la ley de Dios. Todo comienza en nuestro propio corazón.[20]

¿Quiénes son ustedes dos?

Él, respondiendo, les dijo: ¿No habéis leído que el que los hizo al principio,
varón y hembra los hizo, y dijo: Por esto el hombre dejará padre y madre,
y se unirá a su mujer, y los dos serán una sola carne? Así que no son ya más
dos, sino una sola carne.
MATEO 19:4-6

¿Qué palabras usan para referirse a los dos? Tal vez digan...
- Hola, somos los [su apellido]
- Mucho gusto, somos el señor y la señora...
- Es probable que usen la palabra "nosotros" para referirse a ambos
- ¿Con cuánta frecuencia se refiere cada uno a sí mismo en términos de "nosotros"? ¡Sí, nosotros! Ustedes saben muy bien que son un "nosotros" desde que se casaron. Por eso, consideren lo que pueden aprender sobre "nosotros" en la siguiente oración:

Señor de los amantes casados:

Tú eres el único que puede alterar las leyes matemáticas para hacer que uno más uno sea igual a uno, y que ese "uno" ni siquiera conste de dos mitades que se suman para formar un todo, sino de dos personas con diferencias drásticas entre sí que al sumarse constituyen una criatura por completo nueva: ¡Nosotros!

Venimos ante ti para pedirte por nosotros, un esposo y una esposa que anhelan reflejar tu semejanza y hermosura (Gn. 5:1, 2), así como experimentar la unidad maravillosa que Tú prometes: "¿No hizo él uno, habiendo en él abundancia de espíritu?" (Mal. 2:15).

Tú también oyes Señor las voces que por lado y lado tratan de separarnos: "¿Está seguro(a) de haber tomado la decisión correcta?" "Tú mereces mucho más que esto". "¿Qué vas a hacer si se aburren el uno del otro?" "Pues bien, con tal que te seas feliz...".

Tú en cambio nos has mostrado "un camino aun más excelente" (1 Co. 12:31), que es honrar y atesorar nuestro compromiso al ligarnos con más firmeza como un solo ser (Gn. 2:24), fomentar el respeto mutuo al sujetarnos el uno al otro (Ef. 5:21) y encontrar nuestra vida tras rendirla por completo a ti (Lc. 9:24).

Sabemos que este camino del amor nunca fallará ni dejará de ser (1 Co. 13:8).

Señor de los amantes casados, únenos en tu vínculo perfecto de un pacto eterno. Nos consagramos a ti. Amén.[21]

¿Es amena su compañía?

El corazón alegre hermosea el rostro; mas por el dolor del
corazón el espíritu se abate.
Proverbios 15:13

La compañía de ciertas personas le baja el ánimo a cualquiera porque no son muy divertidas que digamos. Están llenas de pesimismo y no hay gozo, risa ni vivacidad en su existencia. No puede negarse que la vida es dura, pero también hay mucho por qué sonreír y hasta dar carcajadas. ¿Se ha preguntado alguna vez qué hacía reír a Jesús? Tal vez muchas de las mismas situaciones que nos entretienen a nosotros, pero es posible que Él no se riera de algunas cosas que nos causan risa en la actualidad.

El humor se encuentra en todas partes. Considere los errores de caligrafía en anuncios de iglesia como este: "El próximo domingo celebramos la Pascua y pediremos a la señora Jones que pase al frente y ponga un huevo en el altar de la iglesia". Qué tal este: "Debido a la enfermedad del director, los servicios de sanidad quedarán descontinuados hasta nuevo aviso". ¿Qué decir de ciertas reglas y regulaciones que ya han caducado pero que siguen en los códigos? En Seattle todavía es ilegal "portar un arma de fuego de más de 2 metros de longitud". En el estado de Oklahoma hay una ley que dice: "Cualquier vehículo involucrado en un accidente que resulte en la muerte de otra persona debe detenerse y dar su nombre y dirección a la persona atropellada". ¿Se imagina cómo podrían hacerse cumplir estas regulaciones?[22]

¿Cómo lo ven otras personas a usted? ¿Cómo lo ve su cónyuge? ¿Es una persona que puede reírse con facilidad y a la que le brota el gozo en su matrimonio? O por el contrario, ¿parece una máquina de lamentos y melancolía? Dios es el autor de las sonrisas, el gozo y la risa. Él quiere que experimentemos estos regalos suyos, que los expresemos y que infectemos a otras personas con sus efectos positivos. Es uno de los remedios infalibles de Dios para hacer más llevadera la vida. Consideren las palabras de Elton Trueblood:

> El cristiano es gozoso, no porque sea ciego a la injusticia y el sufrimiento, sino porque está convencido de que estas cosas, a la luz de la soberanía divina, nunca son la realidad última y definitiva... El humor del cristiano no es una táctica para suprimir las lágrimas, sino más bien su afirmación de fe en algo más profundo y permanente que las lágrimas.[23]

Una persona de fortaleza posee un corazón alegre.

Galletas y fideos

Antes sed benignos unos con otros, misericordiosos.
EFESIOS 4:32

Bill Farrel ofrece una perspectiva interesante acerca de nuestras diferencias:

A mí modo de ver, los hombres son como galletas y las mujeres son como fideos. Hablemos primero de los hombres. Si observamos una galleta recién sacada del molde, veremos casillas individuales cuadradas y bien separadas entre ellas. Cada casilla mantiene su lugar y no interactúa con las otras. Los hombres lidiamos con la vida como si hubiera una galleta en nuestro cerebro. Tomamos cada asunto y lo colocamos en una casilla. Después tratamos el siguiente asunto y lo asignamos a otra casilla. Una radiografía del cerebro masculino mostraría esa cuadrícula de casillas individuales, cada una asignada a aspectos diferentes de la vida. Los hombres tratamos un asunto a la vez, y no más que uno. Si vamos de pesca, lo que hacemos es pescar. Si estamos en el trabajo, eso es lo que hacemos. Si salimos a cortar el césped, no vamos a hacer otra cosa. Por último, mientras hacemos el amor con nuestra esposa, en lo único que pensamos es sexo.

Las esposas, por otro lado, enfrentan la vida como fideos. Si usted observa un plato de espagueti, notará de inmediato que todo está en contacto con todo. Así es como las mujeres procesan la vida, ¡conectan todos los puntos! Tienen un talento increíble para lidiar con múltiples asuntos al mismo tiempo. Puesto que es imposible arreglar todo y tener todo bajo control al mismo tiempo, las esposas procesan la vida mediante la conexión emocional de todos los asuntos y problemas entre sí. La mujer no termina una conversación hasta que haya conectado múltiples y diversos pensamientos en su mente y haya "intuido" la solución de cada asunto pendiente en su vida. Al final, es posible que experimente emociones positivas como ternura, gozo, entusiasmo, que experimente emociones negativas como rabia, depresión o frustración, pero lo importante para ella es experimentar alguna emoción. Una vez se haya conectado emocionalmente con cada asunto en su vida, ella se relajará y comenzará a disfrutar a plenitud las personas a su alrededor.[1]

¿Qué opinan de esto? ¿Es así como ustedes piensan? Dialoguen al respecto.

Reafirmación

¿Recuerdan sus votos matrimoniales? ¿Cuáles fueron las palabras específicas que emplearon? ¿Qué se comprometieron a hacer el resto de su vida? La mayoría de nosotros no lo recuerda con exactitud, y en ese caso ¿cómo podremos cumplir lo prometido? La Palabra de Dios nos dice que somos fieles si guardamos sus mandamientos. Asimismo, somos fieles en el matrimonio si cumplimos las promesas hechas en el pasado.

Esa podría ser la razón por la que cada vez más parejas deciden realizar ceremonias de reafirmación. Este es un paso edificante para cualquier pareja y equivale a decir: "Hemos permanecido juntos veinticinco [o cualquier cantidad de] años, y queremos renovar el paso que dimos hace tanto tiempo". Si la ceremonia de bodas es la celebración del enamoramiento y el comienzo de un matrimonio, la ceremonia de reafirmación podría considerarse una celebración de seguir enamorados y casados hasta ahora y en adelante.

¿Qué beneficios trae la renovación de votos? Es una oportunidad para redefinir el matrimonio, reiterar la dedicación mutua de los cónyuges, celebrar lo que han logrado hasta ahora y echar la mirada adelante.

¿Qué implica esa reafirmación? En cierto sentido es todo lo opuesto al divorcio. Es regocijarse por el hecho de que han logrado que su matrimonio funcione, que lo han hecho satisfactorio, resistente a las tormentas, y que se han permitido el uno al otro experimentarlo al máximo. La reafirmación es la demostración pública de la renovación de su compromiso mutuo.

La reafirmación implica tomar una nueva decisión, y es probable que las razones para ello sean muy distintas a las razones que tuvieron en un principio para casarse. En lugar de basar la decisión en la esperanza de un futuro brillante y sueños realizados, ahora se basa en la historia de lo que ha ocurrido así como la esperanza de lo porvenir.

¿Por qué no consideran esta posibilidad? Si deciden hacerlo, seguro recordarán estas promesas, y la experiencia podría cambiar la vida de cada uno de ustedes por completo.

He resuelto

Vestíos, pues, como escogidos de Dios, santos y amados, de entrañable misericordia, de benignidad, de humildad, de mansedumbre, de paciencia.
COLOSENSES 3:12

Quizá haya oído acerca de Jonathan Edwards, pero ¿ha leído alguno de sus escritos? Considere sus palabras:

He resuelto hacer todo para mayor gloria de Dios y para mi propio bien, provecho y deleite durante mi existencia terrenal.

He resuelto hacer lo que considere mi deber, ante todo para bien y provecho de la humanidad en general.

He resuelto nunca perder un solo instante de tiempo, sino aprovecharlo cuanto más pueda.

He resuelto no hacer nunca algo que temiera hacer en mis últimos minutos de vida.

He resuelto nunca hacer algo movido por sentimientos de venganza.

He resuelto mantener la moderación más estricta en el consumo de comidas y bebidas.

He resuelto nunca hacer algo que, si viera hacer a otro, usaría como ocasión para juzgarlo o para tenerlo en menor estima.

He resuelto estudiar las Escrituras con tal constancia, disciplina y frecuencia que encuentre mi alimento y crezca todos los días en el conocimiento de la Palabra de Dios.

He resuelto preguntarme al final de cada día, semana, mes y año, qué habría podido hacer mejor.

He resuelto nunca más actuar, desde ahora hasta que muera, como si yo fuera mi propio dueño, por cuanto pertenezco por completo a Dios.

He resuelto que actuaré conforme a lo que juzgaré como mejor y más prudente tras llegar al mundo futuro.

He resuelto que jamás decaeré en lo más mínimo en mi lucha contra mis corrupciones, sin importar cuántas derrotas sufra.

He resuelto que después de las aflicciones apreciaré el beneficio que me han traído y el cambio experimentado a raíz de ellas.[2]

Es probable que él no haya dirigido estas palabras a parejas casadas, pero consideren de qué modo podrían aplicarse a su matrimonio.

Una oración por los demás

La oración eficaz del justo puede mucho.
SANTIAGO 5:16

Esta es una oración escrita por John Baillie que los ayudará a vivir este día en función de los demás.

Señor:

Te agradezco por buscarme con tu amor incluso cuando yo no mostré interés alguno. Te doy gracias por haberme dado pensamientos para guiarme y fortalecer mi voluntad mediante tu Espíritu Santo. A veces pienso que las cosas pasan por casualidad, pero estoy aprendiendo que nada existe ni sucede por "azar" o por "accidente". Gracias por la manera como me dirige tu Espíritu. Líbrame de toda ceguera a la dirección de tu Espíritu. Oro que cada día crezca más para convertirme en la persona que Tú quieres que sea. Te pido que me transformes para ser más semejante a tu Hijo Jesús.

Sin embargo, quiero orar más que solo por mí. Hay tantos otros necesitados de ti y yo tiendo a pasarlos por alto.

Oro por aquellos que luchan con tentaciones en este mismo momento.

Te pido fortaleza para las personas que deben cumplir un sinnúmero de tareas abrumadoras.

Te pido sabiduría para los hombres y las mujeres que luchan al tener que tomar decisiones difíciles.

Por los que están derrotados por las deudas o la pobreza, por los que experimentan las consecuencias de lo que hicieron hace mucho tiempo que Tú los has perdonado, por aquellos que a una edad temprana fueron abusados o nunca recibieron la oportunidad de experimentar la vida al máximo, por las familias desintegradas a raíz del divorcio o la muerte, por aquellos que te sirven en países que ni siquiera conozco.

Te pido que mis motivos de oración estén menos enfocados en mí y más en las demás personas que Tú también amas.

En el nombre de Jesús. Amén.[3]

Vida y dinero

¿Qué aprovechará al hombre si ganare todo el mundo, y perdiere su alma?
MARCOS 8:36

La mayoría de nosotros nunca ha pensado en un "estilo de vida monetario" y mucho menos lo ha desarrollado en todos sus aspectos, pero lo cierto es que todos tenemos acceso a cuatro alternativas relacionadas con la vida financiera, y unas tienen mejores consecuencias que otras.

Vivir más allá de lo que tenemos. Es muy fácil y cualquiera puede hacerlo. La idea es que los demás nos vean como ricos. Para ello acumulamos todos los bienes materiales que se nos antojen y pagamos más de lo que deberíamos en altas tasas de interés. Resolvemos nuestras inseguridades con posesiones y toda clase de productos y servicios, pero el problema es que nunca será suficiente. Siempre se necesita más, más, y más. Pregunta: ¿Cómo glorifica a Dios este estilo de vida?

Vivir de lo que ganamos. Es una alternativa preferible, pero no es la mejor porque lo que una mano aporta la otra lo gasta en la misma medida. Por lo menos no se acumulan muchas deudas, pero tampoco hay ahorros ni inversiones. El enfoque sigue centrado en la acumulación y el gasto, no en la previsión para el futuro. Las cuentas y los bienes ocupan nuestra mente todo el tiempo y no queda mucho espacio ni tiempo para Dios. Pregunta: ¿Cómo glorifica a Dios este estilo de vida?

Vivir conforme a nuestras bendiciones. Esto implica que sigamos la enseñanza bíblica de ser buenos mayordomos de la porción que Dios nos ha encomendado. La pareja que vive conforme a lo que tiene piensa en el hoy y también en el mañana, pero más allá de esto, busca la manera de que su dinero sea usado para el reino de Dios. El diezmo es parte habitual de la vida de esta pareja, incluso en aquellas ocasiones en las que no pueden dispensarlo. Pregunta: ¿Cómo glorifica a Dios este estilo de vida?

Vivir por debajo de nuestros recursos. Esta no es una alternativa muy popular ya que requiere disciplina y sacrificio bastante inusuales, así como la decisión deliberada de no "ascender". Para esta pareja es mayor gozo dar que acumular y adquirir, por eso se limitan a usar lo indispensable.

¿Cuál de estos cuatro estilos describe su vida? ¿Es resultado de una decisión que hayan tomado en pareja?[4]

Hagamos uso sabio del tiempo

Enséñanos de tal modo a contar nuestros días,
que traigamos al corazón sabiduría.
SALMO 90:12

¿Le interesa dar un vistazo a las posibles maneras en las que usted hará uso de su tiempo en el futuro? Los analistas y administradores del tiempo pueden ahora decirnos por adelantado cómo aprovechar mejor el tiempo que tenemos a disposición. Me pregunto si haríamos cambios en el presente si supiéramos con suficiente anticipación que vamos a pasar 1.086 días "enfermos". Así sucede a la persona promedio, y eso que ya muchas de nuestras enfermedades son prevenibles y curables. ¿Quiere pasar 1.086 días enfermos? Creo que no.

Le sorprenderá saber que va a gastar ocho meses de su vida tan solo en abrir y botar a la basura el correo de sobra. ¿Quiere pasar dos años de su vida pegado al teléfono? ¿Quiere pasar cinco años de pie en filas de espera y nueve meses sentado a ver si por fin se mueven los automóviles? Lo dudo. Tan solo las necesidades básicas de la vida consumen una gran cantidad de tiempo. En promedio, todos dedicaremos cuatro años a cocinar y comer, si acaso no queremos vivir a punta de comidas rápidas. Gastaremos 1.5 años en vestirnos y ¡siete años en el baño! Por último, los expertos en el manejo del tiempo nos informan que pasaremos veinticuatro años dormidos y tres años de compras.[5]

No sabemos con certeza si todos estos cálculos son exactos, pero así se acerquen un poco a la realidad, necesitamos preguntarnos si es así como queremos usar nuestro tiempo.

Hace años alguien escribió un artículo con este título peculiar: "Si tiene treinta y cinco años, le quedan quinientos días de vida". Su primera reacción podría ser: "Espérese un momento, ¡eso no puede ser cierto!" Considere bien lo que dijo el escritor. Si restamos de la ecuación todo el tiempo dedicado a dormir, trabajar, hacer oficio, cuidar de nuestra higiene, arreglar asuntos personales, comer y viajar, solo nos quedan quinientos días en los siguientes treinta y seis años para gastarlos como queramos. Nos pone a pensar, ¿no es así? Esto arroja nueva luz sobre lo dicho por el salmista: "Enséñanos de tal modo a contar nuestros días, que traigamos al corazón sabiduría" (Sal. 90:12).

¿Cómo hará usted uso sabio del tiempo que le queda? ¿Qué hará para que la inversión de tiempo y recursos que Dios ha depositado en usted se utilice con propósito y sentido?

Distracciones

Hermanos, yo mismo no pretendo haberlo ya alcanzado; pero una cosa hago: olvidando ciertamente lo que queda atrás, y extendiéndome a lo que está delante, prosigo a la meta, al premio del supremo llamamiento de Dios en Cristo Jesús.
FILIPENSES 3:13, 14

En su libro Developing the Leader Within You [Desarrolle el líder que hay en su interior], John Maxwell plantea un punto de enfoque importante para el matrimonio.

¡Preste atención! Esas palabras hacen eco en mi mente pues han resonado desde la niñez. Profesores y maestros de piano, además de mis padres y muchos otros, me dieron ese mensaje una y otra vez. Quizás usted lo haya oído también con mucha frecuencia. A veces nos distraemos cuando tratamos de escuchar, mientras oramos o en medio de alguna meta que estamos a punto de cumplir. Algunas distracciones pueden ser fatales. Si lo permitimos, las actividades o los compromisos pueden distraernos de nuestro matrimonio. Algunas veces paralizamos nuestro progreso al tratar de hacer varias cosas al mismo tiempo o porque dedicamos mucha energía a actividades sin importancia mientras descuidamos algo que es vital.

Hace años un avión de pasajeros de Eastern Airlines cayó en los pantanos de la Florida. Tal vez recuerde la historia del vuelo 401 que iba lleno de pasajeros y había despegado de Nueva York con destino a Miami. Mientras el avión se acercaba al aeropuerto de Miami y comenzó su descenso, los pilotos notaron la luz que indicaba una falla en el tren de aterrizaje. Los pilotos sobrevolaron los pantanos en grandes círculos mientras resolvían el problema. Tenían que determinar si el tren de aterrizaje no había bajado bien o si la luz del tablero estaba defectuosa.

El ingeniero de vuelo trató de quitar la bombilla pero estaba atascada. Los otros miembros de la tripulación trataron de ayudarlo a aflojar la bombilla, y mientras se distrajeron tratando de sacar la bombilla, no se dieron cuenta de que el avión perdía altitud hasta que fue demasiado tarde y cayeron al pantano. Varias docenas de pasajeros perdieron la vida. Los tripulantes tenían un trabajo importante que hacer pero se distrajeron con una bombilla barata e insignificante. Esa fue una pequeña distracción que condujo a una destrucción fatal.

¿Qué lo distrae de su matrimonio? ¿Qué lo distrae de responder a las necesidades y solicitudes de su cónyuge? ¿Qué lo distrae de su relación con Dios? Esta última es la pregunta más importante.[6]

Oposición

Porque hermanos, no queremos que ignoréis acerca de nuestra tribulación que nos sobrevino en Asia; pues fuimos abrumados sobremanera más allá de nuestras fuerzas, de tal modo que aun perdimos la esperanza de conservar la vida. Pero tuvimos en nosotros mismos sentencia de muerte, para que no confiásemos en nosotros mismos, sino en Dios que resucita a los muertos.

2 Corintios 1:8, 9

Hay días en los que usted siente deseos de tirar la toalla. Se siente agotado, exhausto, oprimido y devastado. Hasta el apóstol Pablo se sintió así.

Quizá haya sentido esa clase de extenuación como resultado de sus labores como padre o madre, incluso por las responsabilidades propias del matrimonio. También podría deberse a alguna oposición de las personas en su lugar de trabajo, en la iglesia o en su familia. Si usted tiene que enfrentar la oposición de los demás durante mucho tiempo, sus defensas y su determinación se agotan poco a poco hasta que desaparecen.

Pablo no fue el único que enfrentó esa situación abrumadora. David lo experimentó mientras "robaba Absalón el corazón de los de Israel" (2 S. 15:6), pues su hijo rebelde creó condiciones tan adversas que David tuvo que salir de Jerusalén. Le tocó evacuar su hogar, su trono y la ciudad que construyó. Después un pariente lejano de Saúl se apareció y procedió a atacar, maldecir y lanzar piedras a David. Fue como echarle sal a la herida, nada divertido. David estaba cansado hasta los huesos tras llegar a su destino. "Y el rey y todo el pueblo que con él estaba, llegaron fatigados, y descansaron allí" (2 S. 16:14).

La oposición nos deja exhaustos. ¿Qué hace uno al llegar a ese punto? Me permito sugerirle que ponga en práctica "Las tres erres":

Recuerde. Usted no está solo(a). Dios está con usted, y si está casado(a) también puede contar con el apoyo de su cónyuge.

Reposo. No hay sustituto para el tiempo que dejamos a nuestro cuerpo y nuestra mente para que descansen y se restituyan. Agradezca a Dios, porque le da el reposo verdadero.

Resuelva. Tan pronto recupere sus fuerzas y en la medida de lo posible, trate de resolver sus diferencias con cualquiera que le haga oposición. Tal vez sus adversarios no cambien, pero al menos usted sabrá que llevó la carga una milla más.

El cambio sí es factible

El amor... todo lo sufre [sea lo que sea y venga lo que venga], todo lo cree
[siempre está dispuesto a pensar lo mejor de cualquier persona], todo lo espera
[sus esperanzas no se desvanecen bajo ninguna circunstancia]...
1 Corintios 13:7

¿Ha pensado alguna vez que "nada puede cambiar o mejorar su relación"? En ese caso, por favor no lo crea ya que esa idea se convertirá en una profecía de cumplimiento automático. Si usted o cualquier otra persona cree que nada puede mejorar su matrimonio, cuestione esa creencia y rétela sin temor alguno. Observe, defina y clarifique algunos de los problemas. Después seleccione uno, el que parezca más fácil de resolver. Había un esposo que tan solo quería sentirse libre para discutir problemas con su esposa sin usar argumentos defensivos que interrumpieran la comunicación, y él aprendió algunas técnicas para mantenerse fuera de la confrontación y eliminar su actitud defensiva. Esto es lo que hizo:

1. Decidió creer que su esposa no estaba empeñada en hacerle daño ni quería discutir con él por amargura, sino por el contrario, que ella podía aportar ideas y soluciones muy buenas.
2. Se comprometió consigo mismo a no interrumpirla y a no debatir, y mucho menos darle la espalda e irse.
3. Respondería a lo que ella dijera con frases como: "Tienes razón", "Eso es interesante", "No había pensado en eso", "Dime más sobre el asunto" y "Me gustaría pensar en eso".
4. Optó por mantener esta mentalidad: Así no funcione la primera vez, lo intentaré por lo menos cinco veces.
5. Se propuso agradecerle por cada discusión, y así las respuestas de ella fueran apenas cinco por ciento menos defensivas, la felicitaría por su manera de reaccionar.

Cinco semanas después él dijo: "La cuarta discusión fue por completo diferente. Mi creencia según la cual nada puede mejorar nuestra relación ha desaparecido y en su lugar brilla un pequeño rayo de esperanza".

Para contrarrestar sus creencias negativas y carentes de esperanza, enfóquese en los pasajes de la Palabra de Dios que se orientan al futuro y están llenos de esperanza. Por ejemplo, en Jeremías leemos: "Porque yo sé los pensamientos que tengo acerca de vosotros, dice Jehová, pensamientos de paz, y no de mal, para daros el fin que esperáis" (29:11).

¿Pasa usted por una situación similar? ¿Qué le gustaría cambiar? El primer paso puede consistir en el cambio de sus creencias defectuosas.[7]

"Perdón, me equivoqué"

*El que encubre sus pecados no prosperará; mas el que los confiesa
y se aparta alcanzará misericordia.*
PROVERBIOS 28:13

"Pues bien, ese es el primer error que cometo en quince años de matrimonio, supongo que no soy perfecto al fin de cuentas". A veces nos reímos de los errores que cometemos, pero algunas personas no admiten sus errores con tanta facilidad, en especial a su cónyuge.

Puede ser que temamos que tal admisión se use en nuestra contra o que salga a relucir en futuras discusiones, una y otra vez. Tal vez tenemos miedo de perder nuestro poder y control o de cualquier otra repercusión adversa. Sin importar la razón, no admitimos errores con la inmediatez que nos manda la Biblia. Con demasiada frecuencia usamos el repertorio de artefactos y excusas que hemos perfeccionado durante años para tapar nuestros errores en lugar de admitirlos:

Alegamos ser ignorantes: "¿De verdad me pediste que hiciera eso? No recuerdo haberte oído decirlo, ¿tienes plena seguridad de habérmelo pedido?"

Usamos algún mecanismo de culpa: "No, yo no hice eso. Creo que el perro vino y tumbó todo eso de la mesa y lo dejó ahí".

No siempre admitimos nuestros errores de inmediato, así sepamos que la otra persona sabe y así ellos sepan que nosotros sabemos que saben (¿suena complicado?)

Todos cometemos errores y ese es un hecho ineludible. Todos pecamos, y ese es otro hecho innegable. Sin embargo, existe una diferencia entre ambos, ¿sabe cuál es? El pecado es un acto de la voluntad. Sabemos que va en contra de la voluntad de Dios y es calculado, pensado, anticipado y deliberado. En cambio, un error es por lo general un acto realizado en el afán del momento, sin intenciones ni planes premeditados. Además, las consecuencias del acto nunca pasan por nuestra mente con antelación. Todo error es un cálculo inexacto, una falta temporal en el buen juicio o la planeación. Es algo que sucede a cualquiera, tarde o temprano.

¿Qué debemos hacer entonces? Entregar nuestros errores a Dios y admitirlos. No es el fin del mundo. Aprendamos de ellos para que no tengamos que repetirlos. Ahora bien, si hemos pecado, debemos confesarlo y apartarnos.

Todos vamos a hacer las dos cosas, cometer errores y pecar. Gracias a Dios, Él nos ha dado provisión abundante y suficiente para librarnos de ambos, porque Él no quiere tenerlos en cuenta contra nosotros. Por eso y por mucho más Él es nuestro ejemplo de la manera como debemos responder y tratar a nuestro cónyuge.[8]

Acomodos

Nada hagáis por contienda o por vanagloria; antes bien con humildad,
estimando cada uno a los demás como superiores a él mismo; no mirando cada
uno por lo suyo propio, sino cada cual también por lo de los otros.
FILIPENSES 2:3, 4

Acomodamiento. Es una palabra que suena bonito, y hay otra variación suya que puede usarse en una pregunta, aunque no es tan fácil contestarla: "En su matrimonio, ¿quién hace la gran mayoría de los ajustes?" Ahora bien, muchas parejas dirán que los dos se acomodan el uno al otro, y otros dirán incluso: "La respuesta es fácil, ¡yo soy quien hace casi todos los ajustes!" De repente hay parejas que llegan al extremo de llevar cuentas por escrito de tales acomodos, porque quieren asegurarse de que hay igualdad en su matrimonio.

Piénselo un momento. ¿Quién es el primero que se levanta para encargarse de algo cuando ambos están extenuados? ¿Quién sale en medio del aguacero para entrar el correo o para sacar la basura? ¿Quién contesta el teléfono cuando ninguno quiere hablar? ¿Quién se levanta para tranquilizar al bebé que llora a las tres de la madrugada?

¿Quién ha tenido que acomodarse más en su matrimonio? Otra forma de plantear la pregunta es: ¿Quién está en el centro del escenario y dice cómo deben hacerse las cosas? Es lamentable, pero hay demasiados matrimonios cristianos que reflejan acomodamientos de una sola vía, donde uno de los cónyuges se doblega y cede al otro la mayor parte del tiempo. En realidad no se ha establecido una "vida en común" porque la flexibilidad no es mutua. Otra manera más explícita de describir la situación es que una persona se especializa en recibir y la otra en dar. En cualquier caso, este no es el patrón bíblico a seguir. La Palabra de Dios enseña un patrón de servidumbre mutua. Los acomodos forman parte del matrimonio y no son opcionales. Acomodarse el uno al otro es un reflejo de la presencia de Jesús en nosotros, y qué mejor lugar para su manifestación que en el matrimonio. ¿Cómo puede usted acomodarse a su cónyuge de una manera nueva esta misma semana?[9]

¿Qué es espiritual?

Bienaventurados los que tienen hambre y sed de justicia, porque ellos serán saciados.

MATEO 5:6

¿Es usted una persona espiritual? La pregunta puede sonar muy directa, pero trate de responderla sin dar rodeos. ¿Diría que su cónyuge es espiritual? Si respondió "sí" a la primera pregunta, ¿qué tenía en mente al pensar en la respuesta y qué quiso dar a entender?

La respuesta debería ser bastante simple. Si usted tiene un deseo constante de conocer y servir a Dios y quiere una relación más profunda con Él, eso es suficiente. Para ayudarlo a seguir adelante en su peregrinaje espiritual, en especial como pareja, encontrarán a continuación algunas ideas para considerar y discutir juntos:

Hablen un poco acerca de sus primeras experiencias individuales de conocer y sentir que Dios los amaba de forma personal y directa. Cuenten algunos detalles de su recorrido espiritual desde aquel entonces.

Hablen de lo que hacen en el presente para crecer más en su vida cristiana. ¿Cuáles son sus luchas específicas en esta área? ¿Qué piensan que Dios les ha comunicado en los últimos meses como individuos y como pareja?

¿A quién acostumbran orar, a Dios el Padre, Jesús o al Espíritu Santo? ¿Es fácil relacionarse con una persona de la Trinidad en particular más que con las otras? ¿Cuál es su imagen mental de Dios? ¿Cómo lo describirían?

Si ustedes como pareja vieran a Dios cara a cara, ¿qué diría Él acerca de su relación? ¿Qué recomendaciones o instrucciones les daría?

¿Cómo quisiera su cónyuge que usted orara por él o ella la semana entrante? Hablen juntos acerca de esto.

Estos temas y preguntas pueden ser algo difíciles, pero si dialogan al respecto se acercarán más a Dios así como el uno al otro.[10]

Tentaciones

Entonces Jesús fue llevado por el Espíritu al desierto,
para ser tentado por el diablo.
MATEO 4:1

La vida está llena de tentaciones y el hecho de que uno se case no significa que estas desaparezcan. De hecho, parece que en muchos casos se multiplican y diversifican. Jesús entiende nuestras tentaciones porque Él también fue tentado. Podría ayudarlo detenerse un momento a leer Mateo 4:1-11 para tener una visión más clara de las pruebas que pasó. Antes de hacer esa lectura, mire lo que dice 2 Corintios 4:1-7. ¿Ve la correlación entre las tres tentaciones que Jesús enfrentó y las tres observaciones que Pablo menciona?

Ahora bien, ¿cuáles son estas tentaciones y cómo se relacionan con el matrimonio?

La primera es la autosuficiencia y jactancia de que cae preso todo aquel que trata de vivir sin el Señor. Tan pronto esto sucede en el matrimonio, se viola el principio de "nosotros". No solo eso, sino que se pierden el beneficio de la sabiduría y el conocimiento del cónyuge. La actitud que dice: "Yo puedo hacerlo por mí mismo(a), no necesito consultarlo contigo ni informarte", es una invitación al desastre en el matrimonio. Pidan siempre la opinión del otro y aconséjense mutuamente. Apóyense el uno en el otro y apóyense juntos en el Señor.

La segunda tentación es la espectacularidad, llegar a ser personajes célebres y que la vida de todos gire en función de nosotros. En el matrimonio, si vamos a llamar la atención o a buscar elogios y reconocimiento, debemos hacerlo en pareja o mejor todavía, dirigir esa misma admiración al cónyuge y edificarlo en lugar de procurar nuestra propia exaltación.

La tercera tentación promovida en nuestra sociedad es detentar el poder o mantenerse a cargo de todo y en control de la situación. Recuerde, Pablo dijo en 2 Corintios 4:5: "Porque no nos predicamos a nosotros mismos, sino a Jesucristo como Señor, y a nosotros como vuestros siervos por amor de Jesús". En el matrimonio se necesita que alguno dirija y en ciertas ocasiones ambos cónyuges proveerán liderazgo, pero todo dominio o control impuesto no tiene lugar en un matrimonio cristiano.

No obstante, sí tiene cabida algo más que llamaremos servidumbre. Es el ejemplo que Jesús nos dio. Es lo que Él enseñó y es la mejor manera de llevar un matrimonio.

Fuego refinador

¿Quién como tú, oh Jehová, entre los dioses? ¿Quién como tú, magnífico en
santidad, terrible en maravillosas hazañas, hacedor de prodigios?
Éxodo 15:11

Fueron denominados "los grandes incendios de 1988". Ese fue el año en el que ardió en llamas la inmensa reserva forestal conocida como el Parque Nacional de Yellowstone. El parque estaba repleto de pinos bastante pegados entre sí y a poca distancia de una gran cantidad de hojas y ramas secas. Un incendio pequeño comenzó cerca del famoso géiser Old Faithful, pero al mismo tiempo soplaron vientos como un tornado a cuarenta kilómetros de distancia. Como resultado, las llamas fueron avivadas en todo el bosque y devoraron todo a su paso. Lo que antes había sido un paisaje frondoso quedó convertido en montones de ceniza blanca y troncos chamuscados.

Tras terminar los incendios, la devastación podía verse a muchos kilómetros de distancia. La recuperación tardaría años, muchos pensaron. Sin embargo, en el lapso de unos cuantos meses, el bosque comenzó a crecer de nuevo. El calor intenso del fuego logró algo sorprendente al abrir los duros conos de los pinos, de tal modo que salieron y quedaron sembradas millones de semillas. Había comenzado a germinar un bosque de pinos diminutos, y por la asimilación de la vegetación muerta también brotaron grandes cantidades de hierba y flores silvestres. En consecuencia, el fuego desató en realidad un proceso radical de limpieza y refinación. Los incendios pueden renovar el ciclo de crecimiento y regeneración natural, y la santidad de Dios a veces se representa como fuego. Puede verse por ejemplo en la llegada de Dios en el Pentecostés como llama ardiente (vea Hch. 2:1-4). Lo cierto es que la santidad de Dios tiene un poder mucho mayor que el de cualquier incendio forestal. ¿Entiende lo que significa "la santidad de Dios"? El carácter de Dios es puro en todo sentido, puro en absoluto. Su pureza no puede aumentar ni disminuir. ¿Qué significa esto para todos nosotros? El apóstol Pedro lo dice así: "Porque escrito está: Sed santos, porque yo soy santo" (1 P. 1:16).

¿Cómo pueden ustedes ser santos como pareja? Sean diferentes al mundo. Para darles un ejemplo, tengan cuidado con la cantidad de tiempo que gastan frente al televisor. La santidad o la falta de ella se manifiesta en aquello que los hace reír, los temas que discuten, los chistes que hacen. Las posibilidades son infinitas. ¿En qué maneras prácticas llevan ustedes un estilo de vida santa?[11]

El amor es...

Si tuviera el don de poder hablar en otros idiomas sin jamás tener que aprenderlos, y si pudiera hablar en todos los lenguajes que existen tanto en el cielo como en la tierra, pero no amo a los demás, lo único que haría sería ruido. Si tuviera el don de profecía y supiera todo lo que va a suceder en el futuro, y además conociera todo acerca de todas las cosas, pero tengo amor para los demás, ¿de qué serviría? Así tuviera el don de fe para hablar a una montaña y hacer que se moviera, yo no valdría nada sin amor. Si yo di todo lo que tenía a los pobres y me quemaron vivo por predicar el evangelio, pero no amé a los demás, mi sacrificio no tendría valor en absoluto.

El amor es muy paciente y amable, nunca celoso ni envidioso, nunca jactancioso ni orgulloso, nunca engreído, ni egoísta, ni impetuoso.

El amor no exige sus propios derechos. No es irritable ni quisquilloso. No guarda rencores y le tienen sin cuidado las faltas de los demás. Nunca se alegra de la injusticia, sino que se regocija cada vez que triunfa la verdad. Si uno ama a alguien, le será leal sin importar el costo. Uno siempre creerá en esa persona, esperará lo mejor de él o ella, y siempre estará dispuesto a levantarse en su defensa.

Todos los dones y poderes especiales de parte de Dios llegarán a su fin algún día, pero el amor dura para siempre...

Nosotros podemos ver y entender ahora muy poco acerca de Dios, como si nos tocara ver su reflejo en un espejo maltrecho, pero algún día vamos a verle en toda su magnitud, cara a cara.

Ahora todo lo que yo sé es borroso e impreciso, pero en aquel entonces lo veré todo con claridad, tan claramente como Dios ve lo que hay en mi corazón ahora mismo.

Hay tres cosas que permanecen: fe, esperanza y amor. La mayor de éstas es el amor.

Yo iré contigo

No me ruegues que te deje, y me aparte de ti; porque a dondequiera que tú fueres, iré yo, y dondequiera que vivieres, viviré. Tu pueblo será mi pueblo, y tu Dios mi Dios. Donde tú murieres, moriré yo, y allí seré sepultada; así me haga Jehová, y aun me añada, que sólo la muerte hará separación entre nosotras dos.
Rut 1:16, 17

Imagínese que ha viajado de regreso en el tiempo, y desde una gran distancia usted nota un camino polvoriento que atraviesa de este a oeste una planicie extensa y sin vegetación, y en el camino alcanza a ver tres puntos negros. Cada punto es una persona y usted nota que se desplazan hacia el occidente. Llevan vestimenta negra y es obvio que se trata de mujeres. Por improbable que parezca, usted concluye que lo que observa es una migración de viudas.

Ahora acerque más su punto de vista imaginario. Está al lado del camino y los campos de trigo maduro le llegan hasta el mentón. Se oye a los insectos zumbar. Las viudas se acercan poco a poco, se detienen varias veces y después reanudan la jornada. Parecen enfrascadas en una discusión bastante agitada. Otra vez se detienen. Una de ellas pone sus brazos alrededor de la otra, llora desconsolada y se regresa por donde vino. Las otras dos siguen hablando y se hacen señales mientras caminan y se acercan más. Usted alcanza a ver que el rostro de una de ellas está arrugado y quemado por el sol, mientras que la otra es más pálida y suave, demasiado joven para ir vestida como una viuda.

Por fin, usted alcanza a escuchar lo que dice la más joven y se queda boquiabierto porque las viudas intercambian... ¿votos matrimoniales? Esto suena bastante extraño a los lectores modernos, pero las palabras de Rut en su camino hacia lo desconocido se han convertido en una de las declaraciones más famosas del amor matrimonial en el cristianismo y en todo el mundo occidental. Es una frase predilecta en la celebración nupcial, pero la expresión original provino de una viuda que consolaba a otra, y ambas habían renunciado a cualquier esperanza de volverse a casar.

Cierta distancia atrás en el recorrido que han hecho juntos, usted y su cónyuge se hicieron promesas para mantenerse unidos toda la vida, hasta que la muerte los separe. En aquella ocasión fueron observados por amigos y familiares, y Dios mismo fue testigo de su unión. Esos mismos votos pueden convertirse en las alas que los ayudarán a remontarse a las alturas de hoy en adelante.[12]

El consuelo que reconforta

Así hacía cada año; cuando subía a la casa de Jehová, la irritaba así;
por lo cual Ana lloraba, y no comía. Y Elcana su marido le dijo:
Ana, ¿por qué lloras? ¿por qué no comes? ¿y por qué está afligido tu corazón?
¿No te soy yo mejor que diez hijos?

1 SAMUEL 1:7, 8

Una de las escenas más conmovedoras en la historia de Ana es cuando Elcana trata de consolarla. Es obvio que a él le parte el corazón verla sufrir, y aunque la Biblia no nos dice en qué medida logró consolarla, podemos aprender algo de la manera como abordó la situación.

¿Qué hizo bien Elcana? Primero, se dio cuenta de la infelicidad de su esposa. Esto significa que prestaba atención a Ana y era sensible a sus cambios de ánimo. Al notar que se sentía desconsolada, él respondió con expresiones de preocupación e interés genuino por ella. Lo más importante es que Elcana le hizo saber a Ana cuánto valoraba su relación y su amor a pesar de todas las desilusiones que habían sufrido en su matrimonio.

También podemos aprender de los errores que Elcana pudo haber cometido. Algunos interpretan los comentarios de Elcana "¿por qué lloras?" y "¿por qué no comes?" como una falla de su parte en identificarse con sus sentimientos hondos de tristeza.

Quizá muchos de nosotros hemos dicho alguna vez al cónyuge: "Oye, no es muy grave. Mira lo que todavía tienes". Lo mismo puede decirse de la frase retórica de Elcana: "¿No te soy yo mejor que diez hijos?" Aunque es una afirmación de su deseo de solidificar su relación con Ana, también podría interpretarse así: "Oye, ¡si de verdad me amaras yo sería suficiente para hacerte feliz! Levántate pues, ¡anímate!" Es otra salida fácil, pero no es de mucha ayuda.

¿Qué podemos hacer entonces para ofrecer el mejor consuelo posible al cónyuge atribulado? Pablo escribió a los fieles en Galacia: "Sobrellevad los unos las cargas de los otros" (Gá. 6:2). Para consolar bien al cónyuge, también debemos involucrarnos y participar de sus congojas. Si el cónyuge siente depresión, tristeza o confusión, nuestra mejor ayuda será escucharlo, apoyarlo y darle el tiempo que necesite para pensar.

El arte de consolar requiere tiempo y paciencia, pero lo cierto es que ser alcanzados en medio de nuestra tristeza por alguien que se interesa de verdad, en especial si es la persona más cercana a nosotros, es como sentir la compasión y el toque sanador de Jesucristo mismo.[13]

¿Qué gana Dios?

Sacrifica a Dios alabanza, y paga tus votos al Altísimo.
SALMO 50:14

Lean con atención las palabras de Tony y Lois Evans:

Luisa y yo hicimos un compromiso básico al casarnos y establecer nuestro hogar, y Dios nos ha permitido honrar este voto que hicimos a Él. La regla en la cual nos pusimos de acuerdo es esta: Bajo ninguna circunstancia entrará dinero a nuestro hogar sin que Dios haya recibido primero la porción mínima de diezmo que le pertenece, o sea, el diez por ciento.

El versículo de hoy nos recuerda de forma contundente que Dios es la fuente de nuestras bendiciones y que debemos a Él nuestra acción de gracias por lo que tenemos.

¿Qué sucede si honramos así a Dios? Esta es la promesa que Él hace a continuación: "Invócame en el día de la angustia; te libraré, y tú me honrarás" (Sal. 50:15). Cada vez que usted honra a Dios y hace de su gloria y su obra la prioridad máxima en su vida, Él se convierte en su más grande ayudador en el tiempo de angustia, trátese de una crisis económica o una gran necesidad espiritual.

"Si me das lo que es mío", dice Dios, "tú me invocarás acerca de ese problema que te atribula, y por cuanto me has honrado al tenerme en cuenta, yo te oiré tan pronto me necesites".

Por supuesto, no me refiero a una especie de trato en el que decimos: "Bueno, Dios, yo te daré tu porción y tú llenarás mi cuenta bancaria". Dios no hace tratos, pero sí honra a quienes le honran.

Quizás usted y su cónyuge digan "confiamos en Dios", y eso es grandioso, pero recuerden que confiar en Dios implica dar un paso de fe. El granjero no puede decir "confío en que voy a tener una buena cosecha", sin jamás plantar una sola semilla. Por ende, ningún cristiano puede decir "confío en que Dios proveerá para mis necesidades", y después no dar lo que le pertenece. Honren a Dios y lo verán obrar.[14]

¿Cuál es su elección?

Mas el fruto del Espíritu es amor, gozo, paz, paciencia, benignidad, bondad, fe, mansedumbre, templanza; contra tales cosas no hay le.
GÁLATAS 5:22, 23

Max Lucado escribe:

Hay silencio total y es temprano. Mi café está caliente y el cielo todavía está oscuro. El mundo sigue dormido y un nuevo día se acerca.

Durante las siguientes doce horas tendré que cumplir las obligaciones del día. Ahora es el momento preciso para elegir lo que debo hacer. Gracias a la obra de Cristo en el calvario, soy libre para elegir y por eso elijo.

Elijo el amor...

Ningún asunto es ocasión para el odio y ninguna injusticia es excusa para la amargura. Elijo amar. Hoy amaré a Dios y lo que Dios hace.

Elijo el gozo...

Invito a mi Dios a ser el Dios de las circunstancias. No cederé a la tentación del cínico porque es la herramienta del pensador perezoso. Me negaré a ver cualquier problema como algo menos que una oportunidad para ver a Dios.

Elijo la paz...

Voy a vivir perdonado y perdonaré para poder vivir.

Elijo la paciencia...

Pasaré por alto las inconveniencias del mundo. En lugar de maldecir al que arrebata mi lugar, lo invitaré a hacerlo.

Elijo la benignidad...

Seré benigno hacia los pobres, porque están solos. También seré benigno hacia los ricos porque tienen miedo, y seré benigno hacia los que no son benignos porque así es como Dios me ha tratado.

Elijo la bondad...

Prefiero quedar sin dinero antes que ganarlo por medios deshonestos. Prefiero ser ignorado a caer en la jactancia. Confesaré todas mis faltas antes que lanzar cualquier acusación.

Elijo el dominio propio...

Amor, gozo, paz, paciencia, benignidad, bondad, fe, mansedumbre y templanza. Me comprometo a hacer realidad todo esto cada día. Si tengo éxito daré gracias, si fracaso buscaré su gracia, y así al final de cada día pondré mi cabeza sobre la almohada y descansaré en Él.

¿Cuál será tu elección el día de hoy?[15]

Vuele en lugar de dar vueltas

[La mujer insensata]... Para llamar a los que pasan por el camino,
que van por sus caminos derechos [dice]... Ven acá.
PROVERBIOS 9:15

Un bazar en una aldea al norte de la India dio oportunidad a todos los pobladores para traer toda clase de artículos para canjear y vender. Un granjero anciano trajo todo un corral de codornices. Había atado una cuerda alrededor de la pata de cada ave y el otro extremo de todas las cuerdas iba atado a un anillo que iba ensartado en una vara fija en el suelo. El hombre había enseñado a las aves a caminar con docilidad en círculos alrededor de la vara, dando vueltas sin interrupción como mulas en un molino de caña de azúcar. Nadie parecía interesado en comprar las aves hasta que pasó por ahí un devoto brahmán, quien creía en la noción hinduista de respeto a todas las formas de vida. Por esa razón su corazón se compadeció de aquellas pobres criaturas cuya existencia estaba limitaba a caminar en círculos monótonos. "Quiero comprarlas todas", dijo al mercader para su gran asombro y deleite. Después de recibir el dinero, se sorprendió al oír decir al comprador: "Ahora quiero que las deje a todas en libertad".

"Disculpe, ¿qué dijo?"

"Usted me oyó bien. Corte las cuerdas de sus patas y suéltelas. ¡Déjelas correr libres a todas!"

El granjero se encogió de hombros y se agachó para cortar todas las cuerdas, y por fin quedaron libres las aves. ¿Qué sucedió? Las aves volvieron a marchar en círculos y al fin le tocó al hombre espantarlas para que se fueran. Sin embargo, después de aterrizar a cierta distancia, reanudaron su marcha habitual y predecible. Estaban libres, sin cadenas ni ataduras, y a pesar de esto seguían dando vueltas como si siguieran amarradas.

Hasta que usted se permita ser la persona única e irrepetible que Dios creó, con el fin de hacer las cosas desusadas e impredecibles que la gracia le permitirá hacer, será como una codorniz de ese corral y no dejará de marchar en esos círculos viciosos de temor, timidez y aburrimiento. Usted sabe muy bien que la cuerda ya fue cortada, ya es hora de dejar de dar vueltas y emprender el vuelo.[16]

¿Alguna vez se ha dado cuenta de que su matrimonio da vueltas indefinidas alrededor de los mismos asuntos, sin avanzar? ¿Ya tiene la libertad para ser quien usted es de verdad en su relación o ha optado por vivir conforme a limitaciones artificiales? Piénselo, y mientras lo piensa considere cómo pueden, en pareja, volar las alturas en vez de arrastrarse en círculos.

Oraciones mutuas

Así que, lejos sea de mí que peque yo contra
Jehová cesando de rogar por vosotros.
1 SAMUEL 12:23

¿Da la Biblia algún ejemplo de cónyuges que hayan orado el uno por el otro? Génesis 25:21 dice: "Y oró Isaac a Jehová por su mujer, que era estéril; y lo aceptó Jehová, y concibió Rebeca su mujer". Dios contestó y los bendijo de una manera muy especial. Rebeca dio a luz a Jacob y Esaú.

¿Es la oración en el contexto del matrimonio un aspecto más de la vida cristiana fiel, o tienen las oraciones mutuas de los cónyuges algún significado o eficacia especial? La respuesta parece ser afirmativa en ambos sentidos, pues los cónyuges que oran aplican principios clave para recibir la bendición divina:

1. *Los casados podemos orar con el poder de la unidad.* Una pareja casada se ha convertido en "una carne" y siempre estará en el proceso de unirse cada vez más (Gn. 2:23, 24). Al orar como parte de esta unión misteriosa, invitamos a Dios a cumplir su propósito original de bendecir y completar a sus hijos a través de la relación.

2. *Los casados podemos orar con el poder de su presencia.* Jesús dijo que Él está presente de una manera especial cuando dos o tres de los suyos se reúnen en su nombre (Mt. 18:20). Al orar juntos y ponernos de acuerdo como pareja, obedecemos la invitación de Cristo y experimentamos el "poder de tres" (vea Ec. 4:12).

3. *Los casados podemos orar con el poder de la sabiduría que viene de la intimidad.* Nadie puede orar por nosotros con tanto entendimiento y sinceridad como nuestro compañero o compañera de toda la vida. Si nos conocemos y amamos el uno al otro por completo, es más probable que nuestras peticiones estén alineadas con los propósitos de Dios. Además, nuestra acción de gracias por nuestro cónyuge fluirá con mayor naturalidad (Fil. 1:3-11).

4. *Los casados podemos orar con el poder del amor verdadero.* La eficacia de todo ministerio espiritual en la vida de otros comienza por el amor. En su ausencia, todo lo demás es un esfuerzo infructuoso, como escribió bellamente Pablo (1 Co. 13:1-8). Cuando los esposos y las esposas oran con amor, ejercen una clase de poder que nunca fallará, como Dios lo prometió.[17]

¿Quién es el más importante?

*Digo, pues, por la gracia que me es dada, a cada cual que está entre vosotros,
que no tenga más alto concepto de sí que el que debe tener, sino que piense de sí
con cordura, conforme a la medida de fe que Dios repartió a cada uno.*
ROMANOS 12:3

*Amaos los unos a los otros con amor fraternal; en cuanto a honra,
prefiriéndoos los unos a los otros.*
ROMANOS 12:10

¿Quién es la persona más importante en su matrimonio?
¿Será acaso...

...la que pone más dinero sobre la mesa?

...la que cocina casi todas las comidas?

...la persona con la actitud más alegre que le levanta el ánimo a todos?

...la que pasa más tiempo en oración?

¿Podría justificarse algo así? Seguro que sí. Todos somos buenos para aspirar al título de "Cónyuge realmente indispensable". Es como si dijéramos: "Mi esposo(a) en realidad no podría defenderse sin mí". El apóstol Pablo le echa agua fría a esa noción y se dirige "a cada uno", no solo a las esposas ni a los esposos por aparte, sino a todos.

Cada integrante de un matrimonio tiene un papel que desempeñar. Ninguno de nosotros es la atracción principal ni el espectáculo central, así nos guste creerlo a veces. Romanos 12:10 nos dice que debemos aprender a apreciarnos el uno al otro. No se trata de decir un simple "te quiero", Pablo nos llama al afecto genuino y el entusiasmo sincero que demuestren cuán valioso es el cónyuge para nosotros. Aquí no se insinúa una competencia ni una lucha por el poder. En el hogar cristiano cada cónyuge aplaude al otro y corea su desempeño con júbilo.

Lean todo el capítulo 12 de Romanos. Algunos piensan que este capítulo no es realista porque la vida no funciona así, pero ¿acaso no nos gustaría vivir en esa atmósfera total de apoyo mutuo? ¿No sería estupendo? Si ustedes se proponen cumplir esta meta, ¿creen que podrían lograrlo durante toda una tarde? ¿Qué tal un día entero? Tal vez les dure todo un fin de semana, ¡no pierden nada con intentarlo!

Si piensan que es imposible llevar un estilo de vida enfocado en el otro, lo será. Si creen que Dios puede ayudarlos a hacer de su matrimonio más un deleite que un dolor de cabeza, seguro les espera una sorpresa agradable.

Así es como funciona Él, y sabemos que sus caminos siempre son mejores que los nuestros.[18]

El amor y la oración

Así que, lejos sea de mí que peque yo contra Jehová cesando de rogar por
vosotros; antes os instruiré en el camino bueno y recto.
1 SAMUEL 12:23

Roberta Bondi asemeja la oración al enamoramiento.

Vivir en una relación intencional con Dios a través de la oración es como vivir en un matrimonio feliz. Cuando una persona ocupa el primer lugar en nuestra vida amorosa, le tenemos todo el tiempo en nuestra mente y el tiempo que pasamos en su presencia tiene una cualidad casi alucinante. El enamorado tiene una percepción más amplia de sí mismo y del ser amado, y esto hace que cada minuto cuente y que cada palabra y gesto del otro parezca lleno de significado. Es una sensación fantástica mientras dura, y nunca se olvida. Para que este amor inicial crezca hasta convertirse en la clase de amor que nutre y mantiene unido un matrimonio por largo tiempo, es necesario un cambio en la manera como los amantes se relacionan en el diario vivir. Los momentos intensos en compañía del otro no dejarán de darse, pero los dos pasarán mucho más tiempo en actividades que parecen menos productivas como leer el periódico, lavar los platos, sentarse a comer, etc., y este tiempo cotidiano y bastante ordinario se convierte en una parte fundamental y muy necesaria del fundamento precioso del matrimonio, el cual es cimentado por un amor que satura todas las actividades conjuntas de los esposos.

Para muchas personas, empezar a orar con cierta regularidad es como enamorarse, y la oración para ellos también tiene una cualidad profunda de intensidad y desvelo. Como sucede con el primer enamoramiento, es algo maravilloso. No obstante, si usted cree que los beneficios que "obtiene" de la oración dependen de tener una experiencia intensa y de repente disminuye el nivel de intensidad, es posible que usted llegue a creer que ya no ora como es debido aunque lo cierto puede ser todo lo contrario: Usted ha ingresado a la vida sólida y profunda de la oración cotidiana que es equivalente al precioso tiempo rutinario del matrimonio.[19]

¿Cuándo oran ustedes en pareja? ¿Cuál ha sido el resultado de esas oraciones? ¿Cómo afecta esto su trato mutuo?

Acción de gracias

Alabad a Jehová, porque él es bueno; porque para siempre es su misericordia.
SALMO 107:1

Lleguemos ante su presencia con alabanza; aclamémosle con cánticos.
SALMO 95:2

Bandejas repletas de comida y aromas suculentos que le abren el apetito a cualquiera, mientras los comensales esperan para recibir su plato y servirse todo lo que quieran. Pocas celebraciones igualan el despliegue de arte culinario que caracteriza el "Día de acción de gracias" en los Estados Unidos. Tal vez usted haya hecho las famosas "degustaciones de rigor" justo antes de que la comida salga de la cocina. Quiero sugerirle algo muy original: Al servir la comida, coloque cinco granos de maíz en cada plato. Nada más. ¿Puede imaginarse cuál sería la reacción de sus agasajados? Para su información, eso mismo hicieron los peregrinos al celebrar el primer día de acción de gracias. Lo hicieron para recordar el año difícil que habían acabado de pasar, y después de orar con gratitud a Dios, sirvieron el resto de la comida.

Piense en la primera celebración familiar de este tipo que pueda recordar. Trate de evocar las imágenes, los sonidos, la comida y las personas que estaban presentes. ¿Ha preguntado alguna vez a su cónyuge qué recuerda de esas celebraciones pasadas? Sería una gran experiencia poder hablar con alguien que haya celebrado el "Día de acción de gracias" durante los años de la gran depresión o la Segunda Guerra Mundial. Fue un tiempo y una cultura muy diferentes a los nuestros.

¿Cómo puede hacer su celebración del "Día de acción de gracias" un evento memorable y diferente este año? ¿Cómo reflejaría el significado verdadero de la ocasión? Algunas parejas se proponen cada año dar a una familia menos afortunada la misma cantidad que abastecen para sí mismos.

Acción de gracias es una tradición festiva que nos recuerda que no tenemos el control último de nuestra propia vida, sino que necesitamos a Dios y dependemos de Él. Dios desea nuestra gratitud, y tal vez nuestra mejor manera de ejercer acción de gracias sea decir: "Dios, gracias por ser Dios. Haz que yo sea un recipiente agradecido que comunica a otros el amor que tienes por mí".[20]

Desenchúfelo

Por lo demás, hermanos, todo lo que es verdadero, todo lo honesto, todo lo justo, todo lo puro, todo lo amable, todo lo que es de buen nombre; si hay virtud alguna, si algo digno de alabanza, en esto pensad.

FILIPENSES 4:8

"Me siento fabuloso. Anoche vi la televisión desde las seis hasta la una de la madrugada. Comencé con el noticiero vespertino, después vi las comedias, cambié el canal para ver una película de suspenso llena de violencia, luego los programas de opinión de medianoche y para rematar, otra vez las noticias. Me siento renovado, restaurado y vigorizado. ¡Qué gran velada pasé! Me dejó satisfecho y con ganas de vivir. Estoy tan agradecido por el milagro de la televisión". ¿Alguna vez ha oído a alguien decir cosa semejante? Lo dudo. La televisión nos insensibiliza y roba un tiempo precioso que deberíamos dedicar a las relaciones y al diálogo. Es tan adictiva que ha contribuido a crear frases corrientes como: "¿Qué están dando?" "¡Quítate que no me dejas ver!" "¿Dónde está la teleguía?" Por supuesto, esta es una clásica que no podría faltar: "¿Quién ha visto el control remoto?"

En realidad, ver televisión no tiene nada de malo. Los problemas se derivan de nuestro uso, tanto en tiempo invertido como en el contenido de los programas que vemos. Los investigadores indican que los aparatos permanecen encendidos un promedio de seis horas al día.

La Biblia habla del ayuno, y es posible que usted haya ayunado antes. ¿Por qué no practica un ayuno de televisión? Desenchufe el aparato. Déjelo ahí apagado, si quiere tápelo con un mantel. Déle un merecido descanso a esos circuitos. Ni siquiera pregunte ni hable con nadie sobre sus programas favoritos. Absténgase de leer la programación semanal en el periódico o la revista. Tal vez sienta al principio una especie de desorientación que le haga preguntarse: "¿Y ahora qué hacemos? ¿Nos quedamos viendo la cara?" Es posible incluso que tengan más conflictos matrimoniales que antes. Lo que sucede es que la razón de ser de la televisión va mucho más allá del simple entretenimiento. Es un medio poderoso que se utiliza para anestesiarnos, para vencer el aburrimiento y para evitar las realidades de la vida y el tener que lidiar con asuntos familiares, matrimoniales, financieros, académicos y hasta espirituales.

El ayuno puede ayudarlo a descubrir todo lo bueno que se ha perdido en la recreación tradicional, los pasatiempos, los juegos creativos, el crecimiento espiritual y una intimidad más profunda con su cónyuge. Ayune para mejorar su matrimonio, y tenga en cuenta que si le resulta difícil alejarse del televisor, es posible que le toque luchar contra una adicción. No fuimos llamados a ser esclavos, sino a ser libres en Cristo.

¿Asistencia pasiva o participación activa?

Habla, porque tu siervo oye.
1 Samuel 3:10

¿Qué clase de programa regular de ejercicios practica? ¿La pregunta le suena irrelevante? Para algunos el ejercicio no existe, pero si usted alguna vez ha estado en uno de esos programas, sabe que hay una palabra directamente relacionada con "ejercicio", y es "dolor". Algunos dicen incluso que "sin dolor no hay ganancia" (no pain, no gain en inglés). Si usted comienza por primera vez un programa de ejercicios, tenga por seguro que sentirá dolor. La razón para ello es muy simple: Usted usará músculos que no están acostumbrados a estirarse y esforzarse tanto. Existe un remedio excelente para eliminar el dolor: Ejercite esos músculos sin interrupción, una y otra vez. Su primera inclinación natural para librarse del dolor será detenerse y abandonar el plan necio de hacer ejercicio, pero si usted hace trabajar más sus músculos y los hace doler más, tarde o temprano estará en forma, tendrá más fuerza y energía, se sentirá mejor y sus músculos dejarán de dolerle.

Para que esto suceda usted debe ejercer una participación activa. No puede contentarse con mirar por televisión una sesión de ejercicios ni "asistir a una clase" para observar a los demás. En las universidades es corriente que algunos estudiantes asistan a clases sin tener que tomar los exámenes, por lo cual tampoco reciben créditos académicos. A veces les toca hacer las tareas igual que los demás alumnos, pero nunca se les acredita.

Su matrimonio funciona de forma similar, lo mismo que su vida cristiana. Usted no puede limitarse a ser un observador pasivo. Tiene que participar activamente. Para que su matrimonio mejore, usted debe aportar. Tiene que comunicarse y tiene que oír aquello que tal vez no quiera oír de su cónyuge, en especial si tiene razón en lo que dice. En su vida cristiana usted tiene que tomar lo que escucha en la iglesia o lee en la Biblia y hacerlo realidad en la práctica.

Háganse estas preguntas: "Como pareja, ¿a veces oímos por oír lo que nos dice o lo recibimos como algo que cuenta para nuestra calificación final?" Usted ya ha aprendido bastante acerca de su fe y del matrimonio. ¿Por qué no ponerlo en práctica? Así es como crecen los músculos, y así es en la vida.[21]

No lo guarde, repártalo

Necio... Así es el que hace para sí tesoro, y no es rico para con Dios.
Lucas 12:20, 21

Alguien de la multitud dijo: "Maestro, por favor dile a mi hermano que parta conmigo la herencia de mi padre". Jesús le contestó: "Hombre, ¿quién me ha puesto sobre ustedes como juez o partidor para decidir tales asuntos? ¡Tengan cuidado! No se la pasen antojados y deseosos de lo que no tienen, porque la vida verdadera no tiene que ver con cuán ricos seamos".

Después Jesús ofreció una ilustración: "La heredad de un hombre rico había producido mucho. Y él pensaba dentro de sí, diciendo: ¿Qué haré, porque no tengo dónde guardar mis frutos? Y dijo: Esto haré: derribaré mis graneros, y los edificaré mayores, y allí guardaré todos mis frutos y mis bienes; y diré a mi alma: Alma, muchos bienes tienes guardados para muchos años; repósate, come, bebe, regocíjate. Pero Dios le dijo: Necio, esta noche vienen a pedirte tu alma; y lo que has provisto, ¿de quién será?" (Lc. 12:13-19).

La petición del hombre en el versículo 13 parece sensata pues su padre había muerto y ahora su hermano quería quedarse con todo, pero note que Jesús muestra con su parábola que el granjero rico también creyó que hacía lo más sabio. Dios en cambio le llama la atención con un epíteto bastante fuerte: Necio. ¿Cuál fue el error tan grande que cometió este hombre? Su enfoque era recibir sin tener que dar y almacenar en lugar de sembrar. La acumulación fue su meta única y exclusiva. Todo lo que quería era una existencia más cómoda, y a los ojos de Dios ese siempre es un callejón sin salida. El proyecto de construcción del hombre llegó a un fin súbito e inmediato: La muerte. No habría más cosechas ni ganancias para este hombre y toda su herencia tuvo que ser repartida.

¿Son más felices las parejas acaudaladas? No necesariamente, como lo demuestra el versículo de hoy. Los bienes que usted acumule pueden crearle más problemas que soluciones. De una u otra manera, las posesiones producen dolores de cabeza y tensiones en las relaciones familiares. Efesios 4:28 nos da una de las razones más insólitas por las que una persona debe trabajar duro y acumular bienes: "para que tenga qué compartir con el que padece necesidad".

Acumule lo que sea, ¡pero después repártalo a los demás! ¿Hay alguien a quien pueda participar hoy de su riqueza?[22]

Toda la verdad

¿Dónde, pues, está esa satisfacción que experimentabais?
Porque os doy testimonio de que si hubieseis podido,
os hubierais sacado vuestros propios ojos para dármelos.
¿Me he hecho, pues, vuestro enemigo, por deciros la verdad?
GÁLATAS 4:15, 16

Muchas parejas bromean sobre cuánto les brillaban los ojos al comienzo de su relación romántica, y cuán ciego fue su amor juvenil por la pura dicha de estar juntos. Luego descubrieron lo cierta que es la frase popular "Nadie es perfecto", la cual se vendió en muchas tiendas turísticas, a veces impresa en camisetas con una pequeña variación axiomática: Padie es nerfecto".

Esto va más allá de "pequeñas" molestias como dejar medias sucias regadas por toda la casa y olvidarse de traer a casa los recibos de compras. Cosas así pueden pasarse por alto con cierta facilidad, pero ¿qué hace usted si su cónyuge de verdad lo deja decepcionado? Puede tratarse de un asunto importante (al menos para usted), y entre más hablan sobre el problema más parece que usted es el "enemigo" en vez del cónyuge amoroso y comprensivo.

Muchos dicen acerca del matrimonio: "Hay que trabajar duro para que funcione". ¿Qué sucede entonces si su trabajo solo parece agravar la situación?

Elizabet Elliott escribió en cierta ocasión a su hija:

> ¿Con quién te casas al fin de cuentas? Con un pecador. Nadie más hay disponible. Por eso, cuando te cases, recuerda que no solo tú te casaste con un pecador, sino él también.

De nada sirve aparentar lo contrario, dice el apóstol Juan: "Nos engañamos a nosotros mismos" (1 Jn. 1:8). La verdad siempre duele, pero de nosotros depende cuánto. Si la enterramos o la pasamos por alto, duele como un tumor permanente que carcome la relación, pero al sacarla a relucir a la superficie para confrontar los hechos, el dolor solo es momentáneo y después se evapora bajo el calor de la resolución. Como una astilla recién sacada de la punta del dedo, podemos tocar el sitio afectado y sentir alivio porque sabemos que ya ha comenzado el proceso de sanidad.[23]

Esposos animen a sus esposas

Por lo cual, animaos unos a otros, y edificaos unos a otros, así como lo hacéis.
1 TESALONICENSES 5:11

También os rogamos, hermanos, que amonestéis a los ociosos, que alentéis a los de poco ánimo, que sostengáis a los débiles, que seáis pacientes para con todos.
1 TESALONICENSES 5:14

Este mensaje va dirigido en primera instancia a los esposos, pero las esposas pueden leerlo también. Un esposo dijo lo siguiente en cuanto al ánimo:

Como hombres tenemos la capacidad de producir la clase de esposa que queramos, simplemente por medio de las palabras que digamos. Si las regamos con halagos y palabras de ánimo, ellas serán más felices. Si les decimos con frecuencia cuán valiosas son para nosotros, ellas tendrán más confianza en sí mismas y serán más productivas. Si señalamos sus fortalezas y habilidades, ellas estarán más dispuestas a utilizar esos recursos para satisfacer nuestras necesidades.

Por otro lado, si las inundamos con insultos y quejas, ellas dudarán del valor que tienen para nosotros. Si señalamos sus flaquezas y las desaprobamos por ser diferentes a nosotros, ellas perderán su confianza en sí mismas. Si las criticamos todo el tiempo y después queremos que sean apasionadas con nosotros, ellas nos dirán: "¡Contigo no se puede!"

Cada vez que practico la afirmación positiva de mis seres queridos, es como si tuviera un espejo en mi pecho que les permite verse y llegar a conclusiones positivas sobre quiénes son. Si recurro a críticas y comentarios negativos, es como si tuviera un espejo roto en mi pecho que solo proyecta imágenes distorsionadas, y por eso no podrán amarse a sí mismos según lo que vean en mí. Yo soy el que decide qué clase de mensaje recibirán y se requiere mucha determinación para elegir siempre lo positivo. Lo cierto es que nadie es perfecto y su esposa hará cosas que lo dejarán decepcionado. En algún momento dado causará inconvenientes o interrupciones, dañará sus planes, gastará el dinero como a usted no le parezca debido, tratará a sus amistades como usted nunca lo haría y realizará tareas con un estilo muy distinto al suyo. En esos momentos usted se desanimará en cuanto a ella, se enojará con ella y será irritado por ella incluso con todas las cosas que tanto le gustan de ella. De usted depende si va a responderle de forma positiva o negativa.[24]

Ambición

Porque el reino de los cielos es como un hombre que yéndose lejos, llamó a sus siervos y les entregó sus bienes. A uno dio cinco talentos, y a otro dos, y a otro uno, a cada uno conforme a su capacidad; y luego se fue lejos. Y el que había recibido cinco talentos fue y negoció con ellos, y ganó otros cinco talentos. Asimismo el que había recibido dos, ganó también otros dos... Bien, buen siervo y fiel; sobre poco has sido fiel, sobre mucho te pondré.

MATEO 25:14-17, 21

¿Dirían otros que usted es una persona ambiciosa? "Ambición" es una palabra interesante. Se deriva de una expresión en latín que significa "ir alrededor" y describe un movimiento alrededor de diversas oportunidades para alcanzar una meta.

Los dos hombres descritos en los versículos de hoy eran ambiciosos en opinión de su amo. Hicieron buenas inversiones. Se necesita ambición para tener éxito y para dejar una marca en el mundo. Una persona ambiciosa se mantiene en constante movimiento y nunca se queda estática.

¿En qué dirección se mueve usted en su matrimonio? ¿Diría su cónyuge que usted es ambicioso en cuanto a hacer más fuerte su matrimonio? En su vida personal, ¿se mueve hacia Dios o en la dirección opuesta? A veces nuestra ambición nos lleva en la dirección errónea. ¿Recuerda al apóstol Pablo? Este hombre fue ambicioso en su persecución de los cristianos, pero Dios no le quitó su ambición, sino que cambió su dirección porque avanzaba en la dirección equivocada.

¿Qué decir de usted? ¿Hace buenas inversiones para el Señor? ¿Ha visto crecimiento en su fe y su vida cristiana? ¿Tiene las mejores ambiciones en su trabajo, su familia y para el reino de Dios? Usted puede ser una persona de influencia y un agente de cambio. Si lo es, Dios es quien puede usarlo y dirigirlo. Él quiere que usted sea ambicioso para Él y haga inversiones productivas para Él.

Piensen hoy en lo siguiente: ¿De qué manera nueva pueden ser ambiciosos para el Señor? Si quieren aventura en la vida, esta es la forma de conseguirla.[1]

Disfruten el cuerpo de cada uno de ustedes

Sea bendito tu manantial, y alégrate con la mujer de tu juventud.
PROVERBIOS 5:18

Doug Rosenau tiene algunas palabras sabias acerca del sexo. Consideren juntos sus pensamientos.

La Biblia dice que debemos amar al prójimo y al cónyuge como a nosotros mismos. Las buenas relaciones sexuales dependen de cuánto han aprendido un esposo y una esposa a amarse a sí mismos. Esto incluye cuidar la salud y ejercitar el cuerpo para mantenerlo en forma. Usted también debe disfrutar y aceptar el cuerpo que Dios le dio. La aceptación, el amor y la buena imagen corporal son componentes saludables de la atracción sexual y el amor propio del cristiano. Considere cuán difícil es enfocarse sexualmente en su pareja si siente inhibición o nerviosismo. Las investigaciones psicológicas han demostrado que tenemos la tendencia a parecernos a las personas y las cosas que más nos resulten familiares. Las personas que viven en la misma urbanización o asisten a la misma iglesia se parecen más con el tiempo los unos a los otros, por el simple hecho de estar en proximidad mutua y participar de bienes y actividades comunes. A medida que usted se siente más cómodo con su cuerpo y le permite ocupar sus pensamientos sin críticas negativas, su cuerpo le comenzará a gustar más.

Una parte importante del amor es respetar y aceptar al cónyuge de forma incondicional. Si quiere encontrar fallas y concentrarse en ellas, frustrará al cónyuge en sus intentos de serle atractivo(a) y dañará todo el proceso de hacer el amor. Pablo nos dice que el amor protege, olvida y no lleva cuentas de las ofensas (1 Co. 13:4-7).

Si decide nutrir con elogios y ayudar a su amado(a) a deleitarse en su sexualidad, usted cosechará los beneficios. De igual modo, si no deja de la obsesión y la agresividad pasiva, tendrá que enfrentar las consecuencias de su actitud destructiva. Cada vez que admite de forma amorosa a su cónyuge algún aspecto de masculinidad o feminidad que le agrada y disfruta en particular, usted aumenta la atracción sexual de su cónyuge. Si cada uno se compromete a aceptar de manera incondicional su propia sexualidad y afirmar la sexualidad de su cónyuge, el proceso de crecimiento en la relación tiene posibilidades sin límite. Así se crea un ambiente seguro y cómodo, como una especie de invernadero sexual en el que florecen las más bellas expresiones del amor conyugal, sin temor alguno a los juegos y los riesgos. El amor, la aceptación y la afirmación incondicionales son los termostatos que determinan la temperatura óptima para una vida sexual fantástica en el matrimonio.[2]

Justicia

Alegría es para el justo el hacer juicio;
mas destrucción a los que hacen iniquidad.
PROVERBIOS 21:15

¿Queda justicia en el mundo? Es fácil pensar que ya no hay más justicia con todo lo que sucede en la actualidad. Los delincuentes son sorprendidos en el acto y dejados en libertad a causa de "fallas técnicas" y un sinnúmero de procedimientos legales. Personas inocentes son demandadas y la vida de cada una de ellas queda en la ruina por culpa de testigos falsos o amargados. Una esposa o un esposo que trabaja duro para apoyar a su cónyuge mientras realiza estudios de postgrado, termina abandonado porque su cónyuge decidió irse con otra persona. En la capital de nuestra nación, los grupos promotores de intereses especiales que posean más dinero serán los únicos beneficiados por las leyes promulgadas a favor de su causa.

En el viejo oeste se aplicaba de vez en cuando una clase muy distinta de justicia. Si atrapaban a un ladrón de caballos o un cuatrero de ganado, buscaban el árbol más cercano y lo colgaban ahí mismo. Después de todo, ¿quién necesita cortes o jueces si se descubre al ladrón con un hierro candente en la mano?

Todos queremos justicia. Lo recto debe prevalecer y lo erróneo debe castigarse, pero la justicia es impedida y hasta destruida por personas poderosas y airadas. Ha sido prevenida por políticos, turbas de linchamiento, dueños de negocios y hasta personas de la iglesia. Ni siquiera los casados son exentos de las injusticias en su propia relación. Un matrimonio no solo existe para la satisfacción de una persona, eso no sería justo. Dios quiere que la justicia prevalezca, sobre todo en nuestras relaciones. Él quiere que seamos ecuánimes y justos.

- Hacer justicia y juicio es a Jehová más agradable que sacrificio (Pr. 21:3).
- La rapiña de los impíos los destruirá, por cuanto no quisieron hacer juicio (Pr. 21:7).
- El rey con el juicio afirma la tierra; mas el que exige presentes la destruye (Pr. 29:4).
- Muchos buscan el favor del príncipe; mas de Jehová viene el juicio de cada uno (Pr. 29:26).

Honramos a Dios al actuar de una manera justa y equitativa. Sí, a veces resulta difícil actuar de ese modo, pero es posible. ¿Cómo podrían expresar más equidad en su matrimonio?

El holgazán

La pereza hace caer en profundo sueño, y el alma negligente padecerá hambre.
PROVERBIOS 19:15

Al oír las palabras "holgazán" o "soñoliento", ¿qué imagen le viene a la mente? Tal vez sea la misma imagen que yo veo: Una babosa. Al parecer, estos animales no van a ninguna parte, no hacen gran cosa y carecen de propósito en la vida. La palabra hebrea que se asigna este tipo de persona alude a lo mismo que describí, alguien lento, indeciso y remolón. Se podría decir que es una persona perezosa y desganada. Es triste, pero en algunos casos un cónyuge en el matrimonio se comporta de ese modo. Es como si a esa persona le faltara "ponerse las pilas" o las que tiene ya están descargadas. Es una persona que no se motiva a salir adelante: "El perezoso mete su mano en el plato, y ni aun a su boca la llevará" (Pr. 19:24). Es posible que estas personas no sepan qué hacer o que les falte "combustible", y uno se pregunta si acaso cubren las necesidades básicas de la vida: "Perezoso, ¿hasta cuándo has de dormir? ¿Cuándo te levantarás de tu sueño?" (Pr. 6:9).

Las personas perezosas se especializan en sacar excusas y aplazar deberes: "Un poco de sueño, un poco de dormitar, y cruzar por un poco las manos para reposo" (Pr. 6:10). Esta clase de persona parece ir solo en bajada, y aunque quiere cosas le falta el brío para obtenerlas. "El deseo del perezoso le mata, porque sus manos no quieren trabajar. Hay quien todo el día codicia; pero el justo da, y no detiene su mano" (Pr. 21:25, 26). Además está lleno de temores irracionales y se imagina lo peor en cada situación: "Dice el perezoso: El león está fuera; seré muerto en la calle" (Pr. 22:13). El peor enemigo del perezoso es él mismo: "El camino del perezoso es como seto de espinos; mas la vereda de los rectos, como una calzada" (Pr. 15:19). Para colmo de males, tiene una visión inflada de sí mismo y es toda una leyenda en su propia mente. "Como la puerta gira sobre sus quicios, así el perezoso se vuelve en su cama. Mete el perezoso su mano en el plato; se cansa de llevarla a su boca. En su propia opinión el perezoso es más sabio que siete que sepan aconsejar" (Pr. 26:14-16).

El cuadro no es muy alentador, ¿verdad? Por cierto que no. Dios nos ha llamado a una manera de vivir mucho mejor, y si nos proponemos seguir su camino, nuestro matrimonio será edificado.[3]

¿Cómo le habla Dios?

Jehová llamó a Samuel; y él respondió: Heme aquí.
1 Samuel 3:4

¿Ha tenido alguna vez la experiencia de que Dios le hable? Si responde como la mayoría de nosotros dirá que sí, pero ¿cómo le habló a usted? ¿Ya han dialogado sobre la manera en la que Dios les ha hablado como individuos? ¿De qué modo les ha hablado como pareja?

¡Preguntas, preguntas y más preguntas! Nos caerían muy bien unas cuantas respuestas. ¿Qué significa el hecho de que alguien nos hable? Por un lado, tiene que ver con la capacidad de dirigir y guiar nuestros pensamientos en una dirección específica. Por medio de sus palabras, una persona puede hacernos pensar acerca de algo, pero lo logra también con expresiones no verbales, aquello que no nos dice y también aquello que nos escribe.

Dios puede guiarnos a través de su Palabra y también puede hacerlo sin que nos demos siquiera cuenta de ello. Tal vez no sepamos en qué momento sucede y no distingamos que es Dios el que nos habla, como sucedió a Samuel, quien siendo niño necesitó la ayuda de otra persona para saber que se trataba de Dios. C. S. Lewis habló acerca de esta situación específica:

Si yo tuviera presentes los pensamientos y las pasiones de otra persona como si fueran míos, sin indicación alguna de que son externos, ajenos y pertenecientes a otro ser, ¿cómo podría distinguirlos de mis propios pensamientos y pasiones? Tal vez nuestra respuesta, como cristianos, es que Dios (o para fines de esta discusión, Satanás) sí afecta mi conciencia de esta manera directa sin indicios de "exterioridad" o "enajenación". En esto radica el problema, pues el resultado es que la mayoría de las personas siguen en la ignorancia sobre la existencia de ambos seres.[4]

Necesitamos la guía de Dios para tomar decisiones importantes como qué trabajo emprender o qué casa adquirir. Sin embargo, es mucho más importante y definitivo que eso. John Ortberg aclaró el propósito para el cual Dios nos habla:

El propósito de Dios al guiarnos no es que hagamos las acciones correctas. Su propósito es ayudarnos a ser el tipo correcto de personas.[5]

No creo en la oración si...

La oración eficaz del justo puede mucho.
SANTIAGO 5:16

No creo en la oración si se trata como un encantamiento mágico. Así es como muchos oran, solo para sentirse seguros mientras se van de vacaciones o si algún ser querido sale de viaje para que su día transcurra sin sobresaltos y para que su familia viva tranquila, feliz y saludable. Creen que es su boleto a la buena suerte, pero yo no creo en ese tipo de oración.

No creo en la oración si solo es un mecanismo para "hacer pedidos" a Dios, pero así es como muchos oran porque les gustaría tener algo que no poseen, quizá por la simple razón de que alguien les causa molestia y necesitan que Dios arregle a esa persona, tal vez porque no quieren tener que pasar por tiempos difíciles.

No creo en la oración si se usa como un simple tranquilizante, pero muchos la utilizan como tal. Solo oran porque se sienten mucho mejor al hacerlo, más relajados y en paz con el mundo después de hacer sus oraciones. Otros oran porque así se vuelven personas más tratables y pueden gustarle más a los demás.

Yo tampoco no creo en ese tipo de oración. No creo en la oración si solo es cuestión de obtener lo yo que quiera de Dios.[6]

Sí creo en la oración si...

La oración eficaz del justo puede mucho.
SANTIAGO 5:16

Sí creo en la oración si se trata como una conversación con la persona a la que amo. Así oran algunos, y lo hacen porque quieren demostrarle a Dios cuánto lo aman y pasar tiempo con Él es una manera de mostrárselo...

...porque quieren contarle a Dios cómo se sienten y qué necesitan que Él haga en ellos y en otros.

...porque quieren decir "gracias" a Dios.

...porque quieren decirle "lo siento".

Sí creo en la oración si se define como una ventana que me permite ver el corazón de Dios, y así la utilizan muchos que oran para saber qué quiere Él que ellos hagan.

Creo en la oración si es cuestión de definir qué voy a darle a Dios, como mi amor, mi admiración y mi confianza. También es una oportunidad para conocerme a mí mismo y admitir lo que soy.

Señor, a veces no sé qué decirte pero acudo a ti de todas maneras, en busca de la presencia exquisita y reconfortante de dos amigos que se sientan en silencio. Es en ese momento que más aprendo de ti, cuando mi mente se desacelera y mi corazón deja de precipitarse. Al abandonarme a ti y esperar en el silencio, me doy cuenta de que todo lo que iba a pedirte ya lo conoces.

Es entonces, Señor, sin palabras y en el silencio de tu presencia, que entiendo cuán cerca está de mí tu amor, y yo te amo.

Señor, enséñame a orar.[7]

Fidelidad, mandato de Dios

No adulterarás.
ÉXODO 20:14

Este mandamiento ha sido objeto de burla, incluso por parte de muchos cristianos. No lo toman en serio, en cambio para Dios es muy importante porque de otro modo no se mencionaría tanto en su Palabra. El adulterio viola el carácter sagrado del matrimonio que fue creado por Dios. También es un pecado en contra del propio cuerpo. "Huid de la fornicación. Cualquier otro pecado que el hombre cometa, está fuera del cuerpo; mas el que fornica, contra su propio cuerpo peca" (1 Co. 6:18). El cuerpo de un cristiano es un miembro de Cristo: "¿No sabéis que vuestros cuerpos son miembros de Cristo? ¿Quitaré, pues, los miembros de Cristo y los haré miembros de una ramera? De ningún modo. ¿O no sabéis que el que se une con una ramera, es un cuerpo con ella? Porque dice: Los dos serán una sola carne. Pero el que se une al Señor, un espíritu es con él" (1 Co. 6:15-17).

El adulterio es un pecado contra Cristo mismo, y por cierto es un pecado contra Dios, pero al igual que otros pecados es perdonable a través del arrepentimiento, significa "cambiar y comprometerse a nunca repetir la ofensa". Lo que recomiendo a continuación no sonará muy popular. Si alguien ha cometido adulterio, la persona que cometió ese pecado debe confesarlo a Dios, al cónyuge y a la iglesia. Si la persona que pecó ocupa alguna posición de servicio en la iglesia, debe renunciar y dedicar un tiempo a su sanidad y restauración hasta que sea apta para servir de nuevo. ¿Le parece un método demasiado estricto? En realidad no lo es, porque es indispensable para el proceso de sanidad.

Un matrimonio puede sobrevivir esta clase de violación, y hasta puede crecer y llegar a ser más fuerte que nunca, pero debe tenerse en cuenta el punto de vista definitivo de Jesús, quien habló al corazón mismo del asunto:

Oísteis que fue dicho: No cometerás adulterio. Pero yo os digo que cualquiera que mira a una mujer para codiciarla, ya adulteró con ella en su corazón (Mt. 5:27, 28).

¿En qué condición están su corazón y sus pensamientos?

El primer equipo

Entonces dijo Dios: Hagamos al hombre a nuestra imagen.
GÉNESIS 1:26

Hoy día se oye hablar mucho acerca de equipos. La simple mención de la palabra nos hace pensar casi a todos en deportes. Hay equipos de fútbol americano, béisbol, baloncesto, balompié, natación, etcétera. Todos ellos tienen algo en común, y es que dependen del trabajo en equipo para tener éxito.

La raza humana comenzó como un equipo, y el primer equipo tuvo dos jugadores: Adán y Eva. Ambos fueron creados a imagen de Dios. Tenían un llamado y era sencillo: Ejercer dominio sobre todo lo que tuviera aliento de vida en la tierra. Ellos no se enredaron en luchas intestinas de poder para ver quién quedaba a cargo de todo. Todo lo contrario, trabajaron juntos y en armonía.

Si estudiamos las Escrituras, vemos que hace referencia a la esposa como "ayuda idónea". Esa es una expresión que ha caído en el desuso en la actualidad, tanto que se presta a malas interpretaciones. Por lo general pensamos en la persona que "ayuda" como un asistente de categoría más baja, pero ese no es el significado en el lenguaje original.

"Ayuda idónea" viene de dos vocablos hebreos: ezer y neged. El primero se traduce "ayuda" o "ayudante" y se emplea con frecuencia en el Antiguo Testamento. En el Salmo 121:1-7 se hace referencia a Dios como el ayudador o auxiliador de los suyos. El segundo, neged, significa "que corresponde" o "apropiado para", ya que la mujer se ajusta al hombre de manera complementaria. Al combinar las palabras entendemos que la Biblia alude al concepto de un "socio adecuado". Eva no fue una subordinada de Adán, sino el complemento perfecto que completó su vida porque tenía el mismo valor que él.

En cada matrimonio, el esposo y la esposa aportan sus fortalezas y atributos únicos al equipo. En béisbol, un lanzador no podría funcionar sin el que atrapa las pelotas, y este último no tendría mucho que hacer sin un lanzador. Por sí mismos son incompletos y limitados, pero si se ponen juntos y de acuerdos son como una máquina bien lubricada.

Ahora bien, ¿cómo está su trabajo en equipo?[8]

¿Demolición o construcción?

Ninguna palabra corrompida salga de vuestra boca, sino la que sea buena para la necesaria edificación, a fin de dar gracia a los oyentes.
EFESIOS 4:29

¿Quiere saber cómo deben hablarse el uno al otro? Tony y Lois Evans ofrecen estos consejos:

Hace algunos años, un edificio histórico en el centro de Dallas fue demolido después de que fallaron todos los intentos por salvarlo. La demolición ocurrió un domingo muy temprano y fue transmitida por la televisión local. Fue un espectáculo impresionante que duró unos cuantos segundos. Los trabajadores solo tuvieron que debilitar unas cuantas vigas de apoyo y plantar cargas explosivas en lugares estratégicos.

Del mismo modo, es posible "demoler" el espíritu del cónyuge con unas cuantas palabras desagradables dichas en un momento de ira o con actitud vengativa. Las palabras "corrompidas" pueden socavar el espíritu de una persona y su valía propia. El adjetivo "corrompido" significa aquí "podrido". Pablo dijo que esta clase de habla debe dejarse en la basura junto a los demás desperdicios del día anterior.

Otro ejemplo de palabras corrompidas son aquellos chistes que se han vuelto tan populares en la actualidad. Muchas personas lo hacen sin intención de ofender, pero casi todos los que tienen que "aguantarlos" terminan lastimados y no les parece chistoso ni divertido. En lugar de demoler al cónyuge con sus palabras, comprométase a edificarlo. Podemos edificar a las personas al hablarles con palabras apropiadas que acrecientan la gracia. Así se justifique corregir o reprender a alguien, necesitamos buscar palabras que no impidan a esa persona sostenerse mientras arregla la situación o el problema causado. La diferencia entre la palabra correcta y la destructiva es la diferencia entre un rayo y una luciérnaga, en otras palabras ¡todo un mundo de diferencia! Si usted se propone detonar hoy algunas cargas para la demolición verbal de alguna persona, ¡más le vale desactivar ya mismo esos explosivos![9]

Una oración por su matrimonio

Todo tiene su tiempo, y todo lo que se quiere debajo del cielo tiene su hora.
ECLESIASTÉS 3:1

Oren así basados en ECLESIASTÉS 3:1-12.

Señor del tiempo y la eternidad:

¡Cuánto te necesitamos en nuestro matrimonio! La vida de cada uno de nosotros cambia tanto a diario que necesitamos que nuestro precioso amor resista todos los temporales por los que pasa todo matrimonio. De hecho, pedimos que por tu amor redentor obres para nuestro bien cada temporada, porque todo lo bueno viene de ti y es tan bueno que solo tú puedes imaginarlo (Ro. 8:28; Ef. 1:11).

En tiempo del nacimiento, recuérdanos que tú haces nuevas todas las cosas, incluidos nosotros. Tú eres el Señor de los bebés y de los nuevos comienzos (Ec. 3:2).

En el tiempo de morir, consuélanos en nuestro dolor. Ayúdanos a extendernos por fe a la eternidad y a nuestro hogar verdadero y definitivo (Ec. 3:2).

En el tiempo de sembrar, danos semillas de esperanza. Ayúdanos a regar nuestra relación con ánimo y perseverancia, y a esperar con gozo los buenos resultados (v. 2).

En el tiempo de desplantar, danos determinación para arrancar las malezas que estorban nuestro matrimonio, como malos hábitos, actitudes erróneas y presuposiciones falsas (v. 2).

En el tiempo de buscar la verdad o una solución a algún problema enfadoso, danos perseverancia (v. 6).

En el tiempo de guardar silencio, ayúdanos a escuchar con todo nuestro ser, y en el tiempo de hablar concédenos la sabiduría para elegir con cuidado y sensatez nuestras palabras (v. 7).

En el tiempo de amar, ayúdanos a entregarnos el uno al otro con abandono y alegría (v. 8).

Señor, sin importar por qué temporada estemos pasando, ayúdanos a recordar que todos tus planes para nosotros son buenos (Jer. 29:11).

Amén.[10]

Discusiones según las reglas de Dios

Sea vuestra palabra siempre con gracia, sazonada con sal,
para que sepáis cómo debéis responder a cada uno.
Colosenses 4:6

Tony y Lois Evans ofrecen buenos consejos acerca de cómo sostener una discusión acalorada:

> Ustedes pueden resolver hoy como pareja que no perderán más tiempo en desacuerdos. Esto significa que se pondrán de acuerdo para no permitir que sus discusiones degraden en palabras hirientes, acusaciones o insultos. Prométanse el uno al otro que no discutirán a no ser que cada uno presente al menos una solución posible al problema. Tal vez piense: "Eso es mucho trabajo, prefiero decir con honestidad lo que me molesta y siento en el momento". Puede ser mucho trabajo dar el brazo a torcer y realizar los esfuerzos más grandes para comunicarse bien y evitar todo lo que pueda lastimar a su cónyuge, pero una cosa es cierta: Si usted da el brazo a torcer ya no tiene que preocuparse por su propio punto de apoyo. Sí, toca esforzarse para estar de acuerdo en los desacuerdos, pero considere las alternativas posibles: gritos e insultos, pensamientos de enojo y palabras iracundas, mofas y desaires, silencios y miradas que matan, etcétera. Estas cosas no tienen que suceder si ustedes siguen las reglas de Dios para su comunicación, tales como: "Ninguna palabra corrompida salga de vuestra boca" y "Quítense de vosotros toda amargura, enojo, ira, gritería y maledicencia, y toda malicia" (Ef. 4:29, 31).
>
> En lugar de esto, la Biblia nos aconseja que sazonemos nuestras palabras con sal. La sal es un agente preservador que retarda la descomposición, por eso debemos sazonar nuestras palabras antes de decirlas y así preservaremos la relación y evitaremos aquellas palabras que pueden dañarla. Además, las palabras dañinas entristecen al Espíritu Santo (vea Ef. 4:30), y esto es tan terrible como la corrosión en una batería eléctrica. Si la batería de su automóvil se corroe, usted queda sin acceso al poder y no puede ni siquiera iniciar la marcha. El Espíritu Santo es la fuente de poder en la vida de todo cristiano.
>
> Tal vez ustedes no sabían que podían usar las reglas de Dios para una comunicación sana incluso en medio de sus mutuos desacuerdos, pero el hecho es que ahí es donde más necesitan acatar las reglas de Dios.[11]

La fuente de poder

Con todo, yo me alegraré en Jehová, y me gozaré en el Dios de mi salvación. Jehová el Señor es mi fortaleza, el cual hace mis pies como de ciervas, y en mis alturas me hace andar.
HABACUC 3:18, 19

Entre a su automóvil, ponga la llave en el encendido, déle vuelta y... nada sucede. La batería está muerta y no queda ni una pizca de electricidad para encender el motor. Ya no puede ir a ninguna parte. Algunas mañanas usted tal vez se sienta como esa batería, descargado y muerto. La alarma suena y usted sabe que tiene que salir de la cama, pero nunca lo logra. No tiene lo que se requiere para hacerlo porque es como una batería usada, exprimida y agotada.

¿Por qué se mueren las baterías? A veces porque ya cumplieron su ciclo de vida y han dado todo lo que se esperaba de ellas, por eso no les queda más y no pueden ser recargadas. Otras mueren porque las personas apagan el motor y deja las luces encendidas, por lo tanto, el generador del automóvil no las recarga. Nosotros nos parecemos mucho a una batería de automóvil. Funcionamos sin interrupción alguna para descansar y recargarnos. En poco tiempo dejamos de funcionar y se nos acaban las fuerzas.

A veces nuestra relación matrimonial parece una batería descargada porque la hemos usado y abusado sin darle oportunidad de recuperar la carga.

Si usted quiere fortaleza, acuda a la fuente del poder, su Señor y Dios. La frase "me alegraré en Jehová" significa en sentido literal "saltaré de puro gozo y daré vueltas en exultación". No son muchos los que hacen esto en sí, aunque no sería mala idea. ¿Sabe cuál es la diferencia entre las palabras "gozo" y "felicidad"? La última depende de no tener problemas ni preocupaciones, mientras que gozo significa tener tanta fe en Dios que nos alegraremos sin importar lo que suceda. Si usted confía en Dios y no en sus circunstancias, descubrirá que Dios le dará la fortaleza que necesita para su vida y su matrimonio. Esta fortaleza le permitirá avanzar sin caer en el agotamiento extremo. Por eso, acuda a su fuente de poder. Acuda a Dios.

Admítalo

El que encubre sus pecados no prosperará;
mas el que los confiesa y se aparta alcanzará misericordia.
PROVERBIOS 28:13

Culpa. A veces nos gusta apuntar el dedo a otras personas para desviar la atención de nosotros mismos. En realidad hay muchas cosas que podríamos achacar a otros. Considere a las personas que nos toca tratar a diario, por ejemplo los conductores alocados en la carretera. No es extraño que nos hagan perder el buen estado de ánimo con una de sus maniobras irresponsables. La culpa no es una reacción novedosa, comenzó en el mismo Huerto del Edén.

> Y Dios le dijo: ¿Quién te enseñó que estabas desnudo? ¿Has comido del árbol de que yo te mandé no comieses? Y el hombre respondió: La mujer que me diste por compañera me dio del árbol, y yo comí. Entonces Jehová Dios dijo a la mujer: ¿Qué es lo que has hecho? Y dijo la mujer: La serpiente me engañó, y comí (Gn. 3:11-13).

Culpamos al cónyuge, a las circunstancias y hasta a Dios. Por cierto, no somos muy originales con las frases que utilizamos para achacar la culpa a otros. Lean las que se enumeran a continuación y noten cuáles han usado ustedes:

1. Pues yo no fui el que comenzó esto. No fue culpa mía, sino de lo que tú dijiste.
2. Lo que yo hice pudo ser peor. Además, tú me provocaste.
3. Si no hubieras dicho lo que hiciste, no habría problema.
4. Todos en el trabajo lo hicieron y yo no podía quedarme atrás ni ser la excepción.
5. Solo te hablé en el mismo tono en el que tú me hablaste.
6. Nadie me dijo que yo debía estar presente, tú solo crees que así fue.

La culpa no sirve para edificar las relaciones ni para resolver las diferencias. Solo distancia a la pareja y genera discusiones interminables e inútiles. Hay una manera mejor de manejar los errores. Trate de decir:

1. Tienes razón.
2. Soy responsable.
3. Lo siento.
4. La próxima vez me comportaré diferente.

El amor es...

1 CORINTIOS 13
TRADUCCIÓN DE RONALD KNOX

Quizá pueda hablar con todas las lenguas usadas por los hombres y los ángeles, pero sin caridad no soy mejor que el eco de un gong o el chirrido de unos címbalos. Tal vez tenga poderes de profecía y ningún secreto me sea oculto ni haya conocimiento demasiado profundo para mí. Podría incluso tener una fe tan grande que movería montañas, mas a falta de caridad yo no valdría un centavo.

Podría dar todo lo que tengo para alimentar a los pobres, y hasta a mí mismo para ser quemado en la hoguera, mas si me falta caridad de nada servirá. La caridad es paciente, es bondadosa y no siente envidia. La caridad nunca es perversa ni orgullosa, y nunca es insolente. No reclama sus derechos, no se deja provocar y no se amarga por las ofensas, tampoco tolera la maldad, sino que se regocija por el triunfo de la verdad. La caridad sustenta, cree, espera y soporta hasta el fin...

Cuando era niño hablaba como niño y tenía la inteligencia y los pensamientos de un niño. Desde que me convertí en un hombre, he dejado atrás las costumbres infantiles. En el presente vemos como un reflejo confuso en el espejo, pero en el futuro veremos cara a cara. Ahora solo tenemos vislumbres de conocimiento, pero entonces reconoceré a Dios como Él me reconoció a mí. Entretanto, la fe, la esperanza y la caridad persisten, pero la más grande de todas es la caridad.[12]

Sigan mi ejemplo

Sed imitadores de mí, así como yo de Cristo.
1 CORINTIOS 11:1

¿Cómo respondería si su cónyuge le dijera "a partir de hoy quiero que me imites"? Después de un posible ataque de risa, sus comentarios podrían oscilar desde "¡Claro que sí!", pasando por "Seguro, en tus sueños" y "¿Cómo deletreas 'ni en broma'?" hasta llegar a "¿En tus hábitos alimenticios o en qué?"

Si ya pasaron esa fase de respuestas reaccionarias, consideren de nuevo esta instrucción, porque en realidad es un mandato de las Escrituras. No es un simple juego infantil de repetir lo que hace el líder, sino algo tan serio como el precepto apostólico de "haced lo que yo hago". Pablo dijo a sus lectores que esto es lo que debían hacer, pero fue más allá porque también les dio una razón de peso, y es que él hacía que las personas se fijaran en Jesús a quien él imitaba. En conclusión, al que debemos imitar en todo es a Jesús.

Pablo discipuló a muchos otros y nosotros también somos llamados a discipular a otros. Un discípulo es alguien que enseña a otros, y Pablo dijo a los creyentes que le siguieran porque él seguía a Jesús: "Tú, pues, hijo mío, esfuérzate en la gracia que es en Cristo Jesús. Lo que has oído de mí ante muchos testigos, esto encarga a hombres fieles que sean idóneos para enseñar también a otros" (2 Ti. 2:1, 2).

¿Puede cada uno de ustedes ponerse frente al otro y decir: "Mi amor, quiero que me sigas porque yo sigo a Jesús"? Sería mucho más fácil ponerse frente a su clase de escuela dominical y hacer esa declaración, porque esas personas no le conocen tan bien como su cónyuge, quien sabe cuándo vive usted para Jesús y cuándo no. Ahora, si se supone que esto es lo que debemos hacer, acomodémonos al programa divino y vivamos nuestra vida de tal manera que el cónyuge nos diga: "Sí, quiero aprender de ti lo que has aprendido de Jesús". ¡Qué gran bendición sería![13]

Pareja gozosa

Estas cosas os he hablado, para que mi gozo esté en vosotros,
y vuestro gozo sea cumplido.
Juan 15:11

¿Rinden culto a un Dios gozoso? Piensen en la respuesta un minuto.

Ahora pregúntense el uno al otro: "Al pensar en Dios, ¿lo ve como alguien lleno de gozo?" Si hemos de vivir llenos de gozo y somos creados a imagen de Dios, se sigue que el Dios a quien adoramos es un Dios lleno de gozo.

¿Cuál es el nivel de gozo en su vida? ¿Cuál es el nivel de gozo en su matrimonio? Dios quiere que ustedes como pareja experimenten gozo y sean gozosos en medio de todo. ¿Saben qué clase de personas pueden demostrarnos de qué se trata el gozo en realidad? Los niños, porque ellos pueden vivir llenos de gozo. Lean lo siguiente:

> Debido a que los niños tienen vitalidad en abundancia y un espíritu libre y aventurero, siempre quieren cosas repetitivas y sin muchos cambios. Siempre nos dicen "vuélvelo a hacer", y nos toca hacerlo una y otra vez hasta quedar con la lengua afuera.
>
> Los adultos en cambio no tienen la resistencia necesaria para alegrarse en la monotonía. Dios es diferente porque sí es lo bastante fuerte para regocijarse en la monotonía. Es posible que Dios diga al sol cada mañana "vuélvelo a hacer", lo mismo que a la luna cada noche. Tal vez no sea una necesidad automática de Dios que todas las margaritas florezcan igual, y aunque Dios hace cada margarita única e irrepetible, Él nunca se ha cansado de hacerlas. Puede ser que Él tenga el apetito eterno de la infancia, y que mientras nosotros hemos pecado y envejecido, nuestro Padre sea cada vez más joven.[14]

¿Recuerdan lo que decía Dios al final de cada día de la creación? "... y vio Dios que era bueno". Ahora imagínese que Dios dice lo mismo de forma "monótona" todos los días, ¿cómo sonaría? ¡Cómo una exclamación permanente de gozo! Él no se aburre de hacer las cosas una y otra vez. A diferencia de Dios, nosotros perdemos el gozo de la infancia, pero Él quiere que lo recuperemos.

Nuestro gozo debe reflejar que Jesús está en nuestra vida y nuestro matrimonio. ¿Cómo podrían su vida y su matrimonio ser más gozosos?

¿Mío o tuyo?

El que halla su vida, la perderá; y el que pierde su vida
por causa de mí, la hallará.
MATEO 10:39

¿Cuál fue una de las primeras palabras que aprendió en la niñez? Si es como la mayoría de nosotros, esa palabra fue "mío". Los niños se vuelven bastante posesivos en cuanto a lo que creen que les pertenece, pero no solo ellos. ¿Ha visto alguna vez a perros posesivos? Sus huesos y juguetes son protegidos con gruñidos para hacer imposible que alguien se los quite. Los perros no dicen "mío" de forma verbal, pero sus acciones lo muestran a gritos.

No es fácil eliminar "lo mío" de nuestros pensamientos o vocabulario. Llevamos con nosotros esa noción al casarnos aunque se supone que deberíamos cambiarla por "lo nuestro". ¿Ha tenido dificultad para traducir las palabras "mío" y "yo" a "nuestro" o "nosotros"? Piénselo un minuto. ¿Qué hace si mientras ve su programa de televisión favorito su cónyuge le dice "necesito tu ayuda"? ¿Qué sucede si su cónyuge se enferma el día que tenía planificado salir de paseo? ¿Qué sucede si su cónyuge tiene en mente algo distinto para el dinero que usted tenía ahorrado? Hay otras formas "buenas" de usar la palabra "mío", tales como: "¿Y qué de mí, cuándo voy a tener tiempo para hacer mis cosas?" "Oye, eso me pertenece y no quiero que otros lo usen porque no quiero que se gaste". "Casi siempre tú te sales con la tuya, creo que yo también merezco ser feliz, ¿no es así?" "Mira todo lo que yo hago por ti, recuerda que debemos ser recíprocos"; "¿Quién se comió el último pedazo de pastel? ¡Aquí todos saben que el último siempre es para mí!"

La Palabra de Dios habla sobre el problema de aferrarnos a las cosas y a la vida misma. Si decimos "mi vida", en cierto sentido nos apropiamos a ella como si todo girara alrededor de nosotros. Jesús dijo que hay una manera mejor de llevar nuestra relación con Él, y también es la mejor manera de llevar nuestras relaciones personales y familiares.[15]

Es simple y fácil de entender. Se llama "generosidad".

¿Qué hay en la bolsa?

Mi Dios, pues, suplirá todo lo que os falta conforme a
sus riquezas en gloria en Cristo Jesús.
FILIPENSES 4:19

Se cuenta la antigua leyenda de los tres hombres y sus bolsas. Cada hombre tenía dos bolsas, una al frente que colgaba del cuello y otra en la espalda que colgaba de sus hombros. Al primer hombre le preguntaron qué tenía en las bolsas y él dijo: "Pues bien, en la bolsa de mi espalda llevo todas las cosas buenas que mis amigos y mi familia han hecho. Así no tengo que verlas. En la bolsa de enfrente llevo todas las cosas malas que me han sucedido, y de vez en cuando me detengo a examinarlas y pensar en ellas".

Como este hombre se concentraba tanto en lo malo, no progresó mucho en la vida.

Al segundo hombre le preguntaron qué llevaba en las bolsas y contestó: "En la bolsa que llevo frente a mí están todas las cosas que yo he hecho. Me gustan mucho y las veo siempre que puedo. También hago paradas frecuentes para mostrarlas a todo el que se cruce en mi camino. En la bolsa de atrás llevo todos mis errores y los cargo por todas partes. Son pesados y hacen más lento mi avance, pero por alguna razón no puedo zafarme de ellos".

La respuesta del tercer hombre a la misma pregunta fue: "La bolsa que llevo al frente es muy buena porque ahí llevo todos los pensamientos positivos que tengo acerca de las personas, todas las bendiciones que he experimentado y todas las cosas maravillosas que otros han hecho por mí. El saco de atrás va vacío, nada se queda allí porque abrí un agujero grande en la parte de abajo. De ese modo, cada vez que meto las cosas malas que pienso acerca de mí mismo o que oigo de otros, entran por la abertura y salen de inmediato para que no tenga que llevar equipaje innecesario".

¿Qué llevan ustedes en sus bolsas? ¿Qué cree que lleva su cónyuge? ¿Cuál bolsa está llena, la de las bendiciones o la de atrás? ¿Cómo afecta esto su matrimonio?[16]

Paredes

Por esto dejará el hombre a su padre y a su madre, y se unirá a su mujer,
y los dos serán una sola carne; así que no son ya más dos, sino uno.
Marcos 10:7-9

Pared. Sustantivo 1. Estructura vertical que sirve para encerrar, aislar o dividir. 2. Una estructura erigida como defensa. 3. Algo casi impenetrable.

Levantar paredes. Verbo. 1. Encerrar, rodear o fortificar como se hace con una pared. 2. Dividir o separar como con una pared. 3. Confinar por medio de una pared. 4. Bloquear o aislar por medio de una pared.

Vivimos en un mundo de paredes. Hay paredes por todas partes, de ladrillo, de piedra y de madera, hay paredes cubiertas de graffiti en los centros urbanos, paredes altas e infranqueables que rodean los vecindarios lujosos, paredes esterilizadas en las prisiones, paredes de granito en los rascacielos. Hay paredes altas, paredes bajas y paredes anchas. Hay paredes con alambre de púa, así como las hay destruidas y también indestructibles. Existen las paredes emocionales, las paredes de los malentendidos, las paredes de la rutina, las paredes de la diferencia y la indiferencia. Ponemos la espalda a la pared, somos empujados contra la pared, subimos de la pared y caemos de la pared.

Una pared es una estructura simple que encierra, protege, divide o separa. Las personas construyen muros y paredes para defenderse. Algunas paredes mantienen a las personas encerradas y otros mantienen por fuera a los forasteros. Algunas paredes son visibles pero muchas no lo son.

Cuando se levantan paredes en el matrimonio, es porque alguno de los dos sufre. Las paredes son estructuras defensivas. Alguno se siente herido, uno de los dos siente el dolor del descuido y el abandono. Tal vez alguno no puede aguantar más los desaires y los insultos. Las heridas emocionales son más profundas que cualquier lesión física, por eso se erigen paredes protectoras.

Jesucristo vino a destruir las barreras que separan a las personas. Por su muerte y resurrección Él nos ha dado poder para eliminar las murallas que levantamos entre nosotros, las cuales son resultado de que vivamos según nuestra carne. Todas las paredes que existen entre nosotros son hechura nuestra. Las paredes que erigimos en nuestro matrimonio se construyen en la carne, no en el Espíritu.

Sin importar cuán altas o infranqueables parezcan ser las paredes que nos separan, caerán como los muros de Jericó si nos disponemos a usar el poder del Señor.[17]

Haga del mundo un lugar mejor

Y todo lo que hacéis, sea de palabra o de hecho, hacedlo todo en el nombre del
Señor Jesús, dando gracias a Dios Padre por medio de él.
COLOSENSES 3:17

¿En qué condición va a dejar este mundo al irse? ¿Será un lugar mejor o todo lo contrario?

- El mundo es un lugar mejor gracias a que Miguel Ángel no dijo: "Yo no pinto cielo raso".
- El mundo es un lugar mejor porque Martín Lutero no dijo: "Yo no hago declaraciones públicas de fe".
- El mundo es un lugar mejor porque Noé no dijo: "Yo no hago arcas".
- El mundo es un lugar mejor porque Jeremías no dijo: "Yo no hago lamentación".
- El mundo es un lugar mejor porque Pedro no dijo: "Yo no hablo con gentiles".
- El mundo es un lugar mejor porque Pablo no dijo: "Yo no escribo cartas".
- El mundo es un lugar mejor porque María no dijo: "Yo no quiero embarazarme".

¿Cuál será su legado al mundo como pareja? ¿Sirven ustedes como mentores a otra pareja? ¿Descubrirán y responderán al llamado de Dios en privado, en público, como individuos o como pareja? Dwight L. Moody, el Billy Graham del siglo diecinueve, oyó un día estas palabras que marcaron el comienzo de una nueva fase en su vida: "Al mundo todavía le falta ver lo que Dios puede hacer por medio de un hombre que se consagre por completo a Él".

"Un hombre", pensó Moody. No se refirió a un gran hombre ni a un hombre erudito, ni a un hombre rico o sabio, ni a un hombre elocuente o "avezado", sino tan solo a un simple hombre. Pues yo soy un hombre, y solo de un hombre depende que su consagración a Dios sea o no total. Haré mis mejores esfuerzos para llegar a ser ese hombre.[18]

¿Hará usted sus mejores esfuerzos para ser esa persona o mejor todavía, esa pareja consagrada? El mundo es un lugar mejor gracias a que Jesús no dijo: "Yo no hago cruces".[19]

La Palabra de Dios para su matrimonio

Someteos unos a otros en el temor de Dios.
EFESIOS 5:21

Adivine qué, usted y su cónyuge no son compatibles cien por ciento. Según el diccionario, "compatible" significa "capaz de existir junto a otro en armonía", "diseñado para trabajar en conexión... sin modificación", y más. Tal vez poco a poco ustedes se vuelvan más compatibles, pero al casarse las diferencias son bastante notorias. Créanlo o no, estas diferencias enriquecen la relación y pueden resolverse si aprenden a escuchar, tomar las cosas con calma y buen humor, y abstenerse del retraimiento, el silencio y la agresividad pasiva. Ustedes tendrán conflictos, de eso no tengan dudas, pero ese no es el problema. Los ataques y las actitudes defensivas determinan las victorias militares pero no son buenas tácticas para el matrimonio. Considere el punto de vista de su cónyuge y aprenda a responderle: "Esa es una forma diferente de ver el asunto" o "Déjame pensar un momento en eso". Estos son algunos pasajes relevantes de la Palabra de Dios. ¿Cómo cree que podría aplicarse cada uno a su matrimonio?

...redarguye, reprende, exhorta con toda paciencia y doctrina (2 Ti. 4:2).

...siguiendo la verdad en amor... hablad verdad cada uno con su prójimo; porque somos miembros los unos de los otros... no se ponga el sol sobre vuestro enojo (Ef. 4:15, 25, 26).

[Vivid] con toda humildad y mansedumbre, soportándoos con paciencia los unos a los otros en amor (Ef. 4:2).

Hermanos, si alguno fuere sorprendido en alguna falta, vosotros que sois espirituales, restauradle con espíritu de mansedumbre (Gá. 6:1).

...exhortaos los unos a los otros cada día... que ninguno de vosotros se endurezca por el engaño del pecado (He. 3:13).

...haced sendas derechas para vuestros pies, para que lo cojo no se salga del camino, sino que sea sanado... Mirad bien, no sea que alguno deje de alcanzar la gracia de Dios; que brotando alguna raíz de amargura, os estorbe, y por ella muchos sean contaminados (He. 12:13, 15).

Dediquen tiempo a hablar sobre la manera como podrían aplicar estos principios bíblicos a su matrimonio.

Nunca abandonados

Porque un niño nos es nacido, hijo nos es dado, y el principado sobre su hombro.
Isaías 9:6

Un mensaje navideño de Steve Brown en su libro Jumping Hurdles, Hitting Glitches and Overcoming Setbacks [Venzamos obstáculos, arreglemos daños y superemos dificultades].

Mientras conducía de regreso a casa cierto día, vi el automóvil más feo que jamás he visto. No solo era feo, sino antiestético y grotesco. Tenía una abolladura inmensa en el lado, una de las puertas colgaba de un cable retorcido y otras partes del chasis estaban oxidadas por completo. El tubo de escape estaba tan suelto que cada vez que el automóvil se desplazaba sobre cualquier irregularidad en la calle, salían chispas por todas partes. Yo no sabía cuál era el color original del carro porque casi toda la pintura había sido carcomida por el óxido y lo habían pintado tantas veces que ninguna de las capas dejaba ver el color original. Lo más interesante de este vehículo era la calcomanía que tenía pegada en la parte trasera y que decía: "ESTE NO ES UN CARRO ABANDONADO".

Vivimos en un mundo caído, y a veces todo parece tan feo como ese carro maltrecho. Dondequiera que miremos, hay tragedia y desconsolación.

Hace mucho tiempo, un bebé nació en un pesebre. Él fue una señal para nosotros, y con su presencia anunció: "ESTE NO ES UN MUNDO ABANDONADO".

Durante cada época navideña, todos recibimos un respiro en medio de nuestra noche existencial y vemos brillar un poco de belleza entre toda la fealdad. Es un tiempo en el que las personas ríen con espontaneidad y esparcen la alegría por doquier. La mayoría de esas personas ni siquiera entenderá por qué ríen y gozan tanto y muchas esparcirán la alegría porque eso es lo que se supone que uno debe hacer durante la temporada festiva, pero algunas se detendrán a recordar que "un niño nos es nacido".

No hemos sido abandonados. Algún día el dueño de todos nosotros y del universo entero volverá, y entonces toda la fealdad será remediada. No habrá más dolor y todas las lágrimas serán enjugadas.[20]

El nacimiento de Jesús

Jesús nació en Belén de Judea.
MATEO 2:1

La Navidad es una época del año que tiene un efecto casi mágico en nuestro corazón. Hay cánticos y villancicos que flotan por todas partes, y las personas irradian un tipo especial de amor y amabilidad que no se siente en ninguna otra época del año. En aquel pesebre humilde de Belén, el llanto de un recién nacido rompió el silencio de todos los siglos. Por primera vez la voz de Dios pudo escucharse a través de cuerdas bucales humanas. C. S. Lewis llamó el acontecimiento de la venida de Cristo en la Navidad: "La misión de rescate más grande de la historia".

Durante cada temporada navideña las palabras de Miqueas resuenan por todo el mundo, pues él fue inspirado a dar la profecía que designó el lugar de nacimiento del Mesías: "Pero tú, Belén Efrata, pequeña para estar entre las familias de Judá, de ti me saldrá el que será Señor en Israel; y sus salidas son desde el principio, desde los días de la eternidad" (5:2).

Miqueas anunció así a todos los orgullosos, poderosos, opulentos y justos en su propia opinión, que el gran gobernador y representante de Dios no descendería de su realeza humana. Él vendría de la pequeña aldea recóndita de Belén. Cuando setecientos años después los sabios del oriente vinieron a buscarlo, los escribas tuvieron que desempolvar el libro de Miqueas para dirigirlos al lugar exacto donde habría de nacer.

Aquel quien es el único cuyas "salidas [orígenes] son desde el principio" hizo su entrada al mundo. La expresión "desde los días de la eternidad" alude a la existencia eterna de Cristo. Su providencia y preeminencia también fueron profetizadas: "Y él estará, y apacentará con poder de Jehová, con grandeza del nombre de Jehová su Dios; y morarán seguros, porque ahora será engrandecido hasta los fines de la tierra" (Mi. 5:4, 5).

Qué bellas y preciosas son las promesas que Dios nos da por medio de este labrador que se convirtió en escribano poderoso de Dios.[21]

La provisión asombrosa de Dios

Y dio a luz a su hijo primogénito, y lo envolvió en pañales,
y lo acostó en un pesebre, porque no había lugar para ellos en el mesón.
LUCAS 2:7

Esta es una oración que ustedes pueden hacer hoy en voz alta:

Nuestro Dios y nuestro Padre, recordamos hoy cómo el Verbo eterno se hizo carne y habitó entre nosotros. Te agradecemos que Jesús haya tomado como suyo nuestro cuerpo humano, para que nunca más nos atrevamos a despreciarlo, descuidarlo o abusar de él. Tú lo convertiste en morada tuya.

Te agradecemos que Jesús trabajó como cualquier otro jornalero, que conoció de primera mano los problemas típicos de vivir en familia, que experimentó la frustración y la irritación de servir al público, que tuvo que ganarse la vida y enfrentar la rutina agotadora del trabajo y la vida diaria, y que también al final del día siempre revistió de gloria todas las tareas comunes.

Te damos gracias porque Él departía con los demás en las ocasiones sociales alegres, y se sentía a gusto entre las personas, estuvieran en bodas, cenas o fiestas, en compañía de hombres y mujeres comunes y corrientes como nosotros.

Concédenos recordar siempre que en su presencia resucitada invisible, Él es un invitado permanente en nuestro hogar.

Te damos gracias porque Él haya tenido que soportar también las críticas injustas, la oposición prejuiciosa, las interpretaciones maliciosas y las censuras deliberadas.

Te damos gracias porque no importa qué nos suceda, Él ha pasado por allí antes que nosotros, por lo cual Él puede ayudar a los que experimentan lo mismo. Ayúdanos a nunca olvidar que Él conoce la vida porque la vivió y que Él está con nosotros a cada momento para darnos el poder que necesitamos para vivir en victoria.

Esto pedimos por amor de tu nombre. Amén.[22]

El amor es una decisión

*Y amarás al Señor tu Dios con todo tu corazón, y con toda tu alma, y con toda
tu mente y con todas tus fuerzas. Este es el principal mandamiento.
Y el segundo es semejante: Amarás a tu prójimo como a ti mismo.
No hay otro mandamiento mayor que éstos.*
MARCOS 12:30, 31

El amor es una decisión. Sí, también incluye sentimientos pero estos van
y vienen. En últimas es una decisión, sobre todo si es amor agape. Esta
palabra se usa de una u otra forma más de doscientas veces en las Escrituras. Es el tipo de amor que infunde vida a su matrimonio, pero no es algo
que puedan hacer por su cuenta, lo cual es muy difícil. Ustedes necesitan
que Dios les infunda de este amor y la fortaleza para mantenerse firmes en
él. Si quieren saber en qué consiste ese amor, miren a Jesús. Hay tres maneras de describir cómo nos ama Jesús y cómo debemos amar a los demás.

Él nos ama con amor incondicional. Jesús nos ama sin condiciones ni restricciones. Sin importar cuán descarriado, malo, enojado o vil sea usted, Él
lo ama. Recuerde esto: Su conducta jamás puede hacerlo acreedor a más
del amor de Dios. ¿Aquel hombre que mató a otros? Jesús lo ama tanto
como nos ama a usted y a mí. Eso es amor incondicional. ¿De qué manera
ama usted a su cónyuge?

Él nos ama por voluntad propia. ¿Entiende lo que esto significa? Él lo ama
porque quiere amarlo. Él no fue obligado a ir a la cruz por usted, sino que
decidió hacerlo. Él decidió tocar a los leprosos, optó por sanar a los enfermos y eligió morir. ¿Cómo amamos a los demás? Por medio de una decisión voluntaria, y eso es difícil, como también lo será a veces orar por un
cambio de corazón y actitud, pero es algo que puede suceder.

Él nos ama con amor sacrificado. El amor sacrificado da todo y no espera
nada a cambio. Es un amor costoso y nada fácil. Siempre nos quita algo y
nos saca de nuestra esfera de comodidad. ¿Cómo puede usted amar a su
cónyuge de forma sacrificada? Cuando decida hacerlo, no vacile. Si lo hace,
será un poco más semejante a Jesús.[23]

Este es su peregrinaje

...no mirando cada uno por lo suyo propio,
sino cada cual también por lo de los otros.
FILIPENSES 2:4

¿Cómo va su peregrinaje? Tal vez no se haya dado cuenta, pero si usted es cristiano y está casado, ha emprendido un peregrinaje muy especial. ¿Sabe en qué consiste? En aprender a ser un cristiano más maduro dentro de la relación matrimonial. Es un reto nada fácil. De hecho, vivir la vida cristiana con su cónyuge (aquella persona que sabe casi todo acerca de usted) es más difícil que relacionarse bien con los demás.

¿Cuál es el elemento clave de esta peregrinación? Es aprender a servir mejor al otro. De eso se trata la vida cristiana porque nuestro llamado es servir a otros. Si usted está casado, su cónyuge es la primera persona a la que debe servir.

¿Cómo le va en este viaje por la vida que es el ser cristiano en su matrimonio? ¿En qué punto del recorrido va en su vida espiritual como individuo? Es posible que esté al mismo nivel que su cónyuge o en niveles diferentes, lo cual no importa con tal que estén dispuestos a aceptar la diversidad en la expresión de su fe. De lo contrario, la diferencia puede causar ciertas tensiones en el matrimonio.

¿Alguna vez hablan acerca de cómo están en su relación personal con Dios? ¿Han hablado acerca de lo que no entienden de Él? Al saber en qué punto se encuentra cada uno, así sea a kilómetros de distancia del otro, no tiene que ser causa de tensiones en el matrimonio. Es algo que puede ayudarlos a ministrarse mejor el uno al otro.

¿Por qué no dedican unos momentos para poner en común sus experiencias individuales de peregrinaje espiritual? Disfruten este proceso.

La copa se rebosó

Hermanos míos, tened por sumo gozo cuando os halléis en diversas pruebas,
sabiendo que la prueba de vuestra fe produce paciencia.
SANTIAGO 1:2, 3

"Ya se me rebosó la copa". ¿Ha dicho esto o algo semejante como "ya no doy más"? ¿Qué quiso decir con ello? Piénselo. ¿Qué significan en realidad esas expresiones? Algunas personas las dicen como una señal de exasperación, como para expresar la sensación de que uno ya no tiene más que dar, bien sea en el trabajo, con todas las actividades domésticas e incluso en el matrimonio. Algunas personas sienten que se encuentran en una situación bastante desesperada y declaran una especie de derrota suicida.

¿Ha oído alguna vez mencionar al poeta inglés William Cowper? En un punto de su vida él sintió que se le había rebosado la copa y trató de ponerle fin al ingerir veneno, pero no le hizo efecto alguno porque Dios le mandó a alguien a buscarlo. Su estómago tuvo que ser bombeado para sacar el veneno y el poeta siguió con vida, pero no dejó de sentirse igual. Luego contrató una carroza para que lo llevara al río Támesis, donde se había propuesto morir ahogado. Tan pronto trató de lanzarse al agua, el conductor lo agarró por la ropa, volvió a meterlo a la carroza y lo llevó de regreso a su casa. Había fallado de nuevo. Después encontró un cuchillo y se le echó encima, pero el filo se rompió. ¿Puede creerlo? Por último encontró una soga, la pasó por una viga en el sótano, aseguró su cuello con el nudo y se dejó caer. Ya había llegado al final de sus recursos, pero otra vez alguien lo encontró antes de que muriera ahorcado.

En su desesperación acudió a la Biblia, leyó el libro de Romanos y encontró un pasaje que lo llevó a tener fe en Jesucristo. Si usted ha llegado al final de la soga y siente que la copa se le rebosó, recuerde lo que Santiago dijo en los versículos de hoy. William Cowper pudo encontrar la salida, y usted también lo hará.

Una mirada...

Corona de honra es la vejez que se halla en el camino de justicia.
<small>PROVERBIOS</small> 16:31

En la víspera de sus bodas de oro
Juan C. Bonser

"**N**uestra celebración de las bodas de oro se aproxima", dijo el esposo. La anciana esposa sonrió, levantó su cabeza y dijo: "¿Me escribirás un poema como solías hacerlo? ¡Es el regalo que más me gustaría recibir de ti!" El anciano accedió y se dirigió apoyado sobre su bastón hacia el pasillo, a la hora del crepúsculo. Se apoyó sobre la baranda y comenzó a recordar las muchas veces que se sentaron allí para intercambiar esperanzas y besos.

"Señor amado, cuánto se han apresurado los años al pasar, ahora nos quedan los recuerdos de la juventud que hacen suspirar a un anciano como yo. Hoy estamos encorvados, con el cabello gris y cansados. Qué palabras podré decir para demostrar que la amo tanto como cuando sus mejillas eran cual fruta fresca en mi mano, cuando sus ojos brillaban y sus labios eran tibios, cuando caminábamos juntos, tomados de la mano".

El esposo anciano se quedó allí parado mientras la brisa de la noche hizo eco de su suspiro entre los árboles aledaños, hasta que los gozos que vivieron juntos en el pasado lejano se entrelazaron en pensamientos que por fin pudo expresar con palabras.

...al futuro

El anciano entró para conseguir papel y tinta. Se sentó en la mesa de la cocina y escribió con cuidado meticuloso lo que su esposa había deseado, un regalo tan "dorado" como la celebración de su amor medio centenario.

Mi amor, mi querida esposa, mi mejor amiga.
Contigo mis días comienzan y terminan.
Aunque el tiempo nos ha robado fuerza y juventud,
No puede cambiar la realidad de esta virtud:
Nuestro amor ha durado todos estos años,
A pesar de las penalidades y las lágrimas.
Hemos pasado juntos cada prueba,
¡Te amaré hasta que muera!
No somos ricos en fortunas del mundo,
Pero nada poseemos por medios deshonestos
Y tú no has dejado de ser mi más grande tesoro,
Mi motivo de orgullo y placer callado.
Te deseo toda la felicidad
Con que dos corazones enamorados puedan ser bendecidos;
Tú fuiste y tú eres mi elegida de por vida,
Mi novia, mi dama, ¡mi dulce esposa!

Después de terminar su poema, el esposo se levantó y entró a la habitación donde su esposa yacía casi dormida, la besó con ternura en la frente mientras ella asentía y le dijo: "Levántate mi bella durmiente, vamos a la cama".[24]

¿Qué hace durar un matrimonio?

El amor nunca deja de ser.
1 CORINTIOS 13:8

Una pareja cuenta:

Hemos estado casados cuarenta y siete años. Nuestra experiencia más positiva ha sido el amor, la devoción y el compromiso entre nosotros y de ambos con Jesucristo, así como hacia nuestros cuatro hijos y nueve nietos. Las tres cosas que he hecho que más han ayudado a nuestro matrimonio han sido mi devoción total a mi esposo, la realización gozosa y fiel de las responsabilidades que asumí como ama de casa, y tratar de mantenerme atractiva todo el tiempo para que mi esposo estuviera orgulloso de mí.

En mi caso [habla el esposo], nunca le he dado a ella motivo para preocuparse por mi paradero ni por mi asociación con personas del sexo opuesto. Trabajé con diligencia para ser un buen proveedor, pero no en detrimento del tiempo en familia. También he expresado siempre mi devoción y lealtad a mi esposa, nuestros hijos y nuestros padres, quienes ocupan el segundo lugar después de mi Señor y Dios. También cumplí en tercer orden mis responsabilidades en el trabajo y en la iglesia, y desde mi conversión dos años después de casarnos he sido un líder espiritual fiel en nuestro hogar.

Nuestros ajustes más grandes se dieron en el área de la responsabilidad financiera. En los primeros años de nuestro matrimonio no siempre estuvimos de acuerdo acerca de ciertas compras e inversiones considerables. Sin embargo, con el paso de los años se estableció la confianza necesaria para que yo como esposo asumiera la responsabilidad, y la mayor parte del tiempo obtuvimos ganancias.

Una pareja casada durante cincuenta y ocho años testifica:

Si tuviéramos que dar consejo a las parejas, les diríamos que sean honestos el uno con el otro, siempre con la verdad. También algo muy simple: Ámense. Recuerdo algo que dije a mi esposa: "Si hago algo mal, quiero que me corrijas pero no lo digas a nadie. Dímelo a mí primero". Creo que ella siempre ha hecho eso y se lo agradezco. No somos perfectos y nunca aparentaré que lo somos.

¿Qué dirán a otros después que hayan estado casados por mucho tiempo?

Notas

Páginas 3–33

1. Patrick Morley, *Two-Part Harmony* [Armonía en dos partes] (Nashville: Thomas Nelson, 1995), pp. 4-5, adaptado. (Publicado nuevamente por Zondervan como *Devotions for Couples* [Devocionales para parejas]. Usado con autorización de Zondervan Publishing House).
2. *Ibíd.*, pp. 98-99.
3. Dennis y Barbara Rainey, *Moments Together for Couples* [Momentos juntos para parejas] (Ventura, California: Regal Books, 1995), marzo 21, adaptado. Usado con autorización.
4. *Ibíd.*
5. Hannah Hurnard, *Kingdom of Love* [El reino de amor] (Wheaton, Illinois: Tyndale House Publishers, Inc., 1975), prólogo.
6. *Ibíd.*
7. Vea Proverbios 24:14.
8. Rainey y Rainey, *Moments Together* [Momentos juntos] septiembre 13, adaptado.
9. Les y Leslie Parrott, *Becoming Soul Mates* [Cómo ser almas gemelas] (Grand Rapids, Michigan: Zondervan, 1995), p. 144, adaptado. Usado con autorización.
10. Rainey y Rainey, *Moments Together* [Momentos juntos] septiembre 11, adaptado.
11. *Ibíd.*, marzo 16, adaptado.
12. Charles Swindoll, *Hope Again* [Esperanza de nuevo] (Dallas: Word, 1996), p. 71, adaptado. Usado con autorización. Todos los derechos reservados.
13. William Barclay, *A Barclay Prayer Book* [El libro de oraciones de Barclay] (Londres: SCM Press Ltd., 1963), pp. 8-9.
14. Tom Marshall, *Right Relationships* [Relaciones correctas] (Kent, England: Sovereign World, 1992), pp. 43-46, adaptado.
15. *Ibíd.*, pp. 47-50, adaptado.
16. Rainey y Rainey, *Moments Together* [Momentos juntos] septiembre 30, adaptado.
17. Bill y Pam Farrel, *Love to Love You* [Me gusta amarte] (Eugene, Oregon: Harvest House, 1997), pp. 123, 126, 129, 131. Usado con autorización.
18. Rainey y Rainey, *Moments Together* [Momentos juntos] enero 31, adaptado.
19. Citado en Ken Gire, *Reflections on the Word* [Reflexiones en la Palabra] (Colorado Springs: Chariot Victor, 1998), pp. 132-33. Usado con autorización de Cook Communications Ministries. No se permite su reproducción adicional. Todos los derechos reservados. Aparición original del poema en *Prayers of the Heart* [Oraciones del corazón].
20. Jeanette C. Laves y Robert H. Laves. *'Til Death Do Us Part* [Hasta la muerte nos separa] (Harrington, Nueva York: Park Press, 1986), p. 179, adaptado.
21. Bernard I. Morstein, *Paths to Marriage* [Caminos hacia el matrimonio] (San Mateo, California: Sage Publications, 1986), p. 110, fuente original desconocida.
22. Rainey y Rainey, *Moments Together* [Momentos juntos] diciembre 13.
23. Warren Wiersbe, *Be Hopeful* [Tenga esperanza] (Wheaton, Illinois: SP Publications, Victor Books, 1982), p. 57. Usado con permiso de Cook Communications Ministries. Todos los derechos reservados; vea también Swindoll, *Hope Again,* [Esperanza de nuevo] pp. 73-75, adaptado.
24. Rainey y Rainey, *Moments Together* [Momentos juntos] mayo 9, adaptado.
25. Morley, *Two-Part Harmony* [Armonía en dos partes] pp. 38-39, adaptado.
26. Swindoll, *Hope Again* [Esperanza de nuevo] pp. 119-27, adaptado.

27. Gordon MacDonald, *Restoring Your Spiritual Passion* [Cómo restaurar su pasión espiritual] (Nashville: Thomas Nelson, 1986), pp. 96-104, adaptado.
28. Rainey y Rainey, *Moments Together* [Momentos juntos] enero 15, adaptado.
29. *Ibíd.*, marzo 2.

Páginas 34–59

1. Cliff y Joyce Penner, *Men and Sex* [Los hombres y el sexo] (Nashville: Thomas Nelson, 1997), selecciones de pp. 1-50.
2. Larry Crabb, *Men and Women* [Hombres y mujeres] (Grand Rapids, Michigan: Zondervan, 1991), pp. 299, 211, 212. Usado con autorización.
3. David y Heather Kopp, *Unquenchable Love* [Amor que no puede ser apagado] (Eugene, Oregon: Harvest House, 1999), pp. 172-73, adaptado. Usado con autorización.
4. Fawn Parish, *Honor—What Love Looks Like* [El honor: Una vista del amor] (Ventura, California: Renew, 1999), p. 27, adaptado. Usado con autorización de Regal Books, Ventura, California.
5. Charles R. Swindoll, *The Finishing Touch* [El toque final] (Dallas: Word, Inc., 1994), p. 281, todas las mayúsculas cambiadas a cursivas. Usado con autorización. Todos los derechos reservados.
6. Dr. Richard Matteson y Janis Long Harris, *What If I Married the Wrong Person?* [¿Y si me casara con la persona equivocada?] (Minneapolis: Bethany House Publishers, 1997), pp. 236-38, adaptado. Usado con autorización.
7. Citado en Fritz Ridenour, *The Marriage Collection* [La colección del matrimonio] (Grand Rapids, Michigan: Zondervan Publishers, 1989), pp. 442-43, de *How to Start and Keep It Going* [Cómo empezar y seguir avanzando] por Charlie y Martha Shedd, "Praying Together". El material de *Marriage and Collection* [La colección del matrimonio] fue usado con autorización de Zondervan Publishing House.
8. Matteson y Harris, *What If I Married*, [¿Y si me casara?] pp. 240-43, adaptado.
9. Charles Stanley, *The Source of My Strength* [La fuente de mi fortaleza] (Nashville: Thomas Nelson, 1994), p. 103.
10. Bill y Pam Farrel, *Love to Love You* [Me gusta amarte] (Eugene, Oregon: Harvest House, 1997), pp. 72-73. Usado con permiso.
11. Swindoll, *Finishing Touch* [El toque final] pp. 58-59.
12. Tomado de Kenneth S. Wuest, *The New Testament: An Expanded Translation* [El Nuevo Testamento: Una traducción ampliada] 9a ed. (Grand Rapids, Michigan: William B. Eerdmans Publishing Co., 1997), 1 Co. 13:1-7, 11-13.
13. Ronnie W. Floyd, *Choices* [Opciones] (Nashville: Broadman & Holman, 1994), pp. 112-14, adaptado.
14. William Mitchell, *Winning in the Land of Giants* [Cómo ganar en la tierra de gigantes] (Nashville: Thomas Nelson, 1995), pp. 27-28.
15. Stanley, *The Source*, [La fuente] pp. 163, 165.
16. Joe E. Brown, *Battle Fatigue* [El cansancio de la guerra] (Nashville: Broadman & Holman, 1995), pp. 14-15, adaptado. Usado con autorización.
17. Swindoll, *Finishing Touch*, [El toque final] pp. 108-09, todas las mayúsculas cambiadas a cursivas.
18. John F. MacArthur, *Drawing Near* [Acercándose] (Wheaton, Illinois: Crossway Books, 1993), enero 22, adaptado. Usado con autorización.
19. David y Claudia Arp, *The Second Half of Marriage* [La segunda parte en el matrimonio] (Grand Rapids, Michigan: Zondervan, 1996), pp. 104-06, adaptado.

Páginas 60–88

1. Les y Leslie Parrott, *Becoming Soul Mates* [Cómo ser almas gemelas] (Grand Rapids, Michigan: Zondervan, 1995), p. 25. Usado con autorización.

2. Wellington Boone, "Breaking Through"[Atravesar], en Nick Harrison, *Promises to Keep—Devotions for Men Seeking Integrity* [Promesas para guardar: Devocionales para hombres que buscan la integridad] (Nueva York: Harper Collins, 1996), pp. 170-71, adaptado.

3. David y Heather Kopp, *Praying the Bible for Your Marriage* [Cómo orar la Biblia con respecto a su matrimonio] (Colorado Springs, Colorado: Waterbrook Press, 1998), p. 101, adaptado. Usado con autorización.

4. Joe B. Brown, *Battle Fatigue* [El cansancio de la guerra] (Nashville: Broadman & Holman, 1994), pp. 11-15, adaptado. Usado con autorización.

5. *Ibíd.*, pp. 19-20.

6. Dennis y Ruth Gibson, *The Sandwich Years* [Los años intercalados] (Grand Rapids, Michigan: Baker Book House, 1991), pp. 162-63.

7. Fawn Parish, *Honor—What Love Looks Like* [El honor: Una vista del amor] (Ventura, California: Renew, 1999), pp. 190-91. Usado con permiso de Regal Books, Ventura, California.

8. Citado en Charles Swindoll, *The Finishing Touch* [El toque final] (Nashville: Word, Inc., 1994), pp. 124-25. Usado con autorización. Todos los derechos reservados.

9. Citado en Jon Johnston, *Walls or Bridges* [Paredes o puentes](Grand Rapids, Michigan: Baker Book House, 1988), pp. 176-77, tomado de W. T. Purkiser, "Five Ways to Have a Nervous Breakdown" [Cinco maneras de tener un ataque de nervios] , *Herald of Holiness*, octubre 9, 1974.

10. Stg. Patterson y Peter Kim, *The Day America Told the Truth* [El día que América dijo la verdad] (Nueva York: Prentice Hall, 1991), pp. 45, 49, adaptado.

11. Angela McCord, trabajo escrito de un estudiante, citado en Parrott y Parrott, *Becoming Soul Mates* [Cómo ser almas gemelas] pp. 36-37.

12. William L. Coleman, *Before I Give You Away* [Antes que te diera en matrimonio] (Minneapolis: Bethany House Publishers, 1995), pp. 25-28.

13. Ken Gire, *Reflections on the Word* [Reflexiones en la Palabra] (Colorado Springs: Chariot Victor, 1998), pp. 138-39, adaptado. Usado con autorización.

14. Tim Riter, *Deep Down* [Profundamente adentro] (Wheaton, Illinois: Tyndale House, 1995), p. 52, adaptado. Usado con autorización.

15. Dr. Richard Matteson y Janis Long Harris, *What If I Married the Wrong Person?* [¿Y si me casara con la persona equivocada?] (Minneapolis: Bethany House Publishers, 1997), pp. 178-79, cursiva en el original. Usado con autorización.

16. Richard Swenson, *The Overload Syndrome* [El síndrome de sobrecarga] (Colorado Springs: NavPress, 1998), pp. 35-36.

17. *Ibíd.*, pp. 36-37.

18. *Ibíd.*, pp. 68-70.

19. C. S. Lewis, *The Problem of Pain* [El problema del dolor] (Londres: Collins, 1962), p. 93.

20. Rudolph F. Norden, *Each Day with Jesus* [Cada día con Jesús] (St. Louis: Concordia Publishing House, 1994), p. 304, adaptado.

21. Parrott y Parrott, *Becoming Soul Mates* [Cómo ser almas gemelas] p. 17.

22. Thomas F. Jones, *Sex and Love When You're Single Again* [El sexo y el amor cuando se encuentra soltero de nuevo] (Nashville: Thomas Nelson Publishers, 1990), pp. 93-96, adaptado.

23. Tomado de Cómo hallar el amor de tu vida por Dr. Neil Clark Warren, publicado por Editorial Unilit, © 1994.

24. Lloyd John Ogilvie, *Silent Strength* [Fortaleza silenciosa] (Eugene, Oregon: Harvest House, 1990), p. 321, adaptado. Usado con autorización.

Páginas 89–118

1. Fawn Parish, *Honor—What Love Looks Like* [El honor: Una vista del amor] (Ventura, California: Renew, 1999), pp. 126-28. Usado con permiso de Regal Books, Ventura, California.

2. Lee Roberts, *Praying God's Will for My Marriage* [Cómo orar por la voluntad de Dios en su matrimonio] (Nashville: Thomas Nelson, 1994), pp. 1, 9, 19, 28, 102, 115, 227, 267.

3. Clifford Notarius y Howard Markman, *We Can Work It Out* [Podemos resolverlo] (Nueva York: G. P. Putnam's Sons, 1993), pp. 70-73, adaptado.

4. Charles Swindoll, *Hope Again* [Esperanza de nuevo] (Dallas: Word, 1996), pp. 45-46, adaptado. Usado con autorización. Todos los derechos reservados.

5. Tony y Lois Evans, *Seasons of Life* [Las épocas de la vida] (Nashville: Word, 1998), p. 1, adaptado. Usado con autorización. Todos los derechos reservados.

6. Charles Swindoll, *Moses* [Moisés](Nashville: Word, 1999), p. 219. Usado con autorización. Todos los derechos reservados.

7. Joe B. Brown, *Battle Fatigue* [El cansancio de la guerra] (Nashville: Broadman & Holman, 1994), pp. 31-32, adaptado. Usado con autorización.

8. Carol Kent, *Tame Your Fears* [Cómo calmar sus temores] (Colorado Springs: NavPress, 1993), pp. 28-29.

9. Bill McCartney, ed., ¿Qué hace a un hombre ser hombre? (Miami, FL: Editorial Vida).

10. Douglas E. Rosenau, *A Celebration of Sex* [Una celebración del sexo] (Nashville: Thomas Nelson, 1994), p. 21.

11. William L. Coleman. *Before I Give You Away* [Antes que te diera en matrimonio] (Minneapolis: Bethany House Publishers, 1995), pp. 19-21.

12. J. Oswald Sanders, citado en Les y Leslie Parrott, *Becoming Soul Mates* [Cómo ser almas gemelas] (Grand Rapids, Michigan: Zondervan, 1995), pp. 41-42. Usado con autorización.

13. Richard Exley, *Straight of the Heart for Couples* [Directo del corazón para parejas] (Tulsa: Honor Books, 1993), pp. 21, 22, 57, 69, 72.

14. Max Lucado, *A Gentle Thunder* [El trueno tierno](Dallas: Word, Inc., 1995), pp. 68-69, adaptado.

15. Tim Hansel, *When I Relax I Feel Guilty* [Cuando me relajo me siento culpable] (Elgin, Illinois: David C. Cook, 1979), pp. 146-47. Usado con permiso del autor.

16. Lloyd John Ogilvie, *Enjoying God* [Cómo disfrutar de Dios] (Dallas: Word, Inc, 1989), pp. 198-201, adaptado.

17. Kent Hughes, *Disciplines of a Godly Man* [Los disciplinas de un hombre de Dios] (Wheaton, Illinois: Crossway, 1991), pp. 172-81, adaptado. Usado con autorización del autor.

18. Richard Swenson, *The Overload Syndrome* [El síndrome de sobrecarga] (Colorado Springs: NavPress, 1998), pp. 73, 88-89, adaptado.

19. David Stoop, *Seeking God Together* [Cómo buscar a Dios juntos] [anteriormente Experiencing God Together] (Wheaton, Illinois: Tyndale House, 1996), pp. 11-12. Usado con autorización. Todos los derechos reservados.

20. Fuente original desconocida.

21. Steve y Valerie Bell, *Made to Be Loved* [Creado para ser amado](Chicago: Moody Press, 1999), pp. 53-55, adaptado.

22. Ann McGee-Cooper, *You Don't Have to Come Home from Work Exhausted* [No tienes

que llegar a casa del trabajo agotado] (Nueva York: Bantam Books, 1990), pp. 18-32, adaptado.

23. David Morris, *Lifestyle of Worship* [Un estilo de vida de adoración] (Ventura, California: Renew, 1998), pp. 18-19, adaptado.

Páginas 119–148

1. Dennis y Barbara Rainey, *Moments Together for Couples* [Momentos juntos para parejas] (Ventura, California: Regal Books, 1995), diciembre 4. Usado con autorización.

2. Fawn Parish, *Honor—What Love Looks Like* [El honor: Una vista del amor] (Ventura, California: Renew, 1999), pp. 45-46, adaptado. Usado con autorización de Regal Books, Ventura, California.

3. Gary Rosberg, *Guard Your Heart* [Vigile su corazón] Sisters, Oregon: Multnomah, 1994), pp. 105-11, adaptado.

4. Steve Farrar, *If I'm Not Tarzan and My Wife Isn't Jane, Then What Are We Doing in the Jungle?* [Si no soy Tarzan y mi esposa no es Jane, ¿qué hacemos en la selva?] (Portland, Oregon: Multnomah, 1991), pp. 193-94, adaptado. Usado con autorización de Men's Leadership Ministries, Bryan, Texas 77802.

5. Joe B. Brown, *Battle Fatigue* [El cansancio de la guerra] (Nashville: Broadman & Holman, 1994), p. 97. Usado con autorización.

6. David Stoop, *Seeking God Together* [Cómo buscar a Dios juntos] (anteriormente Experiencing God Together) (Wheaton, Illinois: Tyndale House, 1996), pp. 57-61. Usado con autorización. Todos los derechos reservados.

7. *Ibíd.*

8. Phillip Keller, *Strength of Soul* [La fortaleza del alma] (Grand Rapids, Michigan: Kregel Publications, 1993), pp. 172-77, adaptado. Usado con autorización.

9. *Ibíd.,* pp. 178.

10. *La Biblia en lenguaje moderno,* la nueva versión de Berkeley en inglés moderno, edición revisada, © 1969 por Henderson Publishers, Inc., Peabody, Massachussets.

11. Lloyd John Ogilvie, *Silent Strength* [Fortaleza silenciosa] (Eugene, Oregon: Harvest House, 1990), p. 233, adaptado. Usado con autorización.

12. Henry Gariepy, *100 Portraits de Christ* [Cien retratos de Cristo] (Wheaton, Illinois: Victor Books, 1987), pp. 95-96, adaptado. Usado con autorización del autor.

13. *Ibíd.,* p. 96.

14. Ogilvie, *Silent Strength* [Fortaleza silenciosa] p. 222.

15. Bill Bright, *God, Discover His Character* [Dios, descubre su carácter] (Orlando: New Life Publishers, 1999), pp. 251-53, adaptado.

16. Bob y Cheryl Moeller, *Marriage Minutes* [Minutos del matrimonio](Chicago: Moody Press, 1998), agosto 21, adaptado.

17. Bright, *God,* pp. 190-191, 196, adaptado.

18. Rainey y Rainey, *Moments Together,* [Momentos juntos] febrero 10, adaptado.

19. Patrick Morley, *Two-Part Harmony* [Armonía en dos partes] (Nashville: Thomas Nelson, 1994), pp. 60-61, adaptado. (Publicado nuevamente por Zondervan como *Devotions for Couples.* [Devocionales para parejas] Usado con autorización de Zondervan Publishing House).

20. *Ibíd.,* pp. 62-63, adaptado.

21. Keller, *Strength of Soul,* [La fortaleza del alma] p. 29.

22. Kent Hughes, *Disciplines of Grace* [La disciplina de la gracia] (Wheaton, Illinois: Crossway, 1993), pp. 93-94. Usado con autorización del autor

23. S. Craig Glickman, *A Song for Lovers,* [Una canción para amantes] citado en Ken Gire, *Reflections on the Word* [Reflexiones en la Palabra] (Colorado Springs: Chariot Victor, 1998), pp. 56-57.

Páginas 149–177

1. David Keirsey y Marilyn Bates, *Please Understand Me* [Te ruego que me entiendas] (Del Mar, California: Prometheus Nemesis Books, 1978), p. 1.
2. Tony y Lois Evans, *Seasons of Life* [Las épocas de la vida] (Nashville: Word, 1998), p. 52, adaptado. Usado con autorización. Todos los derechos reservados.
3. Dennis y Ruth Gibson, *The Sandwich Years* [Los años intercalados] (Grand Rapids, Michigan: Baker Book House, 1991), pp. 163-65, adaptado.
4. Gibson, p. 153, adaptado.
5. Gary Rosberg, *Guard Your Heart* [Vigile su corazón] (Sisters, Oregon: Multnomah, 1994), pp. 47-52, adaptado.
6. Evans y Evans, *Seasons*, [Las épocas de la vida] p. 260, adaptado.
7. Charles Stanley, *The Source of My Strength* [La fuente de mi fortaleza] (Nashville: Thomas Nelson, 1994), pp. 97-99.
8. Evans y Evans, *Seasons*, [Las épocas de la vida] p. 195, adaptado.
9. Les y Leslie Parrott, *Becoming Soul Mates* [Cómo ser almas gemelas] (Grand Rapids, Michigan: Zondervan, 1995), p. 92. Usado con autorización.
10. Versión "Cotton Patch" de las epístolas de Pablo por Clarence Jordan (1968).
11. E. Stanley Jones, *Christian Maturity* [La madurez cristiana] (Nashville: Abingdon Press), adaptado.
12. Henry Gariepy, *A Light in a Dark Place* [La luz en un sitio oscuro] (Wheaton, Illinois: Victor Books, 1995), pp. 72-73, adaptado. Usado con autorización del autor.
13. Bob y Cheryl Moeller, *Marriage Minutes* [Minutos del matrimonio] (Chicago: Moody Press, 1998), marzo 15, adaptado.
14. *Ibíd.*, junio 11, adaptado.
15. *Ibíd.*, mayo 9, adaptado.
16. Frederick Buechner, *The Magnificent Defeat*, [La derrota magnífica] citado en Ken Gire, *Reflections on the Word* [Reflexiones en la Palabra] (Colorado Springs, Colorado: Chariot Victor, 1998), pp. 98-99.
17. A. W. Tozer, *The Pursuit of God*, [La búsqueda de Dios] citado en Gire, *Reflections*, pp. 98-99.
18. Harold Myra, "An Ode to Marriage",[Una oda al matrimonio] revista *Moody*, mayo 1979, pp. 60-62.
19. *Ibíd.*
20. Tomado de Charles M. Sell, *Transitions* [Transiciones] (Chicago: Moody Press, 1985), p. xi. Usado con autorización.
21. Jim Smoke, *Facing 50* [Enfrentando los cincuenta] (Nashville: Thomas Nelson, 1994), pp. 40, 41. Usado con autorización.
22. Paul Pearsall, *The Ten Laws of Lasting Love* [Los diez leyes para un amor duradero] (Nueva York: Simon & Schuster, 1993), pp. 298-99, adaptado.

Páginas 178–206

1. Tomado de Gary Rosberg, *Guard Your Heart* [Vigile su corazón] (Sisters, Oregon: Multnomah, 1994), pp. 39, 40, adaptado.
2. *Ibíd.*, pp. 24-27, adaptado.
3. William Barclay, *A Barclay Prayer Book* [El libro de oraciones de Barclay] (Londres: SCM Press Ltd., 1963), pp. 254-55, adaptado.
4. David W. Smith, *Men Without Friends* [Hombres sin amigos] (Nashville: Thomas Nelson, 1990), pp. 79-80, adaptado.
5. Steve Farrar, *If I'm Not Tarzan and My Wife Isn't Jane, Then What Are We Doing in the Jungle?* [Si no soy Tarzan y mi esposa no es Jane, ¿qué hacemos en la selva?] (Portland, Oregon: Multnomah, 1991), pp. 65-66, adaptado. Usado con autorización del autor.

6. Walter Martin y Jill Martin Rische, *Through the Windows of Heaven* [A través de las ventanas del cielo] (Nashville: Broadman & Holman, 1999), p. 174, adaptado.

7. Joseph Aldrich, *Secrets to Inner Beauty* [Los secretos de la belleza interior] (Santa Barbara, California: Vision House, 1977), pp. 87-88.

8. Philip Yancey, *I Was Just Wondering* [Me preguntaba] (Grand Rapids, Michigan: Eerdmans, 1989), pp. 174-75. Usado con permiso.

9. Charles Swindoll, *Hope Again* [Esperanza de nuevo] (Dallas: Word, 1996), pp. 99-100. Usado con autorización. Todos los derechos reservados.

10. Eric Liddell, *Disciplines of the Christian Life* [Manual del discipulado cristiano], citado en Nick Harrison, *Promises to Keep—Devotions for Men Seeking Integrity* [Promesas para guardar: Devocionales para hombres que buscan la integridad] (Nueva York: Harper Collins, 1996), pp. 317-18. *Disciplines of the Christian Life* [Manual del discipulado cristiano] usado con autorización de Abingdon Press, Nashville, Tenneseee.

11. Lloyd John Ogilvie, *The Loose Ends* [Los cabos sueltos] (Dallas: Word, Inc., 1991), pp. 43-47, adaptado.

12. Patrick Morley, *Two-Part Harmony* [Armonía en dos partes] (Nashville: Thomas Nelson, 1994), pp. 146-47. (Publicado nuevamente por Zondervan como *Devotions for Couples*.[Devocionales para parejas]. Usado con autorización de Zondervan Publishing House).

13. *Twentieth Century New Testament* [El Nuevo Testamento del siglo veinte] (Nueva York: Sheed y Ward, 1944).

14. G. Campbell Morgan, *The Ten Commandments* [Los Diez Mandamientos] (Nueva York: Revell, 1901), pp. 18-19.

15. Kent Hughes, *Disciplines of Grace* [Las disciplinas de la gracia] (Wheaton, Illinois: Crossway, 1993), pp. 34-39, adaptado. Usado con permiso del autor.

16. *Ibíd.*, pp. 98-104, adaptado.

17. *Ibíd.*, pp. 116-20, adaptado.

18. Douglas Rosenau, *A Celebration of Sex* [Una celebración del sexo] (Nashville: Thomas Nelson, 1994), pp. 8-9.

19. Stg. Patterson y Peter Kim, *The Day America Told the Truth* [El día América dijo la verdad] (Nueva York: Prentice Hall, 1991), p. 155.

20. Hughes, *Disciplines of a Godly Man* [Los disciplinas de un hombre de Dios] (Wheaton, Illinois: Crossway, 1991), pp. 142-47, adaptado. Usado con autorización de Crossway Books, una división de Good News Publishers, Wheaton, Illinois.

21. H. Norman Wright, *How to Encourage the Man in Your Life* [Cómo animar el hombre en su vida] (Nashville: Word, 1998), pp. 2-3. Usado con autorización. Todos los derechos reservados.

22. Bill Bright, *God, Discover His Character* [Dios, descubre su carácter] (Orlando: New Life Publishers, 1999), p. 149, adaptado.

23. Bob y Cheryl Moeller, *Marriage Minutes* [Minutos del matrimonio] (Chicago: Moody Press, 1998), Oct. 14-16, adaptado.

24. Donald Harvey, *The Drifting Marriage* [El matrimonio que va a la deriva](Grand Rapids, Michigan: Revell, 1988), p. 213. Usado con permiso de Baker Book House.

25. Neil Clark Warren, *Finding the Love of Your Life*, [Cómo encontrar el amor de su vida] p. 171. ©1992, Neil Clark Warren, Ph.D. Todos los derechos reservados. International © asegurado. Usado con autorización de Enfoque a la Familia.

26. Tomado de Charles R. Swindoll, *Growing Strong in the Seasons of Life*, [Cómo crecer en fortaleza durante las épocas de la vida] (Grand Rapids, Michigan: Zondervan, 1983), pp. 66, 67. Usado con autorización.

Páginas 207–237

1. Dennis y Barbara Rainey, *Moments Together for Couples* [Momentos juntos para parejas] (Ventura, California: Regal Books, 1995), Sep. 12. Usado con autorización.
2. Ken Gire, comp. y ed., *Between Heaven and Earth* [Entre el cielo y el mundo] San Francisco: HarperCollins, 1997), pp. 10-15, adaptado. Usado con autorización.
3. Citado en Dean Merrill, *Wait Quietly* [Esperar silenciosamente] (Wheaton, Illinois: Tyndale, 1994), p. 63.
4. *Ibíd.*, pp. 62-63, adaptado.
5. Tomado de Charles Swindoll, *Growing Strong in the Seasons of Life* [Cómo crecer en fortaleza durante las épocas de la vida] (Grand Rapids, Michigan: Zondervan, 1983) en Nick Harrison, *Promises to Keep—Devotions for Men Seeking Integrity* [Promesas para guardar: Devocionales para hombres que buscan la integridad] (Nueva York: Harper Collins, 1996), pp. 55-57. Usado con autorización de Zondervan Publishing House.
6. Frank Minirth, "How to Beat Burnout" [Cómo superar el cansancio] en *Ibíd.*, pp. 130-31. Usado con autorización de Moody Press, Chicago, Illinois.
7. Patrick Morley, *Two-Part Harmony* [Armonía en dos partes] (Nashville: Thomas Nelson, 1994), pp. 182-83. (Publicado nuevamente por Zondervan como *Devotions for Couples*.[Devocionales para parejas] Usado con autorización de Zondervan Publishing House).
8. William Barclay, *A Barclay Prayer Book* [El libro de oraciones de Barclay] (Londres: SCM Press Ltd., 1963), pp. 248-49, adaptado.
9. Chris Thurman, *If Christ Were Your Counselor* [Si Cristo fuera su consejero] (Nashville: Thomas Nelson, 1993), p. 134.
10. Larry Crabb, *Men and Women* [Hombres y mujeres] (Grand Rapids, Michigan: Zondervan, 1991), pp. 140-43, adaptado. Usado con autorización.
11. Walter Martin y Jill Martin Rische, *Through the Windows of Heaven* [A través de las ventanas del cielo] (Nashville: Broadman & Holman, 1999), p. 174, adaptado.
12. Shawn Craig, *Between Sundays* [Entre domingos] (West Monroe, Louisiana: Howard Publishing, 1998), p. 263, adaptado.
13. Tom Marshall, *Right Relationships* [Relaciones correctas] (Kent, England: Sovereign Word, 1992), pp. 28-29, adaptado.
14. John Ortberg, *The Life You've Always Wanted* [La vida que siempre ha querido] (Grand Rapids, Michigan: Zondervan, 1997), pp. 153-56, adaptado. Usado con autorización.
15. *New International Reader's Version* (Confraternity of Christian Doctrine, 1970), citado en Les y Leslie Parrott, *Becoming Soul Mates* [Cómo ser almas gemelas] (Grand Rapids, Michigan: Zondervan, 1999), pp. 72, 73.
16. Ortberg, *The Life*,[La vida] pp. 22-23, adaptado.
17. "Dios habla hoy", versión popular), 2a ed., © 1992 por American Bible Society, Sociedades Bíblicas Unidas. Usado con autorización.
18. Tomado de Harrison, *Promises to Keep* [Promesas para guardar], pp. 266-67.
19. Charles Stanley, "A Man's Touch", [El toque de un hombre] en *Ibíd.*, p. 225. Usado con autorización de Donald Black, In Touch Ministries, Atlanta, Georgia.
20. Tim Stafford, "Knowing the Face de God", [Conociendo el rostro de Dios] en *Ibíd.*, pp. 214-15, adaptado.
21. S. D. Gordon, "Quiet Talks on Power", [Conversaciones discretas acerca del poder] en *Ibíd.*, pp. 183-84, adaptado.
22. Marshall, *Right Relationships* [Relaciones correctas], pp. 52-54, adaptado.
23. *Ibíd.*, pp. 34-39, adaptado.
24. Crabb, *Men and Women* [Hombres y mujeres], pp. 45-46, adaptado.

25. Walter Wangerin, Jr., "The Manger Is Empty" [El pesebre está vacío] en Harrison, *Promises to Keep* [Promesas para guardar], p. 362.
26. Rainey y Rainey, *Moments Together* [Momentos juntos] abril 24, adaptado.
27. John Mark Templeton, *Discovering the Laws of Life* [Cómo descubrir los leyes de la vida], (Nueva York: Continuum, 1994) pp. 74, 75, adaptado.

Páginas 238–266

1. William Barclay, *One Prayer at a Time* [Una oración a la vez], citado en Ken Gire, *Reflections on the Word* [Reflexiones en la Palabra] (Colorado Springs: Chariot Victor, 1998), pp. 84-85, adaptado.
2. Shawn Craig, *Between Sundays* [Entre domingos] (West Monroe, Louisiana: Howard Publishing, 1998), p. 7, adaptado.
3. Bill Bright, *God, Discover His Character* [Dios, descubre su carácter], (Orlando: New Life Publishers, 1999), pp. 142-47, adaptado.
4. Henri Nouwen, *Seeds of Hope* [Semillas de esperanza], Robert Durback, ed. (Nueva York: Doubleday, 1997), fuente original no citada.
5. Richard A. Swenson, M.D., *Margin: How to Create the Emotional, Physical, and Time Reserves You Need* [El Margen: Cómo crear las reservas emocionales, físicas y del tiempo que necesitas], (Colorado Springs: NavPress, 1992), p. 147, adaptado.
6. Ronald E. Hawkins, *Marital Intimacy* [La intimidad en el matrimonio] (Grand Rapids, Michigan: Baker Book House, 1991), pp. 135-37.
7. *Ibíd.*, pp. 35-36, adaptado.
8. Dean Merrill, *Wait Quietly* [Esperar silenciosamente] (Wheaton, Illinois: Tyndale House, 1991), pp. 4-5.
9. Charles R. Swindoll, *The Finishing Touch* [El toque final] (Dallas: Word, Inc., 1994), pp. 60-61, adaptado. Usado con autorización. Todos los derechos reservados.
10. William Barclay, *A Barclay Prayer Book* [El libro de oraciones de Barclay] (Londres: SCM Press Ltd., 1963), pp. 28, 29, adaptado.
11. Charles Stanley, *The Source of My Strength* [La fuente de mi fortaleza] (Nashville: Thomas Nelson, 1994), pp. 182-83, adaptado.
12. W. Bingham Hunter, *The God Who Hears* [El Dios que oye] (Downer's Grove, Illinois: InterVarsity Press, 1986), pp. 18-29, adaptado.
13. Tony y Lois Evans, *Seasons of Life* [Las épocas de la vida] (Nashville: Word, 1998), p. 210, adaptado. Usado con autorización. Todos los derechos reservados.
14. Hunter, *The God Who Hears*, [El Dios que oye] pp. 76-80, adaptado.
15. Evans y Evans, *Seasons* [Las épocas de la vida], p. 123, adaptado.
16. *Ibíd.*, p. 128, adaptado.
17. Jim Ryun, "In Quest of God", [En busca de Dios] en Nick Harrison, *Promises to Keep—Devotions for Men Seeking Integrity* [Promesas para guardar: Devocionales para hombres que buscan la integridad] (Nueva York: Harper Collins, 1996), pp. 174-75.
18. Eric Liddell, *Disciplines of the Christian Life*, tomado de *Ibíd.*, pp. 181-82. *Disciplines of the Christian Life* [Manual del discipulado cristiano] usado con autorización de Abingdon Press, Nashville, Tennessee.
19. Tomado de Harrison, *Promises* [Promesas], pp. 122-24.
20. Fred Littauer, "Wake Up, Men!" [¡Despiértense hombres!] tomado de *Ibíd.*, pp. 25-26.

Páginas 267–296

1. William Kirk Kilpatrick, *Psychological Seduction*, [La seducción psicológica] citado en Nick Harrison, *Promises to Keep—Devotions for Men Seeking Integrity* [Promesas

para guardar: Devocionales para hombres que buscan la integridad] (Nueva York: Harper Collins, 1996).

2. Henry Gariepy, *100 Portraits of Christ* [Cien retratos de Cristo] (Wheaton, Illinois: SP Publications, 1987), pp. 78-79. Usado con permiso del autor.

3. Citado en Dean Merrill, *Wait Quietly* [Esperar silenciosamente] (Wheaton, Illinois: Tyndale, 1994), p. 49.

4. Willard Harley, *His Needs, Her Needs*,[Las necesidades del hombre y de la mujer] citado en Harrison, *Promises* [Promesas], pp. 40-41.

5. Ann McGee-Cooper with Duane Trammell, *Time Management for Unmanageable People* [Cómo manejar el tiempo para personas que no pueden manejarse a si mismos] (Nueva York: Bantam Books, 1993), p. xvii, adaptado.

6. Alec Mackenzie, *The Time Trap* [La trampa del tiempo] (Nueva York: American Management Association, 1990), p. 65, adaptado.

7. David y Heather Kopp, *Praying the Bible for Your Marriage* [Cómo orar la Biblia con respecto a su matrimonio] (Colorado Springs: Waterbrook Press, 1998), pp. 52-53. Usado con autorización. Todos los derechos reservados.

8. Diccionario Webster II New Riverside, 2a ed. (Boston: Houghton Mifflin, 1996), vea "fracaso".

9. Basic Bible Translation (F. P. Dutton Co., Inc., 1950), desarrollado por G. K. Ogden del Orthological Institute, England.

10. Shawn Craig, *Between Sundays* [Entre domingos] (West Monroe, Louisiana: Howard Publishing, 1998), p. 37, adaptado.

11. Tony y Lois Evans, *Seasons of Life* [Las épocas de la vida] (Nashville: Word, 1998), p. 156, adaptado. Usado con autorización. Todos los derechos reservados.

12. Archibald Hart, *Healing for Hidden Addictions*, [Cómo curar las adicciones ocultas] tomado de Harrison, *Promises* [Promesas], pp. 153-54, adaptado.

13. Ron Auch, *The Heart of the King*, [El corazón del Rey] tomado de *Ibíd.*, pp. 149-50.

14. Fred Hartley, *Men and Marriage* [Los hombres y el matrimonio] (Minneapolis: Bethany House, 1994), tomado de *Ibíd.*, pp. 100-01. Usado con autorización de Bethany House.

15. Dino Kartsonakis, *Dino*, tomado de *Ibíd.*, p. 73.

16. Gary Rosberg, *Guard Your Heart* [Vigile su corazón] (Portland, Oregon: Multnomah, 1994), pp. 15-17, adaptado.

17. Merrill, *Wait Quietly*, [Esperar silenciosamente] pp. 100-01, adaptado.

18. *Ibíd.*, pp. 8-9, adaptado.

19. *Ibíd.*, pp. 16-18.

20. *Ibíd.*, pp. 78-80, adaptado.

21. Kopp y Kopp, *Praying the Bible*,[Cómo orar la Biblia con respecto a su matrimonio]p. 27.

22. Charles Swindoll, *The Finishing Touch* [El toque final] (Dallas: Word, Inc., 1994), pp. 64-65, adaptado. Usado con permiso. Todos los derechos reservados.

23. Elton Trueblood,[La sangre verdadera] citado en *Ibíd.*, p. 65.

Páginas 297–325

1. Bill Farrel, *Let Her Know You Love Her* [Déjala saber que la amas] (Eugene, Oregon: Harvest House, 1998), pp. 9-11. Usado con permiso.

2. Jonathan Edwards en Nick Harrison, *Promises to Keep—Devotions for Men Seeking Integrity* [Promesas para guardar: Devocionales para hombres que buscan la integridad] (Nueva York: HarperCollins, 1996), pp. 14-15.

3. John Baillie, *A Diary of Private Prayer* [Un diario de la oración privada] (Toronto: Oxford University Press, 1979), p. 47, adaptado.

4. Patrick Morley, *Seven Seasons of a Man's Life* [Las siete épocas de la vida de un hombre] (Nashville: Thomas Nelson, 1990), pp. 90-91, adaptado.

5. Don Aslett, *How to Have a 48-Hour Day* [Cómo tener un día de 48 horas] (Cincinnati: Marsh Creek Press, 1996), p. 39, adaptado.

6. John C. Maxwell, *Developing the Leader Within You* [Desarrolle el líder que está en usted] (Nashville: Thomas Nelson, 1993, p. 32, adaptado.

7. H. Norman Wright, *Secrets of a Lasting Marriage* [Los secretos de un matrimonio que perdura] (Ventura, California: Regal Books, 1995), p. 87, adaptado.

8. Charles Stanley, *The Source of My Strength* [La fuente de mi fortaleza] (Nashville: Thomas Nelson, 1994), pp. 128-29, adaptado.

9. Steve y Valerie Bell, *Made to Be Loved* [Creado para ser amado] (Chicago: Moody Press, 1999), pp. 128-29, adaptado.

10. Paul Stephens, *Marriage Spirituality* [La espiritualidad en el matrimonio] (Downer's Grove, Illinois: InterVarsity Press, 1989), p. 50, adaptado.

11. Bill Bright, *God, Discover His Character* [Dios, descubra su carácter] (Orlando: New Life Publishers, 1999), pp. 128-29, adaptado.

12. David y Heather Kopp, *Unquenchable Love* [Amor que no puede ser apagado] (Eugene, Oregon: Harvest House, 1999), pp. 111-12. Usado con autorización.

13. *Ibíd.*, pp. 130-31.

14. Tony Evans en Tony y Lois Evans, *Seasons of Life* [Las épocas de la vida] (Nashville: Word, 1998), p. 20. Usado con permiso. Todos los derechos reservados.

15. Max Lucado en Harrison, *Promises* [Promesas], pp. 2-3.

16. Charles Swindoll, *The Finishing Touch* [El toque final] (Nashville: Word, Inc., 1994), p. 69, adaptado. Usado con permiso. Todos los derechos reservados.

17. David y Heather Kopp, *Praying the Bible for Your Marriage* [Cómo orar la Biblia con respecto a su matrimonio] (Colorado Springs: Waterbrook Press, 1998), pp. 8-9. Usado con autorización. Todos los derechos reservados.

18. Dean Merrill, *Wait Quietly* [Esperar silenciosamente] (Wheaton, Illinois: Tyndale House, 1991), pp. 186-87, adaptado.

19. Roberta Bondi, *To Pray and Love* [Cómo orar y amar] (Minneapolis: Augsburg Fortress, 1991), pp. 54-55, como aparece en Ken Gire, *Between Heaven and Earth* [Entre el cielo y el mundo] (San Francisco: HarperCollins, 1997), pp. 11-12.

20. Lloyd John Ogilvie, *Silent Strength* [Fortaleza silenciosa] (Eugene, Oregon: Harvest House, 1990), pp. 345-46, adaptado. Usado con autorización.

21. Evans y Evans, *Seasons*, [Las épocas de la vida] p. 84, adaptado.

22. Merrill, *Wait*, [Esperar silenciosamente] pp. 111-13, adaptado.

23. *Ibíd.*, pp. 192-94.

24. Farrel, *Let Her Know* [Déjala saber que la amas], pp. 26-27

Páginas 326–355

1. Lloyd John Ogilvie, *The Heart of God* [El corazón de Dios] (Ventura, California: Regal Books, 1994), pp. 240-43, adaptado.

2. Douglas Rosenau, *A Celebration of Sex* [Una celebración del sexo] (Nashville: Thomas Nelson, 1994), pp. 26-27.

3. Robert Hicks, *In Search of Wisdom* [En busca de sabiduría] (Colorado Springs: NavPress, 1995), pp. 45-54, adaptado.

4. C. S. Lewis, *The Problem with Pain* [El problema del dolor] (Nueva York: Macmillan, 1962), p. 30, citado en John Ortberg, *The Life You've Always Wanted* [La vida que siempre ha querido] (Grand Rapids, Michigan: Zondervan, 1997), p. 139.

5. Todo este devocional se basa en el libro de John Ortberg, *The Life You've Always Wanted* [La vida que siempre ha querido] (Grand Rapids, Michigan: Zondervan, 1997), pp. 139-43, adaptado. Usado con autorización.

6. Ruth Sender, "I Don't Believe en Prayer If..." [No creo en la oración si...] *Campus Life* magazine, Carol Stream, Illinois: Christianity Today, 1995, citado en Ken Gire, *Between Heaven and Earth* [Entre el cielo y el mundo] (San Francisco: HarperCollins, 1997), pp. 18-19.

7. *Ibíd.,* pp. 19-20.

8. Ronald E. Hawkins, *Marital Intimacy* [La intimidad en el matrimonio] (Grand Rapids, Michigan: Baker Book House, 1991), pp. 14, 15, adaptado. Usado con autorización.

9. Tony y Lois Evans, *Seasons of Life* [Las épocas de la vida] (Nashville: Word, 1998), p. 42. Usado con autorización. Todos los derechos reservados.

10. David y Heather Kopp, *Praying the Bible for Your Marriage* [Cómo orar la Biblia con respecto a su matrimonio] (Colorado Springs: Waterbrook Press, 1998), pp. 31-32, adaptado. Usado con autorización. Todos los derechos reservados.

11. Evans y Evans, *Seasons,* [Las épocas de la vida] p. 54.

12. Ronald Knox (Nueva York: Sheed y Ward, Inc., 1944).

13. Evans y Evans, *Seasons,* [Las épocas de la vida] p. 61, adaptado.

14. Citado en John Ortberg, *The Life You've Always Wanted,* [La vida que siempre ha querido] (Grand Rapids, Michigan: Zondervan, 1997), p. 65. Usado con autorización.

15. Shawn Craig, *Beyond Sundays* [Más allá de los domingos] (West Monroe, Louisiana: Howard Publishing, 1998), p. 38, adaptado.

16. John Mark Templeton, *Discovering the Laws of Life* [Cómo descubrir los leyes de la vida] (Nueva York: Continuum, 1994), pp. 247-48, adaptado.

17. Patrick Morley, *Two-Part Harmony* [Armonía en dos partes] (Nashville: Thomas Nelson, 1994), pp. 24-25. (Publicado nuevamente por Zondervan como *Devotions for Couples..*[Devocionales para parejas] Usado con autorización de Zondervan Publishing House).

18. W. P. Moody, *The Life of Dwight L. Moody* [La vida de Dwight L. Moody] (Westwood: Barbour & Co., 1985), p. 122.

19. Patrick Morley, *Seven Seasons of a Man's Life* [Las siete épocas de la vida de un hombre] (Nashville: Thomas Nelson, 1990), pp. 274-75, adaptado.

20. Steve Brown, *Jumping Hurdles, Hitting Glitches and Overcoming Setbacks,*[Cómo superar los tiempos difíciles] citado en Harrison, *Promises* [Promesas], pp. 403-04.

21. Henry Gariepy, *Light in a Dark Place* [La luz en un sitio oscuro] (Wheaton, Illinois: Victor, 1995), pp. 250-51, adaptado. Usado con permiso del autor.

22. William Barclay, *A Barclay Prayer Book* [El libro de oraciones de Barclay] (Londres: SCM Press Ltd., 1963), pp. 8-9.

23. Ronnie W. Floyd, *Choices* [Opciones] (Nashville: Broadman y Holman, 1994), pp. 38-41, adaptado.

24. Usado con autorización de John C. Bonser, Florissant, Missouri.